DK EYEWITNESS　ENCYCLOPEDIA OF EVERYTHING

見るだけで世界がわかる大図鑑

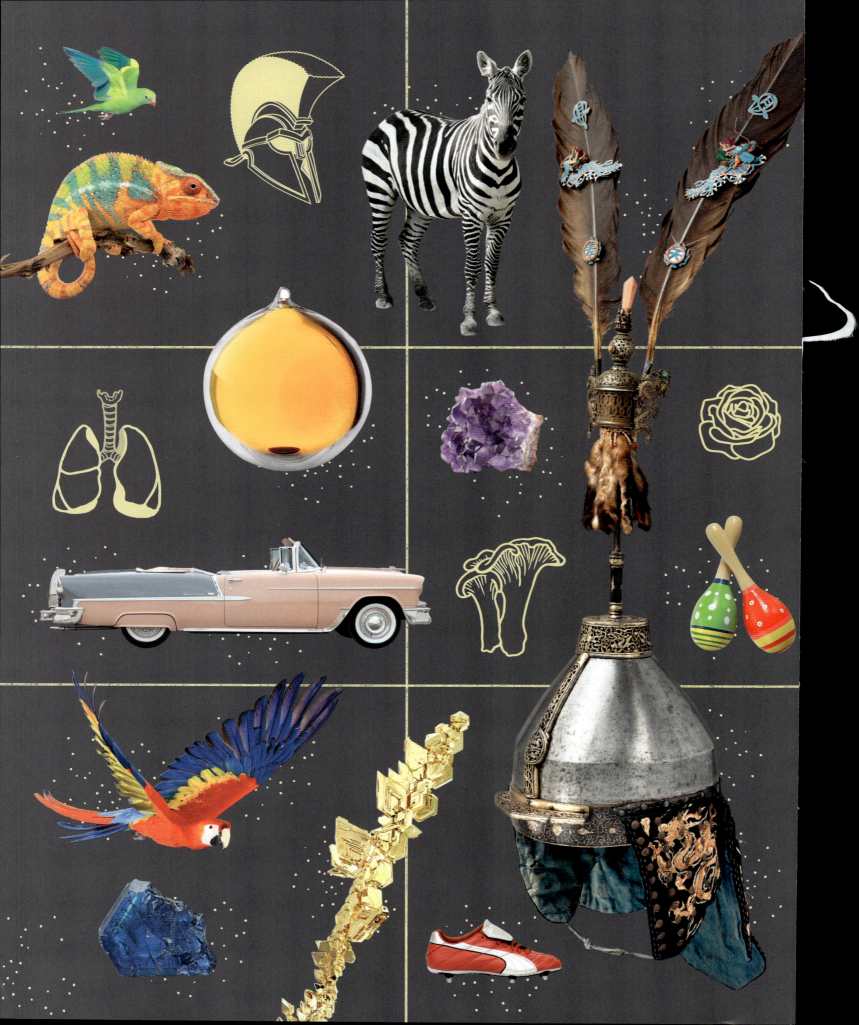

見るだけで世界がわかる大図鑑

DK EYEWITNESS ENCYCLOPEDIA OF EVERYTHING

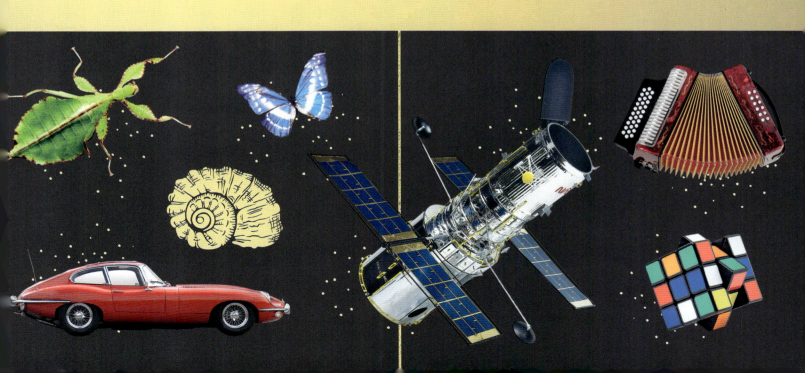

Original Title: Eyewitness Encyclopedia of Everything:
The Ultimate Guide to the World Around You
Copyright © 2023 Dorling Kindersley Limited
A Penguin Random House Company

Japanese translation rights arranged with
Dorling Kindersley Limited, London
through Fortuna Co., Ltd. Tokyo.

For sale in Japanese territory only.

Printed and bound in China
www.dk.com

www.dk.com

目次

宇宙 SPACE　　8

宇宙って何？	10
宇宙	12
無数の銀河	14
データで見る すごい宇宙	16
恒星の輝き	18
太陽	20
太陽系の惑星	22
火星の専門家に聞く	24

地球 EARTH　　42

地球という惑星	44
パワフルなプレート	46
岩石の惑星	48
カラフルな結晶	50
岩石と鉱物の名前を当てよう	52
驚くべき化石	54
水の世界	56
川と湖	58
ものすごい氷	60
データで見る すごい水	62
おそるべき侵食	64
神秘的な洞窟	66

生物 LIFE　　92

生物って何？	94
初期の生物	96
中生代のモンスター	98
恐竜が支配する世界	100
恐竜の名前を当てよう	102
古生物学者に聞く	104
植物の営み	106
美しい花々	108
データで見る 植物あれこれ	110
魅惑の菌類	112
無脊椎動物	114
かしこい海の頭足類	116
昆虫の世界	118
昆虫の名前を当てよう	120
驚異のクモ	122
魚たちの物語	124
サメ──海のハンター	126
海洋生物学者に聞く	128
両生類の不思議	130

小惑星の衝突！	26
すばらしい月世界	28
宇宙を観測する	30
宇宙を探検する	32
データで見る 宇宙探査あれこれ	34
宇宙で生活する	36
宇宙飛行士に聞く	38
宇宙機の名前を当てよう	40

破壊をもたらす火山	68
火山学者に聞く	70
ぐらぐらする地球	72
荒々しい天気	74
データで見る すごい天気	76
気象学者に聞く	78
堂々たる山	80
ドラマチックな砂漠	82
大いなる森林	84
木の名前を当てよう	86
気候の緊急事態	88
私たちの地球を守る	90

たくましい爬虫類	132
ワニ——水中のハンター	134
しなやかなヘビ	136
データで見る すごい生き残り戦略	138
空をいろどる鳥たち	140
泳ぎが得意な鳥	142
鳥の名前を当てよう	144
毛皮自慢の哺乳類	146
巨大なクジラ	148
どうもうなネコたち	150
動物学者に聞く	152
クマの生活	154
イヌ科の仲間たち	156
サルの仲間大集合	158
哺乳類の名前を当てよう	160
共生——ともに生きる生物	162
野生生物の保護	164
データで見る 絶滅の危機にある動物たち	166

人体 HUMAN BODY　168

体の基本構造	170
すごい細胞たち	172
骨の役割	174
骨の名前を当てよう	176
筋肉の働き	178
食べ物を処理する	180

心臓と血液	182
データで見る すごい人体	184
呼吸のしくみ	186
脳——体のコントロールセンター	188
神経科医に聞く	190
すばらしい感覚器官	192

科学 SCIENCE　202

科学って何?	204
物質の3つの状態	206
原子のパワー	208
元素	210
元素の名前を当てよう	212
多用途の炭素	214
驚異的な金属	216
化学反応	218
素材の世界	220
データで見る すごい素材	222

エネルギー	224
世界を動かすエネルギー	226
気候学者に聞く	228
光の性質	230
すさまじい電気のパワー	232
データで見る すごいアイデア	234
強力な磁石のパワー	236
力の神秘	238
自動車の名前を当てよう	240
重力という力	242

歴史 HISTORY　264

歴史って何?	266
人類の祖先	268
最初の町	270
ナイル川に育まれた王国	272
エジプト考古学者に聞く	274
大いなるギリシャ文明	276
ローマ帝国の拡大	278
海を渡るバイキング	280
船の名前を当てよう	282
中華帝国——宋王朝の時代	284
中世の日本	286
イスラムの黄金時代	288

データで見る 世界のモニュメント	290
偉大なるアステカ文明	292
インカ帝国	294
ベニン王国	296
歴史学者に聞く	298
ヨーロッパの騎士と城	300
ヨーロッパのルネサンス	302
帽子の持ち主を当てよう	304
世界をかける探検家	306
ヨーロッパ人による植民地化	308
過酷な奴隷生活	310
革命の時代	312

文化 CULTURE　336

文化って何?	338
生き生きした言語	340
国旗の名前を当てよう	342
宗教と信仰	344
楽しい祭り	346
すてきな食べ物	348
データで見る 食べ物のあれこれ	350
華麗なるスポーツの世界	352
スポーツ用具の名前を当てよう	354

データで見る すごいスポーツ	356
物語の世界	358
すばらしいアート	360
ストリートアーティストに聞く	362
ドラマチックなダンス	364
音楽の魔法	366
楽器の名前を当てよう	368
都会のくらし	370
進化する乗り物	372

ヒトの生殖	194
年齢にともなう変化	196
アスリートに聞く	198
細菌やウイルスと戦う	200

すばらしい飛行	244
航空機の名前を当てよう	246
船にまつわるサイエンス	248
頼りになる機械	250
データで見る すごい建造物	252
インターネットの裏側	254
有能なロボットたち	256
顕微鏡で見るミクロの世界	258
特徴を決めるDNA	260
法科学者に聞く	262

古今東西のインフルエンサー	314
産業革命	316
アメリカ南北戦争	318
海洋考古学者に聞く	320
第一次世界大戦	322
第二次世界大戦	324
公民権運動	326
冷戦	328
植民地の独立	330
デジタル化の波	332
データで見る すごいネットワーク	334

パイロットに聞く	374
お金の話	376
変革を遂げるデジタル世界	378
世界を変える	380
用語解説	**382**
索引	**388**
ACKNOWLEDGEMENTS	**397**

宇宙 SPACE
うちゅう

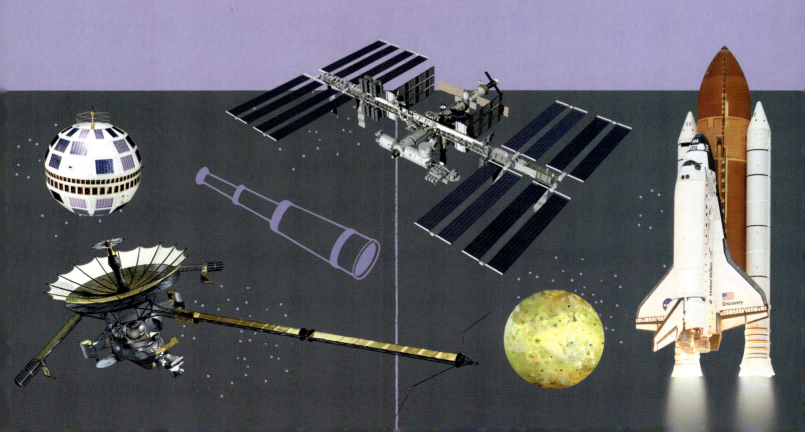

宇宙って何？

宇宙は広大な空間で、そこには恒星、惑星、塵、そして未知の天体がたくさんあります。人類は何千年にもわたって、広大な宇宙を観測してきました。でも、今のところ人類が訪れた天体は月だけで、それより遠い天体には足を踏み入れていません。

宇宙の大きさ

私たちの地球は、天の川銀河（銀河系）を構成する無数の天体の1つにすぎません。その天の川銀河もまた、宇宙のほんの一部でしかありません。下の図は、宇宙全体の中で地球がどんな存在なのかを示しています。

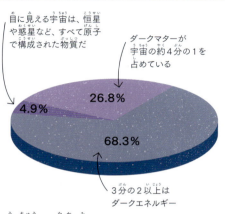

- 目に見える宇宙は、恒星や惑星など、すべて原子で構成された物質だ — 4.9%
- ダークマターが宇宙の約4分の1を占めている — 26.8%
- 3分の2以上はダークエネルギー — 68.3%

宇宙の中身

目に見える物質は、宇宙全体のほんの一部にすぎません。宇宙の大半は、ダークマター（暗黒物質）とダークエネルギー（暗黒エネルギー）で構成されています。ダークマターは光や熱を発しません。でもダークマターは、それが及ぼす重力の影響から、存在することが間接的にわかっています。ダークエネルギーは、宇宙を膨張させている正体不明の存在です。

- 太陽から50光年の範囲に、少なくとも2000個の恒星がある
- 太陽系の惑星はすべて太陽の周りを回っている

地球
私たちが故郷とするこの惑星は、小さく、大半が岩石でできていて、衛星が1つあります。それが月です。

太陽系
8つの惑星と、その周りを回る衛星、そして多くの小惑星と彗星で構成されています。

近傍恒星
太陽の近くにある恒星の領域は「太陽近傍」とよばれます。

これまで私たちが肉眼で見ることができた恒星は、そのほとんどが太陽よりも大きい！

1969年、月面に降りた宇宙飛行士

宇宙探査

65年以上にわたって、人類は宇宙へ探査機を送りこんできました。これらの宇宙探査機は近くにある惑星をすべて探査し、中には太陽系の外へ飛び出したものもあります。ただし、人類が実際に足を踏み入れた天体は月だけです。現在では、再び月を訪れ、続いて火星やその先へと向かう計画が進行しています。

宇宙の観測

太古の昔から、人類は夜空の星を見上げ、その不思議さに魅了されてきました。雲のない暗い夜には、肉眼でも驚くほど多くの天体を観察することができます。さらに細かいところまで見える道具を使えば、もっと多くの天体を見ることができます。

肉眼
特別な道具を使わなくても、私たちは一部の恒星や惑星、月、彗星、流星群を見ることができます。

天の川銀河
太陽をはじめとする何十億もの恒星が、天の川銀河（銀河系）とよばれる銀河に属しています。

局所銀河群
50個くらいの銀河で構成される銀河群。私たちが住む天の川銀河も、この中にあります。

超銀河団
銀河の集まりである銀河団が集まって、さらに大きな「超銀河団」という集団をつくることがあります。

観測可能な宇宙
超銀河団が集まって、何もない空間（ボイド）を区切るフィラメントという糸状の構造を形成しています。

双眼鏡
双眼鏡を使うと、わずかですが、肉眼よりも細かいところまで見えます。たとえば、月の表面にあるクレーターが見えるようになります。

大型地上望遠鏡
大型地上望遠鏡は、非常に暗い天体の像を捉えることができます。左の赤い塊は地球から見える最も遠い天体で、HD-1銀河とよばれます。

アマチュア用望遠鏡
小さな望遠鏡でも、アンドロメダ銀河（左）のような光景を見ることができます。太陽系の惑星など、もっと近くにある天体は、より鮮明に見えます。

宇宙望遠鏡
宇宙を観察したければ、宇宙に出て見るのが一番です。地球の大気圏外に設置した望遠鏡なら、左のNGC346銀河のような鮮明な画像を撮影することができます。

最大級の地上望遠鏡は人間の目の1億倍の光を集められる！

このように白く光る
明るい銀河は
銀河団に属している

望遠鏡で撮影すると、
前景にある恒星の周りに
「スパイク（光の筋）」が現れる

過去が見える

この画像は、ジェイムズ・ウェッブ宇宙望遠鏡が撮影した夜空の一部で、見えている天体のほとんどは銀河です。銀河はとても遠くにあるので、その光が地球に届くまでには何十億年もかかります。最も遠い銀河は130億光年の彼方にあります。そのため、私たちは130億年前、つまりビッグバンから10億年もたっていない頃の銀河を見ているのです。

背景の銀河は
近くにある銀河団の
重力の影響を受けて
円弧状にゆがんで見える

宇宙

上の画像に写っている
夜空の範囲は
とても小さなもので、
空を見上げたとき、
腕をのばした先の指で
つまんだ「砂つぶ1つ」
ほどでしかありません。

宇宙はこの世界のすべてです。宇宙には、最も小さな素粒子から広大な銀河まで、私たちが見ることができるすべてのもの、さらにはエネルギーや時間といった目に見えないもの、まだ発見されていないものもあります。130億年以上前のほんの一瞬の間に誕生した宇宙は、ずっと膨張を続けており、その大きさは、私たちの理解を超えるほど広がっています。

天文学者の予測では、100億年後の宇宙は大きさが2倍になっている！

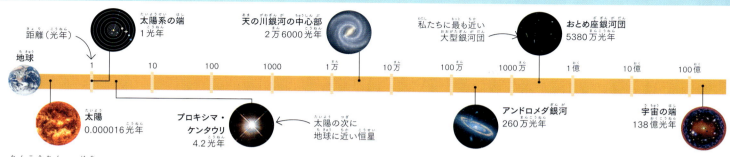

何光年も離れて

1光年とは、光が1年間に進む距離のことです。宇宙の距離はあまりにけた違いなので、距離を表す単位には光年が使われます。上の図は宇宙における距離の例で、地球からの距離を光年で示しています。なお、1光年を一般的な単位で表すと約9.5兆kmになります。

宇宙の未来についての科学者の意見はほぼ一致している。宇宙に終わりはなく、永遠に膨張し続けるということだ！

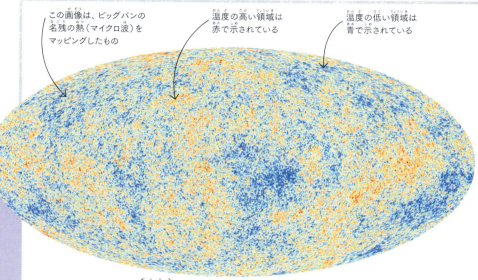

ビッグバンの残光

ビッグバンのことがいろいろとわかっているのは、なぜでしょうか？ 手がかりの1つは、ビッグバンによって放出されたエネルギーです。私たちが見る夜空全体からは、宇宙マイクロ波背景放射（CMB）とよばれる低レベルの放射エネルギーが絶えず出ていますが、これは宇宙が誕生したときに発生した放射エネルギーの残光だと考えられているのです。

こうして宇宙は始まった

私たちの宇宙は、ビッグバンとよばれる大爆発とともに誕生しました。このとき、とてつもなく小さくて密度の高い一点から、エネルギーが外へ流れ出しました。エネルギーは素粒子になり、それが合体して原子になり、さらに原子が集まって恒星、惑星、衛星など、この世にあるすべての物質が形成されたのです。

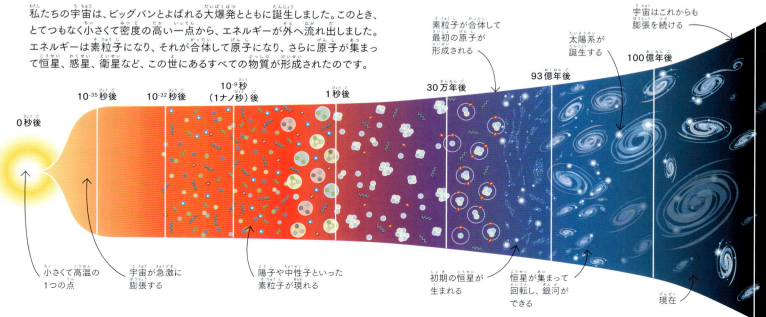

14 | 宇宙

無数の銀河

銀河は、恒星、惑星、塵、ガスが集まってできた巨大な塊です。観測できる範囲の宇宙には、少なくとも1000億個の銀河があり、観測できないほど遠くの宇宙にも、さらに数十億個の銀河があると考えられています。

天の川銀河

私たちがいる天の川銀河（銀河系）は中サイズの銀河で、直径は約10万光年。最大で4000億個の恒星があるといわれます。大きな銀河の中央部には、超大質量ブラックホールがあると考えられています。超大質量ブラックホールは強力な重力を持ち、近づいたら最後、どんなものもその重力から逃れることはできません。天の川銀河にある超大質量ブラックホールは、いて座A*とよばれています。

衝突する宇宙

銀河どうしが近づくと、互いの重力に引っ張られてさらに近づき、最後には衝突します。写真の車輪銀河は、2億年ほど前に小さな銀河が衝突して中心部を通り抜けたため、それまでの渦巻き状の形が壊れて、標的の中心のように見える高密度のコア（銀河の中心部）が残りました。

楕円銀河
球体がつぶれたような単純な構造で、多くの恒星が中心に集まっています。

渦巻銀河
中心部は恒星が集まって膨らみ、それを渦巻きのように囲む腕がのびています。

棒渦巻銀河
棒状の膨らみの両端から、渦巻き状に腕がのびています。

不規則銀河
恒星、ガス、塵が集まったもので、はっきりとした形はありません。

銀河の形

銀河の始まりの姿は、恒星と塵が渦巻く雲のようなものと考えられています。これにほかの雲が近づくと、重力の働きで互いに引き寄せ合い、衝突して絡み合い、もっと大きな回転する塊になります。そうしてできた銀河の形には、楕円、渦巻、棒渦巻、不規則の4つがあります。

私たちの銀河である天の川銀河とその近くにあるアンドロメダ銀河は互いに接近中。40億年後には衝突する！

地球からの眺め

夜空に輝く星々は、すべて天の川銀河の恒星です。私たちは、天の川銀河の渦巻腕の1つに位置しているので、自分たちがいる銀河は、光り輝きながら夜空にたなびくかすみの帯のように見えます。

天の川の暗い部分は、厚い塵の雲によって恒星の光が遮られている

恒星がたくさん集まっているところは、白く輝く雲のように見える

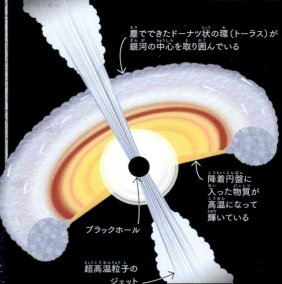

塵でできたドーナツ状の環（トーラス）が銀河の中心を取り囲んでいる

降着円盤に入った物質が高温になって輝いている

ブラックホール

超高温粒子のジェット

活動銀河

中心部にあるブラックホールから大量のエネルギーを放出する銀河を、活動銀河と言います。ガスが落ちこむと重力エネルギーが解放されて、中心部から超高温粒子のジェットが噴き出し、明るく輝きます。このジェットの長さは数千光年にもなることがあります。

さんかく座銀河は地球から肉眼で見える最も遠い天体の1つだ！

さんかく座銀河は地球から270万光年の距離にある

アンドロメダ銀河は局所銀河群の中で最も大きい

局所銀河群

天の川銀河

銀河の集まり

恒星と同じように、銀河どうしも集まる傾向があります。銀河群が集まって銀河団、さらにそれが集まってできるのが超銀河団です。私たちがいる天の川銀河は、局所銀河群として知られる銀河の集まりに属しています。ここには大きな銀河が3つしかなく、そのほかには矮小銀河があるだけです。この局所銀河群は、おとめ座超銀河団の一部を構成しています。

土星の環は地球21個分！
土星の環は太陽系の中で最も大きく、直径が27万kmにもなります。
これは、4つの主環の中に21個の地球が並んでしまうほどの長さです！

大きな衛星トップ5
太陽系には少なくとも255個の衛星があり、一番大きいものは一番小さな惑星よりも大きいです。
太陽系の衛星の中で直径が最も大きいのは右の5つです。

衛星のガニメデとタイタンは惑星の水星より大きい！

1 ガニメデ（木星の衛星）
直径5270km

データで見る
すごい宇宙

宇宙には、銀河、恒星、その他の天体が無数にあります。とは言っても、宇宙空間は想像を絶するほど巨大なので、いくら天体があっても、宇宙の大部分は空っぽです。このページでは、驚くべき宇宙の中でも、最も大きく、最も明るく、最も不思議なことなどを、事実や数字とともに紹介しましょう。

宇宙の時間はいろいろ
1日とは、惑星が地軸を中心に1回転するのにかかる時間を、1年とは、惑星が太陽の周りを1周するのにかかる時間を指します。

←地軸

水星
1日の長さ：1408時間
1年の長さ：88地球日

金星
1日の長さ：5832時間
1年の長さ：225地球日

地球
1日の長さ：24時間
1年の長さ：365地球日

火星
1日の長さ：25時間
1年の長さ：687地球日

木星
1日の長さ：10時間
1年の長さ：4333地球日

土星
1日の長さ：11時間
1年の長さ：1万759地球日

天王星
1日の長さ：17時間
1年の長さ：3万687地球日

海王星
1日の長さ：16時間
1年の長さ：6万190地球日

強く輝く超新星
大質量星が死ぬと超新星爆発を起こし、短い間、銀河全体よりも強く輝くことがあります。
下の画像で、輝くガスと塵でできた殻のように見えるものは、カシオペア座Aとよばれる超新星の残骸です。

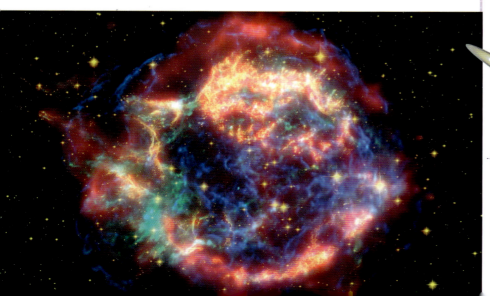

宇宙 17

2 タイタン（土星の衛星）
直径5150km

表面はクレーターだらけ
3 カリスト（木星の衛星）
直径4820km

数百の火山が表面を覆っている
4 イオ（木星の衛星）
直径3640km

5 月（地球の衛星）
直径3480km

地球に近い恒星 トップ5

下の5つは地球から最も近い恒星です。
恒星までの距離は光年で表し、
その下には、時速110km（70マイル）の
自動車で到達するのにかかる
運転時間も記してあります。

1 太陽
距離：0.000016光年
運転時間：160年

2 プロキシマ・ケンタウリ
距離：4.2光年
運転時間：4200万年

3 ケンタウルス座アルファ星A、B
距離：4.3光年
運転時間：4300万年

4 バーナード星
距離：6光年
運転時間：6000万年

5 ウォルフ359
距離：7.9光年
運転時間：7900万年

地球すれすれまで近づいた小惑星

2019年、「2019 OK」と名づけられた小惑星が
地球から7万1300km、つまり地球と月の距離の
5分の1くらいのところまで接近しました。
地球の近くに迫った天体の中でも
2019 OKの大きさは最大で、
しかもその接近を誰も探知できなかったのです。

小惑星2019 OKはサッカー場くらいの大きさだ

地球近傍天体に分類される小惑星の数は3万を超える！

巨大な木星

木星は太陽系最大の惑星で、
その質量は、太陽系の
ほかのすべての惑星を
合わせたものの
2倍を超えます。

マックノート彗星

明るい彗星5選

太陽系には何十億もの彗星が
存在すると考えられていますが、
地球に接近する彗星のうち
肉眼で見られるものはわずかしかありません。
下にあげる彗星は、ここ50年ほどで
ひときわすばらしい天体ショーを
見せてくれた彗星たちです。

NEOWISE（ネオワイズ）（2020年）
現在のところ、21世紀に入って最も明るかった
彗星。再び見られるのは今から6800年後です。

マックノート彗星（2007年）
この彗星はとても明るかったので、昼間でも見ることができました。

ヘールボップ彗星（1997年）
18カ月以上にわたって視認でき、世界中で数百万人が目撃しました。

百武彗星（1996年）
この彗星の尾は、これまで測定された彗星の尾の中で最も長く、5億7000万kmにおよびます。

ウェスト彗星（1976年）
この驚くほど明るかった彗星は、あと50万年は戻ってきません。

恒星の輝き

超巨星たて座UY星は観測された恒星の中で最も大きなものの1つ。この星の中に太陽が50億個も入ってしまう！

夜空に光る恒星は小さな点にしか見えませんが、近づいてみると、実際の恒星は巨大な超高温ガスの球です。その中心部では、原子がぶつかり合って原子核が融合する核反応が絶えず起こっており、発生する熱と光が宇宙へ放出されています。天の川銀河だけでも、最大4000億個の恒星があります。

塵の大半は、かつて古い恒星の一部だった

仲間をつくる星

恒星の多くは、私たちの太陽のように一生孤独に過ごしますが、重力の働きによってペアやグループをつくる恒星もあります。そうした恒星は互いの周りを回り、場合によっては、さらにその周りを複数の惑星が公転していることもあります。

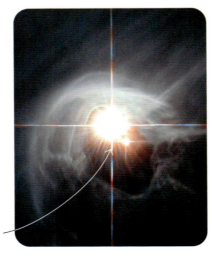

この1組の恒星はDI Chaとよばれる若い星系の一部

恒星からのジェット

右の画像の黄色い部分が示しているのは、生まれたばかりの恒星から噴き出す高速ジェットが、周囲のガス雲に突っこんでガスを輝かせている場所です。恒星自体は塵に覆われていて見えません。

この彗星のような天体は原始星ジェットといって、新しく生まれた恒星（写真では見えない）から噴き出すガスの流れだ

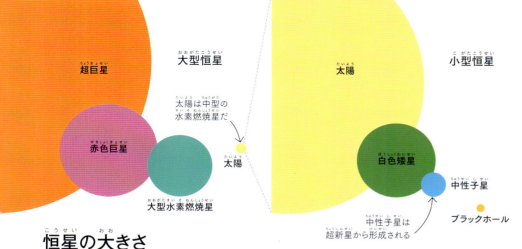

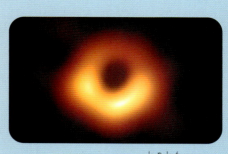

恒星の大きさ

地球のような惑星と比べると、太陽は巨大です。とはいえ、太陽もほかの恒星と比べると平均的な大きさで、超巨星の中には、太陽より1500倍も大きいものもあります。一方、太陽より小さな恒星もあり、その中には大きな恒星が死んで残骸となったものもあります。

ブラックホールの写真

これは史上初めて撮影されたブラックホールで、写っているのはM87銀河の中心にある超大質量ブラックホールです。銀河の中心にあるブラックホールは、死を迎える恒星から形成されるものに比べると、何千倍もの大きさがあります。

星の揺りかご

この画像の塵とガスが渦巻く塊は、NASA（アメリカ航空宇宙局）のジェイムズ・ウェッブ宇宙望遠鏡が2022年に撮影したイータカリーナ星雲の一部です。イータカリーナ星雲は、地球から約7600光年の距離にある星形成星雲、つまり「星の揺りかご」で、多くの若い恒星の一生がここから始まります。

恒星の一生

すべての恒星には始まりと終わりがあって、生まれ、変化し、死を迎える恒星の一生は数十億年に及びます。恒星の一生は、質量の大きさによって変わってきます。ここでは、恒星がたどる一生のうち3つのパターンを段階ごとに示しています。

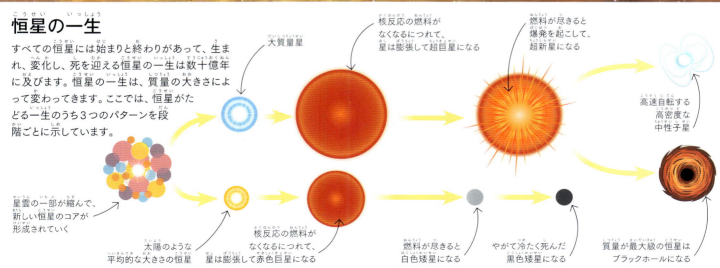

太陽

20 宇宙

私たちの太陽は、プラズマという電気を帯びたガスでできた巨大な球で、その大きさは地球が100万個入ってしまうくらいです。太陽系が1つにまとまっているのは太陽の重力があるからで、地球上のすべての生き物が生きていけるのも、太陽から地球に降り注ぐエネルギーのおかげです。太陽は、その燃料が尽きるまであと50億年間、輝き続けます。

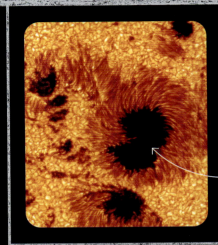

太陽の黒点

黒点は、太陽の表面に現れる暗い斑点です。周りよりもわずかに温度が低く、磁気活動が活発なことから、高温のガスが表面に到達しにくくなっています。黒点の数は11年周期で増減をくり返します。

黒点の温度は周囲の表面より低いが、それでも約3600℃はある

表面にはオレンジの皮のような凹凸があり、「粒状斑」とよばれる

太陽の大気の一番外側はコロナとよばれる

太陽表面の嵐

太陽は荒れ狂う大気に包まれています。そこでは、超高温のプラズマジェットが内部から噴き出し、コロナの雨となって表面に降り注いでいます。このような太陽の嵐は、爆風となって地球上の電子機器にも影響を与え、停電の原因になることもあります。

太陽の表面からはプロミネンスとよばれるガスのジェットが噴き出している。その高さは数十万kmにもなることがある

プロミネンスは太陽の磁場によって引き起こされ、数日から数カ月続く

太陽は電気を帯びた水素とヘリウムでできている

宇宙 | 21

太陽が1秒間に
放出するエネルギーは、
地球上の全人類が1年間に使う
エネルギーの50万倍にもなる！

太陽の内部

太陽は水素とヘリウムのガスでできた巨大な球です。高密度のコア（中心部）の中では核反応によって膨大なエネルギーが生み出され、最大で1500万℃に達する熱が発生しています。

- コア
- いくつものガス層
- 目に見える表面は光球とよばれる
- 光球の上には目に見えない大気が何層かある

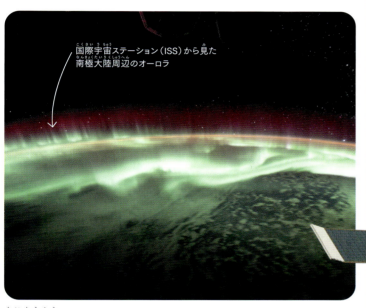

国際宇宙ステーション（ISS）から見た南極大陸周辺のオーロラ

太陽風

太陽から噴き出すプラズマの絶え間ない流れを太陽風と言います。太陽風を構成する粒子の一部が、地球の磁場に捕らえられて大気の中へ落ちていき、北極と南極周辺の空でまばゆく輝くオーロラが発生します。

- 太陽の熱から探査機を守る耐熱シールド。1300℃まで耐えることができる
- 太陽光パネル。探査機に電力を供給する

太陽の観測

2018年、太陽の大気圏内を飛行し、間近から太陽を調べることを任務として、パーカー・ソーラー・プローブが打ち上げられました。時速53万2000km以上で飛行するこの探査機は、人類がこれまでにつくったものの中で最も速い物体です。

太陽のエネルギーがコアから表面に到達するのに
10万年かかる。そのエネルギーが太陽の表面から
地球に届くまでには、たった8分しかかからない！

宇宙の偶然の一致

月が地球と太陽の間を通過するとき、皆既日食が起こることがあります。この珍しい現象を地球から見ることができるのは、太陽の大きさが月の400倍あるのに対して、地球からの距離が400倍離れているので、見かけ上、太陽と月が同じくらいの大きさになるからです。

太陽の影響

惑星が太陽の周りをずっと回っているのも、その向こうにある無数の天体が太陽系にとどまっているのも、すべて太陽の重力の影響です。カイパーベルトは小惑星、準惑星、彗星で構成され、遠く離れたオールトの雲は、太陽に最も近い恒星までの距離の半分まで広がっています。

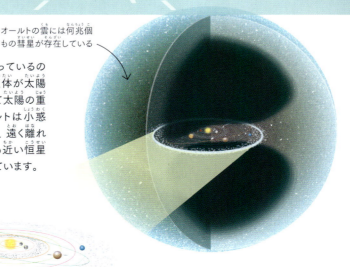

- オールトの雲には何兆個もの彗星が存在している
- 海王星の外側にはカイパーベルトが広がっている

私たちの太陽系

太陽系は、太陽と、その周りを公転する8つの惑星、何百万もの小惑星、彗星、その他の天体で構成されています。右の図は、太陽系に属する8つの惑星を示しています。太陽に近いものから順に並んでいますが、相対的な大きさや互いの距離は実際とは異なります。

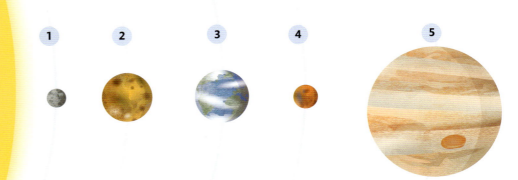

太陽系の惑星

惑星は岩石や液体状になったガスでできた球体で、恒星の周りを公転（周回）しています。公転する軌道は惑星ごとに異なっており、コマのように自転しながら軌道をめぐっています。私たちが住む地球は、太陽系の内側から3番目の惑星で、現在知られているかぎり、生物が生きていくことができる唯一の惑星です。

太陽系最大の木星

巨大なガス惑星である木星は太陽系最大の惑星で、中に地球が1000個くらい入ってしまいます。表面に見える縞模様は、強い風によって形づくられた雲の帯です。

木星の大赤斑。その正体は回転する巨大な嵐で、この赤外線画像では青く見えている

天王星は太陽系で唯一、ボールが転がるように横倒しで自転する惑星だ！

はるか彼方の系外惑星

太陽系の外にある惑星は系外惑星とよばれ、これまでに5000個以上が発見されています。左の画像は史上初めて撮影された系外惑星で、地球から約170光年離れています。

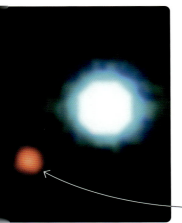

この赤い系外惑星には2M1207bという名前がついている

宇宙 23

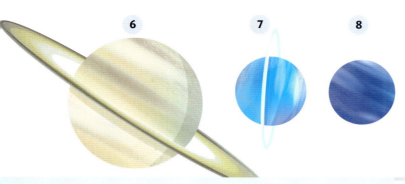

1 水星
太陽系で最も小さい惑星で、太陽に最も近い軌道を回っています。

2 金星
太陽系で最も熱い惑星で、厚い雲の層に覆われています。

3 地球
液体の水が存在するとわかっている太陽系唯一の惑星です。

4 火星
冷たく乾燥した惑星で、薄い大気が存在します。

5 木星
90個以上の衛星がその周りを回っています。

6 土星
氷の塊が集まってできた環に囲まれています。

7 天王星
太陽系で最も冷たい惑星です。

8 海王星
太陽系で最も速い猛烈な風が吹いています。

水星の表面温度は、
日中は
430℃まで上昇し、
夜間には
－180℃まで急落する！

岩石惑星と巨大ガス惑星
太陽系の惑星は、岩石惑星と巨大ガス惑星の2種類に大きく分けられます。4つある岩石惑星は太陽に近い軌道を、残り4つの巨大ガス惑星は岩石惑星より外側の軌道を回っています。

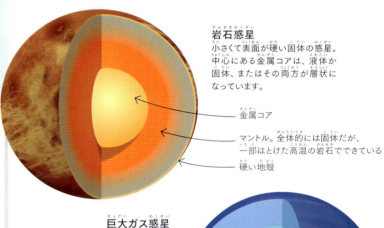

岩石惑星
小さくて表面が硬い固体の惑星。中心にある金属コアは、液体か固体、またはその両方が層状になっています。

― 金属コア
― マントル。全体的には固体だが、一部はとけた高温の岩石でできている
― 硬い地殻

巨大ガス惑星
巨大ガス惑星に固体の表面はありません。惑星本体の大部分が液体状のガスでできていますが、岩石質の物質の部分もあります。

― 岩石質の内部コア
― 液体化したガスの層
― ガスの大気

木星の赤道付近の雲は時速500km以上で動いている

赤い惑星
地球と同じく、火星にも岩石の地表、雲、季節があります。ただ、環境は地球よりもはるかに厳しく、ダストデビル（塵旋風）とよばれる大規模な砂嵐が何週間にもわたって続くことがあります。

火星の別名「赤い惑星」は、火星の土に多くふくまれる鉄の錆びた色に由来する

ケイティ・スタック・モーガン博士はNASAのジェット推進研究所に勤務する地質学者で、マーズ2020ローバー・ミッションの副プロジェクト・サイエンティストを務めています。

火星の専門家に聞く

Q. はるか遠くの火星にあるローバー（無人探査車）を、どうやって地球から操作するのですか？

A. 私たちがジョイスティックを握ってローバーをリアルタイムで操作しているように思っている方もいますが、実際には、ローバーに何をするか、どこを走るか、どのようなデータを収集するか、その日ごとに計画を立て、それを伝えています。ローバーが火星で充電している夜の間に計画を作成し、ローバーが「目覚める」時間に合わせて、ディープスペース・ネットワーク（地球に設置された無線アンテナのネットワーク）を通じて計画を送信します。そうして、火星にいるローバーがいそがしく科学的・工学的活動を行う1日が始まるのです。

Q. ローバーはどうしてこんなに長時間活動できるのですか？大きなバッテリーを積んでいるのですか？

A. これまで火星に降りたローバーや着陸機の多くは太陽電池を動力源としてきましたが、パーサビアランスは放射性同位体熱電気転換器（RTG：原子力電池）を動力源にしています。このシステムは、核燃料（主にプルトニウム238）が自然崩壊する際に出る熱を電気に変換します。RTGは非常に信頼性が高く、長寿命で、火星の塵や砂嵐の影響を受けません。

Q. このミッションで最も難しかったことは何ですか？

A. 打ち上げと着陸が一番ヤキモキした場面だったのは間違いないです。こうした場面は一番リスクが高く、何かミスが起きたら、ミッションそのものが失敗に終わってしまうこともありえます。ローバーが無事に火星に到着したときは、チーム一同ほっとして大きなため息をついたものです。

Q. 生命の痕跡は見つかると思いますか？

A. パーサビアランスがすでにいくつかの有望なサンプルを調査していますが、生命体が存在するかどうか確定するためには、まずはサンプルを地球に持ち帰って分析する必要があります。NASAでは、2030年代にサンプルを回収して地球に持ち帰るミッションを計画中です。

Q. どこを調べればいいか、どうしてわかるのですか？

A. 地球上で太古の生命の痕跡を見つけようと、岩石を調べた経験が役立っています。火星では、かつて水とエネルギー源が存在していた痕跡を探すとともに、生命の痕跡が保存されている可能性の高い種類の岩石も探しています。

Q. ジェゼロクレーターは何が特別なのですか？

A. NASAが着陸地点としてジェゼロクレーターを選んだ理由の1つは、ジェゼロクレーターは岩石の種類がきわめて豊富で、生物の生存に適した環境が存在している可能性があったことです。この地域を探査することで、火星が遠い過去にどのような状態であったかをもっと正確に知ることができ、いずれローバーが太陽系で最も古く謎に満ちた岩石のいくつかを見つけて調べることも、夢ではないのです！

火星に生命が?

2021年2月、NASAのローバー「パーサビアランス」が火星の地表に降り立ちました。この自動車サイズのローバーは、古代の河川デルタと考えられているジェゼロクレーターを探査し、かつてそこに生命が存在した痕跡を探しています。この画像の左側に写っている「インジェニュイティ」という小型ヘリコプターは、火星の薄い大気でも動力飛行が可能なことを実証しました。

小惑星の衝突！

太陽の周りを回っている天体は、惑星のほかにもあります。何百万個も存在するその天体が小惑星で、太陽系が誕生したときに惑星にならずに残された岩石や金属、氷の塊です。隕石となって地球の大気を突き破り、地表に衝突することがあります。

アメリカで発見された最大の隕石

地球に降り注ぐ隕石の大半は小さな岩石の破片です。しかし、ごくまれに大きな衝撃を引き起こすほど巨大な隕石が落ちてくることがあります。右の巨大な鉄の塊はウィラメット隕石とよばれるもので、重さは14tあります。このように大きな金属隕石は非常に珍しく、現在のところアメリカで発見された最大の隕石です。

> 火星にある
> ユートピア衝突クレーターの
> 直径は3330km。これは
> オーストラリアの南北の長さと
> ほぼ同じだ！

無数にある小惑星

太陽系には惑星よりも小さな天体が無数にあります。現在までに110万を超える小惑星が確認されており、新しい天体の発見は今も続いています。

準惑星
惑星に似ているが、惑星よりも小さい天体。同じ軌道をほかの天体も回っています。

小惑星
恒星の周りを回る岩石か金属、または氷でできた天体。丸いものもあれば、いびつな形のものもあります。

衛星
惑星や小惑星の周りを公転する、岩石や氷でできた小さな天体です。

彗星
岩石、塵、凍ったガスが混ざってできている天体。塵とガスでできた尾があります。

ピット（穴）は隕石の金属が地球上で雨水と反応してできたもの

この隕石は高さ3mで、4歳の子どもの平均的な身長の3倍にもなる

地球の大気を猛スピードで突き抜ける際にとけた表面

隕石は金属でできていて、そのほとんどは鉄だ

衝突後、ディモルフォスに先が2つに割れたおぼろげな尾ができた

宇宙機DART

DARTミッション

2022年、NASA（アメリカ航空宇宙局）は宇宙機DARTをディモルフォスという小惑星に衝突させ、小惑星の軌道を変更できるかどうか実験しました。変更できるなら、地球に向かってくる大型小惑星の脅威から地球を守ることができるかもしれません。実験の結果を見ると、試みはうまくいったようです。

地球には、毎日44tの岩石が宇宙から降ってくる。幸いなことに、そのほとんどは地表に衝突する前に蒸発してしまう！

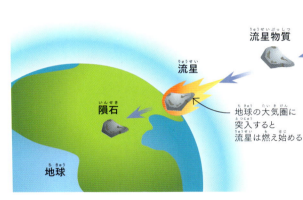

流星物質

流星

隕石

地球

地球の大気圏に突入すると流星は燃え始める

小惑星は太陽の周りを回る大きな岩石だ

小惑星

変わる名前

宇宙から地球に飛んでくる岩石は、その状態によって名前が変わります。小惑星や彗星から出た岩石のかけらは流星物質とよばれます。これが地球の大気圏に突入すると流星となり、地表に落下したものは隕石とよばれます。

膨大なエネルギーを生む小惑星の衝突

小惑星が秒速約70kmという猛スピードで地球に衝突すると、膨大なエネルギーが放出されます。このエネルギーは、衝突した隕石自身を蒸発させるだけでなく、ぶつかった地面の大部分も蒸発させてしまいます。

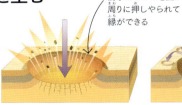

衝撃によって地面が周りに押しやられて縁ができる

衝突直後
小惑星が猛スピードで衝突すると膨大なエネルギーが発生し、爆発を起こします。

噴出物（デブリ）によってつくられた小さなクレーター

数秒後
クレーターの破片が外側に飛び散り、二次クレーターがつくられます。

クレーター内にリング状の尾根ができる

しばらく後
やがてクレーターの底が平らになり、噴出物が周囲を取り囲みます。

巨大クレーター

アメリカのアリゾナ州にあるバリンジャー・クレーターは、5万年前に10メガトンの核爆弾と同じくらいの威力を持つ直径50mほどの隕石が衝突してできたものです。その際、太陽の光を遮るほど分厚い灰と塵の雲が発生し、地域の気候に影響を与えました。

クレーターの直径は1.3km

おわん型をしたクレーターの深さは174m

すばらしい月世界

地球の周りを人工衛星ではない衛星が回っています。それが月です。太陽系で確認されている250以上の衛星の中でも、この乾燥した砂だらけの球体は最も大きい部類に入ります。これまでに月面を歩いた人類は12人しかいませんが、この先10年間に再び人類を月面に送りこむ計画が進行中です。

月と地球の間は地球が30個並ぶほど離れている！

月面の風景

月の表面は山や谷があってデコボコしており、巨大な岩の塊が散らばっています。このパノラマ写真は1972年に撮影されたもので、アポロ17号の着陸地点であるタウルス・リットロウ渓谷が写っています。

月面の83％を高地が占めている

大きな石はその昔に衝突した隕石の残骸だ

月の誕生

月は約45億年前、ガイアとテイアという2つの惑星が衝突して誕生しました。この巨大衝突によって、まったく新しい惑星である地球ができるとともに岩石と塵の雲が生まれ、やがてそれが集まって月が形成されたのです。

2つの惑星が接近
ガイアの重力に小さな惑星が引き寄せられ、2つの惑星が衝突します。

衝突によるデブリ
2つの惑星の衝突によって、金属や岩石のかけら（デブリ）が発生します。

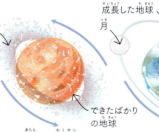

残った岩石が環をつくる

成長した地球
月

新しい惑星
デブリが発生するとともに、新しい惑星、地球の形成が始まります。

できたばかりの地球

月
地球の周りを回っている岩石が重力によって引き寄せられ、月が形成されます。

月の裏側

月は地球の周りを回りながら、ゆっくりと自転しています。月が1回自転する時間は、月が地球の周りを1周する時間とちょうど同じなので、地球からは月の「近い側（表側）」しか見えません。左の画像は月の「遠い側（裏側）」を写したもので、地球から160万kmの軌道を回る衛星が撮影しました。

月の重力は地球の1/6なので、地球上よりも6倍高くジャンプできる！

月の表側

これは、私たちがいつも地球から見ている月、つまり月の表側です。月には「海」とよばれる平らで低い地面が広がる暗い部分と、明るい色の高地があります。夜になるとここに太陽光が反射して、月が「輝いて」見えるのです。

月の表面には何百ものクレーターがあばたのように開いている

月の海は溶岩が海のようにたまってできた

クレーターからのびる明るい筋を「光条」という。これは隕石が衝突してクレーターができたとき、岩石が吹き飛ばされたものだ

明るい部分は高地で、クレーターがたくさんある山岳地帯だ

アポロ17号のミッションでは月専用バギーに乗って月面探査を行った

アポロ17号の宇宙飛行士ハリソン・シュミットは、現在までのところ月面を歩いた最後の人類の1人だ

永久保存された足跡

地球と違って、月には風も吹かず、雨も降らず、天気の変化も存在しません。そのため、宇宙飛行士たちが月面につけた足跡はすべて、その時の状態のまま、今もそこに残っているのです。

月の満ち欠け

私たちが見る月の形は、太陽に照らされる場所が変わることで、1カ月の間に満月から三日月へ、そして再び満月へと変化します。上のように、月食のときも月の形が変わったように見えます。月食では、地球が月と太陽の間を通る際、月面に地球の影が落ち、最後は完全に覆いかくします。それでもわずかな太陽光が地球の周りで屈折して（曲がって）月に届くため、月は赤く染まって見えます。

厚さが不ぞろいな月の地殻

月の裏側の地殻は表側より厚い

月は岩でできていて、中心に鉄のコアがあります。月ができたとき、岩はすべて溶岩の状態でした。熱い地球から離れた側（月の裏側）は冷えるのが早く、地球に近い側（月の表側）よりも多くの溶岩が固まりました。そのため、月の地殻は厚さが不ぞろいなのです。

鉄のコア

コアに近い岩は部分的にとけている

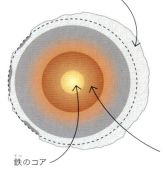

月は毎年3.8cmずつ地球から遠ざかっている！

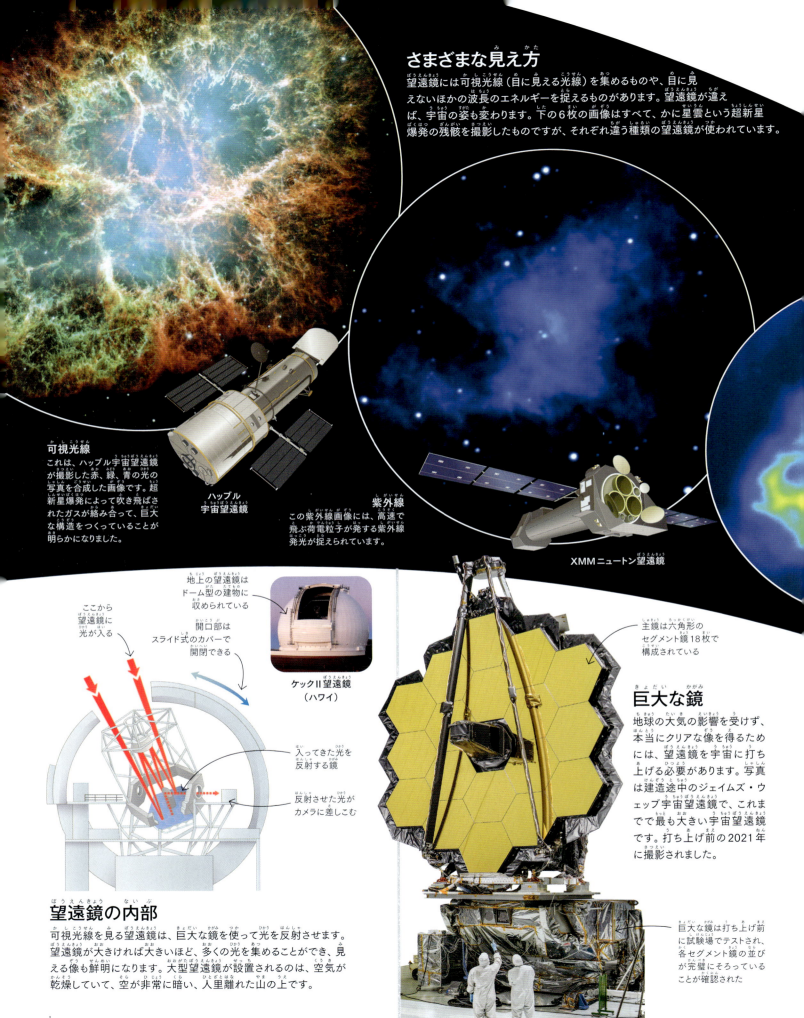

宇宙 31

中国にある500m球面電波望遠鏡（FAST）の巨大なアンテナは、テニスコート750面分の面積がある！

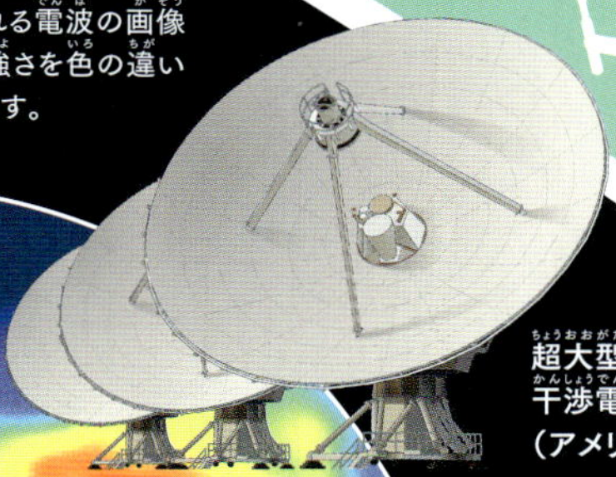

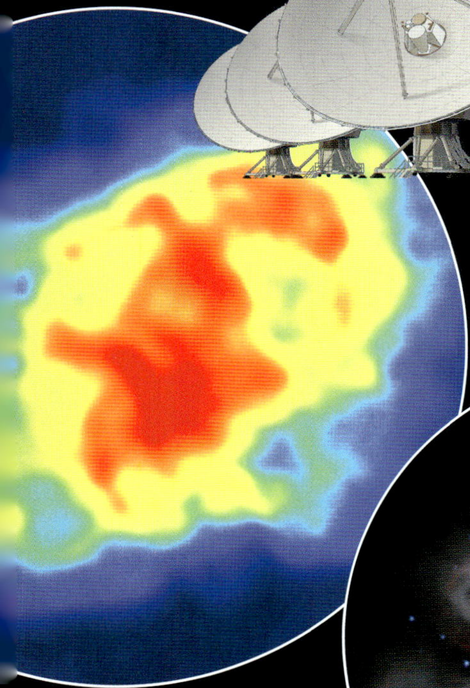

宇宙を観測する

宇宙を詳しく観測するのに、天文学者は強力なハイテク望遠鏡を使っています。それらの望遠鏡は、地上から、あるいは地球を回る軌道から宇宙を観測し、肉眼では見ることができない宇宙の姿を私たちに見せてくれるのです。

電波
これはかに星雲の高温ガスから発せられる電波の画像で、電波の強さを色の違いで表しています。

超大型干渉電波望遠鏡群（アメリカ）

赤外線
赤外線で撮影したこの画像には、荷電粒子の白い輝きが捉えられています。ピンク色に光っているのはガスの束です。

スピッツァー宇宙望遠鏡

ジェイムズ・ウェッブ宇宙望遠鏡の鏡は、24カラット＝純金の薄い膜でコーティングされている！

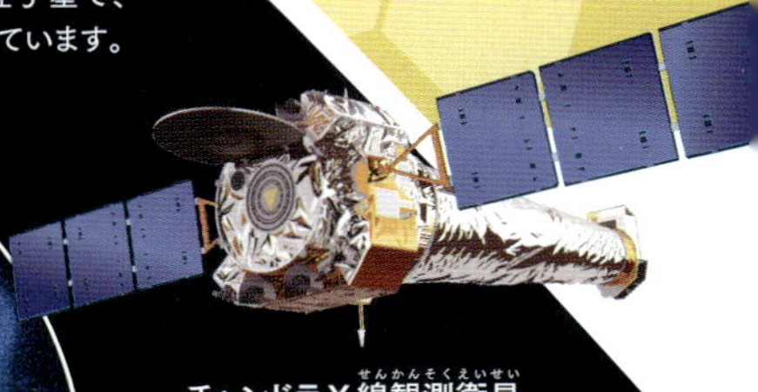

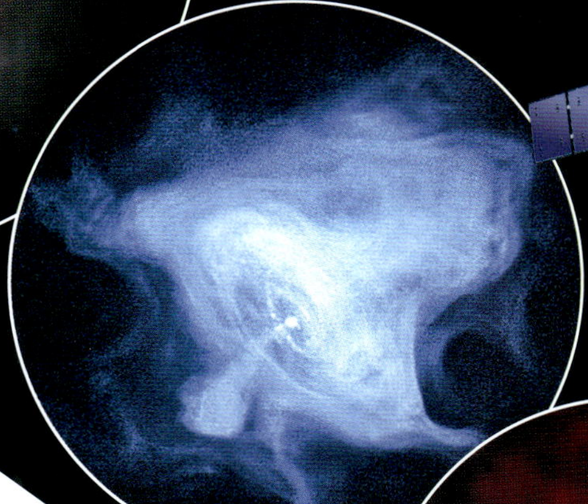

X線
X線で撮影したこの画像には、星雲の中心にあるパルサーが写っています。パルサーは高速回転する中性子星で、強力な粒子のジェットを放射しています。

チャンドラX線観測衛星

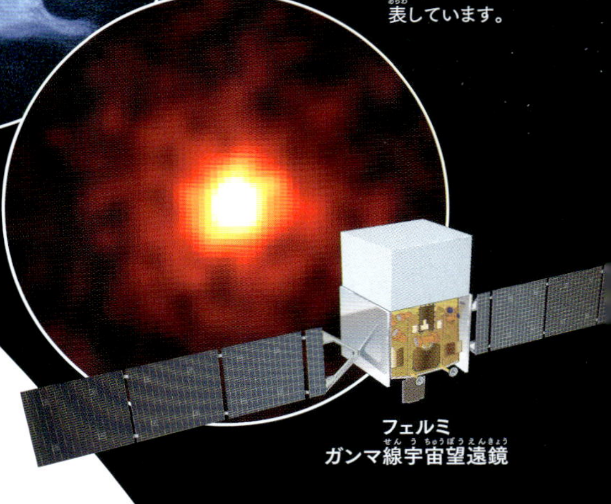

ガンマ線
ガンマ線の強烈な放射が、星雲の中心にあるパルサーのとてつもないパワーを表しています。

人工の星
レーザー光線

観測精度を高める
望遠鏡の中には、レーザー光線を使って、地球の大気の乱れが観測に与える影響を取り除くものがあります。左の写真の望遠鏡は、レーザー光線を空に向けて発射し、「人工の星」をつくります。そして、この星のわずかな位置の変化をコンピューターで追いかけ、その情報をもとに、望遠鏡の焦点の精度を高めるのです。

フェルミガンマ線宇宙望遠鏡

宇宙を探検する

32 宇宙

人類は「宇宙を探検する」という困難な夢をずっと追い続けてきました。宇宙を研究するにあたって、地球から観測するだけでは十分ではないのです。宇宙のことをもっと深く知るためには、宇宙に出ていく必要があります。しかし今のところ、人類が訪れた地球外の天体は月だけです。

月面基地

1970年代を最後に、人類は月へ行っていません。しかし、状況が変わろうとしています。現在NASAは、2026年以降に人類を月面に送りこみ、基地の建設を目指すアルテミス計画を進めています。この基地を足がかりに、将来は火星やさらに遠方も探査しようとする計画です。

月面を探査するための車両

食料となる植物を栽培するガラス製ドーム

月面にはNASAの宇宙飛行士が持っていったアメリカ国旗6枚、ゴルフボール2個、家族写真などが残されている!

ソーラーパネルが月面基地に電力を供給する

これまでの歩み

最初の宇宙探査から現在まで、宇宙科学はすばらしい進歩を遂げました。宇宙探査の歴史において大きな飛躍となった偉業を紹介しましょう。

1957年 スプートニク1号
ソ連が打ち上げた人類初の人工衛星。地球を回る軌道に3カ月間とどまりました。

1961年 ボストーク1号
人類初の宇宙飛行士ユーリ・ガガーリンが、ソ連の宇宙船ボストーク1号で地球の周りを回りました。

1965年 ベネラ3号
ソ連のベネラが金星表面に不時着。太陽系の地球以外の惑星表面に到達した最初の探査機となりました。

1969年 アポロ11号
アメリカ人のバズ・オルドリンとニール・アームストロングが人類で初めて月面に降り立ちました。月の軌道上を回る司令船には、3人目のマイク・コリンズが乗っていました。

宇宙 | 33

打ち上げる搭載物は、ロケット先端のオリオンとよばれるカプセルに収められている

巨大な燃料タンクは、空になったら切り離して投下する

SLSロケットから猛烈な勢いで噴射されるガス。ロケットを宇宙へ飛ばすために必要な推力を生み出す

ロケット科学

地球の重力を振り切って宇宙へ出ていくには、膨大なエネルギーが必要になります。2022年のアルテミス1号の打ち上げに使用されたスペース・ローンチ・システム（SLS）のようなロケットは、大量の燃料を燃やして必要なエネルギーを発生させます。燃料の燃焼が始まると、ロケットは高温のガスを勢いよく噴射し、その反動でロケットは上昇していきます。

宇宙探査のための機材と施設

種類	機能
打ち上げ機	宇宙機の打ち上げに使われる超強力なロケットです。宇宙機を放出すると、打ち上げ機は宇宙に出ることなく地表へ戻ります。
無人機	天体のそばを通り過ぎたり軌道を回ったりして、その天体のデータや画像を収集し、地球に送信します。
着陸機と探査車	目標の天体の地表を探索しながら写真を撮ったり、標本を採集したりします。ロボット車両を運んで、放出するものもあります。
有人宇宙船	有人宇宙船はこれまで、宇宙ステーションや月へ人間を運ぶのに使われてきました。
宇宙ステーション	地球の軌道を回る研究施設です。科学者たちが乗りこんで、数週間から数カ月間、そこで生活し、仕事をします。

イオンエンジンを搭載したNASAの探査機DAWN。2007年以来69億kmも飛行している

電気を使った推進方式

イオン推進は、宇宙空間を飛行するときに使う新しいタイプの推進方式です。原子をイオン化（帯電）し、それを強制的に放出することで、宇宙機を加速させ、高速で飛行させることができます。

小惑星アロコスはこれまでに探査された中で最も遠くにある天体だ！

アロコスは地球から64億kmの距離にある

元NASAパイロットのウォーリー・ファンクが宇宙飛行を成し遂げたのは82歳のときだった！

宇宙観光

「アマチュア」宇宙飛行士に宇宙旅行のチャンスを提供する会社がいくつかあります。費用は90分の旅で約50万ドル。国際宇宙ステーション（ISS）に1週間滞在する場合は、5500万ドルかかります。

1971年 サリュート1号
ソ連によって打ち上げられた、地球の軌道を回る最初の宇宙ステーション。円筒形の宇宙船で、175日間軌道上にとどまりました。

1973年 パイオニア10号
木星まで到達し、太陽系の小惑星帯を越えて飛行した最初の探査機となりました。

1997年 マーズ・パスファインダー
火星に着陸し、探査車（ソジャーナ）を地球外の惑星へ運ぶことに初めて成功しました。

2015年 ニューホライズンズ
この探査機は、太陽系をはるばる飛行して準惑星の冥王星に到達し、その後カイパーベルトの探査に向かいました。

2022年 アルテミス1号
無人月周回機。これが打ち上げられたことにより、有人月探査計画が再び動き始めました。

動物の宇宙飛行士

これまで驚くほどたくさんの種類の動物が宇宙に送られました。初めて動物が宇宙へ出たのは1947年で、ロケットに乗せられたミバエでした。宇宙開発の初期には動物たちを乗せて試験飛行が行われましたが、彼らがすべて地上に戻ってこられたわけではありません。

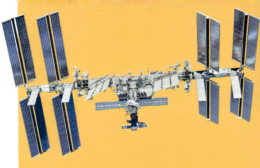

宇宙ステーション

国際宇宙ステーション（ISS）は時速2万8000kmで地球の周りを回っています。90分で地球を1周するので、ISSにいる宇宙飛行士は、1日に16回、太陽が昇ったり沈んだりするのを見ることになります。

カエル
無重力の影響を研究するために、1970年代からカエルが使われています。

霊長類
これまでに32匹のサルと類人猿が宇宙へ行きました。初めて宇宙へ行った類人猿はチンパンジーのハムです。

イヌ
1957年、イヌのライカが地球の周りを回った最初の動物となりました。

カメ
1968年、2匹のヨツユビリクガメが初めて月の周りを回った動物となりました。

新記録の達成者

最高齢での宇宙飛行
アメリカ人俳優ウィリアム・シャトナーは、2021年に90歳で宇宙を飛行しました。

最年少での宇宙飛行
オランダ人学生オリバー・デーメンは、2021年、18歳のときに観光客として宇宙に行きました。

史上初の宇宙観光客
アメリカ人実業家デニス・チトーは2001年に2000万ドルを支払ってISSを訪れ、史上初の宇宙観光客となりました。

最多宇宙遊泳
ロシアの宇宙飛行士アナトリー・ソロフィエフは、宇宙遊泳（船外活動）の最多記録を保持しています。回数にして16回、総活動時間は82時間以上にのぼります。

最も遠くへ行った人たち
1970年、月を目指した宇宙船アポロ13号の乗組員は、宇宙船が故障したため、月には着陸できず、月の裏側を回って地球に戻るしかありませんでした。

アポロ13号の乗組員は無事地球に戻ってきた

データで見る 宇宙探査あれこれ

20世紀半ば以降、人類はそれまで夢でしかなかった宇宙旅行を現実のものにしてきました。このページでは、宇宙探査の先駆者たちや宇宙開発史に残る巨大ロケットなどを、事実や数字とともに紹介しましょう。

1. スターシップ　120m／スペースX（2023年）
2. SLSブロック2　111.2m／NASA（建造中）
3. サターンV　111m／NASA（1967年）
4. N1　105m／ソ連（1969年）

月探査の歴史

人類はこれまで何十年もの間、月の探査を続けてきました。現在NASA（アメリカ航空宇宙局）は、2020年代に人類を月へ再び送りこむことを目指すアルテミス計画を進めています。

1959年　最初のフライバイ
ソ連が打ち上げたルナ1号は、月に接近通過（フライバイ）した最初の宇宙機です。

1966年　最初のオービター（周回機）
ソ連のルナ10号は月の軌道を回った最初の宇宙機であり、地球以外の天体の軌道を回った最初の宇宙機でもありました。

1969年　人類初の月面着陸
1969年7月、アポロ11号のニール・アームストロングが、人類で初めて月面を歩きました。

1970年　最初の探査車
ソ連の月探査機ルナ17号が、初の遠隔操作による月面探査車ルノホート1号を着陸させました。

月面に降り立ったニール・アームストロング

地球軌道を回る物体

現在、地球軌道を回って活動中の人工衛星は5000基くらいあり、通信、地球観測、衛星航法システムなどに使用されています。しかし、地球軌道を回るごみ（デブリ）の量はそれよりはるかに多く、ビー玉より大きなデブリの数は100万個にのぼるとも考えられています。

宇宙のごみと人工衛星（大きさは不正確）

宇宙機関

多くの国が国家としての宇宙計画を持っています。でも、宇宙機を打ち上げ、ほかの天体に着陸させる能力を持っている機関は、現在のところ6つだけです。下の図は、これらの機関が2018年に費やした金額をアメリカのドルに換算して示しています。

NASA（アメリカ）195億ドル　CNSA（中国）110億ドル　ESA（ヨーロッパ）63億ドル　ロスコスモス（ロシア）33億ドル　JAXA（日本）20億ドル　ISRO（インド）15億ドル

大きなロケット　トップ5

宇宙機を宇宙に運ぶロケットは打ち上げ機とよばれます。左の5つのロケットは、現在までにつくられた打ち上げ機の中で最大級のものです。

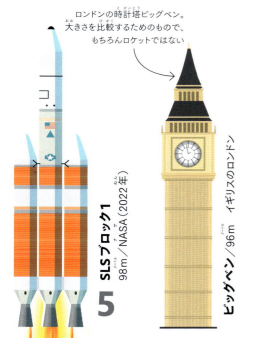

ロンドンの時計塔ビッグベン。大きさを比較するためのもので、もちろんロケットではない

SLSブロック1　98m／NASA（2022年）
ビッグベン／96m／イギリスのロンドン

2022年、SLSブロック1ロケットは4000メガニュートンの力でNASAのアルテミス1号を打ち上げました。これは過去に建造されたすべてのロケットをしのぐパワーです。

宇宙に行った恐竜！

宇宙飛行士のローレン・アクトンは、1985年にマイアサウラという恐竜の骨片を宇宙へ持っていきました。1998年には、コエロフィシスの頭蓋骨がミール宇宙ステーションに送られ、その後無事に地上へ帰ってきました。

36 | 宇宙

宇宙で生活する

国際宇宙ステーション（ISS）は常設の宇宙基地で、人間が生活し、仕事を行うのに必要な設備がすべてそろっています。宇宙飛行士が宇宙船やステーションから出て活動するときは、宇宙服が移動可能な生命維持システムとして彼らの命を守ります。

宇宙で生存できる生物！

宇宙飛行士たちは、宇宙のことを深く知るための実験を行っています。2007年の実験では、クマムシという非常に小さな動物が宇宙船の外で10日間生存できることがわかりました。

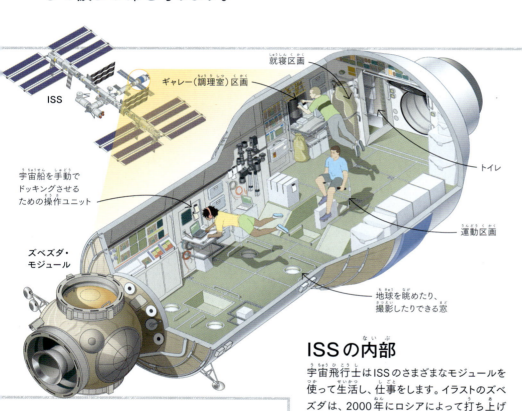

クマムシは本当に小さくて、体長が1mmもない

ISS

宇宙船を手動でドッキングさせるための操作ユニット

ズベズダ・モジュール

就寝区画
ギャレー（調理室）区画
トイレ
運動区画
地球を眺めたり、撮影したりできる窓

ISSの内部
宇宙飛行士はISSのさまざまなモジュールを使って生活し、仕事をします。イラストのズベズダは、2000年にロシアによって打ち上げられた最も古いISSのモジュールの1つで、調理、運動、睡眠のための区画があります。

太陽

カメラやライトをヘルメットに取り付けることができる

宇宙ミッションごとにデザインが異なるカラフルなワッペン

健康維持
重力がわずかしかない環境では、体に長期的なダメージを与えないよう、健康の維持が大切になります。宇宙飛行士は毎日2時間ほど、エクササイズマシンを使って運動します。その際には、体が勝手に浮き上がらないよう、バンドで体を固定します。

ISSの宇宙飛行士は、自分の汗や尿の一部をリサイクルした水を飲んでいる！

宇宙 37

宇宙服のしくみ

宇宙服は宇宙船の外で着用者の生命の安全を守れるように設計されています。体を適切な温度に保ち、生きるのに必要な酸素が生命維持装置から供給されます。

- バックパックには空気フィルターと水タンクが入っている
- 金のコーティングが太陽光線から着用者を守る
- 生命維持装置用のコントロールユニット
- 手袋には手をあたたかく保つための発熱体が内蔵されている
- 足には防護のためにパッドがしっかりと入っている
- 頑丈な外殻
- 色つきのストライプ。これを見れば、誰が着ているのか、ほかのクルーが識別できる
- 内側の層には身体を冷やすための水の管が張りめぐらされている

微小重力下でのオーブン調理

2021年、ISSの宇宙飛行士たちは、「宇宙でのオーブン調理」という新たな分野を開拓しました。彼らはクッキーを焼くことに成功しましたが、2時間もかかりました。地上に比べてかなり長い時間です。そして、せっかくつくったのに試食は許されませんでした。安全かどうかわからなかったからです。

イギリス人宇宙飛行士のティム・ピークは、ISSのランニングマシンでマラソンをして、わずか3時間35分で完走した!

船外活動中の自撮り

ISSはメンテナンスや修理が必要なため、宇宙飛行士がときどき宇宙服を着て、外部の点検に出ます。この自撮り写真は、船外活動の合間に日本人エンジニアの星出彰彦が撮影したものです。

- 星出のバイザーに、ISSとその背後にある地球が映っている

メーガン・マッカーサー博士はNASAの宇宙飛行士で、NASAのスペースXクルー2ミッションの一員としてISSに6カ月間滞在しました。写真は2021年にISSで撮影。

宇宙飛行士に聞く

Q. 宇宙に打ち上げられるのはどんな気分ですか?
A. 人生で一番速く動いているように感じます(実際そうなのですから!)。

Q. 宇宙にいるのはどんな感じですか?
A. 水の中に浮かんでいるような感じです。足をばたつかせても、どこにも行けませんけれど。

Q. 宇宙で仕事をすることの醍醐味は何ですか?
A. ロボットアームの操作や宇宙での科学実験、故障した機器の修理など、仕事をしながらいろいろなことを学べることです。

Q. 今まで見た中で一番すばらしかったものは何ですか?
A. オーロラです。太陽から飛んできた粒子と大気中のガスとが作用して、自然が見せてくれる美しい光のショーです。それを上空から見ることができて、とても幸運だと思いました。

Q. 宇宙飛行士になるにはどうしたらいいですか?
A. まずは学校に通って科学や数学、工学を勉強することです。道具を使って仕事をするのが好きで、チームの一員として働くことが楽しいなら、宇宙飛行士に向いているでしょう。宇宙飛行士として採用されたら、自分が乗りこむ宇宙船やミッションのことをさらに数年間学びます。

Q. ISSではどのような仕事をしているのですか?
A. ISSは宇宙の科学実験室です。世界中の科学者のために、私たちは生物学、物理学、化学などの実験を行っています。実験の結果は、地球上の人々のために新しい医薬品を開発したり、もっと環境に優しいエンジンを開発したりするのに役立ちます。

Q. 宇宙飛行士の娯楽は何ですか? テレビゲームはしますか? 携帯電話はありますか?
A. 私は窓から外を眺めて地球の写真を撮ったり、本を読んだり、映画を見たりします。浮かんだ状態でシンクロナイズドスイミング(アーティスティックスイミング)のように体を動かすシンクロナイズドフローティングとか、宇宙でしかできないスポーツを競う宇宙オリンピックも開催しました。携帯電話はありませんが、ノートパソコンのアプリを使って電話をかけることができます。

Q. 宇宙食はおいしいですか?
A. はい! 私のお気に入りはマンゴーのフルーツサラダでした。

Q. 私は生きている間に宇宙に行けるでしょうか?
A. 近い将来、もっと多くの人が宇宙を旅するようになるはずです。まもなく人類は月に人を送りこんで長期滞在させるようになるでしょうし、やがて火星に人が長期滞在する日も来るでしょう。私が生きている間に、人類が火星に降り立つのを見たいと思っています。もしかしたら、それはあなたかもしれません!

地球の軌道にて

2021年4月、ISSに接近するスペースXの宇宙船クルードラゴン・エンデバー。先端が開いて、ドッキングの準備に入っています。この宇宙船には、パイロットを務めたメーガン・マッカーサーをはじめとするクルー2の宇宙飛行士4人が搭乗していました。チームはISSで6カ月を過ごし、その間に地球を3194周、距離にして1億3600万km以上回ったのち、無事に地球へ帰還しました。

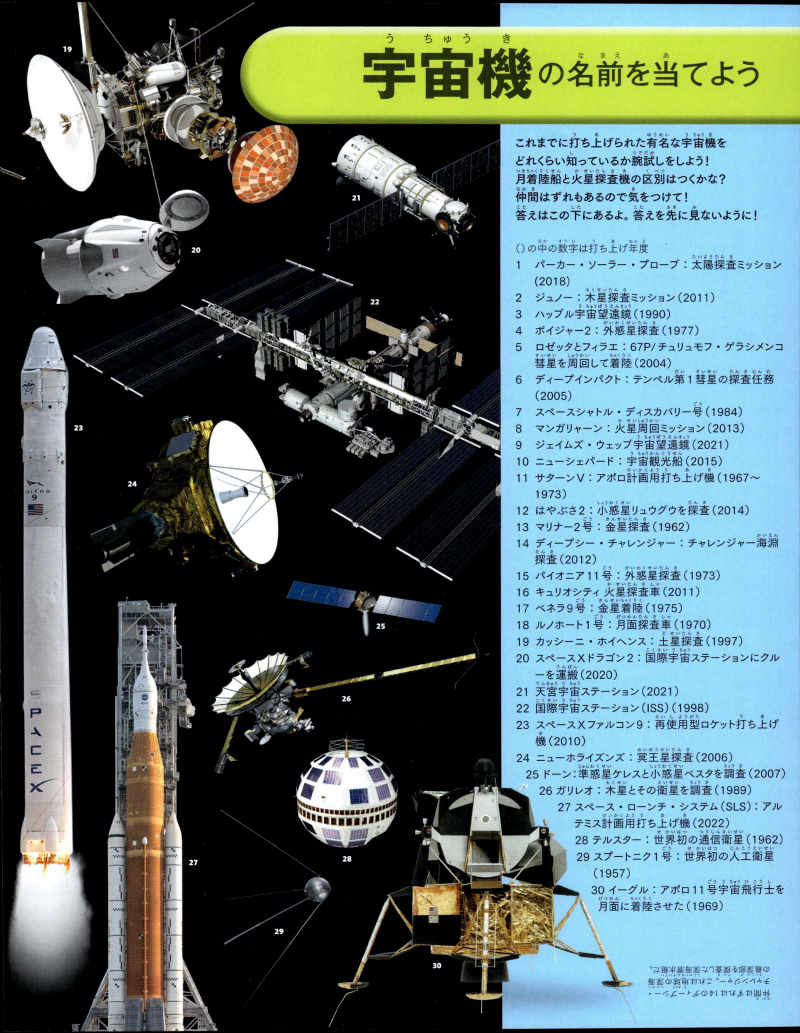

地球 EARTH
ちきゅう

地球という惑星

私たちの惑星、地球は45億歳です。地球は岩石と金属からなる球体で、薄くて割れやすい地殻で覆われています。大気と海の水を豊富に備える地球は、わかっているかぎり、生き物がすめる宇宙でただ1つの場所です。

地殻の厚さは10〜70km

陸地を形づくる大陸地殻は、海底の地殻よりも軽く、厚くなる

マントルが地球の核からリソスフェアへ熱を運ぶ

地球の誕生

太陽系の始まりは、ガスと塵でできた巨大な雲でした。その雲の中心がゆっくり塊になり、太陽ができました。太陽の周りを回る岩石がぶつかり合い、そのたびにますます大きな天体ができました。惑星になったばかりの地球は、そうした衝突のエネルギーの熱によって高温になり、どろどろにとけていました。

1 内核
地球の中心には、熱くて密度の高い鉄の球があります。その上にあるすべてのものの圧力がかかるので、この鉄は超高温でも固体のままです。

中心は地殻の約6370km下にある

外核はほとんどが鉄でできているが、ニッケル、コバルト、炭素、硫黄もふくまれる

2 外核
ここでは、金属がとけて自由に流れています。その金属の動きから電流が生まれ、地球の磁場ができます。

地球の内部
これまでに人間が掘った最も深い穴は、深さがたったの12.2kmです。それくらいでは、直径1万2756kmの地球の表面を引っかいているにすぎません。地震で生じる地震波や、それが地球をどう通り抜けるかを調べれば、表面の下にある層のことが推測できます。

地球は時速10万8000kmのスピードで太陽の周りを回っている！

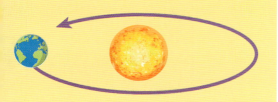

5 大気
地球は薄い毛布のような気体に囲まれています。この大気が太陽の熱をとらえ、地球を快適な温度に保ち、危険な紫外線を取り除いています。

大気には数種類の気体が混ざっている。ほとんどは窒素と酸素だ

海底の地殻は薄く、密度の高い岩石でできている

マントルの一部は特に熱くなり、地表に向かって上昇する

マントルの一番外側の層は地殻とくっついて、リソスフェアを形成している

3 マントル
マントルは厚い岩石の層で、地球の体積の84％を占めます。ほとんどは固体の岩石ですが、ごく一部は液体です。岩石がとてもゆっくり動いています。

4 リソスフェア（岩石圏）
地球の外側の部分をリソスフェアといいます。この層は地殻と上部マントルが融合してできています。

地球は完全な球体ではなく、赤道方向の直径のほうが、北極／南極方向の直径よりも40km長い！

地球の大気
大気中の気体のおよそ80％は、最も下の層にあたる対流圏にあります。上の層に行くほど密度が小さくなり、一番上の層である外気圏は、宇宙とほとんど一体になっています。

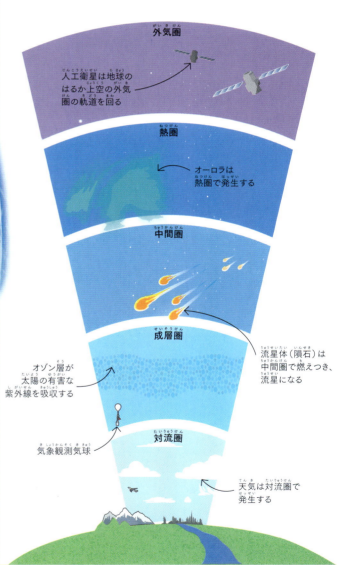

人工衛星は地球のはるか上空の外気圏の軌道を回る

外気圏

熱圏

オーロラは熱圏で発生する

中間圏

成層圏

流星体（隕石）は中間圏で燃えつき、流星になる

オゾン層が太陽の有害な紫外線を吸収する

気象観測気球

対流圏

天気は対流圏で発生する

地球の内核は5200℃というすさまじい熱さだ！

46 | 地球

北アメリカプレート　プレート境界　ユーラシアプレート

地球のジグソーパズル

プレートは、巨大なジグソーパズルのピースのように、互いにぴったりはまって、地球のマントルの上に浮かんでいます。プレートが動くと、それとともに地球の陸塊が運ばれるため、大陸の形は、長い長い年月をかけて少しずつ変わっていきます。

最も動きの速いプレートは、爪がのびるくらいのスピードで動いている!

地面を押し上げる

ヨーロッパにあるアルプス山脈は、アフリカプレートとユーラシアプレートがぶつかり合い、地面を押し上げるのに合わせて、数千万年をかけて形成されました。この山脈の一部は、今でも1000年に80cmくらいのペースで高くなっています。

地球の裂け目

アイスランドのシルフラ裂谷は、北アメリカプレートとユーラシアプレートの境界にあります。このプレート境界はプレートどうしが遠ざかっている発散型境界で、これがアイスランドを縦断する裂け目を生んでいます。シルフラでは、氷河の溶けた水が裂け目を満たしていて、ダイバーは2つの大陸プレートの境界で透明な水の中を泳ぐことができます。

パワフルなプレート

シルフラ裂谷を泳ぐダイバーは、北アメリカプレートとユーラシアプレートを同時に触ることができる！

地球の地殻は、プレートという巨大な岩石の薄い板でできています。プレートはゆっくり動きますが、プレートどうしの境界では、すさまじい力が解放されます。引き裂かれて新しい海底になるプレートもあれば、ぶつかり合って押し上げられ、山脈になるプレートもあります。

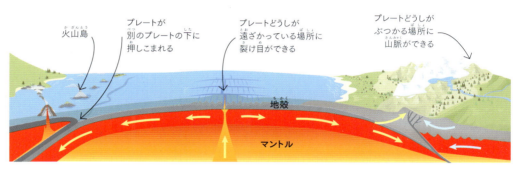

プレートのしくみ

地球のプレートはゆっくり動いています。その原動力になっているのは、その下にあるマントルの熱の流れです。2つのプレートがぶつかる場所では、片方がもう片方の下に押しこまれることがあります。「沈みこみ」とよばれるこの動きが、山脈や火山島の連なりを生み出します。プレートどうしが遠ざかっている場所では、マントルからマグマが上昇し、新しい海底ができます。

2億5000万年後には、ほとんどの大陸が合体して、1つの超大陸になる！

環太平洋火山帯

活火山のおよそ75％は、太平洋のふちをぐるりと囲むプレート境界沿いにあります。452の火山からなるこの列を「環太平洋火山帯」といいます。エクアドルのアンデス山脈に位置するトゥングラワ火山（写真）も、その一部です。

岩石の惑星

地球の地殻を形づくる岩石は、鉱物でできています。死んだ植物や動物の一部でできていることもあります。地球の岩石は何万年もかけて、ゆっくりしたサイクルで絶えず変化しています。

8万年前にナミビアに落ちてきたホバ隕石は、地球にある宇宙の岩石で最大のものだ。2.7m×2.7mの正方形で、厚さは0.9mある。

岩石の種類

岩石にはおもに3つの種類があります。堆積岩は、岩石の断片や死んだ生物が長い時間をかけて押し固められてできます。火成岩は、マグマが地下や地上で冷えてできたものです。どちらの岩石も、高圧や熱によって変化すると変成岩になります。

角礫岩
堆積岩の一種。大小の断片が混ざってできています。

桃色花崗岩
火成岩の一種である花崗岩は、マグマが地下で冷えたときにできます。

片麻岩
高温と高圧によって、変成岩の一種である片麻岩ができます。

岩石サイクル

岩石はずっと同じ姿をしているのではありません。地表の岩石はけずられ、運ばれていき、堆積物になります。一方、地下の岩石は熱と圧力の影響を受けます。長い長い年月の間に、3つの種類の岩石が、岩石サイクルとよばれる長くゆっくりとしたプロセスを通じて変化します。

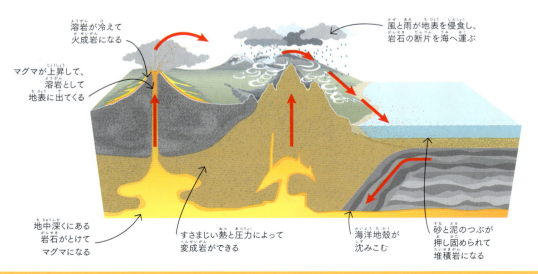

- 溶岩が冷えて火成岩になる
- マグマが上昇して、溶岩として地表に出てくる
- 風と雨が地表を侵食し、岩石の断片を海へ運ぶ
- 地中深くにある岩石がとけてマグマになる
- すさまじい熱と圧力によって変成岩ができる
- 海洋地殻が沈みこむ
- 砂と泥のつぶが押し固められて堆積岩になる

堆積岩ではたいてい（引っくり返されたのでないかぎり）、下の層のほうが、その上に重なった層よりも古い年代のものになる

これまでに知られている地球最古の岩石は42億8000万歳。これは地球と同じくらいの年齢だ！

地球 49

大理石の洞窟

チリにある大理石の洞窟「マーブルカテドラル」（写真）は変成岩でできています。6000年をかけて、ヘネラル・カレーラ湖の氷のように冷たい水が白い大理石をけずり、洞穴や柱をつくりました。毎年、多くの観光客がボートに乗って、この洞窟を訪れます。

デビルスタワー

264mの高さがあるアメリカ・ワイオミング州のデビルスタワー（写真）は、火成岩でできた岩石層で、この地域にくらす先住民にとっての聖地です。5000万年前、地下のマグマが上昇して堆積岩の中に入りこみ、冷えたときにできました。その堆積岩が少しずつ侵食され、タワーのような姿になったのです。

頂上は
サッカー場1面
くらいの広さ

白亜の生き物

白亜（チョーク）は、円石藻とよばれる大昔のごく小さな海の生き物の化石でできています。この単細胞の藻類は、円石という硬い円盤形の構造を持っており、今も地球の海で見られます。

1匹の円石藻を何枚もの石灰質の小板が覆っている

砂岩の層

砂岩などの堆積岩は、何層にも積み重なります。地球内部の動きによって、層が傾いたり、押しつぶされたり、折り曲げられたりします。オーストラリア北西部のネアズポイント近くにあるこの砂岩層は、ドラマチックな褶曲（曲がること）の一例です。

砂岩はおもに石英と長石という鉱物でできている

砂岩は風化して砂や粘土になり、草や木が生えることがある

3000万ドルの
値がついた
「サンライズ」ルビーは、
世界で最も高価な
ルビーだ！

身近な結晶
食べ物の味つけに使う塩も一種の結晶です。拡大して見ると、1つ1つが完全な立方体になっています。砂糖も結晶でできています。ちなみに、雪は氷の結晶です。

1本1本の針が1つの結晶だ

ナイフの刃のような結晶

針状
このスコレス沸石の結晶は針状の晶癖を持ち、とげのような針が中心からのびていきます。

ブドウ房状の結晶はブドウの房のような姿をしている

ブドウ房状
この孔雀石のように、丸い塊に育つ結晶を「ブドウ房状」といいます。

刃状
この刃状の藍晶石は、細長い平らな結晶をつくります。

カラフルな結晶

結晶とは、同じパターンがくり返された、対称性のある内部構造を持つ固体のことです。どんな鉱物でも結晶をつくれますが、カットしてみがくと宝石になり、宝飾品に使われるものもあります。特に珍しくて美しい宝石には、高い価値があります。

結晶系
結晶は「結晶系」とよばれる6つの幾何学的形状のいずれかの形に成長します。どの結晶系になるかは、原子の結びつきのパターンによって決まります。

立方晶系
この単純な結晶系は、正方形の面を6つ持っています。

正方晶系
いくつかの長方形の面がある直方体の結晶系です。

斜方晶系
このブロックのような結晶は、両端に三角形の面があります。

単斜晶系
この結晶系は平行四辺形の柱状です。

三斜晶系
最も対称性の低い結晶系です。

六方晶系
この結晶系の断面は六角形になります。

くり返しのパターン

結晶の中の原子は、同じ形をくり返す3次元のパターンでならんでいます。右の図は、方鉛鉱の原子が立方体の形になるしくみを示しています。同じパターンをくり返しながらあらゆる方向に広がり、立方体の結晶になります。

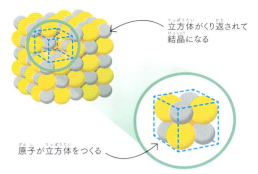

立方体がくり返されて結晶になる

原子が立方体をつくる

クオーツ式の時計は、小さな振動する石英（クオーツ）の結晶を使って時間を正確に保っている！

板状の結晶はトランプや本のような姿をしている

柱状の結晶には6つの平行面がある

結晶の面が自然になめらかな正方形をつくる

正六面体
この黄鉄鉱の結晶は正六面体の晶癖を持ち、それぞれに6つの正方形の対称面があります。

柱状
この紫水晶（アメシスト）は柱状の晶癖を持ち、先端がピラミッド形になります。

晶癖

1つの結晶や結晶のグループがつくる最終的な形を「晶癖」といいます。晶癖は結晶のシステム（結晶系）によって決まりますが、結晶が育つ空間など、結晶ができる環境にも左右されます。そのため、まったく同じ結晶は2つとなく、1つ1つが独特のものです。

板状
この赤い褐鉛鉱などの板状の結晶は、厚みよりも長さと幅が大きくなります。

このブローチにはスクエアカットのエメラルドと、透明なダイヤモンド129個があしらわれている

「カリナン」ダイヤモンドは、これまでに世界で発見された中で最大のダイヤモンド原石だ！

大きさはマンゴーとだいたい同じくらい

巨大なエメラルド

エメラルドは緑柱石という鉱物の一種で、美しい緑色と透明度のおかげで、高い価値がつきます。なめらかな面をカットして宝石にすると、その美しさがいっそうきわだちます。

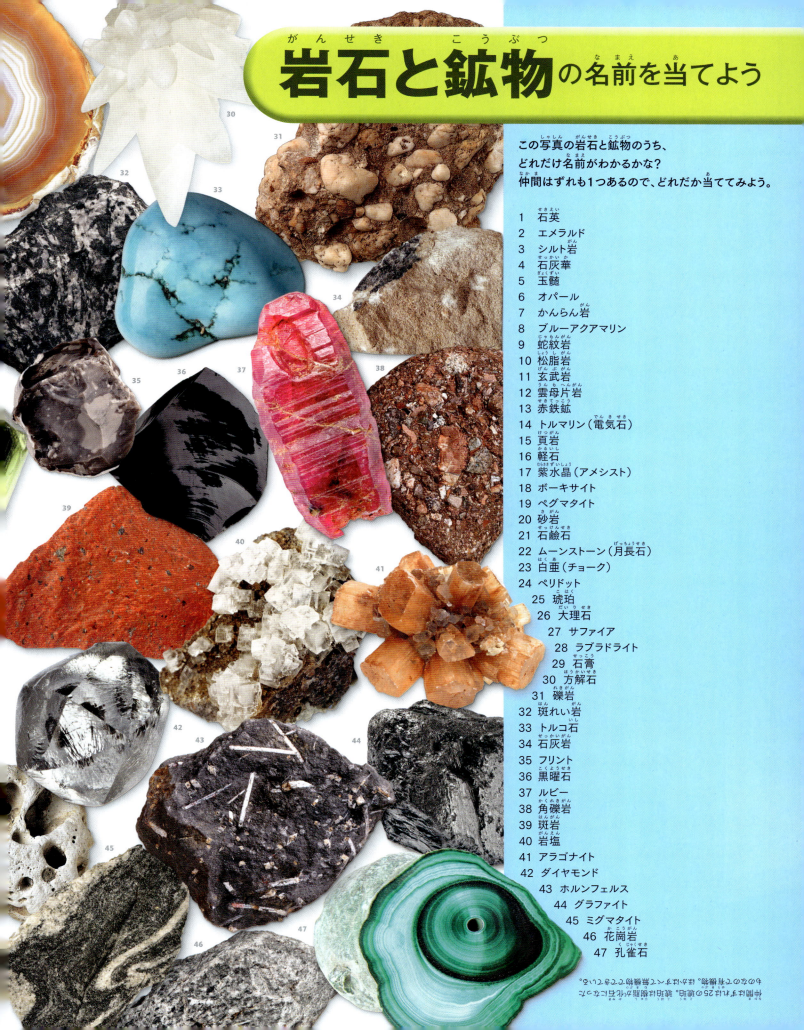

岩石と鉱物の名前を当てよう

この写真の岩石と鉱物のうち、どれだけ名前がわかるかな？
仲間はずれも1つあるので、どれだか当ててみよう。

1 石英
2 エメラルド
3 シルト岩
4 石灰華
5 玉髄
6 オパール
7 かんらん岩
8 ブルーアクアマリン
9 蛇紋岩
10 松脂岩
11 玄武岩
12 雲母片岩
13 赤鉄鉱
14 トルマリン（電気石）
15 頁岩
16 軽石
17 紫水晶（アメシスト）
18 ボーキサイト
19 ペグマタイト
20 砂岩
21 石鹸石
22 ムーンストーン（月長石）
23 白亜（チョーク）
24 ペリドット
25 琥珀
26 大理石
27 サファイア
28 ラブラドライト
29 石膏
30 方解石
31 礫岩
32 斑れい岩
33 トルコ石
34 石灰岩
35 フリント
36 黒曜石
37 ルビー
38 角礫岩
39 斑岩
40 岩塩
41 アラゴナイト
42 ダイヤモンド
43 ホルンフェルス
44 グラファイト
45 ミグマタイト
46 花崗岩
47 孔雀石

54 ｜ 地球

驚くべき化石

生き物が死ぬと、たいていはくさってなくなり、永遠に姿を消します。ところが、ごくまれに、化石として保存されることがあります。化石は人類の登場よりも前に世界を動き回っていた生き物たちの驚くべき姿を教えてくれます。

化石の地層
化石をふくむ岩石の層は、長い年月をかけて積み重なっていきます。一番古い化石が最も深い層にありますが、プレートの動きや侵食によって移動し、地表に出てくることもあります。

- 軟らかい土には生物の死骸がふくまれている
- 最も化石になりやすいのは殻や骨などの硬い部分だ
- 化石が新しい堆積岩の層に覆われる
- 一番古い化石は最初に堆積した岩石の中にある

石でできた皮膚
2011年、カナダ・アルバータ州で1億1000万年前の恐竜、ノドサウルスの化石が見つかりました。保存状態がとてもよかったので、皮膚と胃の中のものがそっくりそのまま残っていました！

- 重いよろいのような皮膚
- このノドサウルスの体長はなんと5.5m！

太古の動物
三葉虫は2億7000万年にわたって太古の海を支配していた無脊椎動物です。三葉虫の化石は特定の期間に大量に見つかっているので、科学者はそれを年代がわかる「示準化石」として利用し、化石が見つかった岩石の年代特定に役立てています。三葉虫は2億5200万年前に絶滅しました。

- たくさんのレンズがある複雑な目
- 目の上から後方にカーブする長い触角
- 海底をはうのに適した体節のある胴体
- とげは身を守るために使っていたのかもしれない

これまでに見つかっている三葉虫は2万種を超える！

巨大な化石
この巨大な大腿骨の化石は、白亜紀前期に生きていた首の長い竜脚類のものです。竜脚類は最も大きい恐竜の仲間で、陸上の動物の中でも史上最大です。

この大腿骨の長さはなんと2m！

渦を巻く殻
アンモナイトは、渦を巻く殻とタコのような触腕を持つ海生の軟体動物です。硬い殻は化石としてよく見つかります。下はアンモナイトの化石を切り開いたもので、いくつもの房と、殻の中にできた鉱物が見てとれます。

アンモナイトは成長とともに殻に新しい房をつけたす

足跡の化石
動物の活動の痕跡が化石として残ることもあります。アメリカ・コロラド州の9800万年前の海岸平野では、1000を超える恐竜の足跡が見つかっています。

白亜紀のアリ

細い羽毛

琥珀にとらわれた動物
琥珀は樹脂が化石になったものです。動物が樹脂から抜け出せなくなり、樹脂の乾燥とともに保存されることがあります。上は琥珀に閉じこめられた羽毛の生えたしっぽで、9900万年前の恐竜のものです。

これまでに見つかっている最大の肉食動物の糞の化石はティラノサウルスのもので、長さは67.5cmもある！

中型犬

化石ができるまで
生き物が化石になるのは、ごくかぎられた条件で死んだ場合だけです。泥や砂などの堆積物がすぐに積み重なって、死骸を覆わなければならないのです。その後、長い年月をかけて、そうした層の重みによって堆積物が岩石になり、死骸が化石になるのです。

死ぬ
死骸がすぐに泥や砂に覆われる場所で、動物が死にます。

うまる
体の軟らかい部分がくさってなくなります。残った部分の上に堆積物が積み重なります。

骨が石になる
堆積物の層が岩石になり、鉱物が骨にしみこんで、骨も石になります。

発見
やがて岩石の層がすり減ると、化石が発見されます。

波のパワー

風が海を押すように吹くと、波ができます。最初はさざ波ですが、海の表面でさらに風が吹くと大きくなり、エネルギーが増します。海岸に近づくにつれて、波はどんどん高くなり、波と波の間隔がせまくなっていき、やがて岸にぶつかってくだけます。

ポルトガルの巨大な波。ここでサーファーが乗る波は最大で高さ26mにもなる

波が岸に達すると、波頭が不安定になって前方に倒れ、くだけ波になる

太平洋は地球の3分の1近くを覆っている

地球の表面は70%以上が水に覆われている。陸地は30%未満しかない!

水の世界

私たちの惑星は「地球」とよばれていますが、宇宙から見ると、ほぼ全体が青く見えます（地面の色ではありません）。水はいたるところにあります——大洋と内海、河川と湖、地下、空気の中にまであります。水がなければ、地球に生命は存在しなかったでしょう。人間は食べ物なしでも3週間ほど生きられますが、水がなければ、たったの3日しか生きられません!

あたたかい空気の水分が冷たい葉に触れると露ができる

アリからクジラ、細菌から植物まで、あらゆる生き物は水がなければ生きられない

生命を支える

水は地球のあらゆる生物に欠かせないものです。水なしで生きられる生物は、今のところ見つかっていません。表面に液体の水が存在する惑星は、わかっているかぎり、地球のほかにありません。そして、地球以外の宇宙で生命は見つかっていません。

地球の海の最も深いところを探検した人の数は、宇宙へ行った人よりも少ない！

水の循環

地球にある水の量は変わりません。実を言うと、私たちが飲んでいる水は、はるか昔に恐竜が飲んでいた水と同じものなのです。とはいえ、水は太陽光を原動力として、陸、海、空の間で絶えず動き、果てしなく循環しています。

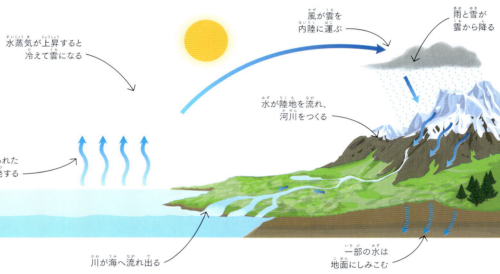

水蒸気が上昇すると冷えて雲になる

風が雲を内陸に運ぶ

雨と雪が雲から降る

水が陸地を流れ、河川をつくる

太陽にあたためられた海水が蒸発する

川が海へ流れ出る

一部の水は地面にしみこむ

足の下の水

地球の水の多くは、地下にかくれています。火山の多い場所では、地下の穴にたまった地下水が、ものすごく高温になります。すると、超高温の水が勢いよく空気中に噴き出します。これを間欠泉といいます。

水はどこにある？

地球の水の大部分は海にある塩水です。淡水のほとんどは、氷として閉じこめられているか、地面の下にかくれています。

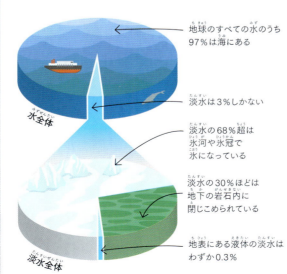

地球のすべての水のうち97％は海にある

淡水は3％しかない

淡水の68％超は氷河や氷冠で氷になっている

淡水の30％ほどは地下の岩石内に閉じこめられている

地表にある液体の淡水はわずか0.3％

水全体／淡水全体

巨大な鏡！

ボリビアの高原には、広大な塩の平原、ウユニ塩湖が広がっています。モンスーンの季節になると、この塩湖が浅い雨水の層に覆われます。それが巨大な鏡のように、もくもくとした雲を映し出しています。

ベネズエラにある
アンヘルの滝は、
世界で一番の
落差979mの滝だ！

湿地の生き物

水が完全にはけないと、湿原や沼などの湿地ができます。南米にあるパンタナールは世界最大の湿地です。この湿地は、写真の巨大なオオオニバスをはじめ、水を好む動植物種の生命を支えています。

パンタナールに生息する
パラグアイカイマン

赤い湖

ボリビアのラグナ・コロラダが赤いのは、水の中にいる紅藻のためです。この紅藻を目当てに、珍しいフラミンゴが食事をするために群れをなして湖に押し寄せます。フラミンゴは生まれたときは白い羽ですが、紅藻を食べているうちに、だんだんとピンク色になります。

川と湖

最大の三角州

川が海に達した場所にできる、泥と砂の積もった広いエリアを三角州（デルタ）といいます。ガンジス川の三角州（写真）は、インドの一部とバングラデシュのほとんどを覆っています。水色の部分は、川が海に流しこんでいる堆積物です。

川には大きな力があります。長い時間をかけて岩をけずり、新しい風景をつくり出します。川と湖は、人間、動物、植物が生きるために欠かせない淡水を与えてくれる貴重な資源でもあります。

川が流れるしくみ

川の始まりは、ちょろちょろした小さな流れです。山の高いところで、氷の溶けた水、雨水、地下水が、陸上や地下を流れることでつくられます。山を下るにつれて流れはゆっくりになり、蛇行して流れ、その途中で岸を侵食していきます。

- 山あいの小さな流れが勢いよく斜面を下る
- できたばかりの川が谷をけずる
- 低地では流れがゆっくりになり、曲流ができる
- 曲流が切り離されると三日月湖ができる
- 川が海と出合うところを河口という

地球上にはおよそ1億1700万個の湖がある！

酸の湖

インドネシアのイジェン火山にある火山湖はあざやかな青色ですが、これは火山から放出されるガスが水に溶けて濃塩酸になり、金属を溶かしたからです。湖には、氷河や川の侵食、プレートの動き、地すべりによってできるタイプもあります。ビーバーが木の枝でつくったダムからできた湖もあります。

ヘビのような川

川が平らな場所に達すると、蛇行してヘビのようなカーブを描きます。蛇行するのは、流れの速い水がカーブの外側を侵食し、その土砂を次のカーブの内側に堆積させたときです。そうするうちに、タイのパンガー湾（写真）のような、ものすごいカーブができ上がります。

アマゾン川は地表にあるすべての淡水の20％を運んでいる！

60 | 地球

ものすごい氷

地球の表面のおよそ10％は氷に覆われています。氷は氷河や氷床、あるいは凍った海の形をとっています。氷河は世界中の山の谷間を流れ下っていますが、ほとんどの氷は極地にあります。極地は氷の海と巨大な氷河のふるさとです。

地球の温暖化が続けば、2035年までに北極圏の夏の海氷はなくなるとみられている。

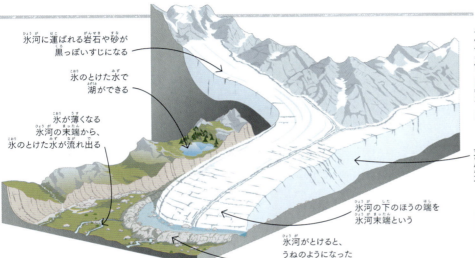

- 氷河に運ばれる岩石や砂が黒っぽいすじになる
- 氷のとけた水で湖ができる
- 氷が薄くなる
- 氷河の末端から、氷のとけた水が流れ出る
- 支流氷河とよばれる小さめの氷河が大きい氷河に合流する
- 氷河の下のほうの端を氷河末端という
- 氷河がとけると、うねのようになった岩石と土が残される

氷の川

何世紀もの間に、何層にも積み重なった雪が自分の重みで圧縮されると、氷河ができます。氷河は重力に引っ張られ、まるで氷の川のように、ごくゆっくりと斜面を流れ下ります。

この氷山の重さは900万tを超える

雪片は1つ1つすべて違っているが、どれも6本の腕がある

氷の結晶

雪片の始まりは、雲の中にある小さな塵の粒子です。塵に水蒸気がくっついて凍ると、美しい氷の結晶ができます。雪片が周りの空気の流れで支えられなくなり、ひらひらと地面に落ちていきます。

氷山のおよそ90％は海面よりも下にある！

氷がきざむ風景

氷河は山を下りながら、深いフィヨルドをゆっくりえぐっていきます。最終氷期のあと、多くの氷河がとけ、ノルウェーのガイランゲルフィヨルドのようなU字形の谷が残されました。

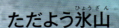
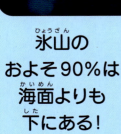

ただよう氷山

氷河や氷床から切り離され、海へただよい出た氷の巨大な塊を氷山といいます。写真の巨大な氷山は、2018年にグリーンランド北部の小さな村インナースート近くにただよってきたものです。氷山が崩壊した場合に備えて、村の住民は避難しなければなりませんでした。

地球 | 61

縮む氷冠

夏になると、北極の氷の一部がとけますが、秋になるとまた凍ります。しかし、1979年以降、凍るよりも多くの氷がとけるようになっています。下の地図からは、夏に海を覆う氷の範囲が急速に縮んでいることがわかります。

海氷の範囲　1980年
　　　　　　2000年
　　　　　　2021年

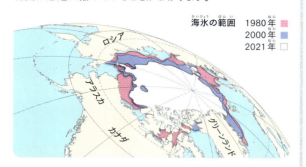

砕氷船

極地域の氷に覆われた海に航路を切り開くため、丈夫な船体を持つ特別設計の船——砕氷船が使われています。先のとがった船体で、海に積み重なった氷の上をすべって氷をくだき、ほかの船が通れるルートを開きます。

強力な砕氷船は、厚さ最大3mの氷盤をくだくことができる

棚氷

南極には、海に浮かぶ巨大な棚氷があります。棚氷は、陸とつながった厚い氷床が海にあふれ出してできたものです。最大のものがロス棚氷で、47万2000km²を覆っています。これはフランスとほぼ同じ面積です。

世界にある淡水の
3分の2は
氷河に
閉じこめられている！

海面からの高さは5m以上。小さめの氷の塊を氷山片という

ピナクルとよばれるとがった先端を持つ氷山もある

氷山の大きさとスケールのせいで、この家が小さく見える

地球で一番雨の多い場所

インドのマウシンラムは、地球で一番雨の多い場所です。2022年6月17日には、わずか24時間で1mという記録的な雨が降りました。

データで見る
すごい水

海に川、雨や雲まで、水はまさに地球のいたるところに、そして地球の周りにもあります。ここでは、水がどれほど重要か、私たちの青い惑星にどれくらいあるのかを示す驚きの事実と数字を見ていきましょう。

大洋の広さトップ5

地球には5つの大洋があって、それらはすべてつながっています。ここでは、塩水をなみなみとたたえた広大な海を、大きな順にならべています。

1 太平洋	2 大西洋	3 インド洋	4 南極海	5 北極海
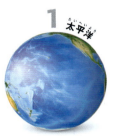			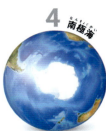	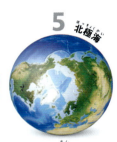
1億6176万 km²	8513万3000km²	7056万 km²	2196万 km²	1409万 km²

世界屈指の壮大な滝

アルゼンチンとブラジルの国境にあるイグアスの滝は、世界屈指の壮大な滝です。落差80mのこの滝は、2.7kmというとてつもない幅があり、周りの森林に絶えず霧を降りかけています。
イグアスという名前は、「偉大なる水」を意味する先住民の言葉から来ています。

イグアスの滝

地球の水をすべて集めると…

地球にある水の量はつねに一定で、その体積はおよそ13億8600万km³です。これはオリンピックサイズのスイミングプール550兆個をいっぱいにするほどの量です!

空気中にも水はある

大気にも水があり、雲、降水、水蒸気の形をとっています。大気中の水がすべて一度に降ってきたら、海面はおよそ3.8cm上昇します。

大気中にある水は、地球の水のわずか0.001%ほどだ

地球 63

世界の大きい湖 トップ4

ここでは、体積の大きい4つの淡水湖を示しています。そのほかに、面積が広い湖や、とても深い湖もあります。

1 バイカル湖（ロシア）
2万3600km³

2 タンガニーカ湖（東・中央アフリカ）
1万8880km³

3 スペリオル湖（北アメリカ）
1万2100km³

4 マラウィ湖（東アフリカ）
8400km³

地球表面の淡水の20％はバイカル湖にある！

世界の長い川 トップ5

1 ナイル川（アフリカ）
6853km

2 アマゾン川（南アメリカ）
6400km 以上

3 長江（アジア）
6300km

4 ミシシッピ－ミズーリ川（北アメリカ）
5970km

世界の"大きい"川

世界で一番長い川が一番大きい川とはかぎりません。川の大きさは、どれだけの水を運んでいるか（1秒間に海に放出する水の量）によっても測ることができます。ここでは、水量が多い5つの川を紹介しましょう。

コンゴ川（アフリカ）4100万L

アマゾン川（南アメリカ）2億900万L

ガンジス－ブラマプトラ－メグナ川（アジア）3800万L

オリノコ川（南アメリカ）3700万L

マデイラ川（南アメリカ）3100万L

世界で一番深い海溝

海の中でも特に深い場所を海溝といいます。海溝の中でも特に深いものは、すべて太平洋にあります。マリアナ海溝は、エベレスト山を入れても山頂が海面に届かないほどの深さです。

1 チャレンジャー海淵（マリアナ海溝）
1万935m

2 トンガ海溝
1万882m

3 ガラテア海淵
1万539m

チャレンジャー海淵はマリアナ海溝で最も深い場所だ

64　地球

岩を壊す

風化とよばれるプロセスでは、岩石がごくゆっくり、ほんの少しずつくだかれていきます。風化には下の4つの種類があります。

物理風化
水が岩石の割れ目にしみこみます。そのあとで凍ると、水が膨張し、岩石が割り開かれます。

化学風化
雨水は弱酸性です。この酸が岩石に触れると化学反応が起き、岩石の端が侵食されます。

熱風化
岩石があたたまると、わずかに膨張します。そのあとで冷えると、また縮みます。この動きで岩石がもろくなり、くずれます。

生物風化
穴を掘る動物が岩石をくずすことがあります。植物の根も岩石の割れ目の中にのび、岩石を押し開きます。

がっちりはまる

この大きな岩は、ノルウェーのシェラーグ山にある断崖絶壁にがっちりはまっています。この岩は5万年ほど前、最終氷期に氷河によってここまで運ばれてきました。断崖絶壁をきざんだ氷河が溶けたあとに、岩がはまったまま残されました。あと数千年は、このままはまっているでしょう。

シェラーグの大岩で立ちどまり、写真撮影のチャンスをねらう大胆なハイカー。落ちたら984m下までまっさかさまだ

2018年、ニュージーランドのある農場で、一夜にして長さ200mの陥没穴が開いた！

吹きつける砂

砂漠では、風に巻き上げられた砂があたりに吹きつけます。重い砂つぶは地面の近くを移動するので、岩石の下のほうがけずられ、頭でっかちな形になります。

エジプトのサハラ砂漠にある石灰岩の構造物

地球 | 65

おそるべき侵食

地球にある岩石の表面は、変化していないように見えるかもしれませんが、風、水、氷によって絶えずけずられています。長い時間をかけ、土地の形は、侵食によってごくゆっくりと変わっていきます。

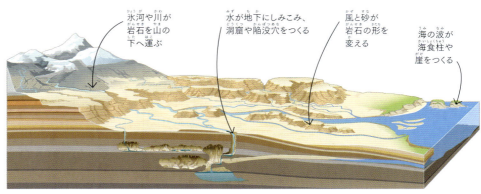

氷河や川が岩石を山の下へ運ぶ
水が地下にしみこみ、洞窟や陥没穴をつくる
風と砂が岩石の形を変える
海の波が海食柱や崖をつくる

侵食のしくみ

侵食が起きるのは、氷、水、風が岩石のかけらをくずし、運び去ったときです。氷河や川は風景の中に通り道をきざみ、流れながら岩石を運びます。風は砂を吹きつけて岩石の形を変え、砂丘をつくります。波と風は海岸をくずして形を変え、岩石のかけらを海へ運びます。

波の力

海岸に打ちよせる波は、岩の崖をけずり、海辺の土砂を運び去ります。この海岸侵食によって岩の形が変わり、海食柱とよばれる柱や、マルタのアズール・ウィンドウのようなアーチ（写真）ができることもあります。高さ28mのアズール・ウィンドウは、2017年の嵐のあとに崩壊しました。

岩をけずる川

川は流れながら周囲の陸地を形づくります。水は地面をやさしくけずり、岩石を下流へ運び、深い峡谷や谷をゆっくりつくっていきます。アメリカのグランドキャニオンは、コロラド川にけずられてできたものです。写真のホースシュー・ベンドという急な蛇行は、500万年をかけてけずられました。

世界で最も高い海食柱は太平洋にあるボールズ・ピラミッドで、その高さは561mに達する！

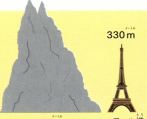

330m
561m
エッフェル塔

66 | 地球

神秘的な洞窟

地面の下には、洞窟とトンネルの世界がかくれています。そうした暗闇の世界では、何千年もかけてつくられた神秘的で美しい岩石が見られます。

水中の洞窟

メキシコのユカタン半島沿いにあるセノーテとよばれる巨大な陥没穴は、川や雨水から来た透明な水で満たされています。こうした不思議な地下のプールには、頭上に空が広がっているものもあれば、写真のように日光のささないものもあります。

ダイバーが暗闇の洞窟を探検するときには、強力なライトが必要だ

洞窟の床から石筍がのびる

時とともにつらら石と石筍が合体して石柱になる

洞窟ができるまで

地下洞窟のほとんどは、石灰石でできた岩石の中にできます。長い年月をかけて、雨水が割れ目にしみこみ、軟らかい岩石をゆっくりとかしていきます。流水や川から来た水も割れ目に入りこんですきまをさらに広げ、複雑に入り組んだ広大な洞窟をつくるのです。

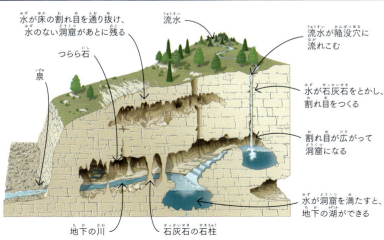

水が床の割れ目を通り抜け、水のない洞窟があとに残る
流水
流水が陥没穴に流れこむ
つらら石
泉
水が石灰石をとかし、割れ目をつくる
割れ目が広がって洞窟になる
水が洞窟を満たすと、地下の湖ができる
地下の川
石灰石の石柱

世界最大の洞窟はベトナムのソンドン洞窟で、その長さは9.4kmもある！

のびる岩

洞窟の多くは、とげのような岩石の構造に覆われています。この岩石は、水が天井からしたたり、鉱物があとに残されてできたものです。つらら石はつららのように下へのび、石筍は地面から上へのびていきます。

何千年もかけて鉱物がのびていく

天井からは、何千本ものつらら石が、下を向いたとげのようにぶらさがっている

アメリカのブラッケン洞窟には2000万匹を超えるコウモリがすんでいる！

氷の洞窟

氷河の氷がとけて小川ができると、水が氷河の下を流れて氷をけずり、氷の洞窟をつくることがあります（写真はアイスランドのもの）。氷河の氷は青い光を反射するので、洞窟の中は美しい青色になります。

結晶は大きいもので長さ12m、幅1mになる

結晶の洞窟

メキシコにあるナイカ洞窟の地下深くには、石膏という鉱物でできた純白の巨大な結晶があります。この結晶は、はるか昔に洞窟を満たしていた高温の水に硫酸カルシウムなどが溶けてできたものです。

洞窟の生き物

南ヨーロッパのディナル・アルプス山脈の地下にある洞窟には、ホライモリとよばれる目の見えない両生類がすんでいます。真っ暗闇で生きるホライモリには視力は必要ありませんが、すばらしい嗅覚のおかげでえものを追いかけることができます。

破壊をもたらす火山

火山が噴火すると、地球上でも最大級のすさまじい破壊力が解き放たれます。岩石、灰、ガスが吐き出され、真っ赤に燃える溶岩が噴き出したり、あふれ出たりします。

☠ **1815年、インドネシアのタンボラ山の噴火はひどい飢饉を引き起こし、8万人が命を落とした。**

火山の種類

溶岩のタイプと噴火の種類によって、異なる形の火山ができます。ここでは一般的な3つを示しています。

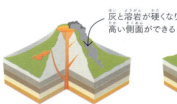
成層火山
流れにくいどろどろしたねばりけの強い溶岩でできた、急斜面の円錐状の火山。

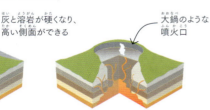
カルデラ
激しい噴火で火山の頂上が崩壊し、壁面が急になった広大なくぼ地があとに残ります。

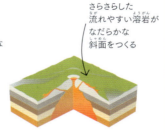
楯状火山
最も活発なタイプの火山。高くはなりませんが、幅がとても広くなります。

灰にうまる
2021年、スペインのラ・パルマ島にあるクンブレ・ビエハ火山が噴火したときには、大量の火山灰が大気中に噴き出しました。その灰が地面に降ってきて、何千という家がすっぽり覆われてしまいました。

最も活発な火山
1983年からほぼ休みなく噴火しているアメリカ・ハワイ州にあるキラウエア火山は、地球で最も活発な火山です。火山から16km離れた海まで、溶岩が流れ出ます。

火山灰で卵をあたためる
ほとんどの鳥は卵の上に座って卵をあたためますが、インドネシアのスラウェシ島にすむマレオという鳥は、熱い火山灰にその仕事をやらせます。穴を掘ってそこに卵を産んだら、そのまま放っておき、自分で卵をあたためるかわりに、灰にあたためてもらうのです。

石になったイヌ
西暦79年に起きたイタリアのベスビオ山の噴火では、人間と動物が灰に閉じこめられました。考古学者は遺体の残したすきまにしっくいを入れて、型をとりました。

噴火準備完了
火山が噴火するのは、地下深くの溶けた岩石（マグマ）が地表の開口部から噴き出したときです。ほとんどの火山は、プレートの境界沿いや地殻のホットスポットの上にあります。

溶岩流

溶岩は1200℃という超高温に達します。これは水の沸点の12倍の温度です。噴火したばかりのときは真っ赤に輝いていて、温度の高い溶岩ほど速く流れます。溶岩が冷えると、厚くて黒い皮ができてスピードが遅くなり、やがて硬い岩になります。

アイスランドにあるファグラダルスフィヤットル火山の2021年の噴火では、やけどせずに火山に近づいて見物できました。ねばりけの強い溶岩がとてもゆっくり流れていたおかげです。

火の中へ!

2014年、探検家のサム・コスマンがバヌアツにあるマルム火山の中に入り、溶岩湖から15mのところまで近づきました。特殊なスーツが、強烈な熱と有毒ガスからコスマンを守ってくれました。

火山学者のジャニーン・クリップナー博士は、火山が噴火するとどうなるかを研究しています。現在はニュージーランドのナウルホエ火山を調べています。

火山学者に聞く

Q. 火山学者の仕事って、どんな感じですか？
A. とてもワクワクしますが、ときにはたいへんなこともあります。探偵みたいな感じですね。世界中にある火山の活動の過去、現在、さらには未来を知るために、手がかりを探すんです。

Q. 火山へ行く機会はありますか？
A. もちろん！ 現地を旅するのは大好きな仕事です。1つ1つの火山の個性を理解するうえで現地へ行くのはとても重要なことで、さまざまな試料（検査・分析などに用いる材料）を集めて観察します。たとえば、噴火を調べるために溶岩の流れを観察したりします。

Q. 噴火を予測できますか？
A. ちゃんとした観測装置を使って見張っていれば、噴火のきざしがわかります。今にも噴火しそうな火山はガスを吐き出し、小さな地震を引き起こします（たいていは小さすぎて感じられませんが）。それで表層の地面がわずかに上昇したり、火山周辺のわき水の化学的性質が変化したり、地表の温度が上がったりすることがあります。

Q. 火山が活動をやめたかどうか、どうすればわかりますか？
A. 実験室では、火山が最後に噴火してからどれくらいたっているかを調べられます。100万年くらいたっていたら、また噴火する可能性は低いでしょう。火山の周辺を調べるという手もあります。ハワイのような地殻のホットスポットでは、火山がマグマの源から離れてしまうことがあります。

Q. これまでに知った中で、一番興味を引かれたことはなんですか？
A. 噴火で稲妻が生じることです！ 小さな噴火でもよく起きますが、大規模な噴火では、火山灰の雲の中で数千もの落雷が生じることもあるんです。

Q. 噴火している火山にどれくらいまで近づいたことがありますか？ どんな感じでしたか？
A. 日本の桜島が小規模な噴火をしたとき、そこにいたことがあります。灰色の噴煙が空にのぼっていくのを見ていると、すごくドキドキしました！ 今まさに活動している地球の力を感じる、とてもすばらしい体験でしたね。

エトナ山

イタリアのエトナ山は世界でも特に活発な火山で、何千年もの間、ほぼ休むことなく噴火しています。ときどき、大きな「ドカン」という音を立てることもあります。写真のすさまじい噴火は2015年に起きたもので、巨大な柱のような煙と灰が8kmの高さにまで達しました。

破壊された生活

1995年1月、日本の阪神・淡路地区がひどい地震におそわれました。6400人が死亡し、4万人がけがをしました。たくさんの家がつぶれたり、阪神高速道路の一部が倒れるなど、神戸を中心とする一帯の大部分が破壊されました。

断層の種類

地層や岩石が割れ目を生じ、それを境界に、両側に食い違いが生じているものを断層といいます。

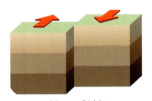

横ずれ断層
地層や岩石が互いに反対の方向へ、水平にすべるように動きます。

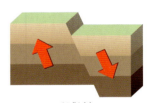

正断層
地層や岩石が互いに離れ、一方が下にすべり落ちます。

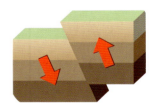

逆断層
地層や岩石が互いに押し合い、一方が押し上げられます。

地震の90％は、太平洋を囲む環太平洋火山帯で起きている！

ぐらぐらする地球

大きな被害をもたらすほど強い地震は1年に100回ほど起きている。

地殻のプレートどうしがぶつかると、ひずみがたまり、それが限界に達すると急激なずれ（断層）が生じます。それが地震です。小さすぎて感じとれない地震は、毎日たくさん起きていますが、強い地震は災害をもたらすこともあります。

津波の脅威

写真は、2011年に福島県の沿岸部を襲った津波です。津波は海底で地震が起きると生じます。震源地からはるか遠くまで移動し、最大時速805kmものスピードで陸にぶつかります。

地震が起きるしくみ

プレートが互いに押し合ったり、すべってずれたりすると、プレートの間に圧力がたまり、やがてプレートが動きます。すると、爆発的なエネルギーが波となって、震源から地表の震央へと伝わります。震央では、地震で感じる揺れが最も強くなります。

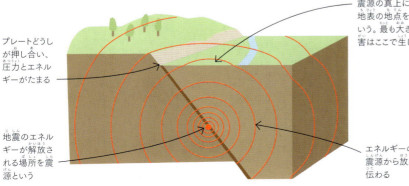

- プレートどうしが押し合い、圧力とエネルギーがたまる
- 地震のエネルギーが解放される場所を震源という
- 震源の真上にあたる地表の地点を震央という。最も大きな被害はここで生じる
- エネルギーの波が震源から放射状に伝わる

126階にあるぶらさがった振り子の重りが、地震や強風のときのビルの動きを打ち消す

地震に耐えるビル

断層線に近い場所に立つビルの中には、強風や地震に耐えられる設計のものもあります。中国の上海タワーは、世界屈指の高さを誇るビルです。このビルは柔軟な素材でできていて、地震の揺れと一緒に動くので壊れません。上層階には衝撃吸収用の重りも備わっています。

地震は月でも起きる。月の地震は月震とよばれる。

荒々しい天気

天気とは、特定の時間と場所における大気の状態のことです。天気は絶えず変化しています。日光や雨から、ものすごい竜巻、地球をかけめぐる風、地球の上空でうずまく雲まで、ありとあらゆるものを生み出します。

雲の種類

雲は氷や水の小さなしずくでできていて、その形、大きさ、空のどの高さにあるかによって分類されます。たとえば、積乱雲は空高くそびえる巨大な雲です。

赤い閃光

嵐はしばしば落雷を招きますが、もっともめずらしい「スプライト」という現象が生じることもあります。雷と同じように、スプライトも瞬間的な電気のひらめきですが、赤い色をしていて、空の高いところで生じます。かすかな光なので、光害のない場所の夜にしか見えません。

回転する竜巻

竜巻は回転する空気の柱で、嵐雲の中にできます。竜巻の風は地球最速です。猛烈な竜巻には、木を根こそぎ倒し、建物をバラバラにし、車を宙に持ち上げる力があります。竜巻がよく生じるのは北アメリカで、アメリカ中西部などの州は「竜巻街道（トルネードアレイ）」として知られます。

動いている空気

地球の天気は、地球をめぐる空気の動きから生まれます。太陽の熱にどれだけあたためられるかは、場所によって違います。あたたかい空気は上昇し、かわりに冷たい空気が流れこみます。それが風を生み、さまざまな気象をもたらすのです。

宇宙から見ると、雲が地球の表面を動いているのがわかる

極端な天気

どんなタイプの天気でも、極端に激しくなると、人間や環境を危険にさらすことがあります。写真はスコットランドのソルトコーツで撮影されたもので、このように強風ははげしい嵐を生みます。大雨は洪水を引き起こし、太陽が照りすぎるとひどい干ばつや熱波につながります。

地球 75

2001年、インドのケララで血のような色の雨が降った。赤い色の原因は、小さな藻類だった！

凍ったひょう

雨つぶが風で上空へ運ばれ、大気の上層に達すると、ひょうになります。観測史上最も重いひょうは、1986年にバングラデシュのゴパルガンジで降ったものです。1つ1つのひょうの重さは、大きいもので1.02kgもありました！

ひょうは何層にも重なった凍った水滴でできている。氷のタマネギのようなものだ

渦を巻く空気の柱が雲から地面にのびている

竜巻の風には通り道にあるあらゆるものを破壊する力がある

細い竜巻は「ロープ竜巻」とよばれる。太い竜巻よりもさらに強力になることがある

気団

大気中にある、温度と湿度が一定の空気の塊を気団といいます。中には、大陸全体やそれよりも広い範囲を覆うくらい巨大な気団もあります。気団は風によって動き、その場所の天気を左右します。気団と気団がぶつかる境界を「前線」といいます。

あたたかい空気が急速に上昇し、大きな雲をつくる

寒冷前線
冷たい気団があたたかい空気にぶつかると、寒冷前線ができます。気温が下がり、巨大な雨雲ができます。

あたたかい空気がゆっくり上昇し、横に広がるような層状の雲をつくる

温暖前線
あたたかい気団が冷たい空気にぶつかると、温暖前線ができます。気温が上がり、たいていは弱い雨になります。

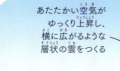

竜巻の中の風速は時速480kmを超えることもある！

奇妙すぎる雨

水ではないものが空から降ってくる
ニュースがときどき聞こえてきます。
そうしたおかしなものたちは、
風で運ばれてくる場合もありますが、
どこから来たのかわからない場合もあります。

銀色の魚が降ってくる！
ホンジュラスにあるヨロの町では、
毎年5月か6月に、
嵐が大雨と小さな魚を運んできます。

小さなカエルが降ってくる！
2005年6月7日、セルビアにある
小さな町オジャツィで、強風により、
何千匹ものカエルの雨が降りました。

タコ、ヒトデ、エビが降ってくる！
2018年6月13日、
中国の青島市で起きた大嵐は、
大きなひょうとさまざまな
海の生き物を降らせました。

ゴルフボールが降ってくる！
アメリカのフロリダ州では、
1969年のある雨の夜に、
ゴルフボールが空から降ってきました。

肉の塊が降ってくる！
1876年の「ケンタッキー肉シャワー」では、
空から肉の塊が降ってきました。
きっと空を飛ぶハゲタカが落としたのでしょう。

暑さと寒さの最高記録

最高気温の世界記録は、
2021年7月9日にアメリカ・カリフォルニア州の
デスバレーにあるファーニスクリークで
記録された54.4℃です。
一方、最低気温の世界記録は、
1983年7月21日に
南極のボストーク基地で記録されました。
そのときの気温はマイナス89.2℃でした！

データで見る
すごい天気

地球にはとてつもなく激しい天気がある一方で、ときにはおかしな天気もあります。渦巻く強風から大きな被害を生む山火事まで、荒々しい天気や奇想天外な天気の記録を見ていきましょう。天気予報ではなかなかお目にかかれない、予測できない天気の数々です。

一晩に4万回の落雷

稲妻の速度はおよそ時速43万5000kmです。
地球上で最も雷がよく落ちる
マラカイボ湖（ベネズエラ）では、
多いときで一晩に4万回もの落雷があります。
この場所では、雷をともなう
巨大な嵐の発生する夜が
年間140～160日にのぼります

1 1979年台風20号
（国際名チップ）
東アジア／1979年／直径2220km

2 ハリケーン・サンディ
北アメリカとカリブ海地域／
2012年／直径1610km

珍しい雲

すべての雲が白くてもくもくしているわけではありません。ここに紹介する不思議な雲や、カラフルに空をいろどる雲の模様は、なかなかお目にかかれない珍しいものばかりです。

典型的な積乱雲の重さは、大型のジェット旅客機と同じくらいだ！

真珠母雲
ほとんどの雲とは違って、この珍しい雲は成層圏にできます。小さな氷の粒子からなり、そのため真珠のような光彩を持ちます。

乳房雲
不安定な積乱雲の中にできる丸い雲。しばしば豪雨やひょう、雷をもたらします。

ケルビン・ヘルムホルツ不安定性の雲
雲の上の空気が雲よりも速く動くと、雲のてっぺんが空気にとらえられ、波の形になります。

穴開き雲
飛行機が雲の中を通り、雲の水滴がいきなり凍ったり落ちたりすると、雲に穴ができます。

風の強い場所

南極は世界でもとりわけ強い風が吹く場所です。中でも強い風が、滑降風という下降気流です。滑降風は内陸から海岸へ向かって、斜面をかけ降りるように吹きます。観測史上最も強い風は1972年にデュモン・デュルビル基地で記録されたもので、風速は時速327kmに達しました！

巨大な熱帯低気圧 トップ5

熱帯低気圧は渦を巻いて回転する猛烈な雨雲です。ハリケーン、台風、サイクロンはどれも熱帯低気圧ですが、発生場所によって名前が変わります。ここでは、史上最大級の直径を記録した熱帯低気圧を紹介しましょう。

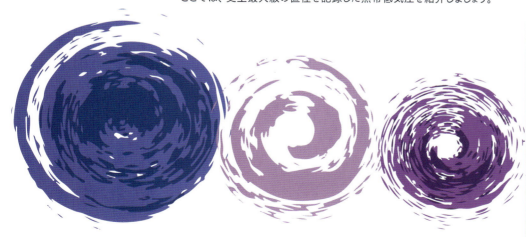

3 ハリケーン・イゴール
北アメリカとカリブ海地域／2010年／直径1480km

4 ハリケーン・オルガ
バハマ／2019年／直径1390km

5 ハリケーン・リリ
北アメリカとカリブ海地域／1996年／直径1295km

大きな山火事ワースト5

山火事は干ばつが起きやすい乾燥した場所で発生しますが、気候変動の影響で以前よりも頻繁に起きるようになっています。ここでは、特に広い面積を燃やした大きな山火事を紹介します。

1 シベリアのタイガ火災
ロシア／2003年／22万2577km^2

2 オーストラリアの山火事
オーストラリア／2019・2020年／17万km^2

3 ノースウェスト準州の火災
カナダ／2014年／3万4398km^2

4 アラスカの山火事シーズン
アメリカ／2004年／2万6707km^2

5 ブラックフライデーの山火事
オーストラリア／1939年／2万234km^2

クリス・ライトはアメリカ・インディアナ州の放送局WTTV-4の首席気象学者です。1日に3回、テレビで天気予報を伝えています。

気象学者に聞く

Q. 天気予報はどれくらい正確ですか？
A. 5日間予報は90％くらい、7日間予報は80％くらいの確率で当たります。でも、10日間予報が当たる確率は半分くらいしかありません！

Q. どんな技術を使っていますか？
A. レーダー、気象観測気球、人工衛星、気象観測ブイなど、あらゆる計測装置が集めた観測データを使っています。データを予報モデルに入れて、スーパーコンピューターで計算します。モデルでは、方程式や新旧の気象データを使って予報を導き出します。

Q. テレビに出ていないときの仕事では、どんなことをしていますか？
A. まず、ニュースルームのスタッフとの会議で、今後のニュース放送について話し合います。それから、気象データをじっくり分析し、予報を立てます。コンピュータープログラムを使って、気象グラフをつくります。それができたら、テレビに出る準備は万端です！

Q. 極端な天気の中にいたことはありますか？
A. 一度、地すべりを起こすほどの熱帯低気圧を取材したことがあります。風があまりにも強くて、雨が石のようにぶつかってきました！

Q. これまでに取材した中で、一番こわかった天気はなんですか？
A. 2004年に竜巻が大発生し、インディアナ州で24個の竜巻ができました。そのうちの1つが、25万人がレースを観戦していたインディアナポリス・モーター・スピードウェイから16kmも離れていないところに着地したんです。大惨事になってもおかしくありませんでした。

Q. 新人時代から何か変わったことはありますか？
A. 技術が進歩し、予報がずっとくわしく、ずっと正確になりました。私が天気予報を始めたばかりの頃、40年近く前には、正確に予想できるのはせいぜい3日後まででした。今では、気象学者が天気の移り変わりをずっと正確に予想できるようになっています。

スーパーセル

この回転する巨大な嵐雲は「スーパーセル」とよばれるものです。嵐の中でも最大最強のスーパーセルは、滝のような雨、巨大なひょうなどの激しい天気をもたらします。壊滅的な竜巻を生むこともあります。スーパーセルがよく発生する北アメリカの中央部は、赤道から来るあたたかくしめった空気が、ロッキー山脈から下りてくる冷たく乾燥した空気とぶつかる場所です。

80 | 地球

堂々たる山

世界でも特に標高の高い山のほとんどは、はるか昔にプレートとプレートがぶつかった場所にできたものです。今でも高くなり続けている山脈もありますが、ゆっくり侵食されているものもあります。現在では、地球の陸地表面の20％ほどを山地が占めています。

目もくらむ高さ

スコットランドにある標高1343mのベン・ネビス山は、イギリスで一番高い山です。かつては活発に活動していて、およそ4億1000万年前に内側に崩落しました。現在では、毎年15万を超える人たちが登頂に挑んでいます。

張り出した岩の下に登山者がぶらさがっている。ここは登頂ルートの難所の1つだ

登山者がつかめるように、安全ロープが崖の岩石面に打ちこまれている

氷と雪に覆われているところは、とりわけ登るのがたいへんだ

山ができるしくみ

山脈ができるのは、2つのプレートが押し合っているときや、マグマが地殻を押し上げているときです。火山活動（68～69ページ）からも山脈ができます。

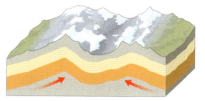

褶曲山地
最もよくあるタイプの山で、プレートどうしがぶつかったときにできます。地殻が押し上げられ、ぐにゃりと曲がります。

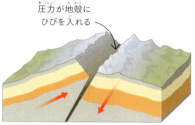

断層地塊山地
プレート内やプレート境界の圧力によって地殻にひびが入り、岩の塊が上下に動かされます。

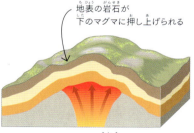

ドーム山地
地球のマントルからマグマが上昇し、岩の地殻を押し上げ、ドーム状の山をつくります。

海底から頂上までの高さで比べると、ハワイのマウナケア山は1万211mで、エベレスト山よりも高くなる！

エベレスト山　マウナケア山

なだれに注意

とても高い山の頂上は、寒さのため雪に覆われています。雪と氷の巨大な塊がゆるむと、なだれが起きます。雪は山の中腹を転がり落ちながらスピードを増し、さらに多くの雪を集め、その途中にあるほとんどのものを巻き込んでいきます。

なだれのスピードは時速320kmに達することもある

高い山 トップ5

標高が高い山のトップ5はすべてアジアにあり、5000万～4000万年前にインドプレートとユーラシアプレートがぶつかった場所に位置しています。

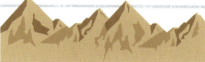

1 エベレスト山 8848m
2 ゴッドウィンオースチン（K2） 8611m
3 カンチェンジュンガ 8586m
4 ローツェ 8516m
5 マカルー 8485m

エベレスト山は今も成長していて1年に5mmほどのペースで高くなっている！

1951年、エベレスト山で長さ33cmの巨大な足跡が見つかった。これは伝説の動物イエティの足跡ともいわれている！

最長の山脈

地球最長の山脈は海の底にあります。中央海嶺系（上の図の赤い線）は長さ6万5000kmです。これは陸上で最も長いアンデス山脈の9倍にあたります。

高地のくらし

山にすむ動物は厳しい環境で生きられるように適応しています。シロイワヤギは毛むくじゃらの厚い毛皮であたたかさを保ち、先端が2つに割れた強力なひづめでゴツゴツした岩や急斜面をのぼります。

白い毛皮は雪山で身をかくすのに役立つ

地球

ドラマチックな砂漠

砂漠は地球の陸地の5分の1を占めています。砂漠というとたいてい砂だらけの地形を思い浮かべますが、岩がちの砂漠や土の多い砂漠、山地や極寒の砂漠もあります。年間降水量が250mm未満なら、どんな場所でも砂漠とされます。

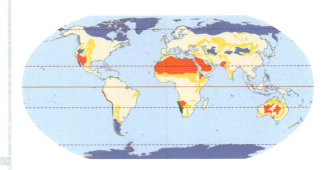

■ 高温砂漠　　■ 寒冷砂漠
■ 海岸砂漠　　■ 半乾燥砂漠

世界のどこにある?
この地図は砂漠のある場所を示したものです。サハラ砂漠のような暑く乾燥した砂漠が熱帯の近くにある一方で、寒い砂漠は極地域や中央・東アジアにあります。

アメリカのモハーベ砂漠にあるデスバレーは地球上で最も暑い場所だ!

砂漠の種類
世界の砂漠のうち、砂に覆われているのは20%だけです。そうした砂漠はたいてい気温が両極端で、やけつくような暑さか、凍えるような寒さになります。

寒冷砂漠
南極と北極圏の砂漠はとても寒く、ほとんどの水が凍って固体になっています。

高温砂漠
熱帯地域では、砂漠は1年を通じて高温ですが、夜には気温が急に下がります。

半乾燥砂漠
高温砂漠よりもすずしく、乾燥した長い夏と雨の降る冬があります。

海岸砂漠
海に近い砂漠の中には、ほとんど雨が降らないところもありますが、霧による湿気があります。

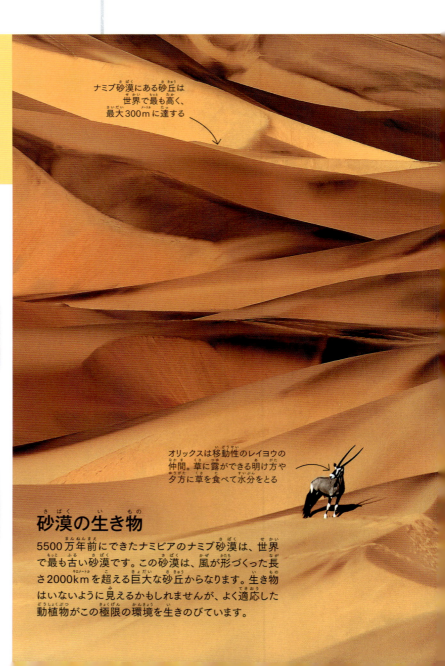

ナミブ砂漠にある砂丘は世界で最も高く、最大300mに達する

オリックスは移動性のレイヨウの仲間。草に露ができる明け方や夕方に草を食べて水分をとる

砂漠の生き物
5500万年前にできたナミビアのナミブ砂漠は、世界で最も古い砂漠です。この砂漠は、風が形づくった長さ2000kmを超える巨大な砂丘からなります。生き物はいないように見えるかもしれませんが、よく適応した動植物がこの極限の環境を生きのびています。

風はサハラ砂漠から
毎年9000万tの砂ぼこりを
運んでいる！

砂嵐
砂漠地域では、強風が砂とほこりを宙に巻き上げ、最高時速97kmに達する砂嵐を起こすことがあります。砂嵐は何tもの小さな砂つぶをはるか遠くまで運び、その通り道にあるあらゆるものを覆いつくします。

水をためる植物
北アメリカのソノラ砂漠に生えるベンケイチュウというサボテンは、長い間水がなくても生きられるように適応しています。頑丈な茎に水をたくわえ、大きく膨らんで、水をためるスペースを広げることができます。外側にはするどいとげがならび、内側の水を守ります。

サバクシマセゲラという鳥はベンケイチュウの内側に巣穴を掘ってひなを育てる

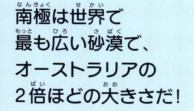

南極は世界で最も広い砂漠で、オーストラリアの2倍ほどの大きさだ！

雨陰砂漠
海岸近くに山脈があると、雨陰砂漠ができることがあります。海水が蒸発して雲をつくり、山脈の海側に雨が降ると、そのあとに残された冷たく乾燥した空気が山脈の反対側に吹きつけ、砂漠ができるのです。

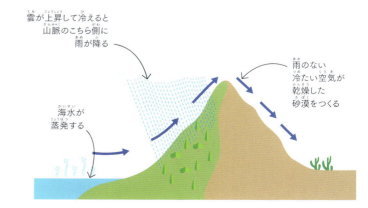

雲が上昇して冷えると山脈のこちら側に雨が降る

海水が蒸発する

雨のない冷たい空気が乾燥した砂漠をつくる

84 地球

熱帯雨林の林冠の高い枝からぶらさがるナマケモノ

アマゾン熱帯雨林
南アメリカの8つの国にまたがるアマゾン熱帯雨林は、世界でも群を抜いて大きな熱帯雨林です。これまでに知られている動植物種の10％は、この熱帯雨林にすんでいます。驚くことに、平均すると1日おきに新しい種が発見されているのです！

大いなる森林

木は地球最大の植物であり、森林は地球の非常に広い範囲を占めています。世界の陸生生物の4分の3以上のすみかになっているほか、大気から二酸化炭素を吸収し、気候変動との戦いでも重要な役割を果たしています。毎年、膨大な数の木が切り倒され、森林は少しずつ消えていっています。

地球上にはおよそ3兆本の木が生えている！

森林の種類

森林にはおもに3つの種類があります。野生生物がひしめくうっそうとした熱帯雨林は赤道近くにあります。一方、亜寒帯林は北極近くの寒い地域にできます。温帯林は、はっきりした四季がある、気候のおだやかな場所にあります。

最も背の高い木が突出層をつくる

熱帯雨林
暑くてジメジメした森林。垂直方向に4つの層があり、それぞれ水や日光の量が異なる。

亜寒帯林
寒く乾燥した森林で、トウヒ、マツ、モミといった、葉が針のように細い針葉樹が育ちます。

温帯林
温帯林の木のほとんどは葉が平たい広葉樹で、秋に葉を落とし、春にまた葉をつけます。

ウッド・ワイド・ウェブ

林床の地下では、木々たちが「ウッド・ワイド・ウェブ」とよばれる土の下にかくされた根と菌類の通信網を持っています。5億年近く前から存在するとみられるもので、樹木がこのネットワークを利用して水や栄養などの資源を分け合っていると考えられています。昆虫の攻撃を警告するなど、樹木どうしのコミュニケーションにも使われているかもしれません。

熱帯雨林では、雨つぶが木の一番上から木を伝わって一番下に達するまでに10分もかかる！

極寒の森林

世界の木のほぼ4分の1は亜寒帯林にあります。亜寒帯林の大部分を占めるマツなどの針葉樹は、1年を通じて凍えるように寒い環境を生きのびられるように、うまく適応しています。円錐状の細長い形は、枝を折るおそれのある重い雪を払い落とし、できるだけ多くの日光をとらえて吸収するのに役立ちます。

森の守り手

先住民コミュニティの多くは熱帯雨林にたよってくらし、昔から森を破壊から守る力になってきました。この男の子は、2481.47km^{2}のアマゾンの森林を保護して見守っているブラジルのパイタル・スルイ族の一員です。

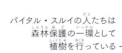
パイタル・スルイの人たちは森林保護の一環として植樹を行っている

1分ごとに、サッカー場27面の広さの森林が破壊されている！

木の名前を当てよう

オークとニレ、カエデとブナを
見分けられるかな？
ここにある木の名前を、
下の答えを見ないで当ててみよう。
仲間はずれにも注意して！

1 ジャカランダ
2 ゴムノキ
3 リュウケツジュ
4 モリンガ
5 オーク
6 サラノキ
7 ジョシュアツリー
8 アメリカカラマツ
9 オリーブ
10 キングサリ
11 バナナ
12 ハナズオウ
13 バオバブ
14 リンゴ
15 モクセイシダ
16 セコイアデンドロン
17 ビャクシン
18 カエデ
19 ナナカマド
20 マホガニー
21 ニワウルシ
22 ドリアン
23 マツ
24 ナツメヤシ
25 ヤナギ
26 アメリカヒルギ
27 モミ
28 サクラ
29 チリマツ
30 ブナ

気候の緊急事態

人間の活動は地球の気候を大きく変えています。気温の上昇によって、嵐や熱波などの極端な天気が増え、海面は上昇しています。気候変動を食いとめるためには、温室効果ガスの排出量を減らさなければなりません。

気候変動の原因

電気などのエネルギーをつくるために化石燃料（石炭、石油、天然ガス）を燃やすと、大気中の温室効果ガスである二酸化炭素の濃度が上がります。18世紀の産業革命以来、それが気候変動の最大の原因になっています。風力や太陽光といった再生可能エネルギー源を利用すると、温室効果ガスを減らす効果があります。

気候変動の影響

地球の平均気温は、過去150年で1.1℃上昇しました。気温が上昇すると、ドミノ倒しのように世界中に影響が及びます。

氷の融解
氷床が溶け、海面が上昇しています。白い氷は日光を反射しますが、氷が溶けると反射される熱が少なくなり、海がいっそうあたたかくなります。

生息地の破壊
地球の温暖化とともに、動物の生息地が変化し、破壊されています。多くの種は絶滅の危機にあります。

気象災害
地球の気温が上昇すると、熱波や干ばつ、ハリケーン、洪水といった、極端で予測のつかない天気が増えます。

海の被害
海に溶ける二酸化炭素が増えすぎると、海が酸性になり、海の生物に深刻な影響が及びます。

くらしの破壊
極端な天気と洪水や水不足といった脅威によって、人々が貧困に追いやられ、故郷を離れなければならないこともあります。

気候変動に関連する災害の数は、1980年から3倍以上に増えている。

ひどくなる山火事

記録的な暑さと極端な干ばつのせいで、山火事が広がっています。2019年から2020年にかけて、オーストラリアでは3000軒近い家が焼失し、およそ30億匹の動物が死んだり、すむ場所を失ったりしました。大気中に立ちのぼる煙の柱は25kmの高さに達し、宇宙からでも見えたほどです。

たちまち燃え広がるはげしい炎に水をかけて立ち向かう消防士

温室効果

地球の大気にふくまれるいくつかの気体には、太陽の熱を閉じこめる効果があります。この温室効果がなければ、地球は生命が存在できないほど寒くなっていたでしょう。しかし、人間の活動の結果、温室効果ガスの濃度が上がり、閉じこめられる熱が多くなって、地球の平均気温が上昇しています。

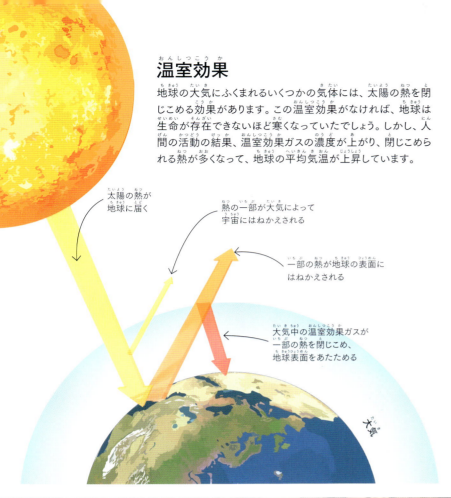

- 太陽の熱が地球に届く
- 熱の一部が大気によって宇宙にはねかえされる
- 一部の熱が地球の表面にはねかえされる
- 大気中の温室効果ガスが一部の熱を閉じこめ、地球表面をあたためる
- 大気

木は二酸化炭素を吸収してたくわえる。温暖化の原因の10%は森林破壊によるものだ。

地球を救う

私たち1人1人が買うものを減らしたり、再利用やリサイクルを増やしたりすれば、状況を変えられます。しかし、気候変動を逆転させるためには、政府や企業が地球にやさしいエネルギーに切りかえ、森林破壊を止めなければいけません。

ユーカリの木はよく燃える

90 | 地球

私たちの地球を守る

人間は何世紀にもわたって地球の天然資源を使い、動植物の生息環境を破壊し、山のようなごみを出してきました。しかし、みんなで力を合わせ、新しい技術の力を借りれば、地球を守り、人間が与えた傷を治すことができます。

サンゴ礁の復活

生きているサンゴ礁は、海の温暖化と酸性化、魚の乱獲、汚染の脅威にさらされています。サンゴ礁の減少を食いとめるために、科学者たちはインドネシアのバリ島沖にサンゴの育つ基礎となる人工の構造物をつくり、サンゴ礁を復活させようとしています。写真の構造物はバイオロック™でできています。バイオロック™は、自転車のような金属のフレームに電流を流すことで、海水にふくまれる鉱物からつくられます。

木の壁！

砂漠の広がりを食いとめ、農地を広げるために、アフリカに「グレート・グリーン・ウォール（緑の長城）」とよばれる樹木帯が整備されています。長さ数千kmにわたってのびる予定です。

ジブチ
セネガル

ごみひろい

私たちが出すごみ、とりわけプラスチックごみの大部分は海に行きつき、やがて岸に打ち上げられます。プラスチックは今や、海の食物連鎖のあらゆる階層で見つかります。ごみひろいは、誰にでもできる対策の1つです。

もともとあるサンゴ礁からとった生きたサンゴの塊を新しいサンゴ礁に付着させる

生息環境の再野生化

再野生化とは、人間が変えた場所を、変える前の状態に戻すこと。たとえば、農地を自然にまかせて再生させる、川を自然に氾濫させるなどの方法が考えられます。そうすると、時がたつうちに、野生生物が戻ってきやすくなります。北アメリカでは、再野生化の取り組みとして、オオカミなどの種が再導入されています。

海をきれいに

毎年、大量のプラスチックが川から流れ出たり、漁業ごみとして捨てられたりして、海に行きつきます。「オーシャン・クリーンアップ（海をきれいに）」プロジェクトでは、そうしたプラスチックを回収しリサイクルする方法が開発されています。

回収
海中に入れた長いU字形の囲いを2艘の船で引っ張り、海に浮かぶプラスチックを集めます。

分別
囲いの網がいっぱいになったら、集めたプラスチックが外に出ないようにして船に引き上げ、分別します。

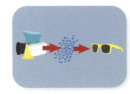

リサイクル
プラスチックを岸に運び、ペレットに加工して、サングラスなどの製品をつくります。

テントウムシなどの昆虫は、農薬のかわりに作物を守る手段になる！

地球 | 91

- サンゴが育ち始め、新しい生きたサンゴ礁ができる。このサンゴ礁が活気あふれる生態系を生み出すはずだ
- 自転車では蔓脚類も育つ
- 捨てられたスチールの自転車が、サンゴの育つ基礎になる
- この構造物は熱帯魚の生息環境になる

持続可能なエネルギー

風力、太陽光、波力、潮力などは、化石燃料にかわる地球にやさしいエネルギー源です。上のウィンドツリーは、風を利用して公共のスペースでグリーンな電気を生み出しています。この電気は信号機や携帯電話の充電、さらには車の充電にまで使われます。

環境にやさしい新素材

環境によくない素材のかわりにするために、新しい素材が開発されています。たとえば、化石燃料からつくったプラスチックのかわりに、生物に分解される植物性のプラスチックが少しずつ使われるようになっています。再利用する数を増やし、消費を少なくするという方法もあります。

- 麻のバッグは何度も使える
- 竹と紙はリサイクルできる

リサイクルされるプラスチックごみは世界全体で9%にすぎない!

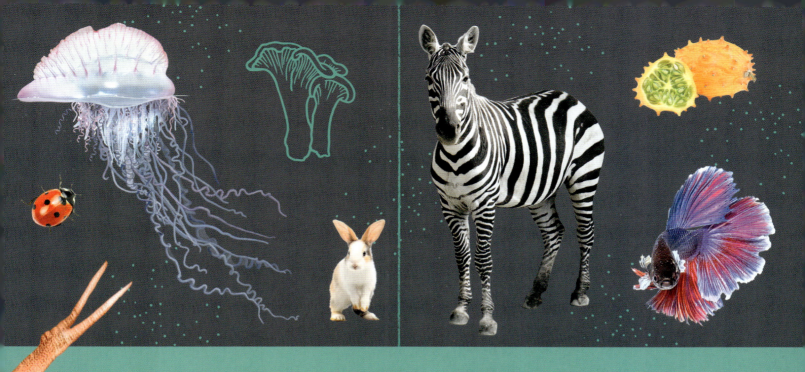

生物 LIFE
せいぶつ

生物って何？

生命は地球上に最初に現れてからずっと進化を続け、驚くほど多様な生物が生まれました。今の地球には、肉眼では見えないほど小さな細菌から巨大なシロナガスクジラまで、さまざまな生き物がくらし、動植物に満ちた豊かな生態系が広がっています。

7つの界

科学者は、地球上のすべての生物を7つの「界」にグループ分けしています。そのうちの3つ——古細菌界、細菌界、原生動物界は顕微鏡でなければ見えないほど小さい生物ですが、それらがいなければ、ほかの生物が存在することはできません。残りの4つはクロミスタ界、植物界、菌界、動物界で、大きさはさまざまです。

古細菌界
この単純な単細胞生物は、高温で酸性の水たまりや、氷の海のような厳しい環境にすんでいます。

細菌界
単細胞の細菌はあらゆる生息環境で見られ、多くは植物や動物に寄生しています。イメージと違って、病気を引き起こすものは少数です。

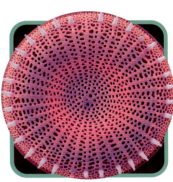

原生動物界
原生動物は細菌よりも細胞が複雑で、ほとんどは動き回り、アメーバやゾウリムシのように食胞でえさを消化します。

生命に満ちた地球

すべての生物は共通する7つの特徴を持ち、それによって生物でないものと区別されます。その7つとは、運動、呼吸、排泄、栄養、感覚、生殖、成長です。写真で紹介するサンゴ礁の生物たちにも、そうした特徴が見られます。

科学者の推定によると、地球上には870万種の生物が存在している！

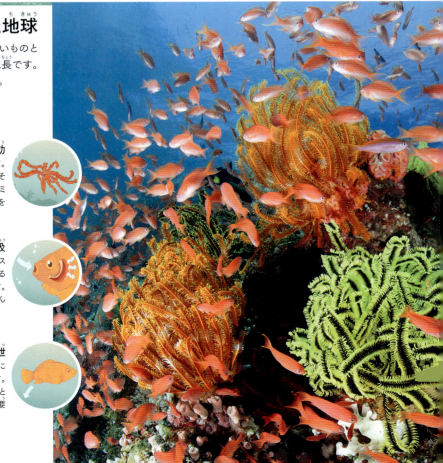

運動
どんな生物も動いています。植物と菌類のほとんどはその場で動きますが、このウミシダのような動物は場所を移動します。

呼吸
細胞は呼吸というプロセスを通じて、栄養物から生きるためのエネルギーを得ます。魚は水から酸素を取りこんで呼吸しています。

排泄
どんな生物でも、細胞内に不要な化学物質ができます。それを取り除くことを排泄といいます。魚は尿として不要な化学物質を排出します。

生態系

自分だけで生きられる生物はいません。植物、菌類、動物やその他の生物は、地形や天気をふくむ生態系の中で一緒に生きています。その一例が、アフリカのサバンナです。

- 木や草が太陽のエネルギーを使って栄養をつくる
- 捕食者のライオンは植物を食べるシマウマやレイヨウを食べる
- シマウマは植物を食べて、栄養とエネルギーを得る
- ハイエナは死んだ動物の体を食べるため、清掃動物とよばれることもある

クロミスタ界
極小の珪藻からジャイアントケルプまで、ほとんどのクロミスタは水中生物です。植物のように、太陽のエネルギーから栄養をつくります。

植物界
多くの細胞からなる植物は、ほとんどが陸上で生きています。どの植物も、太陽のエネルギーを使って、自分で栄養をつくります。

菌界
単細胞や多細胞の菌類は、たいていは死んだ植物や動物の死骸を食べてエネルギーを得ています。

動物界
ほぼすべての動物は多細胞生物で、動き回って食べ物を見つけるのに役立つ感覚器と神経を備えています。

栄養
すべての生物は、生きるために栄養物を必要としています。栄養物をつくったり獲得したりするプロセスを「栄養摂取」といいます。キンギョハナダイは小さなプランクトンを食べます。

感覚
すべての生物は環境の変化を感じとり、それに反応します。魚には視覚、嗅覚、味覚、聴覚、触覚があります。

生殖
すべての生物は、種の存続のために生殖します。メスの魚が産んだ卵にオスが精子をかけると、魚が生まれます。

成長
すべての生物は生まれたときは小さく、少しずつ大きくなって発達していきます。ウミシダは失った腕を再生でき、最大で150本もの腕を生やします。

生物種の4分の1は海にすんでいる!

ウイルスは非生物

ウイルスは小さな有機体で、病気を引き起こすものもあります。生物に共通する特徴の多くを備えていないので、生物とは見なされません。ウイルスは生きた細胞に入りこまなければ増殖できないのです。

麻疹ウイルス

かつて地球にすんでいた生物の99.9％がすでに絶滅している！

始まりのとき
岩のような生物化石、ストロマトライトは35億年前に出現した生物が残した証拠です。沈泥が藍藻（シアノバクテリア）の層に閉じこめられて形成されました。藍藻は光合成を行った最初の生物で、地球の大気に酸素を加え、生物が進化する環境をつくりました。

生命の進化
進化とは、生物種が何世代もの間に変化していくことです。進化は自然淘汰によって起こります。その環境の中で最もうまく生きのびられる生物が、遺伝子を次世代に伝えるのです。

色とりどりの甲虫
シダの葉にすむ甲虫の一種には、さまざまな色のバリエーションがあります。

捕食者が目立つ色の甲虫を食べる
昆虫を食べる捕食者が、シダの葉の上で目立つオレンジ色の甲虫をつかまえます。

カムフラージュした甲虫が生き残る
葉の色に溶けこむ緑色の甲虫が生き残り、遺伝子を伝えます。オレンジ色の甲虫は死に絶えます。

ユーステノプテロン
この魚には、手足のようなひれと、呼吸をするための肺がありました。体は、陸上でも生きられるように適応しかけていました。おそらく、捕食者から逃げるためでしょう。
← 肉厚のひれの骨がより頑丈になった

ティクターリク
魚と陸上の四足動物の中間のような生物。大きく頑丈なひれで歩けたかもしれません。

史上最大の昆虫は、2億5000万年前に生きていたメガネウロプシスという巨大なトンボだ！
大きさを比較するためのサッカーボール
羽を広げた長さは71cm

初期の生物

地球に最初の生命が誕生したのは37億年前。それから何億年もの間、地球上にいる生物はごく小さな単細胞生物だけでした。その後、5億4200万年前頃に、まるで爆発するように、さまざまな生物が登場しました。

沼地の森
最初の単純な植物は水に浮かんでいましたが、5億年前頃、陸に進出しました。小さなコケのような植物がシダ、トクサ、ソテツに進化し、空高くそびえる緑豊かな森が生まれました。

レピドデンドロン（鱗木）は高さ50mにもなる

うろこのような樹皮の模様を見せる化石

生物 | 97

陸へ上がった生物

生命は最初に水の中で進化し、数億年の間、水中にとどまっていました。3億9000万年前頃、魚のような生物がときどき陸に上がり始めます。やがて、その生物が最初の四足動物に進化しました。それが、今生きている多くの陸生動物の祖先です。

イクチオステガ
イクチオステガは手足のある最初期の脊椎動物で、浅い沼地にすんでいました。指と足で体を地面から持ち上げて歩いていたかもしれません。

イクチオステガの前肢の指の本数はわかっていない（後肢の指は7本）

生命の爆発

5億4200万年前頃、地球上の生物が爆発的に多様になりました。この現象を「カンブリア爆発」といいます。海は奇妙な姿の生物であふれ、それぞれが海底をはったり、泳いだり、水に浮かぶ食物の粒子を捕らえたり、互いを食べたりしていました。

- 知られているかぎり最古の脊椎動物の祖先、ピカイア
- ほかの動物を食べる節足動物、アノマロカリス
- 海を泳ぐ節足動物、マレルラ
- 最初の動物は海にすむ海綿類だ
- とげのあるミミズのようなハルキゲニア
- 穴にすむ、軟らかい体のアイシェアイア

生命の年表

地球の生命進化の途方もなく長い時間を想像するのは、簡単ではありません。それを理解しやすくするために、下の時計では、地球の歴史を12時間で表しています。最初の1時間、地球は燃えさかる気体と岩石のボールでしたが、やがてゆっくりと生命が進化し始めます。現生人類が現れたのは、最後の1秒になってからです！

- 哺乳類が進化し、栄える
- 400万年前に最初の人類の祖先が直立歩行する
- 恐竜が1億6000万年にわたって地球を支配する
- 藍藻が光合成を始め、酸素をつくる
- 植物が陸に上がり、動物がそれに続く
- 最初の生命である単細胞の細菌と古細菌が出現する
- 最初の動物は海にすむ海綿類だ
- 最初の多細胞生物が進化する
- 藻類などの複雑な生物が進化する
- 海と大気の酸素が増え、新しいタイプの生物が進化できる環境が整う

古生代／中生代／新生代／冥王代／太古代／原生代

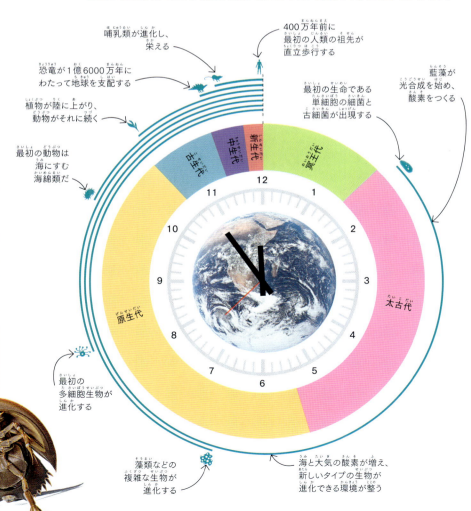

4億8000万年前に最初の進化を遂げたカブトガニは、今も生存している！

98 | 生物

中生代のモンスター

中生代の地球を歩き回っていた生物といえば、恐竜が最もよく知られていますが、それだけではありません。恐竜たちの周りでは、巨大な爬虫類が海を泳ぎ、空を飛び回っていました。さまざまな形や大きさの最初期の哺乳類も、この時代に現れました。

泳ぎの名手

プレシオサウルスの骨格の化石は、海にすむ強大な捕食者がジュラ紀の海をどんなふうに泳いでいたのかを教えてくれます。4本の巨大なひれ足の力で海を泳ぎ回り、長い首をのばして、泳いでいる獲物をあごでつかまえていました。

- 後ろのひれ足
- オールのようなひれ足がペンギンのひれ足のように上下に"羽ばたき"、水中を"飛ぶ"
- 細長い首は40個ほどの骨でできている
- 頭骨は幅がせまく、あごは大きく開いたかもしれない

魚のような爬虫類

魚竜は海にすむ爬虫類で、魚に似たしなやかな体で速く泳ぐことができました。大きいものは体長26mになります。この標本の頭骨は長さ2mです。

- 歯の生えた長いくちばしのようなあご
- ドーナツ形の眼窩が大きな眼球の形を保っていた

史上最大の空飛ぶ生物は翼竜のケツァルコアトルス。翼を広げた長さはスピットファイア戦闘機と同じくらいだった！

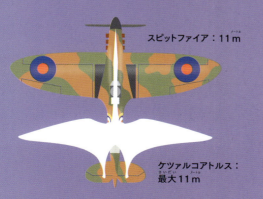

スピットファイア：11m

ケツァルコアトルス：最大11m

- 歯は長い円錐形で、すべりやすい獲物もつかまえられる

爬虫類の時代

中生代は2億5200万年前から6600万年前まで続きました。この代は三畳紀、ジュラ紀、白亜紀に分けられます。中生代の全体を通じて、爬虫類が陸、海、空を支配していました。

プレシオサウルスの体長は4.5 m

空飛ぶ爬虫類

翼竜は初めて空を飛んだ脊椎動物です。翼を上下に動かして地面から飛び立ち、1億5000万年にわたって空を支配していました。

カウペダクティルス・イバカという翼竜は美しいとさかを持っていた

かぎ爪のある指

翼を広げた長さは3m以上

首長竜アルベルトネクテスの首は歴史上のどんな動物よりも長く、7mもあった！

モルガヌコドンは最初の哺乳類と近い関係にある動物だ

牙をむく哺乳類

最初の哺乳類は遅くとも2億2500万年前に進化しました。小さなトガリネズミのような動物で、穴の中にすんでいました。続く1億6000万年の間に哺乳類はさまざまに進化し、木に登るもの、滑空するもの、水にすむものまで現れます。巨大な爬虫類が絶滅すると、哺乳類は大型になり、脳が大きく発達しました。

ひれ足の筋肉を支える、板のような肩の骨

幅の広いオールのようなひれ足の力で水中を進む

古生代 | 中生代 | 新生代

ペルム紀 | 三畳紀 | ジュラ紀 | 白亜紀

2億5200万年前 | 2億100万年前 | 1億4500万年前 | 6600万年前 | 約30万年前、最初の現生人類が登場した | 現在

ペルム紀
大量絶滅でペルム紀が終わり、爬虫類の時代が始まりました。

三畳紀
巨大なワニ、最初の恐竜、空飛ぶ翼竜が登場します。

ジュラ紀
恐竜が陸で栄え、海には海生爬虫類がたくさん泳いでいました。

白亜紀
最もたくさんの恐竜が生きていた時代です。巨大なモササウルスが海の捕食者の頂点に立ちました。

新生代
大量絶滅で爬虫類の時代が終わると、哺乳類が最大の陸生動物になりました。

100 生物

恐竜が支配する世界

恐竜は1億6000万年の間、地球を支配していました。
うろこに覆われた動きの遅い巨獣から、どうもうなハンター、
羽毛の生えた小型種まで、さまざまな恐竜がいましたが、
わずかな例外を除き、ほとんどは6600万年前に絶滅しました。

大小さまざま

多くの恐竜は巨体でした。これまでに知られている最大の恐竜は、巨大な竜脚類のアルゼンチノサウルスです。小さい恐竜もいました。ある恐竜（おそらく子ども）の足跡は長さ1cmしかなく、スズメと同じくらいの大きさでした。

アルゼンチノサウルス

ドロマエオサウルスの体長は15cmだったかもしれない

体長は33.5mほど

恐竜の種類

恐竜は全部で2000種ほど存在していたともいわれますが、まだ発見されていない種もたくさんいるでしょう。恐竜は下の5つのグループに大きく分けられます。

獣脚類
おもに肉を食べ、するどい歯を持つ獣脚類は、2本の足で歩いていました。最初の鳥である始祖鳥やベロキラプトルはこのグループの仲間です。

竜脚類
長い首で植物を食べる竜脚類は、地球を歩き回っていた最大の動物です。この仲間にはディプロドクスなどがいます。

装盾類
装盾類は、厚い骨のよろいで覆われ、とげや棍棒のついたしっぽがあるなど、はっきりとした特徴があります。ステゴサウルスはこのグループの仲間です。

鳥脚類
奇妙な形の頭と幅の広い鼻づらで知られる鳥脚類の多くは、エドモントサウルスのように複雑な歯を持っていました。

周飾頭類
このグループのパキケファロサウルスなどは、硬い頭骨と角を、力を見せつけることや戦いに使っていましたが、肉ではなく植物を食べていました。

恐竜って何？

恐竜は形も大きさもさまざまですが、古生物学者はいくつかの共通する特徴をもとに恐竜と判定しています。この図は、最初期の恐竜ヘレラサウルスの特徴を示したものです。

骨盤の股関節の部分に穴がある

筋肉が付着する首の骨の突起

頬骨の後ろに突起が2つある

筋肉が付着する上腕骨の大きな突起

手には指が5本あり、第4指・第5指は小さな太い釘のようになっている

恐竜の群れ

恐竜の中には群れで行動していたものもいます。キリンのように首の長い竜脚類は、大きな集団で歩き回り、針葉樹、イチョウ、ソテツの高いところにある葉を食べていました。

植物を食べる大型恐竜の多くは社会的な動物で、どうもうな捕食者から身を守るためひとつにまとまっていた

ストルシオミムスは最高時速60kmの速度で走っていたかもしれない。ドッグレースで走るグレーハウンドにも負けない速さだ！

生物 101

おそろしいTレックス
ティラノサウルス・レックスは陸上の肉食動物としては地球史上最大級で、首にひだかざりのあるトリケラトプスなどの草食恐竜を捕食していました。当時の姿を再現したこの骨格化石は、壮絶な争いをくり広げる2頭の恐竜を表しています。

バランスをとるのに役立つ長いしっぽ

Tレックスのかむ力は幅の広い頭骨から生まれる。地上の動物としては史上最強だ

かぎ爪のような手

たくましい後ろ足が巨体を支える

トリケラトプスのひだかざりのある首についたTレックスの歯形

巨大な頭骨の先端はくちばしのようにとがり、植物をすりつぶせる歯が並んでいる

先端がとがった長い角。交尾の相手を引き寄せたり、交尾をめぐって戦ったりするのに使われていた

卵の中の赤ちゃん
どの恐竜も卵を産みます。下は、卵に入った歯のない獣脚類の赤ちゃんの化石で、完全な状態のまま中国南部で見つかりました。ベビー・インリャンとよばれています。

現生の鳥と同じように「折りたたまれた」姿勢をとっている

ツァイホンの頭部は虹色の羽毛に包まれていた

カラフルな羽
化石の発見のおかげで、近年では、多くの恐竜が羽毛を持っていたことがわかっています。右の鳥に似た恐竜は、色素をつくる細胞の痕跡が見つかっていることから、どうやらカラフルなかざり羽を持っていたようです。

大量絶滅
6600万年前、地球に小惑星が衝突し、恐竜の世が突然終わりを迎えました。ものすごい衝撃によって生態系が破壊され、ほとんどの恐竜が絶滅したのです。しかし、獣脚類の1つの系統が生きのび、今も生きています——それが鳥です。

恐竜の名前を当てよう

恐竜博士、集まれ！
ティラノサウルスとトリケラトプス、
ステゴサウルスとスケリドサウルスの
区別ができるかな？
どれだけ恐竜の名前を当てられるか、
挑戦してみよう。
1つだけ、仲間はずれがいるので要注意！

1　ステゴサウルス
2　ドリオサウルス
3　ケツァルコアトルス
4　コエロフィシス
5　始祖鳥
6　ムッタブラサウルス
7　スコミムス
8　イサノサウルス
9　ドゥブレウイロサウルス
10　コリトサウルス
11　カルカロドントサウルス
12　トリケラトプス
13　イグアノドン
14　パラサウロロフス
15　ディプロドクス
16　ベロキラプトル
17　ヒプシロフォドン
18　ストルシオミムス
19　バリオニクス
20　ケントロサウルス
21　エウオプロケファルス
22　クリオロフォサウルス
23　アロサウルス
24　エドモントサウルス
25　アンキオルニス
26　ティラノサウルス
27　パキケファロサウルス
28　ヘテロドントサウルス
29　エオラプトル
30　シュノサウルス
31　アルゼンチノサウルス
32　スケリドサウルス
33　サルタサウルス
34　プシッタコサウルス
35　シノサウロプテリクス
36　イリタトル
37　アルバートサウルス
38　プラテオサウルス
39　スピノサウルス
40　サウロペルタ
41　モノロフォサウルス

仲間はずれは3のケツァルコアトルス。ケツァルコアトルスは翼竜で、
これは天空の支配者と呼ばれる仲間だ。恐竜ではない。

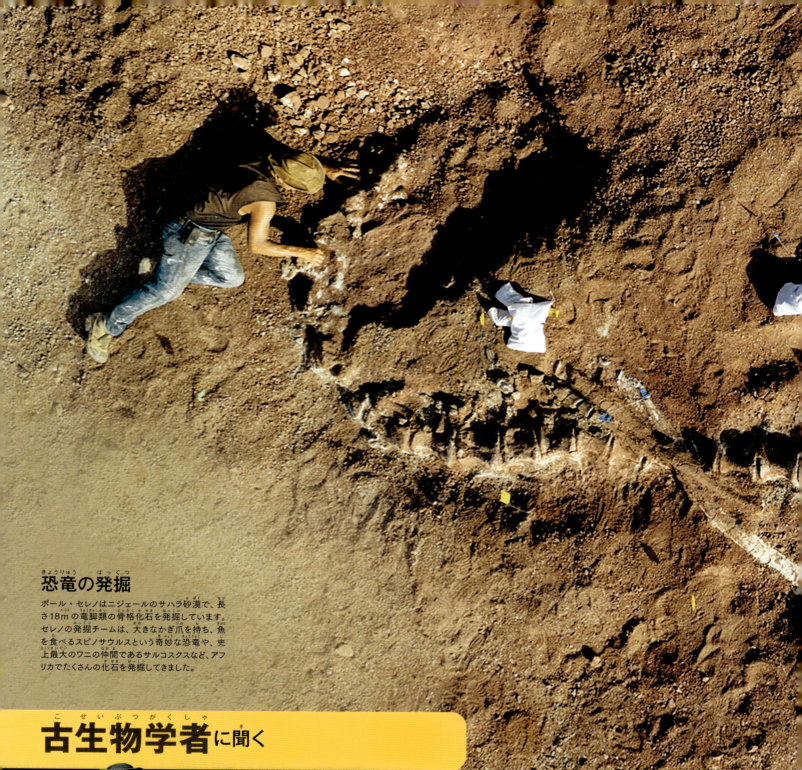

恐竜の発掘

ポール・セレノはニジェールのサハラ砂漠で、長さ18mの竜脚類の骨格化石を発掘しています。セレノの発掘チームは、大きなかぎ爪を持ち、魚を食べるスピノサウルスという奇妙な恐竜や、史上最大のワニの仲間であるサルコスクスなど、アフリカでたくさんの化石を発掘してきました。

古生物学者に聞く

アメリカの古生物学者ポール・セレノはシカゴ大学の教授で、同大学に化石研究所をつくりました。アンデス山脈からゴビ砂漠まで、世界各地で恐竜を発見しています。最近では、アフリカのサハラ砂漠で多種多様な新種をいくつも発掘しました。

Q. 古生物学者は今も新しい恐竜を発見していますか？
A. ひと昔前は、新しい恐竜が発見されるのは珍しいことでした。今では、新種発見のペースが急激に上がり、1年に50種くらいになっています。おおぜいの人が探して、発掘しているおかげです。まさに恐竜のルネサンスですね！

Q. どこに行けば化石が見つかりますか？
A. 海の石灰岩の層から陸の砂岩の層まで、さまざまな種類の岩で見つかります。化石愛好家向けのガイドブックで、近くの発掘現場の地図を探してみてください。

Q. 一番わくわくした発見は何ですか?
A. 今まさに発掘しているものです。アフリカで見つかった奇妙な「穴掘りラプトル」です。私たちがサハラ砂漠でたまたま見つけた1体の骨格化石がなければ、この生き物がかつて存在していたことを世界の誰も想像できなかったでしょう。

Q. 恐竜の骨をどう組み合わせれば1つの骨格になるのか、どうしてわかるのですか?
A. そのパズルを組み立てるのは、それほど難しくありません。というのも、どの恐竜の骨格も、同じ骨のセットでできているからです。完全な骨格の骨を1つ1つ数えたら、全部で300ちょっとあります。どの骨にも同じ名前がついていて、だいたい同じ筋肉につながっています。中には、人間の骨格を構成する1組の骨と共通点を持つものまであります。

Q. 化石を見ると、恐竜について何がわかりますか?
A. たくさんのことがわかります。歯のついたあごの骨1つだけでも、その恐竜が食べていたもの、その恐竜が属するグループ、ときには新種かどうかまでわかることがあります。骨格の大部分があれば、歩き方や走り方、狩りをしていたのか、それとも植物を食べていたのかもわかります。

Q. 恐竜の見た目もわかるのですか?
A. 恐竜が死んだあと、日に焼けてすっかり干からび、皮膚が硬い革のようになることがあります。そうした恐竜の「ミイラ」がすぐに土にうまると、うろこのある皮膚の「型」が堆積物の中に保存されます。ただし、皮膚がどんな色をしていたかは謎のままです。

Q. 映画『ジュラシック・パーク』のような世界が現実になる可能性はありますか?
A. ありません。恐竜の化石に大昔のDNAはふくまれていません。DNAの一番古い記録はおよそ200万年前のマストドンのもので、マストドンが生きていたのは恐竜より6000万年以上あとの時代です。

植物の営み

これまでに知られている植物は39万種を超えます。植物は世界のほとんどどんな場所でも生きられるように適応しています。動物とは違って、植物は太陽のエネルギーから自分で栄養をつくり、それが今度は動物の栄養になります。

植物の種類

植物の形と大きさはさまざまです。すべての植物は、下の6つのグループのどれかに属しています。最も多いのは顕花植物です。

タイ類
地球上にいちはやく登場した植物で、葉、根、茎がありません。

セン類とツノゴケ類
しめった場所に生え、じゅうたんやクッションのように育ちます。

ヒカゲノカズラ類
小さな植物ですが、水と養分を運ぶ管と、硬いうろこのような葉があります。

シダ類とトクサ類
この青々とした植物は、種子ではなく胞子で繁殖します。

球果植物
球果に入った種子をつくります。多くは針のような細い葉があります。

顕花植物
繁殖するために花を咲かせ、花粉を運ぶ生き物を引き寄せます。

1つ1つのサイズはお菓子のトッピングに使うスプリンクルくらい

地球上で最も小さい植物は、根のない水生のウキクサの仲間、ミジンコウキクサだ!

植物のしくみ

ほとんどの植物には、体を支える茎、水と養分を吸い上げる根、太陽のエネルギーを捉える葉があります。茎を通っている管が、水、養分、糖の形をとったエネルギーを全体に運びます。

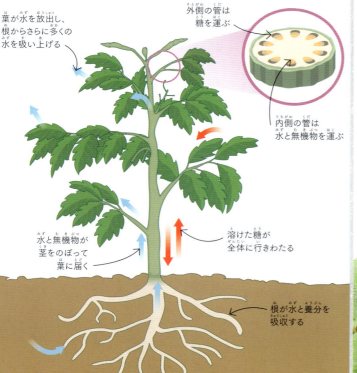

- 葉が水を放出し、根からさらに多くの水を吸い上げる
- 外側の管は糖を運ぶ
- 内側の管は水と無機物を運ぶ
- 水と無機物が茎をのぼって葉に届く
- 溶けた糖が全体に行きわたる
- 根が水と養分を吸収する

巨大カボチャ

およそ200種の植物が食用に栽培されています。コンテストに出す目的で巨大な植物を育てる人もいます。写真はコンテストに入賞したカボチャで、その重さは小型車と同じくらいあります。1205kgの大きさまで育つためには、1日に300Lの水が必要でした。

- 水をためこみ、果肉を守るための厚い皮
- カボチャは地面に広がるつるに実をつける

生物 | 107

日光
糖が植物全体に運ばれる
水が葉に入る
二酸化炭素を吸収する
酸素を放出する

栄養をつくる

植物は日光のエネルギーを使って、水と二酸化炭素を酸素と糖に変えます。「光合成」とよばれるこのプロセスは、緑の色素である葉緑素の力を借りて、葉の部分で行われています。

肉を食べる植物

ハエトリソウは葉をぱくっと閉じて、ハチのような昆虫をつかまえます（写真）。獲物が葉に止まると、感覚毛が反応して葉が閉じます。ハエトリソウのような食虫植物は、全部で630種に分類されています。

長い指のような刺毛がハチをつかむ

ハチを消化して養分を得る

巨大なスイレンの一種、ビクトリア・ボリビアナの浮葉は幅3.2mに達することもある！

カボチャが巨大すぎて、双子の姉妹（1歳）が小さな妖精に見える

支えを探してぐるぐるとのびるつる

つる植物

このトケイソウのようなつる植物は、支柱にぐるぐると巻きつきながら、光を求めて上へのびていきます。たいていの植物は1カ所に根を張りますが、多くは生きのびる確率を高めるために、光、水、養分のあるほうへ動きます。

トケイソウ

地球の植物をすべて合わせた重さは、ほかの生物すべての合計より重い！

108 | 生物

花の形

花はさまざまな形、大きさ、色で、ミツバチやチョウなどの昆虫を引き寄せます。ここでは、花の代表的な形状をいくつか紹介します。

円錐状
あざやかな黄色のラッパスイセンは、ひだのあるラッパを囲んで6枚の花びらがついています。

星状
カラフルなガーベラは、中央から放射状にぐるりと花びらがついています。

つりがね状
カンパニュラ（フウリンソウ）は、5枚の花びらがカップ形に広がります。

ドーム状
アジサイには、たくさんの小さな花でできた大きな頭状花があります。

ロゼット状
バラの花は、数列の花びらがらせん形または円形に配置されます。

このつやつやした赤い苞（花の付け根に出る葉）を持つ熱帯植物は、くちびるを連想させることから「ホットリップス（熱いくちびる）」という名がついた！

葉のような赤い苞の間から、小さな星状の花が現れる

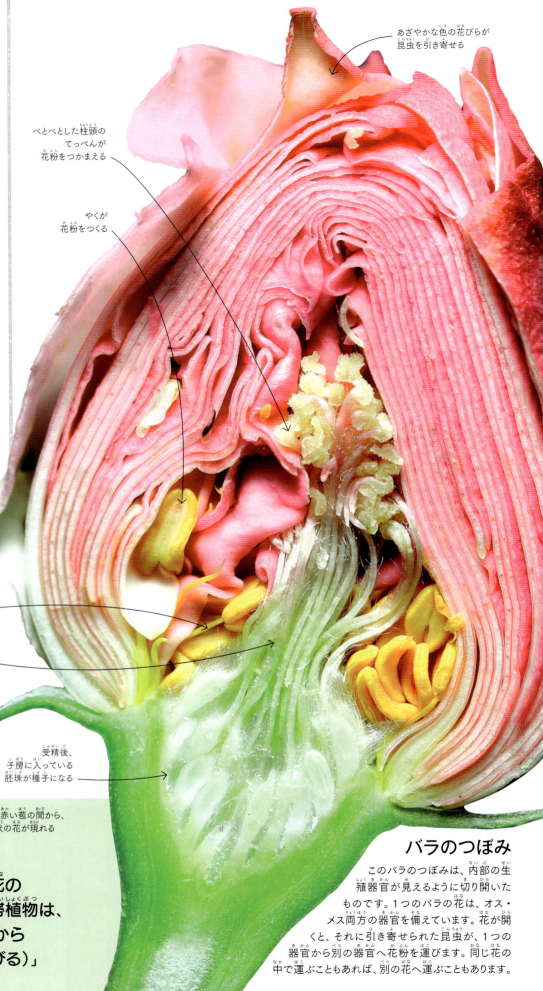

あざやかな色の花びらが昆虫を引き寄せる

べとべとした柱頭のてっぺんが花粉をつかまえる

やくが花粉をつくる

やくを支える花糸がやくとともにおしべ（花のオスの器官）を形成する

管のような花柱が柱頭と子房をつなぎ、この3つがめしべ（花のメスの器官）を形成する

がく片が花を守っている

受精後、子房に入っている胚珠が種子になる

バラのつぼみ

このバラのつぼみは、内部の生殖器官が見えるように切り開いたものです。1つのバラの花は、オス・メス両方の器官を備えています。花が開くと、それに引き寄せられた昆虫が、1つの器官から別の器官へ花粉を運びます。同じ花の中で運ぶこともあれば、別の花へ運ぶこともあります。

美しい花々

地球上の植物の90％は顕花植物です。うっとりするような美しい花を、思い思いに咲かせて繁殖します。花が受粉すると種子ができ、それが新しい植物に育ちます。

キツネザルは毛皮についたバナナの花粉を運ぶ

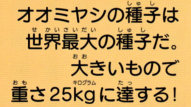

オオミヤシの種子は世界最大の種子だ。大きいもので重さ25kgに達する！

花粉を運ぶけものたち

花粉の運び手として最も一般的なのは昆虫です。昆虫は花のみつなどを食べながら花粉を運びます。その一方で、コウモリ、ハチドリ、アカエリマキキツネザル（写真）といった動物も、花粉を運ぶことがあります。

ビーオーキッド

花粉を運ぶ昆虫を引き寄せるために、変わった方法を進化させた顕花植物もあります。ビーオーキッドというランの仲間には、ハチのように見える器官があり、それで本物のハチをさそいこみます。

柱頭／花粉／花柱／花粉管が花柱を通って下へのびる／子房／花粉管の中の精細胞が卵細胞と合体すると種子ができる／めしべ（メスの器官）

ツノニガウリ

多くの顕花植物は、このツノニガウリのように、おいしい果実をつくって種子を遠くへ送り出します。果実を食べた動物が、別の場所で糞とともに種子を出すのです。

花の受精

花粉が花の柱頭につくと、花柱を通って花粉から小さな管（花粉管）がのび、花粉管内の精細胞が子房の中にある卵細胞と合体して、受精が成立します。受精すると種子が発達し、子房が果実になります。

ラフレシアは世界最大の花で、大きいものは直径1mにもなる！

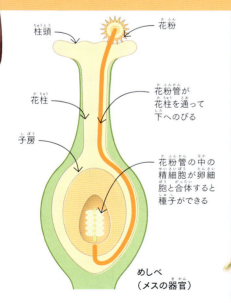

ラフレシアには葉、茎、根がなく、熱帯のつる植物に寄生して育つ

110　生物

毒のある植物

多くの植物は人間などの動物の食べ物になりますが、中には食べると毒になるものもあります。正体のわからない植物は、絶対に葉や果実をつんだり食べたりしてはいけません。

マンチニール
「死のリンゴ」として知られる果実を食べると、口とのどが焼けるように熱くなり、猛烈に痛くなります。

トウゴマ
この植物の豆はリシンという猛毒をふくんでいます。少量でも大人1人を殺す力があります。

ベラドンナ（セイヨウハシリドコロ）
果実を食べると、舌のもつれ、目のかすみ、幻覚が引き起こされます。

チドリソウ
きれいな花が、焼けつくような口の痛みと嘔吐を引き起こします。ときには窒息して死ぬこともあります。

スイセン
はなやかな春の花ですが、タマネギに似た球根を食べると、けいれんを起こすことがあります。

虫を食べる植物

モウセンゴケは、ねばねばした巻きひげで昆虫をつかまえます。その後、葉がくるりと丸まって昆虫を包み、消化します。数分間で昆虫1匹を殺せますが、消化するには何週間もかかります。

モウセンゴケ

最大の植物

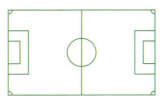

世界最大の植物はオーストラリアのシャーク湾沖に生える海草で、サッカー場3万個分、200km²近い面積に広がっています。

宇宙の植物

NASA（アメリカ航空宇宙局）の科学者は、国際宇宙ステーション（ISS）の菜園で植物を育てています。宇宙飛行士の食事にふくまれるビタミンCを増やして壊血病を防ぐために3種類のレタスを、宇宙での顕花植物の育ち方を調べるためにヒャクニチソウを栽培しています。

データで見る
植物あれこれ

革のような葉、薬になるハーブ、いやなにおいの花などなど、多くの植物は驚くような特徴を備えています。植物は地球上でもひときわ大きな生物で、ひときわ長生きの生物でもあります。

背の高い木7種

各大陸で一番高い木を紹介します。中には、自由の女神像より高い木もあります。知られているかぎりで世界一高い木は、アメリカ・カリフォルニア州北部のレッドウッド国立公園に生えていますが、その木を守るため、正確な場所は秘密にされています。

カリー　カリー（ユーカリの仲間）　ポルトガル／72.9m

ムヨブ　ムヨブ（センダンの仲間）　タンザニア／81.5m

シャーマン将軍の木　セコイアデンドロン　アメリカ／83.8m

天使の心臓　レッドアンゲリム（マメ科の木）　ブラジル／88.5m

自由の女神像　アメリカのニューヨーク　93m（台座ふくむ）

高価な植物

盆栽は生きた芸術作品です。2011年に日本で開かれた盆栽大会では、樹齢数百年のマツの盆栽が1億円で売れました。

最も古い木トップ5

世界には、古代エジプト文明の時代から何千年も生きている木が存在します。

1 イガゴヨウ
4850歳以上
アメリカ・カリフォルニア州

2 パタゴニアヒバ
3625歳以上
チリ・ロスリオス州

3 ラクウショウ
2625歳以上
アメリカ・カリフォルニア州北部

4 チーリェンビャクシン
2235歳以上
中国・青海省

5 菩提樹
2220歳以上
スリランカ・アヌラーダプラ

タケは最も成長の早い植物だ。中には、1日に最大91cmものびる種もある。1時間に約3.8cmも成長するということだ！

薬用植物

人間は何千年も前から、かぜやインフルエンザなどの病気を治したり不安を和らげたりするために、植物を利用してきました。現在では、通常の医療でも植物から抽出した物質が使われています。

オトメアゼナ
脳の老化を防ぐ効果があるかもしれません。

ヤナギの樹皮
アスピリンの有効成分として、痛みや熱の治療に使われています。

マツユキソウ
アルツハイマー病による記憶喪失を遅らせる効果があるかもしれません。

イガゴヨウ

くさすぎる花4選

くさりかけの肉のようなにおいでハエを引き寄せ、花粉を運ばせる花もあります。

ショクダイオオコンニャク
死肉のような悪臭を放つことから、「死体の花」とよばれる巨大な花です。

ラフレシア
同じく「死体の花」とよばれる巨大な熱帯の花。くさった肉のにおいがします。

デヘライニア・スマラグディナ
この緑色の花が放つ腐敗臭は、くさい足のにおいにたとえられます。

ドラゴンリリー
背の高い紫色のユリで、死肉のにおいがすることから、「悪臭ユリ」とよばれます。

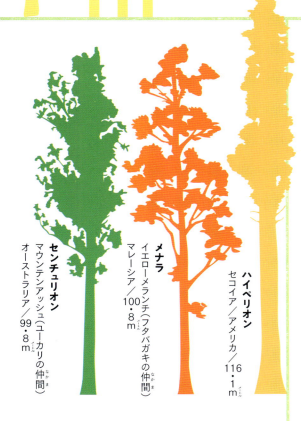

センチュリオン
マウンテンアッシュ（ユーカリの仲間）
オーストラリア／99.8m

メナラ
イエローメランチ（フタバガキの仲間）
マレーシア／100.8m

ハイペリオン
セコイア／アメリカ／116.1m

背の高いロウソクのような花が熱を発し、くさった肉のようなにおいを広げる

花びらのような仏炎苞（えりのような部分）は、内側が肉の色をしている

ショクダイオオコンニャク

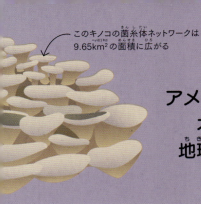

このキノコの菌糸体ネットワークは9.65km²の面積に広がる

アメリカ・オレゴン州のオニナラタケは、地球最大級の生物だ!

菌類って何?

菌類の体の大部分は地下にあり、糸のような菌糸の広大なネットワークとして存在しています。その網を菌糸体といいます。私たちが地上で目にするキノコは、一部の菌類がつくる子実体で、胞子から育ちます。

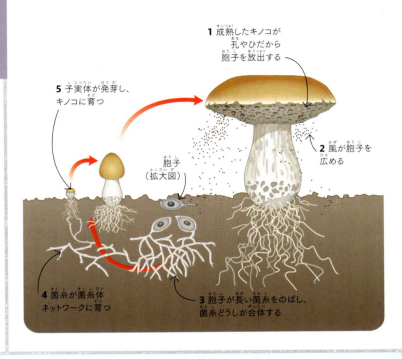

1 成熟したキノコが孔やひだから胞子を放出する
2 風が胞子を広める
3 胞子が長い菌糸をのばし、菌糸どうしが合体する
4 菌糸が菌糸体ネットワークに育つ
5 子実体が発芽し、キノコに育つ
胞子(拡大図)

ホコリタケの爆発

ホコリタケというキノコは、ボールの形をした袋に胞子をたくわえています。この袋が押されると、胞子を煙のように放出します。写真のホコリタケはクチベニタケ属の一種で、ゼリーのような保護層の中で育ちます。これよりもよく見られるセイヨウオニフスベは、最大7兆個もの胞子を放出します。

ゼリーのような層

個性が光るキノコ

キノコは形も大きさも色もさまざまです。それぞれのキノコが違うやり方で胞子をまき散らします。ここでは、バラエティ豊かなキノコの中から、見た目の変わったものを紹介します。

ベニテングタケ
あざやかな赤と白のかさは、動物に「毒があるから食べるな」と警告する役目を果たしているのかもしれません。

赤いかさには、若いキノコを包んでいた白い膜の名残が散っている

このひだで胞子ができる

キノコが育つときにひだを守るつば

インディゴ・ピンクギル
(イッポンシメジ属のキノコ)
成熟すると、ひだが青っぽい白からピンク色に変わります。青は自然界ではとても珍しい色です。

柄

ニカワホウキタケ
このぬるぬるしたあざやかな色のキノコは、英語で「ゼリー状の枝角のキノコ」ともよばれ、くさりかけた針葉樹に生えます。

タコスッポンタケ
英語で「悪魔の指」ともよばれるこのキノコは、くさった肉のようなにおいの粘液を出してハエを引き寄せます。ハエが飛び去るとき、胞子が一緒に運ばれます。

5〜8本の"腕"にちなんでタコスッポンタケとよばれる

魅惑の菌類

菌類は植物のように見えるかもしれませんが、どちらかと言えば動物に近い生物です。物質を分解し、エネルギーと養分を得ている菌類は、地球上の生命にとって重要な役割を果たしています。食べられるキノコをつくる菌類もいます。でも、毒キノコには気をつけて！

幽霊キノコ
暗闇で光るキノコは100種以上あり、上のオムファロトゥス・ニディフォルミスもその1つです。このキノコが光るのは、胞子を運んでくれる昆虫を引き寄せるためと考えられています。

菌類の種類
これまでに14万4000種の菌類が確認されていますが、実際には400万種にのぼる可能性もあります。ごくごく小さなカビから巨大なキノコまで、さまざまなものがあります。菌類はおもに、次の4つのグループに分けられます。

キノコの仲間
キノコはこのグループの菌類がつくる子実体です。胞子をつくり、それが新しいキノコになります。

子嚢菌の仲間
菌類最大のグループ。小さな入れ物（嚢）の中で胞子をつくります。

カビの仲間
このけばだって見える菌類は菌糸でできています。植物や動物の死骸をくさらせます。

酵母の仲間
この単細胞の菌類は、糖を食べて二酸化炭素をつくります。パンの発酵に使われるものもいます。

菌類と樹木はウッド・ワイド・ウェブとよばれる地下ネットワークをつくっています。このネットワークを使ってコミュニケーションをとり、養分を分け合っています！

キヌガサタケ
このキノコもスッポンタケの仲間です。優美な姿に似合わず、いやなにおいがします。レースのスカートのような白い網をつける理由ははっきりしませんが、昆虫がかさにのぼりやすくするためかもしれません。

ぬるぬるしたかさに引き寄せられた昆虫が足についた胞子を運ぶ

ウラムラサキ
特徴的な色からこの名がつきました。紫色は時とともに薄くなり、見分けるのが難しくなります。

コップタケ
このきれいな色をしたキノコは、おわんのような形に育つキノコの一大グループに属しています。内側の表面に胞子がついています。

コップ形の子実体。ここで胞子が育つ

高速キノコ！
ミズタマカビは胞子を時速90kmものスピードで噴き出します。トップスピードは弾丸を上回ります！

114 | 生物

無脊椎動物

背骨（脊椎）や体内の骨格を持たない動物のことを無脊椎動物といいます。無脊椎動物は地球上の動物の97％を占め、小さな昆虫から、長さ10m以上の腕を持つ巨大イカまで、さまざまなものがいます。

くさったリンゴには、多ければ9万匹のカイチュウがいることもある！

ごく小さなカイチュウが果実にいる細菌を食べる

巨大な貝

この巨大な軟体動物の殻は、大きいもので長さ1.4mになります。体の軟らかい組織にすむ小さな藻類がつくる糖を食べています。

海の毒針

よく植物と間違えられるイソギンチャクは、海底にくっつき、ほかの動物を食べて生きています。触手にある毒針で小魚やプランクトン（小さな甲殻類）などの獲物を刺し、体をまひさせて自分の口の中へ誘導します。

無脊椎動物の種類

無脊椎動物はびっくりするほど多様で、おもなグループだけでも30を超えます。最も一般的な6つのグループを紹介しましょう。

軟体動物
カタツムリやカキのように、ほとんどの軟体動物は殻を持ちますが、ナメクジやイカなど殻のないものもいます。

刺胞動物
クラゲ、イソギンチャク、サンゴ（左）は、毒針を発射する触手を持つ水生動物です。

環形動物
体が多くの節からなる環形動物には、ミミズ、ヒル、海にすむゴカイなどの多毛類がふくまれます。

棘皮動物
棘皮動物は海にすみ、体がとげに覆われています。ヒトデ（左）、ウニ、ナマコなどがいます。

海綿動物
ごく単純な動物で、海底にくっつき、水から食べ物をこし取ります。

節足動物
甲殻類と昆虫がふくまれる節足動物は最大のグループで、硬い外骨格と関節のある脚を持ちます。

戦うカニ

メスをめぐって戦うオスのガラパゴスベニイワガニが、互いに相手のはさみを切り取ろうとしています。勝者はライバルを追い払い、メスと交尾する権利を手に入れます。

若いカニの殻は周囲に溶けこむ暗い色をしている

生物　115

水中をただよう ために風を捉える 帆のような突起

気体のつまった浮き袋

古いほうの体も何日か生き続ける

かぎ爪のような顎肢で強力な毒を獲物に注入する

毒針を発射する触手は30mものびる

長いコロニー

このカツオノエボシは1匹のクラゲのように見えますが、実は同じ体を共有する複数の動物のコロニー（群体）です。1つ1つが別の仕事をしていて、獲物を捕らえるものもいれば、食物を消化したり、体が浮かぶのを助けたりするものもいます。一体となって動きますが、脳を持つ個体はいません。

ウミウシの中には、頭を自切して新しい体をつくるものもいる！

巨大ムカデ

このおそろしげなフミキリオオムカデは、大きいもので長さ16cmにもなります。毒のある顎肢を使って、ネズミ、鳥、フクロウなどの獲物を殺します。

強力なはさみを突き出して攻撃する

厚いよろいのような殻で軟らかい体を守る

関節のある脚のおかげであらゆる方向にすばやく歩ける

後方の長い脚をフックがわりに使う

116 生物

かしこい海の頭足類

軟体動物に属する頭足類のうち、タコやイカなどは、獲物を目ざとく見つけ、すばやく捕らえるハンターです。よく発達した脳を持ち、かしこい戦略で捕食者からも逃れます。

貝殻のスイートルーム

このメジロダコは、ほかの動物に食べられないように、古い貝殻にかくれながら、獲物を待ちぶせしています。タコは知能の高い動物で、体の色を変えてカムフラージュしたり、墨を吹いて攻撃者を追い払ったりする種もいます。

ジュウモンジダコ
ゾウの耳に似ていることから、ダンボ・オクトパスともよばれます。最大で水深7kmという、驚くほどの深海にすむ珍しいタコです。

- 目
- 8本の短い腕は方向転換に役立つ
- 2つの大きなひれで泳ぐ

1 持ち運べるシェルター
貝殻を見つけたら、それを持って狩りに向いた場所へ移動します。長い腕を足がわりにして海底を歩きます。

- 腕で貝殻をつかむ

動物界で最も大きな目を持つのはダイオウイカだ！

ヒトの目　クジラの目　ダイオウイカの目

頭足類の種類

どの頭足類にも腕か触手があり、中には両方持つものもいます。ほとんどはジェット推進、つまり水を勢いよく吐き出して体を前へ押し出す方法で、水中をすばやく動き回ります。頭足類はおもに、右の4つのグループに分けられます。

コウイカの仲間
浮きの役割を果たす体内の殻（甲）と、体のわりに大きな脳を持っています。

イカの仲間
チューブのような形にタコのような腕と、さらに2本の長い触腕を備えています。

生物 117

空飛ぶイカ
捕食者から逃れるために、トビイカはジェット推進の力で空を飛び、その距離は30mにもなります。空中に出たら、ひれをはためかせ、腕を広げて滑空します。

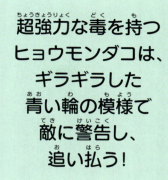

超強力な毒を持つヒョウモンダコは、ギラギラした青い輪の模様で敵に警告し、追い払う！

特殊な細胞が輪の色を一瞬で変える

腕の吸盤は獲物をつかまえるのに役立つ

生きた潜水艦
自然界で最も潜水艦に近い生き物といえば、オウムガイでしょう。殻の中の小さな部屋から気体と水を出し入れして、潜水艦のように浮いたり沈んだりするといわれています。

2 潜伏
吸盤を貝殻の内側に張りつけ、長い腕を丸めてしまいこみます。

油断なく周囲に目を光らせる

3 待ちぶせ
安全に身をかくしながら、カニやエビなどの獲物が近づいてきたら、すぐに動ける体勢をとります。

オウムガイの仲間
熱帯にすむオウムガイは、体の外に貝殻を持つ唯一の頭足類です。

タコの仲間
青い血、3つの心臓、8本の腕を持つタコは、まさに驚異の動物です！

紅白柄のイカ
アメリカアオリイカのオスは、メスを引き寄せるときには赤、ライバルを追い払うときには白に変化します。片側が赤、反対側が白のツートンカラーになることもあります。この写真では、2匹のオスが1匹のメス（写真では見えない）をめぐって戦っています。

118 | 生物

昆虫の世界

昆虫は地球上の動物の中で最大のグループです。これまでに100万種を超える昆虫が確認されていますが、実際はその10倍の種がいてもおかしくないと考えられています。

すぐれた視覚

玉虫色のハンミョウは、「複眼」のおかげで高速の動きを見きわめられます。しかも、視野はほぼ360度。この並はずれた視力によって、敵の攻撃を避けているのです。

複眼には何千もの小さなレンズがある

触角で障害物を検知し、においをかぎ取る

振動を感じる毛

大顎とよばれるあごで、小さな昆虫をつかまえる

空飛ぶハンター

多くの昆虫には羽がありますが、中でもトンボは見事な飛行の技を誇る強力なハンターです。1枚1枚の羽を動かす速さや角度をコントロールして、方向を変えたり、静止飛翔（ホバリング）したり、空中で獲物をつかまえたりします。

4枚の羽を別々に動かし、飛行をコントロールする

剛毛の生えた脚でしっかりつかむ

昆虫の種類

昆虫はおもに30グループに分けられます。ほとんどの種は、下の7つのどれかに属しています。

甲虫の仲間
およそ35万種

頑丈な前翅

チョウとガの仲間
およそ16万種

アリ、ミツバチ、スズメバチの仲間
およそ15万種

トンボとイトトンボの仲間
およそ5600種

コオロギとバッタの仲間
およそ2万4000種

2枚の羽

ハエの仲間
およそ15万2000種

カメムシの仲間
およそ10万種

巨大な虫

世界屈指の重さを誇る昆虫が、ニュージーランドにすむ巨大なバッタの仲間、ジャイアント・ウェタです。重さは大きいもので71g。ほぼハツカネズミ3匹分の重さです。

現在知られている動物種の4分の1は甲虫の仲間だ！

カッコウムシは世界中に生息している

チョウの大群

毎年、ものすごい数のオオカバマダラの群れが壮大な渡りを行い、カナダからメキシコまで移動して、また戻ってきます。その距離はおよそ5000kmにのぼり、5世代かけて往復の旅を終えます。

昆虫って何？

昆虫は多様なグループですが、ほとんどの種がいくつかの共通する特徴を備えています。どの昆虫も外骨格（体の外側にある骨格）を持ち、体が頭、胸、腹の3つの部分に分かれています。

ほとんどの昆虫が羽を持つ・胸・頭・複眼・2本の触角・どの昆虫も脚は6本・針・腹

フンコロガシ

昆虫は植物、花のみつ、ほかの昆虫などを食べますが、フンコロガシが食べるのは糞です。たいていは糞をボール状に丸めて地下のトンネルへ運びますが、糞の中にすむものもいます！

後ろ脚で糞を転がす

サシハリアリに刺されると、激しい痛みが24時間ほど続く！

昆虫の名前を当てよう

あなたの昆虫採集スキルをテストしよう。
知っている昆虫がいくつあるかな？
仲間はずれも1つまぎれているよ！

1 スジグロカバマダラ
2 キアゲハの幼虫
3 ヨーロッパアカタテハ
4 モンハナバチの仲間
5 モルフォチョウの仲間
6 ゴライアストリバネアゲハ
7 レパンダニイニイ
8 マダガスカルオナガヤママユ
9 メダマチョウの仲間
10 コノハムシ
11 湿材シロアリ
12 キイロクシケアリ
13 スカーレットタイガーモスの幼虫
14 ブリムストーンモス
15 コウテイギンヤンマ
16 ヨーロッパヤマアカアリ
17 イボタガの仲間
18 アオイトトンボ
19 シタベニハゴロモ
20 ヨコバイ
21 ツチボタル
22 トコジラミ
23 コオイムシの仲間
24 ガガンボ
25 ルリモンハナバチ
26 キイロトゲムネバッタ
27 ワラジムシ
28 キリンクビナガオトシブミ
29 オークブッシュクリケット
30 ホーネットモス
31 ハナアブ
32 エメラルドゴキブリバチ
33 ヨーロッパクロスズメバチ
34 ムシヒキアブ
35 マルハナバチ
36 マダガスカルゴキブリ
37 ミツバチ
38 シナバーモス
39 カメムシ
40 オオツノハナムグリの仲間
41 カ
42 サバクトビバッタ
43 テントウムシ
44 カブトムシの仲間
45 コガネムシの仲間
46 ヨナグニサンの仲間の幼虫
47 サシガメ
48 クワガタムシ
49 アメンボ
50 ツユムシの仲間

仲間はずれは27のワラジムシ。ワラジムシは昆虫類ではなく、
カニやエビの仲間。つまり甲殻類ではない。

シドニージョウゴグモは
ひとかみで
人間の命を
奪うこともある！

クモの赤ちゃん

ベビーブーム

コモリグモの子が卵からかえると、母グモが幼虫を背中にのせて運び、守ります。一度に100匹以上の幼虫を運べます。

驚異のクモ

クモの仲間は4万5000種以上が知られています。クモはたくみな技をあやつるハンターで、複雑な網のような巣をつむいで獲物をつかまえたり、待ちぶせして毒牙で獲物を殺したりしますが、ほとんどのクモは人間には無害な生き物です。

ハエトリグモ

小さなハエトリグモは体長が5mmほどしかありません。肉眼ではよく見えないかもしれませんが、拡大して見ると、オスはメスを引きつけるためにあざやかな色をしています。

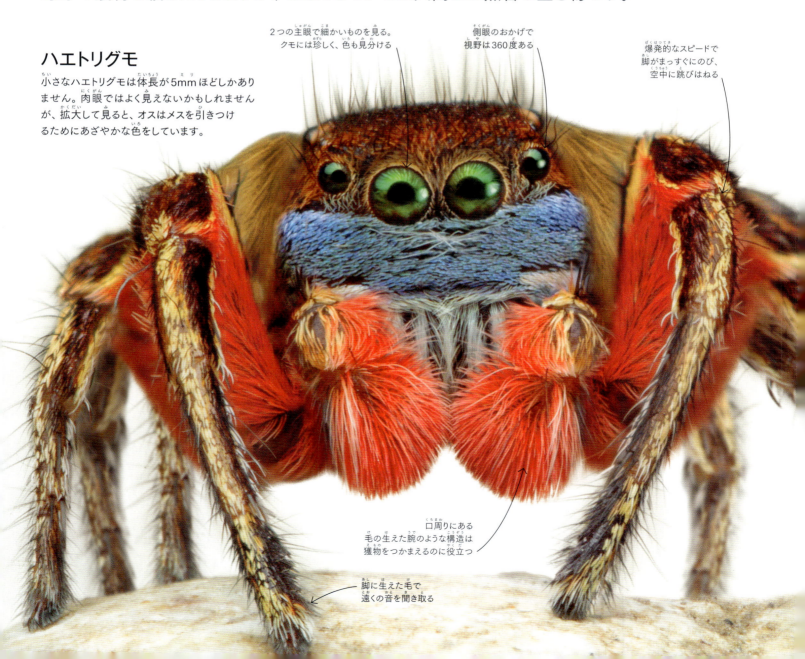

2つの主眼で細かいものを見る。クモには珍しく、色も見分ける

側眼のおかげで視野は360度ある

爆発的なスピードで脚がまっすぐにのび、空中に跳びはねる

口周りにある毛の生えた腕のような構造は獲物をつかまえるのに役立つ

脚に生えた毛で遠くの音を聞き取る

生物 123

クモの巣の秘密
クモが獲物の昆虫をつかまえるためにつむぐ網状の巣には、さまざまなタイプがあります。意外なことに、半分以上の種は巣をつくらず、別の方法で狩りをします。

ごちそうをつかまえる
ウスイロコガネグモは、ひとたび獲物をつかまえたら、糸でしっかりくるみ、消化液を注入します。そして、液体になったごちそうを味わうのです。

円網
中央から円形の模様が渦を巻くように広がる、平らで丸い網。最もおなじみのタイプの巣です。

ジグザグ網
巣に見られるジグザグの模様は、クモがかくれたり、鳥が巣にぶつかるのを防いだりする効果があるのかもしれません。

不規則網
不規則に配置した糸が毛布のように広がる網。乱雑に見えますが、逃げるのが難しい巣です。

糸はクモの体内に入っているときは液体だが、空気に触れると固体になり、驚くほど頑丈になる

タランチュラは小さな刺激毛を飛ばして、捕食者の皮膚や目を刺す！

クモの体内
クモの体は2つの部分に分かれています。体の前方の小さい部分には、8本の脚がついています。後方の大きい部分には、糸腺（出糸突起）があります。硬い外骨格が大切な内臓を覆っています。

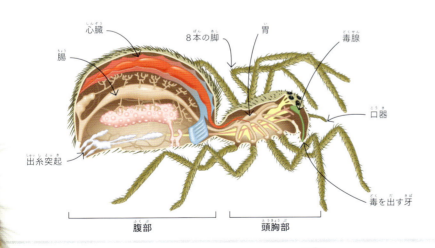
心臓　8本の脚　胃　毒腺
腸
口器
出糸突起
毒を出す牙
腹部　頭胸部

強力なあご！
ヒヨケムシは強力なあごを持つクモ形類です。虫を狩るとき、クモは飲みこむ前に消化しますが、ヒヨケムシをあごをのこぎりのように使って、獲物を切って飲みこみます。

甲殻類をあごでつかむ

クモ形類いろいろ
クモはクモ形類とよばれる動物のグループの一員です。クモ形類は体が2つの部分に分かれており、多くは関節のある8本の脚と頑丈な外骨格を持ちます。

サソリの仲間
このおそろしいクモ形類の仲間には、獲物をしっかりつかむはさみと、毒針のあるしなやかな尾があります。

マダニとダニの仲間
マダニは血を吸う寄生虫です。ダニはとても小さく、肉眼では見えません。

サソリモドキの仲間
夜に狩りをするクモ形類。後ろの6本の脚で歩き、一番前の2本を触角として使います。

ザトウムシの仲間
とても脚が長いクモ形類。メスは卵を口の中に入れて運びます。

124 ｜ 生物

魚たちの物語

地球には約3万6000種の魚が生息し、その多様性は驚くほどです。沼にすむ小さなヒメハヤから、光り輝く海を泳ぎ回る巨大なジンベイザメまで、魚たちは思いがけない方法で生きのびています。

魚の体内

魚はおもに3つのグループに分けられます。硬骨魚類、サメやエイなどの軟骨魚類（126〜129ページ）、ヤツメウナギなどの無顎類の3つです。上のイラストでは、最も数が多い硬骨魚類の体のしくみを示します。

（ラベル）前へ進むための尾びれ／動きを感じ取る側線／まっすぐ泳ぐのに役立つ背びれ／水が口の中に流れこむ／水から酸素を取りこむえら／方向を変えるのに役立つ腹びれ／体を浮かせるための浮き袋／体を安定させるしりびれ

（右側の魚のラベル）色あざやかな背びれを高く掲げて交尾相手を引きつける／たくましい胸びれは、跳びはね、歩き、岩をのぼるのに役立つ／オスはしりびれを使って空中で60cmもジャンプする

スイミングスクール

多くの種は、魚群とよばれる群れをつくって泳ぎます。群れていると、危険を察知して捕食者から逃げられる確率が高くなるからです。サンゴ礁にすむムスジコショウダイ（写真）のように、1つの種がつくる群れは、英語では「スクール」（学校の意味もある）といいます。

胃を水で満たして膨らむ

ハリセンボン（フグの一種）はとげで敵をおどして追い払う

毒を持つフグは、とげだらけのボールのように膨らんで敵を追い払う！

生物 125

イエローヘッド・ジョーフィッシュのオスは卵がかえるまで口の中で保護する！

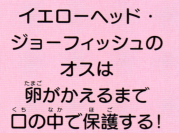

オスは尾びれを広げて体を大きく見せ、メスを引き寄せる

フリルで勝負

熱帯魚の多くはあざやかな色をしています。これは、交尾相手を引き寄せたり、ライバルを追い払ったり、捕食者から身をかくしたりするためです。この写真のベタ（ベタ・スプレンデンス）は、少なくとも1000年前から、美しい色とフリルのようなえらを持つように品種改良されてきました。

魚って何？

魚の種の数は、ほかの脊椎動物（哺乳類、鳥類、爬虫類、両生類）をすべて合計した数を上回ります。種によって特徴は異なりますが、すべての魚に共通する特徴がいくつかあります。

脊椎動物
すべての魚に脊椎（背骨）があり、ほとんどは硬骨の骨格を持っています。

変温動物
魚のほとんどは変温動物です。例外はアカマンボウです。

えら
えらを流れる水から、酸素を血中に取りこみます。

水生
ほとんどの魚は水生ですが、水の外でも生きられる水陸両生の魚もわずかながらいます。

うろこのある皮膚
軟らかい皮膚を硬いうろこが守ります。皮膚にぴったり重なっているので、自由に動けます。

水から出る魚

ほとんどの魚は水中を泳ぎ、水の外では生きられませんが、例外的に陸上で「歩き」、呼吸することができる種もいます。ムツゴロウは、ひれを脚がわりにして干潟をはい回ります。皮膚から酸素を取りこめるので、何時間も陸上にとどまれるのです。

メスの背びれには長いとげがある

海の吸血鬼！

無顎類のウミヤツメは寄生生物です。硬骨魚にぴったりくっつき、ざらざらの舌を使って宿主（寄生される側）の肉をけずり取り、その体液や血液を食べるのです。

サメ——海のハンター

巧妙に獲物を狩るサメの中には、海の食物連鎖の頂点に立つものもいます。彼らは、魚や鳥やカメといった海の動物たちを捕食します。おそろしいハンターとして語られることの多いサメですが、中には温和な巨大ザメや、するどい感覚を攻撃だけでなく防御にも生かす小型のサメもいます。

サメの体内

サメの骨格は、硬骨ではなく軟骨でできています。軟骨は、人間の耳の中にあるような、軟らかくて曲げられる組織です。するどい感覚は狩りに役立ちます。強力な尾とひれで水中を進み、方向転換します。

尾の力で前進する

背びれで、体の上下の向きを保つ

油の多い大きな肝臓が浮力（浮き沈み）をコントロールする

えらで水から酸素を取りこむ

皮膚の下には、感度の高い神経末端のならぶ側線がある

腹びれ

2枚の胸びれでバランスをとり、向きを変える

すぐれた感覚

このシュモクザメは、自分よりも小さい魚、イカ、甲殻類などの獲物をねらっています。サメには、口先にあるいくつもの小さな孔を通じて、生物の出す電気信号を感じ取る、驚きの能力が備わっています。側線は水の振動を感じ取ります。

サメの皮膚はエナメル質に覆われた小さな歯のようなうろこでできている

シュモクザメの目は頭の両側についているので、広い範囲を見わたせる

体の横に沿って走る側線の神経が獲物が起こす振動を感じ取る

腹側の皮膚は色が薄いため、下からは見えにくい

超巨大エイ

オニイトマキエイはサメの親戚です。大きいものは横幅（2枚のひれの先端から先端までの距離）が7mにもなります。

巨大な三角形のひれ

世界最小のサメ、ペリーカラスザメの体長は20cmしかない！

サメの出産

サメは3通りの方法で生殖します。卵を産んで母親の体の外でかえすものもいれば、産んだ卵を母親の体内でかえすものもいます。卵ではなく子を産むサメもいます。

アメリカナヌカザメ
袋に入った卵を産みます。赤ちゃんザメは、英語で「人魚の財布」とよばれる袋（卵殻）の中で発育します。

アブラツノザメ
母親の体内で卵からかえります。外に出た赤ちゃんザメは、まだ卵黄嚢をつけています。

レモンザメ
赤ちゃんザメが母親の体内で育ち、完全に発達してから生まれます。

サメの親戚

軟骨魚はサメだけではありません。サメのほかに、ギンザメ、ガンギエイ／エイという2つのグループがあります。サメは最大のグループで、数百種がいます。

ギンザメ
おもに深海にすんでいます。暗闇の中で泳ぎ回るのに、大きな目が役立ちます。

スポッテッド・ラットフィッシュ

アカエイの仲間

ガンギエイ／エイ
幅の広い平らな体が特徴です。多くは長い尾を持ちます。

サメ
大部分のサメは、するどい歯、すぐれた感覚、力強いあごを持ちます。

カリフォルニアドチザメ

ゾウギンザメは4億2000万年前から海を泳いでいる。恐竜が進化するよりもずっと昔だ！

口先を使って砂の中の獲物を探す

サメの歯

このシロワニというサメの歯は、不ぞろいな3つの列で構成されています。歯が抜け落ちても、そのかわりになる次の列が後ろにひかえているのです。一生の間に歯が3万本も生えかわるサメもいます。

ロレンチーニ瓶とよばれる口先の小さな孔で魚の出す電流を感じ取る

先の細くなった、円錐形の口先

するどい先端とぎざぎざのふちがあるとがった歯

ツマグロというサメは、1km先の獲物を感知できる！

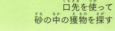

ブラッド・ノーマン博士は、ジンベイザメを追跡する市民科学プログラム「ECOCEAN（エコオーシャン）」の創設者です。西オーストラリア州にあるマードック大学の研究員でもあります。

海洋生物学者に聞く

Q. どのようにジンベイザメの調査に取り組んでいるのですか？
A. ジンベイザメを調査するため、1995年にECOCEANライブラリーをつくりました。現在は「シャークブック」という名で、50カ国以上の市民科学者から情報を受け入れています。防水カメラがあれば、誰でもジンベイザメの研究に協力できます。ダイビング中に見かけたジンベイザメの写真をとって、シャークブックにアップロードしてくれればいいのです。

Q. これまで発見した中で一番おもしろかったことは？
A. 私たちは何千頭もの個体を識別してきました。ジンベイザメの「ホットスポット」、つまり彼らにとって重要な生息場所も特定できました。でも驚くべきことに、ジンベイザメがどこで繁殖するのかは、まだわからないんです。とても小さな、あるいはとても大きなジンベイザメが見つかることもめったにありません。

Q. ジンベイザメは遠くまで移動しますか？
A. ジンベイザメは何千kmも移動できますが、中には毎年同じ場所に戻ってくるジンベイザメもいます。たとえば、スタンピー（1995年に私が初めて一緒に泳いだジンベイザメ）は、25年以上にわたって、西オーストラリア州のニンガルーリーフに戻ってきていました。

Q. ジンベイザメとのダイビングは、どんな感じですか？
A. 本当にすごい体験です！ 人生が変わりました。30年以上前からジンベイザメと一緒に泳いできましたが、まだまだやめるつもりはありません。ときにはこちらに少し興味を示してくれるサメもいますが（楽しい瞬間で、こわくはありません）、たいていは一緒に泳いでも無視されます。

Q. 一緒に泳ぐと、ジンベイザメを不安にさせませんか？
A. 一緒に泳ぐときには、横に並んで、十分に距離をとります。近づきすぎたり、目の前を泳いだりしてはいけません。必ず3m以上離れてください。触ろうとしてもいけません。これはジンベイザメのためだけでなく、あなたの安全を守るためでもあります。

Q. ジンベイザメを保護するため、私たちにできることはありますか？
A. ジンベイザメを守りたいなら、海の健康を保つことが一番の方法です。ごみを減らしたり、地球全体を大切にしたりすれば、どんな人でも役に立てます。

Q. 海洋生物学者になりたい人にアドバイスをお願いします。
A. あなた自身の情熱に従ってください。海が好きなら、どうにかして海の役に立つという目標を持つことです。

口を大きく開いて

世界最大の魚であるジンベイザメは、大きいもので体長12mになりますが、小さなプランクトンを食べるおだやかな巨獣です。小魚が自分の身を守るために、ジンベイザメのそばを泳いでいることもよくあります。1頭1頭に独特な斑点と線の模様があり、それを指紋のように利用すれば、個体を識別できます。

130 生物

両生類って何?
両生類は肺呼吸する変温動物で、背骨を持ち、薄くてなめらかな皮膚があります。ほとんどは卵を産み、一生のうちの一時期を水の中で過ごします。

脊椎動物
すべての両生類に硬骨でできた背骨と内骨格があります。

変温動物
両生類の体温は、周りの環境の温度と同じになります。

卵を産む
ほとんどの両生類は、干上がることのない、しめった場所に軟らかい卵を産みます。

幼生は水中生活
両生類の一生は水の中で始まり、大人になると陸でも生きられるようになります。

しめった皮膚
すべての両生類は、しめった薄い皮膚を通じて、酸素を体内に取りこみます。

カエルの歌
このワライガエルのように、「鳴嚢」とよばれる皮膚の袋を持つカエルもいます。この袋を空気で満たし、音を大きく響かせるのです。1.6km先まで聞こえることもあります!

昆虫を食べるカエルにとって、トンボは食欲をそそるごちそうだ

あべこべのカエル

たいていのカエルは、卵から小さなオタマジャクシになり、大きな大人のカエルへと成長します。ところがアベコベガエルは、とても大きなオタマジャクシになったあと、大人になると小さく縮み、3分の1ほどの大きさになります。

上から見えにくいよう青緑の背中でカムフラージュする

広い範囲を見わたせる膨らんだ目

腹側のあざやかな色で捕食者に「近づくな」と警告している

ねばねばした指先の吸盤で枝にしっかりつかまる

枝をつかむのに便利な指

長くて力強い後ろ足

巨大なアシナシイモリ

アシナシイモリの仲間は200種近く知られています。最大の種が、この体長1.5mのジャイアント・シーシリアン。ほかのアシナシイモリと同じように、強い力で穴を掘ります。

先端が細くなった硬い頭で地面に穴を掘る

針のようにとがった歯で獲物をつかまえる

ウシガエルは体長の20倍の距離をジャンプできる!

ウシガエルは世界最大級のカエルで、その体長は15cmにもなる

ウシガエルは3mもジャンプできる

両生類の不思議

両生類は数億年前に魚から進化し、驚くような能力を身につけました。ほとんどの両生類は、大人になると、陸と水中の両方で生きることができるのです。

部分的に水かきがついた足

スライゴオオサンショウウオは世界最大の両生類だ！

オオサンショウウオの体長は1.8mもある

とさかのあるイモリ

このクシイモリの幼生のように、両生類の子どもは水中で生活し、えらを使って呼吸します。その後、えらが縮み、肺で呼吸するようになると、水から上がれるのです。

羽根のような長いえら

木の上のカエル

このジャワトビガエルは、しめった熱帯雨林の高い樹冠にすんでいます。幅の広い足で枝をしっかりつかみ、水かきのある足をパラシュートのようにして、木から木へ滑空することもできます。水の上に張り出した葉に産卵すると、卵からかえったオタマジャクシは水にポチャンと落ちます。

両生類の種類

両生類のグループは3つしかありませんが、それぞれの見た目はまったく違います。全部合わせると、約8100種もいます。

アシナシイモリ
ミミズのように手足がないアシナシイモリは、地下や水中にすみ、めったに姿を見せません。

サンショウウオとイモリ
トカゲに似ていて、長い尾と4本の足があります。

カエルとヒキガエル
最大のグループで、長い後ろ足、短い前足があります。

たくましい爬虫類

爬虫類の種類

爬虫類はおもに4つのグループに分けられますが、ムカシトカゲのグループに属する現生種は2種だけです。

トカゲとヘビ
4つの中で最大のグループ。硬い皮膚を持つトカゲから、手足のないヘビまで、多様性に富んだグループです。ヤモリやカメレオンもこの仲間です。

リクガメとウミガメ
ドーム形の甲羅が特徴のグループ。ウミガメは水中に、リクガメは陸上にすんでいます。

ワニの仲間
ワニは爬虫類の中でも特におそろしい動物で、たいていは水の中にすんでいます。

ムカシトカゲ
このトカゲに似た爬虫類は、恐竜と同じ時代に生きていたグループの唯一の生き残りです。

うろこのある体でたくましく生きる爬虫類には、巨大なコモドオオトカゲからありえないほど大きなヘビ、どうもうなワニまで、世界で最もおそろしい動物がふくまれます。

グリーンバシリスクは水上歩行できる爬虫類だ。後ろ足で立って水面をかけぬける！

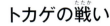

トカゲの戦い

世界最大のトカゲ、コモドオオトカゲが交尾相手をめぐって戦うときは、取っ組み合いながら、互いに毒を吐きかけます。

皮膚は硬い骨のようなうろこの層で守られている

巨大なカメ

ガラパゴスゾウガメは世界最大のリクガメで、中には、重さ225kg以上、頭から尾までが1.5mになるものもいます。陸生動物としてはとりわけ長生きの動物でもあり、寿命は100年を超えます。

色を変える

カメレオンは気分や温度によって体の色を変えられることで有名です。また、左右の目を別々に動かせるため、360度を見わたすことができます。

目には、うろこで覆われた円錐形のまぶたがある

パンサーカメレオンの尾は枝に巻きつけると木に登るときの支えになる

硬い甲羅が軟らかい体を守る

甲羅の板は、人間の爪と同じ物質、ケラチンでできている

爬虫類って何?

すべての爬虫類は背骨を持つ変温動物です。硬い皮膚が水を通さないおかげで、乾燥した場所でも生きられます。

変温動物
爬虫類は周囲の熱によって体をあたたかく保ちます。

脊椎動物
爬虫類の体は、硬骨の脊椎と骨格に支えられています。

うろこのある皮膚
うろこが皮膚を守り、水分が失われるのを防ぎ、熱を逃がします。

ほとんどが卵生
爬虫類はたいてい、水を通さない殻のある卵を産みます。

胎生のものも
一部のヘビとトカゲは、大人と同じ体の形をした子を産みます。

地球最小の爬虫類 ナノヒメカメレオンは 13.5mm しかない!

ヘビのロープ

ゴールデントビヘビは、木から木へするすると移動して獲物を探します。写真では、赤い斑点のあるトッケイヤモリを見つけ、しめ殺そうとしています。今回はヘビが勝ちましたが、ヤモリがヘビの裏をかくことも少なくありません。

- ヤモリに体をぐるぐる巻きつける
- ヘビの長くて筋肉質の体は強くてしなやかだ
- ヘビは牙で獲物をしっかりつかむ
- 息をしようと必死なヤモリの目が膨らんでいる
- 木登りの得意なヤモリは、指に生えた細かい毛のおかげでしっかりつかまることができる。だから、壁や天井を走り回れるのだ

うろこのある皮膚

すべての爬虫類は、体の外側に身を守るよろいのような層があります。トカゲとヘビがうろこに覆われているのに対し、リクガメ、ウミガメ、ワニの仲間には角質の板があります。

ヘビの皮膚
ボアコンストリクターというヘビのうろこの模様は、狩りのとき身をかくすのに役立ちます。

トカゲの皮膚
ホウセキカナヘビというトカゲのうろこは、成長するにつれて色が変わり、迷路のような模様になります。

ワニの皮膚
ワニの仲間には鱗板骨という角質の板があります。この板は背中で最も厚くなります。

ワニ──水中のハンター

最大の爬虫類であるワニの仲間は、どうもうなハンターです。泳ぎの名手でもあり、熱帯の川や沼の水中にひそんで、獲物に飛びかかる絶好のタイミングを待ちます。

絶滅しそうなガビアル

ガビアルは、インド北部とネパールの、砂の多い岸辺のある川にすんでいますが、ダム建設によって、生息地の多くが破壊されてしまいました。漁業にもおびやかされており、網にかかったり狩られたりしています。

大人は体長6.5mにもなる

平たい筋肉質の尾は水中を進むのに役立つ

最強のひとかみ！

クロコダイルのかむ力は、現生の陸の動物では最強です。そのパワーは獲物の頭骨をくだけるほどです。これをしのぐ陸生動物は、おそるべきティラノサウルス・レックスしかいません。そのかむ力はクロコダイルの3倍以上といわれます。

ワニの見分け方

ワニの仲間（ワニ目）は24種からなり、アリゲーター／カイマン、クロコダイル、ガビアルという3つのグループに分けられます。ここではその見分け方を説明します。

アリゲーター／カイマン
短くて幅の広い口先
口を閉じたとき、下の歯が見えないのが特徴です。南北アメリカの淡水にすんでいます。

クロコダイル
先の細くなった口先
上から見ると口先が長いV字形をしていて、口を閉じてもするどい歯が見えます。熱帯の淡水と塩水にすんでいます。

ガビアル
魚をつかまえるのに適した細長い口先
長い口先に110本の歯が並んでいます。オスの口先には独特なこぶがあります。淡水にすんでいます。

透明な第3のまぶたが水中で目を守る

アメリカワニの背面は灰色

生物 | 135

最大と最小！
最大のワニは堂々たるイリエワニで、現生の爬虫類の中でも最大です。最小はコビトカイマンです。

コビトカイマン：1.4m
イリエワニ：7m

待ちぶせ攻撃
クロコダイルは水中に身をかくし、獲物をいきなり襲う待ちぶせハンターです。水から飛び出すと、獲物にかみつき、水中に引きずりこんでおぼれさせます。小さい動物なら丸のみにしますが、大きい動物の場合は引き裂きます。

水にひそむ
クロコダイルが獲物に近づいていきます。

強烈なかみつき
あごで獲物をがっちりつかみます。

デスロール
かみついたまま回転しながら水中に引きずりこみます。

イリエワニの孵化
卵からかえる準備ができると、赤ちゃんワニは「卵歯（破殻歯）」という特別な歯を使って殻を割って出てきます。小さなワニがチイチイと鳴き始めると、母親が口の中に入れて安全に水へ降ろします。

口先の端にある卵歯
体を覆う鱗板骨
足には泳ぐための水かきがある

ワニって何？
ワニは大きな肉食の爬虫類で、水中にすんでいます。よろいのように頑丈な皮膚と、するどい歯が並ぶ強力なあごを持ちます。目、耳、鼻は頭の上のほうについているので、水に完全にもぐって獲物を待ちぶせしているときでも、周りを見て、音を聞き、においをかぐことができます。

先のとがった歯で獲物をがっちりつかむ

クロコダイルの歯は長さ10cmになることもある

クロコダイルの歯は何度も抜け落ちて生えかわる。一生の間に3000本もの歯を生やすことができるのだ！

136 生物

しなやかなヘビ

すべるように動くヘビは、世界中のあらゆる国で見られる爬虫類で、3000もの種がいます。ヘビをこわがる人は多いですが、ほとんどのヘビは人間に害を加えません。たしかに危険なヘビもいますが、たいてい犠牲になるのはネズミやカエルといった小動物だけです。

ヘビのひとかみ

このエメラルドツリーボアは、昼間は強力な尾で枝をつかみ、木の中でとぐろを巻いて過ごします。夜になると、すばやく動いて鳥を襲い、自由自在に動くあごでがっちりつかまえます。牙で獲物をつかんでから、その体に巻きついて、しめ殺します。

- 大人のツリーボアはあざやかな緑色で、腹側は薄い色になる
- 昼の間は瞳孔が小さくなり、縦に細くなる
- するどい牙に毒はないが、獲物をつかむと相手が死ぬまで離さない
- あごの奥の関節が2つあるので口を上下に大きく開けることができ、下あごは左右2つの独立した骨でできているので左右にも大きく広げられるから、大きな獲物を丸のみできる
- 強力な筋肉を持つ体は波打つように動く
- 獲物がすり抜けにくいよう牙は内側にカーブしている

警告のガラガラ

ガラガラヘビの尾の先は硬いうろこでできています。このガラガラに似た部分が大きな音を立てて、捕食者を追い払うのです。警告が無視されると、必殺のひとかみをみまうこともあります。

ナイリクタイパンのひとかみには人間を100人殺せるほどの毒がある！

アミメニシキヘビは全長10mに達することがある！

卵から誕生

ほとんどのヘビは卵を産んで繁殖します。メスはあたたかい砂や土の中に、多いときは100個も産卵します。卵には革のような殻があり、水分が逃げるのを防いでいます。普通、母親は卵を置き去りにし、ひとりで孵化させます。

- 赤ちゃんヘビは「卵歯」を使って卵に穴を開ける
- その穴から身をくねらせて外に出る

有毒なクサリヘビ

この珍しいブルーピットバイパーというクサリヘビの仲間は、長い毒牙で獲物に毒を注入します。使わないとき、毒牙は口内の上あごに沿って折りたたまれます。

- 重なり合ううろこのおかげで、体を曲げたりひねったりできる

笑顔の殺し屋

インドコブラは、インドにいるヘビの中でもとりわけ強力な毒の持ち主です。危険を感じると、首をもたげてフードを広げ、威嚇します。フードの後ろ側に見える「笑顔」にだまされてはいけません。

舌でにおいをかぐ

ヘビは舌で空気を「味わい」、食べられそうなもののにおいを探ります。それができるのは、においや味を感じ取るヤコブソン器官という感覚器官のおかげです。

- 神経が信号を脳に伝える
- 舌がにおいの粒子を集める
- 舌がヤコブソン器官の中に引っこむ

いつだって丸のみ

ニシキヘビがしめ殺したシカを丸ごと飲みこもうとしています。ほぼすべてのヘビは、毒のあるなしにかかわらず、食べ物をかまずに飲みこみます。大きく開くあごを生かして、獲物をおなかの中へと押しこみます。

色をまねる

危険ではないヘビの中には、変装して身を守るものもいます。捕食者にねらわれにくくなるよう、もっと危険なヘビの体色をまねるのです。

- 毒のあるサンゴヘビはあざやかな色で捕食者を追い払う
- ミルクヘビには毒はないが、この色で捕食者をだまして追い払えるかもしれない

小さな大食漢

コビトトガリネズミは世界最小クラスの哺乳類ですが、体の大きさのわりにはすごい食欲の持ち主です。ただ生きているだけでも、毎日、体重の3倍ほどの量を食べる必要があります。

— 大人の体重は3gほど

データで見る
すごい生き残り戦略

野生の生き物は、生き残るため常に戦っています。食べ物を手に入れ、ほかの動物に食べられるのを避けるために、動物はお見事としか言いようのない戦略を発達させてきました。

毒のある動物6選

多くの動物は毒を使って獲物の動きを止めたり、攻撃から身を守ったりします。

1 ハコクラゲ
獲物を気絶させる毒をつくります。泳いでいる人間を殺せるほど強力な毒です。

2 オニダルマオコゼ
海底の岩に見えるこの魚をうっかり踏むと、毒とげに刺されて死んでしまうこともあります。

3 アメリカドクトカゲ
この毒トカゲは、あごでかみついて獲物をつかまえ、ひどい痛みを与えます。

4 スローロリス
この霊長類が分泌する油は、唾液と混ざると毒になります。それを利用してライバルにかみつきます。

5 イモガイ
このきれいな貝は、毒入りの「銛」をくり出して、獲物の動きを奪います。

6 カモノハシ
オスのカモノハシは、後ろ足にある毒の爪でライバルをけちらします。

最速の動物4選

狩りのスピードで知られる動物もいます。ここでは、陸上、海中、空中で最速の動物を紹介しましょう。

最速の鳥	ハヤブサ：時速300km
最速の魚	シロカジキ：時速129km
最速の陸生動物	チーター：時速95km
最速の昆虫	オーストラリアン・エンペラー・ドラゴンフライ：時速58km

数で勝負!

自分だけで捕食者を追い払う力がない場合は、大きな集団になれば力が増すかもしれません。写真は、サバの巨大な群れと、その真下をぐるぐると泳ぐ捕食者のマカジキ。これなら、少なくとも一部のサバは生き残れるでしょう。

最長のかぎ爪

オオアルマジロはどんな動物よりも長いかぎ爪の持ち主です。それを使ってアリ塚を引き裂き、獲物を探します。それに比べれば、オウギワシやトラのカーブしたかぎ爪などかわいいものです！

20cm　オオアルマジロ

18cm　オオアリクイ

12.5cm　ヒクイドリ

12.5cm　ハイイログマ

10cm　ミユビナマケモノ

10cm　オウギワシ

10cm　トラ

すごい歯 選手権

するどさで一番
チスイコウモリはカミソリのようにするどい歯の持ち主です。夜になると、この歯を獲物に突き刺して血を吸います。人間をかむことはめったにありません。

長さで一番
イッカク（クジラの仲間）のオスの長い歯は、上くちびるを通り抜けてのび、剣のような牙になります。長いもので3mに達します。

多さで一番
ジンベイザメの大きな口の中には、およそ3000本の小さな歯が300列に並んで生えています。ただし、ろ過摂食動物として進化したため、その歯はもう使われていません。

奇抜さで一番
カニクイアザラシのがっちりかみ合う歯（上の写真）は、オキアミ（小さな甲殻類）を海水からこしとるふるいのような役割を果たします。

生えかわる速さで一番
深海魚アイナメの大きく開くあごには、ギザギザの歯が500本以上生えています。1日に20本の歯が抜けて生えかわります。

小さくても危険な生き物

カはほかのどんな動物よりもたくさんの人間を殺しています。小さな昆虫が年間およそ100万人の死の原因になっているのです。人間を刺すだけで、マラリアなどの死にいたる病気を広めてしまいます。

目にも止まらぬ強力パンチ

甲殻類のモンハナシャコは動物界で最も強力なパンチの持ち主です。棍棒のような前脚を時速80kmものスピードでくり出します。

あの手この手で自分や仲間を守る

動物はびっくりするようなさまざまな武器を使って身を守っています。中には、仲間のために自分を犠牲にする動物もいます。

テキサスツノトカゲの体はとげだらけの風船のように膨らむ！

テキサスツノトカゲ
ツノトカゲは目から有毒な血をほとばしらせ、捕食者を煙に巻きます。

襲ってきたアリ / 自爆するアリ
ジバクアリ
体を爆発させて黄色いねばねばの物質を放出し、攻撃者を殺します。

イベリアトゲイモリ
危険を感じると肋骨を皮膚から突き出し、とげをつくります。

140 | 生物

空をいろどる鳥たち

すべての鳥が空を飛ぶわけではありませんが、見事な空中アクロバットを披露する鳥もいます。強力な翼で空を舞う鳥は、地球上のすべての大陸で見られ、湿地から砂漠まで、さまざまな生息環境でくらしています。

4 木の枝に戻り、つかまえた魚を味わう

1 水中の獲物を見つけて飛びこんでいく

飛びこみの名手

水に飛びこんで魚を捕らえるカワセミの攻撃は、ほんの数秒で終わります。ものすごいスピードで動いているため、肉眼では青と赤のかすみのように見えます。

3 翼を何度かはためかせ、すぐに空中に戻る

2 先のとがったくちばしが水面に達し、魚をとる準備が整う

卵の殻

鳥の卵には、胚の発達に必要なものがすべて入っています。殻は空気を出し入れしながら胚を守り、卵黄は胚の栄養源になります。

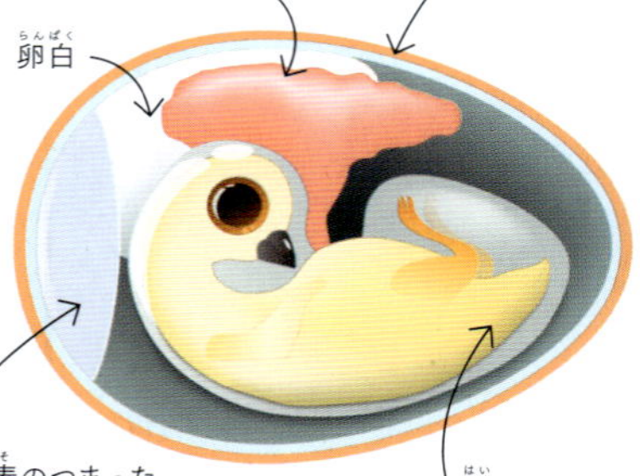

卵黄 / 硬い卵殻 / 卵白 / 酸素のつまった気室 / 胚

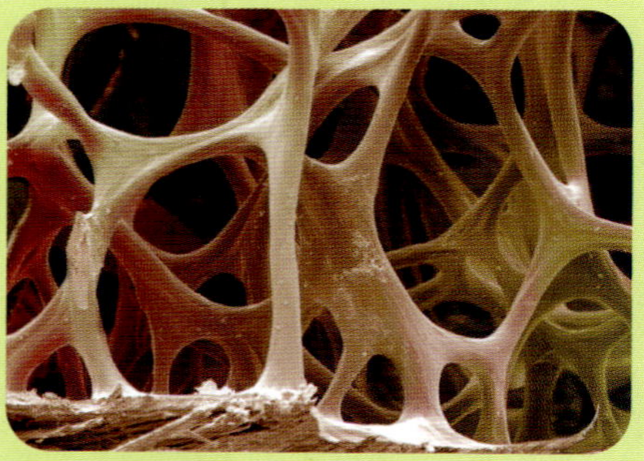

頑丈な支柱

この拡大写真からわかるように、鳥の骨は中身がつまっておらず、網の目のような骨の支柱でできています。この構造のおかげで、とても頑丈なのです！

鳥類って何？

地球上には、小さくて茶色いスズメからカラフルな極楽鳥（フウチョウ）まで、およそ1000種の鳥が存在します。どの鳥にも共通する特徴がいくつかあります。

恒温動物
鳥類は哺乳類と同じく、体温を調節することができます。そのような動物を「恒温動物」といいます。

脊椎動物
どの鳥にも硬い硬骨でできた体内の骨格があり、その骨に筋肉がつながっています。

羽毛を持つ
ふわふわの羽毛が体をあたたかく保ち、飛ぶときは硬い羽毛が体を持ち上げます。

卵生
鳥類は硬い殻のある卵を産み、ひながかえって巣立つまで、巣の中で抱いてあたためます。

空を飛ぶ
ダチョウのような例外もいますが、ほとんどの鳥は空を飛べます。

小さい鳥と大きい鳥

ダチョウは世界最大の鳥で、体高は2.8mあります。世界最小の種はマメハチドリで、体長は5.5cmしかありません。鉛筆の先にも止まれる大きさです。

軽い羽毛

鳥のふわふわした羽毛はただきれいなだけではありません。羽はケラチンという軽い素材でできていて、なめらかに飛べるよう流線形をしています。

最も翼が長い鳥

世界最長の翼を持つのはワタリアホウドリです。翼を広げた長さは大きいもので3.5mもあります。南極海の上空を滑空しながらくらしています。

急降下するハヤブサは時速300kmを超える速さで飛んでいる！

翼をたたんで体にくっつけると、流線形になる

鳥の体内

鳥は頑丈な骨と、飛翔するための力強い筋肉を持っています。鳥の体には気のうという袋があり、それが肺に空気を送りこんで、酸素を絶えず届け、空を飛ぶエネルギーをつくり出します。

- 眼窩
- くちばし
- 竜骨突起に強力な翼の筋肉がつながっている
- 気のう
- 4本指の足で枝をつかむ
- 翼にある硬くて丈夫な風切羽が揚力を生む
- 尾羽

巣をつくる

多くの鳥は巣に卵を産みますが、中でも手がこんでいるのがズグロウロコハタオリです。草を編んで巣をつくり、木にぶら下げるのです。

- 強い羽軸
- 羽枝
- 小羽枝
- 小鉤

拡大図
1本1本の羽毛は、多くの小さな枝（羽枝・小羽枝）でできています。

142 生物

泳ぎが得意な鳥

ペンギンは空を飛べませんが、泳ぎは得意です。陸上よりも水の中にいるときのほうが、生き生きして見えるほどです。ひれのような翼の力で前進し、流線形の体で海を泳ぎ回ります。

さまざまなペンギン

ペンギンは全部で18種います。ここでは、おもなグループの中から代表的な4種を紹介します。

ヒゲペンギン
南極でよく見られる種です。

フェアリーペンギン
最小の種で、コガタペンギンともよばれます。

マカロニペンギン
名前の由来は頭の黄色い羽。マカロニは英語で「伊達男」「洒落者」を意味します。

ケープペンギン
アフリカにいる唯一の種。帯のような模様があります。

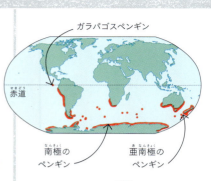

ふるさとは南

ペンギンの生息地（地図上の赤い部分）は、南半球の南極と、亜南極の島や大陸です。ガラパゴスペンギンだけは、赤道より北へ行くことがあります。

> ペンギンは水中でおしゃべりし、仲間と同じ鳴き声で呼びかけ合う！

とげだらけの舌

ペンギンの狩りの対象は、魚やイカなどつるつるした海の生き物です。飲みこむ前に獲物が逃げてしまわないように、ペンギンの舌は歯舌とよばれるとげで覆われています。

イワトビペンギンの歯舌は先端が喉のほうを向いている

大切な卵

コウテイペンギンのオスはメスの産んだ卵を、ひと冬の間、ずっと守って過ごします。卵が氷に触れないよう、足の上で卵を抱き続けるのです。

巨大ペンギン！

コウテイペンギンは現生種で最大のペンギンです。しかし、4000万年前に生きていて、すでに絶滅したコロッサスペンギンは、くちばしから足先までの長さが2mもありました。

1.36m
コウテイペンギン

1.65m
平均的な人間の大人

2m
コロッサスペンギン

アデリーペンギンは毎日、体重の5分の1も食べる。私たちがハンバーガーを30個食べるようなものだ！

おしくらまんじゅう

凍てつく南極の冬を生きのびるために、コウテイペンギンはみんなで身を寄せ合ってくらします。順番に位置を変えるので、それぞれがしばらくの間、群れの中心のあたたかい場所で過ごせるしくみです。

しぶきを上げて

ペンギンはフリッパー（ひれのような翼）を使って、水の中を自由自在に進みます。危険を感じたときには急浮上し、水から空中へと飛び出します。

飛びこむ
魚などの獲物を探して、水に飛びこみます。

泳ぐ
フリッパーで推進力をつくり、尾を使って方向を変えます。

飛び出す
高速で泳いだ勢いで、飛び出すように陸上に戻ります。

- コロニーとよばれる大きな群れでくらすペンギンたち
- 硬くて幅のせまいフリッパーは、水中でオールの役目をする

皇帝のジャンプ

このコウテイペンギンは、ロケットのように水中から氷上へ飛び出しています。捕食者から逃げようとしているのでしょう。コウテイペンギンは最高時速24kmで泳ぎ、20分連続で息を止めることができます！

鳥の名前を当てよう

バードウォッチングは得意かな？
ツルとサギを見分けられる？
仲間はずれを探すのも忘れずに！

1 ミミヒダハゲワシ
2 キカタインコ
3 ヨーロッパコマドリ
4 ハチクイモドキ
5 ヨーロッパシジュウカラ
6 マガモ
7 マユグロアホウドリ
8 マユヒタキ
9 カケス
10 ツバメハチドリ
11 カワセミ
12 コキンチョウ
13 ミノバト
14 エミュー
15 ショウジョウトキ
16 オニオオハシ
17 オジロワシ
18 ラナーハヤブサ
19 ジュズカケバト
20 ホシムクドリ
21 アオガラ
22 ベニジュケイ
23 アオアシカツオドリ
24 セキショクヤケイ
25 ダチョウ
26 コフラミンゴ
27 インドクジャク
28 キーウィ
29 ナンベイレンカク
30 コンゴウインコ
31 ニシツノメドリ
32 カワラバト
33 アメリカモモンガ
34 モモイロペリカン
35 メンフクロウ
36 アメリカグンカンドリ
37 ニシフウキンチョウ
38 キョクアジサシ
39 ナキハクチョウ
40 ツバメ
41 アカクロノスリ
42 ヒクイドリ
43 ベニバラウソ
44 オオアオサギ
45 キンカチョウ
46 コウテイペンギン
47 キバタン
48 ホオジロカンムリヅル
49 シチメンチョウ
50 オオミチバシリ

哺乳類って何?

哺乳類の特徴は、ほとんどが毛皮を持ち、母乳を飲むことです。ほかにもいくつか共通する特徴があります。

恒温動物
食べたものを熱に変え、体温を調節できます。

脊椎動物
体の中に硬骨でできた骨格があります。

体毛
ほぼすべての哺乳類に毛があります。毛で空気を閉じこめ、体温を保ちます。

胎生
ほとんどの哺乳類は子を産みます。卵を産むのは単孔類だけです。

母乳
母親は重要な栄養素をふくんだ母乳を子に与えます。

巨大な牙のような歯

カバは最も危険な陸生哺乳類だ。アフリカで多いときで年間500人の命を奪っている!

オオアリクイ

アリクイは昆虫を食べる哺乳類グループの一員です。歯を持たず、べたべたした長い舌を使って、アリやシロアリをすくい上げます。1日に3万5000匹もの昆虫を食べることもあります。

アリ塚をあさるのにぴったりな長い口先

舌は長いもので約60cmにもなる

ラッコの子育て

ラッコは一生のほとんどを水の中で過ごします。赤ちゃんを産むのも水の中です。あお向けになって水に浮かび、おなかの上に赤ちゃんをのせて、母乳をあげながら世話をします。

毛皮が水をはじくため、あたたかく乾いた状態が保てる

毛皮自慢の哺乳類

ズキンアザラシの母乳は
アイスクリームよりも
脂肪分が60％多い！

哺乳類は最もなじみの深い動物です。なぜなら、私たち人間も哺乳類の仲間だからです。ヒトに最も近いチンパンジーから、とげだらけのヤマアラシ、独特の鼻を持つホシバナモグラ、深海を泳ぐクジラまで、5500種ほどが知られています。

オオコウモリ
1100種を超えるコウモリをはじめ、空を飛んだり滑空したりできる哺乳類は驚くほどたくさんいます。ライルオオコウモリは世界最大級のコウモリで、大きいものは翼を広げた長さが2mにもなります。

飛行中の母親にしがみついて母乳を飲むオオコウモリの赤ちゃん

哺乳類の種類
さまざまなタイプの哺乳類がいますが、繁殖方法によって、3つのグループに分類できます。

子に母乳を与えるアメリカヘラジカ

有胎盤類
ほとんどの哺乳類は、卵ではなく子を産みます。子育て期間の長さはさまざまです。

有袋類
有袋類の母親は、未熟な状態で産んだ赤ちゃん（ジョーイ）を、自分の体の袋の中で育てます。カンガルー、コアラ、オポッサムは有袋類です。

クロカンガルーの母子

水中で狩りをするカモノハシ

単孔類
卵を産む珍しい哺乳類です。単孔類の仲間は、1種のカモノハシと4種のハリモグラだけです。

ラッコは哺乳類で一番厚い毛皮の持ち主。大人は1cm²あたり平均10万本もの毛に覆われている

哺乳類の中で最も種数が多いのは齧歯類で、全体の40％を占める！

巨大なクジラ

巨大なクジラは海でくらし、その大きな体を水に支えられています。クジラは魚ではなく哺乳類の仲間なので、水面に出て、噴気孔を通じた呼吸をすることにより、酸素を取りこまなければなりません。

ヒゲクジラ類
クジラひげというくしのような構造を使って、食べ物をこし取ります。

ハクジラ類
歯を使って獲物をしっかり捕らえます。

クジラって何？
クジラは鯨類とよばれる海の哺乳類のグループに属します。イルカとネズミイルカも同じ鯨類です。鯨類はヒゲクジラ類とハクジラ類という2つのグループに分けられます。

シャチのポッド
イルカの中で最も大きいシャチは、ポッドという最大40頭の家族集団でくらします。かしこくて遊び好きなシャチは、さまざまな方法で狩りをし、ホイッスルという鳴き声やクリック音でポッド内のコミュニケーションを図ります。

イルカのツイスト
淡水でくらすイルカは少なく、その1つがピンク色をしたアマゾンカワイルカです。このかしこいイルカは、背骨がとても軟らかく、体と直角になるまで頭をひねることができます。

海のユニコーン
イッカクはハクジラの仲間です。オスにはらせん状の牙が1本あります。この牙は、歯の1本が上あごから突き出たもので、メスやライバルに見せつけるために使うと考えられています。

牙は3mに達することもある

ごちそうをむさぼる
ヒゲクジラはくしのようなクジラひげを使って、オキアミなどの小さな動物を海水からこし取ります。

吸いこむ
高速で泳ぎ、水とオキアミを一緒に吸いこみます。

オキアミは小さな甲殻類

大きく開く
スピードを落とし、喉のひだを広げて口を大きく開き、さらに水を取りこみます。

水を出す
口を閉じ、オキアミを口の中に入れたまま、クジラひげから水を外に押し出します。

アカボウクジラは水深3km近くまで潜ることができ、2時間以上も息を止めていられる！

生物 149

シロナガスクジラ：34m
小型ジェット機・ボーイング737：40m

シロナガスクジラは知られているかぎり地球史上最大の動物だ！

スノットボットの活躍

あのクジラはどれくらい健康？それを知るための方法の1つが、「スノットボット」というクジラ観察用ドローンを飛ばすことです。クジラの噴気孔から出る水をドローンが採取して科学者のもとへ運び、科学者がその水を調べます。

水面下のクジラに比べると、ホエールウォッチング船が小さく見える

体が浮上する前に、くちばしのような口先が水から出てくる

食べ物をこし取るときは、喉の下側にあるひだのおかげで、口を大きく開けられる

クジラの大きさ

クジラはものすごく巨大な動物です。ザトウクジラはシロナガスクジラに次いで2番目に大きい種で、大きいものでは体長17mにもなります。写真のザトウクジラは、今まさに水からおどり出て、水面の上を見ようとしています。

クジラのひれのふちに沿うようにフジツボが付着している

150 | 生物

ネコ科のグループ

ネコ科はおもに大型ネコ類と小型ネコ類の2つに分けられます。チーターとウンピョウはどちらのグループにも属しません。

大型ネコ類
ユキヒョウ（上）、ライオン、トラ、ジャガー、ヒョウなど。みな大きな声でほえます。

小型ネコ類
オセロット（上）、ピューマ、イエネコなど。喉を鳴らしますが、ほえることはできません。

チーター
めっぽう足の速いネコで、独特なスタイルで狩りをします（152ページ）。

ウンピョウ
大型ネコ類のようにほえることも、小型ネコ類のように喉を鳴らすこともありません。

チーターは
わずか3秒で
時速0kmから
時速95kmまで
加速する！

強力な前足は一撃で獲物を倒せる

どうもうなネコたち

ネコとその仲間たちは肉を食べる捕食動物です。発達した感覚器官、跳躍力、足の速さ、カミソリのようにするどい歯を武器に狩りをします。人間に飼われているイエネコから、野生のネコ、トラ、ライオンまで、全部で38種に分類され、みな同じネコ科に属しています。

無敵のトラ

ネコ科最大にして最強の猛獣、トラは体重が300kgにもなります。どうもうなハンターで、背の高い草にカムフラージュできるしま模様があります。インドやシベリアなど、アジアの一部にすんでいます。

強力な肩の筋肉を収縮させて飛びかかる

狩りに必要な大きな筋肉を前脚の強い骨が支える

古代エジプト人はライオンの頭を持つネコの女神をあがめていた！

筋肉とひものような腱を収縮させるとかぎ爪が外に出る

腱をゆるめると、かぎ爪のある指の骨が引っこみ、かぎ爪がしまわれる

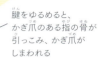

出し入れ自在なかぎ爪

ほとんどのネコ科動物は、木に登るときや狩りをするときにかぎ爪を出しますが、歩くときや休むときには引っこめています。

ライオンのプライド

ライオンは「プライド」とよばれる群れで生活し、狩りをします。だから、自分より大きい獲物をつかまえられるのです。プライドはおもにメスで構成され、狩りもメスが行います。

しっぽでバランスをとる

跳躍の途中で体がいっぱいにのびる

ジャガーのジャンプ

ネコ科の動物はみな、とても機敏で、力強く跳躍することができます。着地する位置もぴたりと見きわめます。これは、動きの速い獲物を狩るジャガー（上）には欠かせない能力です。

木に登るヒョウ

ヒョウは大型ネコ類としては珍しく、身を守るために木に登ります。ほとんどのヒョウは金茶色に斑点がありますが、写真のように黒い毛のヒョウもいます。

珍しい黒ヒョウにもやはり斑点がある

「猫の島」とよばれる日本の青島では人間の10倍以上の数の野良ネコがくらしている！

チーターの追跡

チーターは世界最速の陸生動物ですが、それでもインパラのように俊敏な獲物をつかまえるのはたいへんです。チーターは地面にふせた状態からスタートし、獲物に近づくと時速95kmまで加速します。サバンナを高速でジグザグに走るインパラを、どうにかつかまえることができました。

動物学者に聞く

サラ・デュラント教授はイギリスのロンドン動物学会動物研究所で動物保護を研究する科学者で、保護活動にも取り組んでいます。1991年から、タンザニアのセレンゲティ・チーター・プロジェクトを率いています。アフリカ広域チーター保護計画の責任者でもあります。

Q. 世界には何頭のチーターがいるのですか？
A. 野生のチーターの大人は6500頭と見積もられています。おもな個体群はアフリカの東部と南部に生息しています。数は減っており、種の存続がおびやかされています。

Q. チーター・プロジェクトはどこで行っているのですか？
A. 私が長らくかかわっているプロジェクトの現場は、ケニアのマサイマラと接するタンザニアのセレンゲティ生態系です。今も残っている最大規模の個体群の中心がここでくらし、セレンゲティからツァボにかけての地域に生息しています。ここのチーターは、生息地の消失と分断、野生のレイヨウの生息地が家畜に奪われたことによる獲物の

減少、そして人間との衝突におびやかされています。さらに、気候変動がこれらの脅威を悪化させています。

Q. チーターは人間にとって危険な動物ですか？
A. チーターが家畜（おもにヤギとヒツジ）を捕食することはあります。野生の獲物が少ないときは、特にそうです。そのせいで畜産農家と衝突することもあります。チーターが人間を攻撃することはめったにありません。地元の人々がチーターと共存するのを助けることも、保護活動家の仕事です。

Q. 動物保護のために、私たちにできることはありますか？
A. 危機にひんした種を救うには、人間が野生生物と共存することを学ぶ必要があります。それは、昆虫が繁殖できるように農薬の使用をやめたり、クマなどの大型野生動物と共存したりすることかもしれません。

Q. 毎日どんな生活をしていますか？
A. 典型的な1日というものはありません。今はセレンゲティへ向かいながらこれを書いています。国立公園の境界にすむチーターに衛星追跡用の首輪をつけるためです。チームでチーターを見つけ、麻酔銃を撃ち、首輪を取り付けたら、その後も無事にくらしていることを確認するため、モニターを続けます。人工衛星からの位置情報を2時間ごとにダウンロードし、チーターが生態系の中でどう動いているかを調べるのです。

Q. どうすれば大型ネコ科動物を守ることができますか？
A. 大型ネコ科動物を保護するためには、その生態系と行動を理解することが重要ですが、鍵をにぎっているのは私たち人間です。人間は大型ネコ科動物の領域にどんどん侵入し、問題を引き起こしています。でも、たとえば自分たちの行動を変えることで、その問題解決の糸口が見つかるかもしれないのです。

マレーグマは長さ25cmのべたべたする舌を使って、ハチの巣からハチミツをすくい取ります！

腹側の毛は背中の毛よりも柔らかい

先端が銀色や金色になった茶色の毛は灰色っぽく見える

背中をかこう

クマの種の多くが、木の幹を使って背中をかいているようです。後ろ足で立ち上がって木にもたれ、体を左右にくねらせます。写真のハイイログマは、子どもにやり方を教えているところです。

かぎ爪のある手足は木登りや泳ぎに役立つ

前足には土を掘るための長いかぎ爪がある

アメリカグマとツキノワグマは身軽な木登りの名手だ！

クマの生活

クマの仲間は、南北アメリカ、ヨーロッパ、アジアに生息しています。全身ふわふわの毛に包まれた、とてもかしこく大きな哺乳類です。さまざまな創意工夫に富んだ方法で、木の根、木の芽、果実、魚や肉などの食べ物を手に入れます。

ナマケグマはカーブしたかぎ爪でシロアリの塚を壊す

クマのかぎ爪

どの種にも強力なかぎ爪があります。穴を掘ったり、木に登ったり、サケをさっとつかまえたり、かぎ爪はさまざまな場面で活躍します。

ジャイアントパンダは硬い竹を食べる。彼らは1日に最大16時間を食事に費やす！

クマの種類

クマの仲間は全部で8種しかいませんが、いくつかの種に複数の亜種がいます。たとえば、コディアックヒグマとハイイログマはどちらもヒグマの亜種です。

コディアックヒグマ

ヒグマ　ホッキョクグマ　メガネグマ　ジャイアントパンダ　人間（大きさの参考）　ナマケグマ　アメリカグマ（左）とツキノワグマ　マレーグマ

冬ごもりの巣穴

ホッキョクグマのメスは巣穴を掘り、冬の間、その中で子どもを産みます。子グマは春になるまで、雪の下の安全な巣で過ごします。

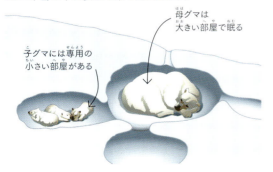

母グマは大きい部屋で眠る
子グマには専用の小さい部屋がある

魚をとる

ヒグマは毎年夏から秋にかけて、上流へ泳いでいくサケをつかまえるため、川に向かいます。そして、水から飛び出したサケを空中でキャッチします。クマにとってサケは重要な食べ物で、冬眠中のエネルギーになります。

クマがつかまえたのは卵がいっぱいつまったメスのベニザケだ

アザラシ狩り

ホッキョクグマは、クマの中では唯一の完全な肉食動物です。氷に開いた穴のそばで待ちぶせし、息つぎするため氷の上に出てきたアザラシを、すかさず追いかけます。

人間に飼われているイヌの種類は350種類以上ある！

オオカミのほえ声

オオカミは社会性が強い動物で、家族でくらし、群れで狩りをします。オオカミのほえ声は、狩りへの呼びかけか、あるいは単に自分の居場所を仲間に伝えているのかもしれません。

長さ6cmにもなるするどい犬歯が獲物の体を貫き、しっかりつかまえる

臼歯が肉をすりつぶしてくだき、飲みこめるようにする

裂肉歯がはさみのようにこすれ合い、肉を切りきざむ

イヌ科動物の歯

イヌ科の仲間は、生きた獲物を狩り、肉を食べるのに適した見事な歯を備えています。このタイリクオオカミの頭骨を見ると、強力なあごにさまざまなタイプの歯が生えています。かむ力は人間の3倍も強いそうです。

ホッキョクギツネ

変化する風景の中でいつもカムフラージュできるよう、ホッキョクギツネの毛皮は季節によって色を変えます。夏の間は岩がちな地面になじむ灰色ですが、冬になると雪に溶けこむ白になります。

夏毛　　冬毛

オオカミは時速60kmのスピードで走る！

イヌ科の仲間たち

するどい嗅覚で群れの仲間を特定し獲物を見つける

人間の家でくらしているペット犬は、みな野生のオオカミの子孫です。もっと大きなくくりで見ると、イヌもオオカミもイヌ科という多様性に富んだグループに属しています。

イヌ科のグループ

イヌ科には、キツネ、ジャッカル、コヨーテなど34種の動物が属しています。右の6種は、進化の過程で分かれたおもなグループの代表種です。どの種も、狩りに適したするどい嗅覚など、共通の特徴を備えています。

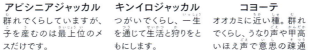

アカギツネ
とがった耳と鼻、長いふさふさの尾を持ちます。

アビシニアジャッカル
群れでくらしていますが、子を産むのは最上位のメスだけです。

キンイロジャッカル
つがいでくらし、一生を通じて生活と狩りをともにします。

コヨーテ
オオカミに近い種。群れでくらし、うなり声や甲高いほえ声で意思の疎通をします。

タイリクオオカミ
野生のイヌ科動物の中で最大の種。毛皮の色はさまざまです。

イヌ
イヌは4万年前頃にオオカミから進化しました。

都会のキツネ

キツネは世界各地の都市で、つまり人間のすぐそばでくらすように適応してきました。郊外の庭に巣穴をつくって、ネズミやハトを狩り、ごみ箱をあさります。

1回の出産で生まれた子イヌの最多記録は24匹で、産んだのはナポリタン・マスティフだ

どうもうなリカオン

リカオンは、アフリカのサバンナでレイヨウを追っているとき、しばしばほかの捕食動物と対決します。このどうもうなハンターは、10頭以上の群れで狩りをし、追跡中の最高時速は70kmに達します。

大きな耳は音を聞きとりやすく、熱を発散して体をすずしく保つ

毛皮の模様は1頭ずつ異なる。そこから「ペインテッド・ドッグ（色をぬったイヌ）」という別名がついた

158 ｜ 生物

枝をわたるサル

世界のすべての類人猿とほとんどのサルは、熱帯雨林にすんでいます。テナガザルなど一部の類人猿は、空中ぶらんこ乗りのように手を使って、枝をわたることができます。これを「腕わたり」といいます。

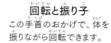

手首のひねり
球関節があるため、手首をぐるりと回すことができます。

回転と振り子
この手首のおかげで、体を振りながら回転できます。

長いリーチ
次につかむ枝の位置まで2.25mも移動できます。

体を揺らす
手を動かしながら、体を左右に揺らします。

道具を使う
チンパンジーは器用に道具をつくり、さまざまな使い方をします。写真のチンパンジーは、棒を使って倒木の中にいる昆虫を探しています。石でクルミを割り開いたり、葉っぱの束で土をふき取ったりもします。小枝で歯のそうじをしている姿も目撃されています。

皿のような目
メガネザルの目は大きく、おかげで夜でもよく見えます。体に対する目の比率がメガネザルと同じだったら、人間の目はグレープフルーツほどの大きさになります。

サルの仲間大集合

サル目（霊長目）は人間をふくむ哺乳類のグループで、大きな脳とよく動く指を持ち、複雑な社会集団をつくってくらします。そうした共通の特徴はありますが、このグループには多様な動物が属しています。

中央アフリカにすむマンドリルのオスはあざやかな赤と青でいろどられた顔が特徴

ほかの指と向き合える親指で物をつかんだり、ぶら下がったりする

白と黒のしま模様の尾。この尾で枝をつかむことはできない

尾を曲げて枝をつかむ

手には4本の指と小さな親指がある

ワオキツネザル
キツネザルはマダガスカル島だけにいる原猿類です。そのほかの原猿類としては、ロリスやガラゴなどがいます。

スラウェシメガネザル
メガネザルの仲間は、独自のグループを形成しています。東南アジアにすみ、夜に食べ物を探します。

クモザル
ケナガクモザルは新世界ザルの仲間です。南アメリカにすんでいます。

マンドリル
類人猿を除いたサルの中で最も大きいマンドリルは旧世界ザルの仲間。アフリカとアジアにすんでいます。

ボウシテナガザル
小型類人猿には、東南アジアにすむテナガザルなどがふくまれます。メスは白、オスは黒です。

社会性の高いサル

サルの仲間はたいてい家族でくらし、密接な社会的関係を築きます。ニホンザルのメスは、一生同じ集団にとどまります。寒い地域に生息し、地元の温泉であたたまったり、毛づくろいをしたりしながら過ごしています！

人間によく似た手

ボノボなどの類人猿の手には、4本の指と、ほかの指と向き合う1本の親指があります。そのおかげで、木登りするときに太い枝をつかむ握力を発揮したり、道具としてにぎった小枝を正確に操ったりできるのです。

ほかの指と向き合った親指は独立して動く

ボノボの指には人間と同じく指紋がある

サルの仲間で世界最小のピグミーマーモセットは、大人でも体長13.5cmしかない！

サル目の種類

サル目（霊長目）には数百の種がいます。ここで紹介する動物たちは、おもなグループの代表です。ヒトは、オランウータン、ゴリラ、チンパンジーと同じ大型類人猿というグループに属しています。

顔には毛がなく、広い胸と肩を持つ

チンパンジーは後ろ足で立って歩ける

足の親指もほかの指と向き合っているため、足でも枝につかまってぶら下がれる

オランウータン
東南アジアのボルネオ島とスマトラ島だけに生息する大型類人猿。9年かけて子育てをします。

ゴリラ
おだやかな巨人、ゴリラは笑いや悲しみなどの感情を見せます。雑食性の大型類人猿です。

チンパンジー
チンパンジーは、道具を使ったり身づくろいをしたり、人間がするような行動をたくさんしてみせます。

共生——ともに生きる生物

動物、菌類、植物は生きのびるため、ほかの種と互いに依存することがよくあります。そうした関係を共生といいます。どちらにとっても利益になる共生もあれば、片方の利益にしかならず、もう片方がひどい結末を迎える共生もあります。

ゾンビアリ！

ノムシタケ属の菌類は、アリを利用して胞子をばらまきます。この菌類が体に入りこむと、アリの行動が変わり、菌類の繁殖しやすい高いところへのぼるようになります。十分な高さまで来ると、菌類はアリの頭から子実体をのばし、胞子を放出します。胞子は別のアリに入りこみ、このサイクルがくり返されます。

アリの頭からのびる長い柄

アリは大あごで葉にしっかりかみつき、死を待つ

トレバリーはひれを使ってクラゲの内側に体を固定する

クラゲの触手には毒があるが、トレバリーには無害だ

魚とクラゲはいっしょに泳ぎ、海流にのって移動する

かくれ家

一見すると、このトレバリー（アジの仲間）はクラゲに閉じこめられているようですが、実はクラゲをかくれ場所として利用しているのです。クラゲは魚に安全な場所を提供して、捕食者から守ります。クラゲのほうは何の害も受けません。

1 魚
若いトレバリーがかくれる場所を探している。

2 クラゲ
トレバリーがムラサキクラゲの中に入りこみ、身を守る。

いろいろなタイプの共生

寄生
カによって媒介されるマラリア原虫やフィラリアなどの寄生生物が、別の生物から栄養などを得て、その生物に害を及ぼす関係。

コバンザメはサメの背中にくっついて身を守る

片利共生
サメとコバンザメのように、片方が相手に害を及ぼさずに利益を得る関係。

ミツバチは花のみつを食べる

相利共生
花粉を運ぶミツバチと花のように、どちらの生物も利益を得る関係。

藻類が育ち緑色になった毛皮

> 魚の舌から血を吸い、やがて自分がその舌になりかわる、おそろしいシラミが存在する！

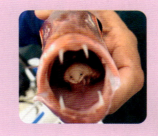

身を守ってくれる毒
オオカバマダラはトウワタの花のみつを吸い、花粉を花から花へ運びます。その後、幼虫はトウワタの葉を食べて育ちます。この葉には毒がふくまれているため、鳥にとって毒となるこの物質がオオカバマダラを守ってくれるのです。

カッコウの托卵
カッコウは自分が産んだ子（卵）をほかの動物に育ててもらいます。これを托卵といいます。

カッコウの卵

1 卵が増えている
カッコウのメスが、別の鳥の巣に自分の卵をまぎれこませます。

カッコウのひな

2 押しのける
カッコウのひなが最初にかえり、宿主の卵を巣から押し出します。

ひなのほうが宿主の鳥より大きい

3 カッコウが育つ
ひなのような鳴き声で、巣の宿主にえさをねだります。

毛皮でカムフラージュ
ナマケモノの毛皮には藻類をふくむ生態系が存在しています。藻類は繁殖にぴったりの場所を手に入れ、ナマケモノは毛皮が緑色になることで捕食者の目をあざむけるうえ、毛皮で育つ栄養たっぷりの藻類を食べることもできます。

鳥からの警報
ウシツツキはインパラの体についているダニなどの寄生生物を食べ、結果的に害虫駆除のサービスを提供しています。さらに、危険が迫っているときに警告の鳴き声を上げ、宿主を助けることまであります。

心地よいねぐら
ウーリーコウモリと熱帯の食虫植物の関係は相利共生です。コウモリは食虫植物を小さなねぐらとして利用し、そのかわりに、植物はコウモリの栄養たっぷりの糞を食べ物として受け取ります。

> これまでに知られている種の80%は寄生生物である！

サナダムシは動物の腸にすむ寄生虫だ

センザンコウの保護

センザンコウは世界で最も多く売買されている哺乳類です。そのうろこや肉を目当てに、不法な取引が行われているのです。2017年以後、世界中で取引が禁止されたにもかかわらず、過去10年で100万頭以上が野生から捕獲されました。ミミセンザンコウは絶滅の危機にひんしていますが、救出計画のおかげで一部地域では回復しつつあります。

アマゾン熱帯雨林では1万種以上の生物が危機にさらされている！

野生生物の保護

野生生物は驚くべきスピードで絶滅に追いやられており、これまでにわかっているだけで4万5000種以上が危機にひんしています。人間はときに驚くような方法で、自然の広がる場所や動物種を消滅のふちから引き戻します。

ウミガメのタグ付け

科学者はウミガメを人工衛星で追跡して調べています。アカウミガメはえさ場から産卵する海岸まで何百kmも移動します。

つかまえる
海中にいる若いアカウミガメをダイバーがつかまえます。

追跡装置を装着する
衛星追跡装置を接着剤で甲羅に取り付けます。

海に返す
ウミガメを元いた海に放して追跡します。

サイの空輸

希少動物のクロサイが、密猟の危険のない安全な場所へ、ヘリコプターで運ばれています。クロサイの数は増加しており、現在では6000頭以上が野生でくらしています。

ハチの再野生化

ハチは生態系に欠かせない「キーストーン種」です。植物の花粉を運ぶことで生態系を支えるだけでなく、農業にとっても大切な存在です。農薬の使用を減らし、土地を野生の状態に戻せば、ハチの数を増やすことができます。

ミツバチは花粉を運び、ハチミツをつくる

体重2.5tのサイは上下さかさまのほうが楽に呼吸できる

ワシを救え!

フィリピンワシと先住民族ドゥマガットの人々がすむ熱帯雨林は、道路建設によっておびやかされています。野生のフィリピンワシは500羽ほどしか残っていません。保護活動グループはドゥマガットの人々と協力し、森とワシを保護しています。

救出されたワシを世話するハンドラー

世界には現在、1万の国立公園と野生生物保護区がある!

ピープル・パワー

先住民は地球の土地の5分の1を管理し、その中には野生生物のホットスポット（多様な生物がすむ場所）がたくさんあります。先住民と自然のつながりは、自然保護で重要な役割を担っています。写真は、気候変動デモに参加する太平洋のトケラウ島の学生たち。

カニ専用の歩道橋

毎年、何万匹ものカニがいっせいに移動する

カニがつかまりやすい鋼鉄の格子

生息環境が道路で分断されると、食べ物や交尾相手を探す動物が自由に歩き回れなくなります。場所によっては、野生動物が安全に道路を渡れるように、専用の橋をかけることもあります。写真は、クリスマスアカガニが専用の橋を渡って、森から繁殖地の海へ移動する様子。

データで見る 絶滅の危機にある動物たち

「私たちの地球では今、植物と動物の大量絶滅が進行している」――多くの自然科学者がそう考えています。これは人間の活動が生んだ結果です。私たちはかつてないほど天然資源を使い、自然の生息環境に侵入しています。もう手遅れになってしまった種もいますが、地球の多様な生物が今後も生き続けることを願って、多くの人や組織が活動しています。

アオコンゴウインコ

絶滅のふちからよみがえった動物

保護活動のおかげで、多くの種が絶滅の瀬戸際で救われました。数は徐々に増えているものの、そうした動物の多くは今も危機にひんしています。

トラ
この大型ネコ科動物は世界全体で危機にひんしていますが、インドの保護活動により数が増えてきました。

ナンヨウマンタ
マンタは地球全体で危機にありますが、エコツーリズムによって、インドネシアのナンヨウマンタの数は回復しています。

アオコンゴウインコ
野生の個体が姿を消してから20年以上たったとき、ブラジルの森にアオコンゴウインコが戻りました。

ジャイアントパンダ
生物保護のシンボルになった1970年代以降、最も少なかったときの2倍近い数になりました。

絶滅した動物たち

この数百年の間に、狩猟や気候変動など人間の活動のせいで、多くの種が絶滅しました。ここにあげる動物たちが地球上を歩いたり飛んだり泳いだりすることは、もう二度とありません。

 数字は絶滅した年

1690 ドードー
インド洋のモーリシャス島にいた「飛ばない鳥」のドードーは、乱獲のせいで絶滅しました。

1768 ステラーカイギュウ
ベーリング海を泳いでいた水生哺乳類。その毛皮や油を求める人間に殺され、絶滅しました。

1870 カササギガモ
北アメリカに生息していたカササギガモは、乱獲と、卵や羽毛のとりすぎにより絶滅しました。

1936 フクロオオカミ
フクロオオカミはタスマニア島へ入植した人間によって、絶滅に追いこまれました。

1989 オレンジヒキガエル
コスタリカの雲霧林の固有種だったこのヒキガエルは、気候変動により姿を消しました。

絶滅のおそれがある種

国際自然保護連合（IUCN）は、絶滅の危機にひんする種を「レッドリスト」にまとめています。評価された16万種のうち4万5000種に絶滅のおそれがあります。
このグラフでは、動物のグループごとに、IUCNが「絶滅のおそれがある」とした種の割合を示しています。

- 鳥類 13%
- 爬虫類 21%
- 哺乳類 27%
- 甲殻類 28%
- サンゴ 36%
- サメとエイ 37%
- 両生類 41%

地球の野生生物の個体数は、1970年から69%減少している

マンモスの絶滅

ケナガマンモスは500万年もの間、地球を歩き回っていましたが、4000年前に絶滅しました。人間による狩りのせいなのか、それとも自然の気候変動が絶滅につながったのかはわかっていません。

自由になるために

野生では絶滅しましたが、飼育下で生きのびている動物種もあります。動物園は、そうした種の個体数を増やして本来の生息環境へ戻すために、繁殖プログラムを実施しています。しかし、繁殖させるのも野生に返すのも簡単ではありません。

ズアカショウビン
最後の野生の個体が1986年に繁殖のために捕獲された。現在、動物園に145羽いる

ゴールデンライオンタマリン
動物園での繁殖によって、野生の個体数は1970年代から10倍に増えた

チャバラホウカンチョウ
野生で最後に目撃されたのは1980年代

イツスジトカゲ
このトカゲは捕食者のいない島々に再導入されている

ゴールデンスキフィア
最近、1000匹が川に再導入された

マウンテンチキン
このカエルを真菌病にかかりにくくする方法を、動物学者が探っている

パーチュラ
このポリネシアの小さなカタツムリは、1万5000匹以上がふるさとの島に戻された

死地からの生還

シーラカンスは魚の一種で、6600万年前に絶滅したと考えられていましたが、1938年に南アフリカ沖で生きた個体が発見されました。この魚の寿命は100年を超えると見られています。

とりわけ危険な状態にある動物たち

特に絶滅が危惧される動物たちの一部を紹介します。人間の活動によって、彼らの自然の生息地はひどく破壊されてきました。

1 ジャワサイ
以前は東南アジアに広く生息していましたが、現在ではインドネシアのジャワ島に75頭ほど残っているだけです。

2 アムールヒョウ
世界でもとりわけ数の少ない大型ネコ科動物です。ロシアのアムール州と中国北東部に100頭前後しかいません。

3 スマトラトラ
トラの中で最も小型の種で、インドネシアのスマトラ島にすんでいます。もう600頭ほどしか残っていません。

4 マウンテンゴリラ
中央アフリカの山中にある標高の高い森にすんでいます。野生の個体数は1000頭ほどです。

5 タパヌリオランウータン
オランウータンはどの種も危機にひんしていますが、この種は800頭も残っておらず、インドネシア、スマトラ島のせまい範囲にしかいません。

6 ヨウスコウスナメリ
世界で唯一の淡水でくらすネズミイルカの仲間で、中国の長江（揚子江）でさまざまな危機に直面しています。残っているのは1000頭ほどです。

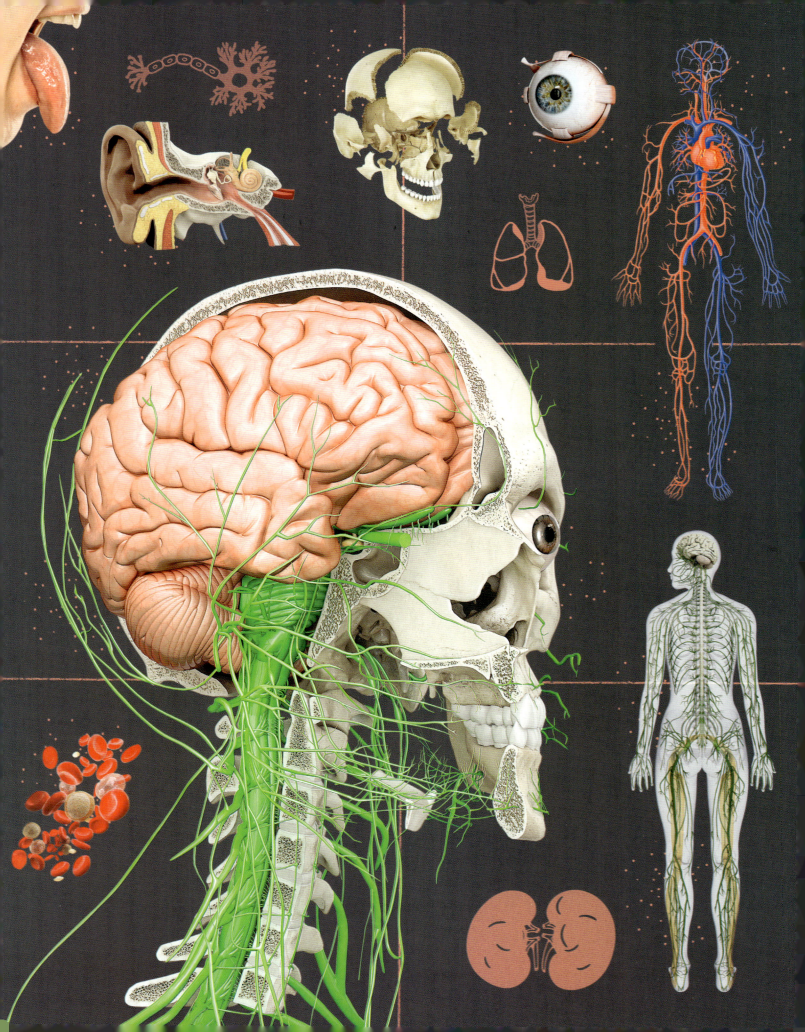

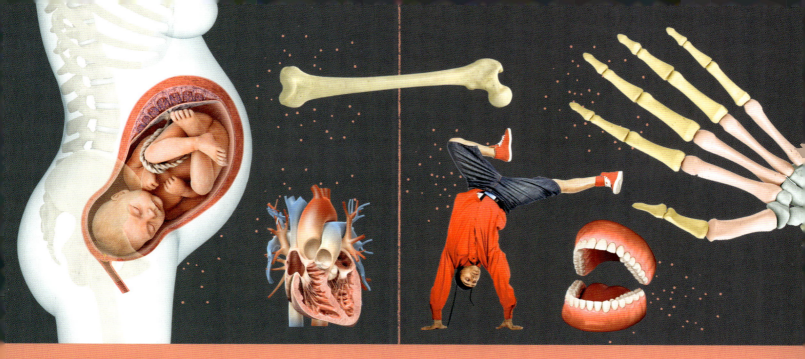

人体 HUMAN BODY
じんたい

体の基本構造

170 人体

ヒトの体は驚くほど複雑な構造をしています。何百ものパーツで構成され、それが互いに協力し合って私たちの命を維持し、健康を保っています。現代になって、人体についてたくさんのことが明らかになっていますが、そのしくみの多くはいまだ謎に包まれています。

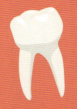

歯の表面を薄く覆うエナメル質は、人体の中で最も硬い組織だ！

人体は集合体

多くの生き物がそうであるように、ヒトの体も何兆個もの小さな細胞からできています。あなたの体の中では、細胞が集まって組織をつくり、組織が集まって器官をつくっています。さらに、さまざまな器官が連携してシステム（系）をつくり、それぞれのシステムが生きるうえで大切な役割を担っています。

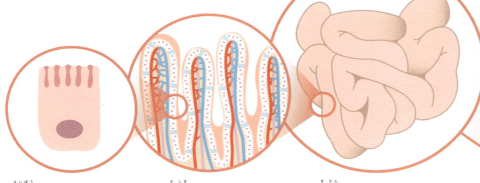

細胞
細胞は生命の最小単位で、それぞれ特化した機能を持っています。上のイラストは腸の内壁に見られる細胞です。

組織
同じ種類の細胞が集まって、組織を形成します。たとえば、腸の内壁には消化酵素をつくる組織が分布しています。

器官
さまざまな種類の組織が1つになって、器官を形成します。小腸はそうした器官の1つです。

システム（系）
いくつかの器官が、消化など特定の仕事のために、1つのシステムとして一緒に働きます。

体内には、体を構成する細胞と同じくらいたくさんの細菌がいる！

ほとんど水

生まれたとき、ヒトの体のほぼ4分の3は水でできています。年をとるにつれて体の構成が変わり、水分の量は徐々に減っていきます。たとえば、高齢者の体の水分が少なくなるのは、水分を多くふくむ筋肉組織が減るからです。

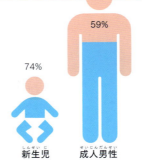

74% 新生児　59% 成人男性

50% 成人女性

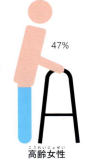

47% 高齢女性

人体

謎の器官

人体には、ヒトが進化する中で本来の機能を失ってしまった器官がいくつかあります。このような器官は「痕跡器官」とよばれます。痕跡という名の通り、そうした器官は小さくなっているか、未発達な形で残っています。

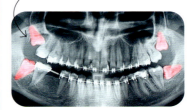

第3大臼歯。親知らずともいう

親知らず
硬いものを食べていた人間の祖先には第3大臼歯（親知らず）が必要でしたが、次第に軟らかいものを食べるようになってあごが小さくなり、きちんと生えるすきまがなくなりました。現代では、親知らずは抜いてしまう場合もあります。

内側のひだが、涙の排出を助ける

第3のまぶた
ヒトの場合は、目を守る第3のまぶた（瞬膜）がほぼなくなって、小さなひだがあるだけですが、ほかの多くの動物には残っています。

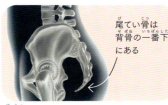

尾てい骨は背骨の一番下にある

尾骨
尾骨（尾てい骨）は私たちの祖先が持っていたしっぽの名残だと、多くの科学者が考えています。現在は、内臓を支えるのに役立っているだけのようです。

脳はコンピューターのように働き、体中の神経から集まった情報を処理する

神経系
脳と神経で構成され、周りに対する反応や呼吸などの自律的機能を制御しています。

心臓のスペースを確保するため、左肺は右肺より小さい

呼吸器系
気道と肺で構成され、体内に酸素を取りこみ、二酸化炭素を排出します。

循環器系
心臓が血管を通して、血液を体のすみずみまで送り、体中の細胞に酸素を供給します。

消化器系
食物を分解して、体内に吸収されやすくします。

生殖器系
子どもをつくるための器官で、男女で異なります。

これは男性の生殖器

筋肉系
あなたが行うすべての動作は、骨格とつながった筋肉が生み出しています。それ以外に、心臓を拍動させたり、食物を腸に送りこんだりする筋肉もあります。

さまざまな体系

このイラストは、人体に見られるおもな体系（体のシステム）の一部を示したものです。それぞれのシステムは、決まった役割を果たしながら、ほかのシステムと密接に連携して、あなたを生かしています。

リンパ管はリンパ液とよばれる液体を体組織から血流へ運ぶ

リンパ系と免疫系
リンパ系と免疫系は、どちらも感染症や病気から体を守るために働きます。

骨格系
骨は柱のように体を支え、内臓を守り、運動することを可能にします。

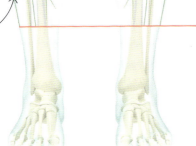

ほんの少しだが、人体には金がふくまれている！

172 | 人体

すごい細胞たち

ヒトの体は、何兆個もの目に見えない小さな細胞でできています。体の中では、細胞が集まってさまざまな組織を形成しています。細胞にはいろいろな種類があり、それぞれが特別な役目を持っています。

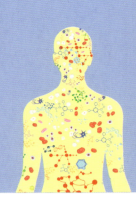

ヒトの体には約37兆個の細胞がある！

細胞の種類

体細胞には200あまりの種類があり、さまざまな機能を果たしています。おもな体細胞を顕微鏡写真とともに紹介しましょう。

細胞の内部

核は細胞のコントロールセンターです。核の中にDNAがあり、そのDNAには細胞を働かせるための指令が入っています。ほとんどのヒト細胞の基本的な構造は同じです。

死んだ皮膚細胞がめくれて、その下にある新しい細胞が顔を出している

死んだ皮膚細胞は1時間に約2億個はがれ落ちている！

細胞小器官は種類ごとに違う役目を担う。この小器官は化学物質をつくって貯蔵する

細胞質基質という液体が細胞を満たしている

核

細胞膜は細胞を守るバリアを形成している

ミトコンドリアはエネルギーを放出する

筋細胞
筋細胞、つまり筋肉の細胞は、収縮して体の各部を動かすことができます。

骨細胞
骨細胞は、新しい骨の成長と骨の修復を担っています。

赤血球細胞
赤血球細胞は酸素を吸収し、体中に運んで放出します。

皮膚細胞
体全体を覆って強力なバリアをつくります。いわば防御の要です。

生きている？死んでいる？

頭や体に生えている毛は、すべて死んでいます。毛の成分は、爪や皮膚にもふくまれているケラチンというタンパク質です。皮膚の表面から毛幹が出てきた段階で、毛の細胞はもう生きていません。生きている細胞は毛根にあって、そこで血液によって運ばれてきた酸素と栄養分が髪を成長させていきます。

髪の外側の層は、死んだ細胞が重なり合ってできている

神経細胞
神経系の一部として、体中の電気信号のやり取りをします。

脂肪細胞
体内に脂肪をたくわえて、エネルギーの重要な源となるだけでなく、体温が逃げないようにしています。

人体 | 173

幹細胞

「人体をつくるすべての種類の細胞のもと」とでもいうべき幹細胞は、どんな細胞にも成長することができる特殊な能力を持つ、とんでもない細胞です。左の高倍率画像に写っているのは成人の骨髄の幹細胞（茶色）で、その下に見えるのは軟骨組織（ピンク色）です。

動物界で一番大きな細胞はダチョウの卵で、長さは15cmもある！

最大と最小

この拡大画像で針の上に写っているのは、ヒトの細胞で最も大きい女性の卵細胞ですが、それでも肉眼でぎりぎり見える程度です。最も小さな細胞は男性の精子細胞で、体積で言えば卵細胞の数千分の1しかなく、ほとんどの細胞と同じく、顕微鏡を使わなければ見ることができません。

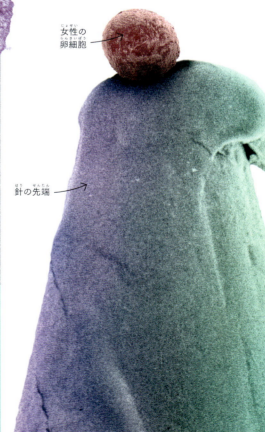

- 女性の卵細胞
- 針の先端

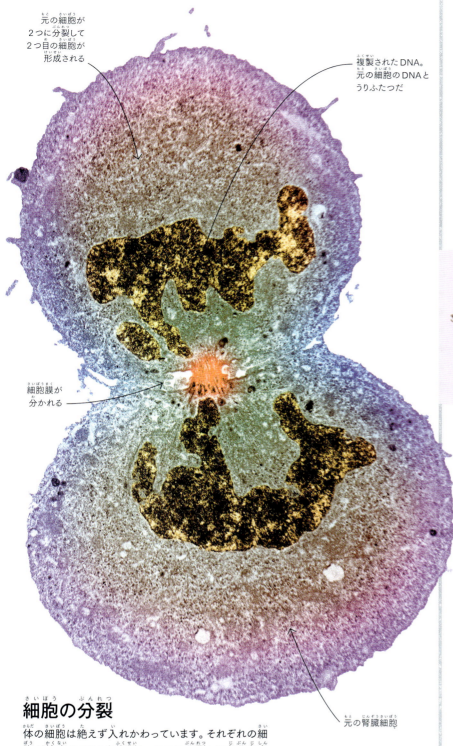

- 元の細胞が2つに分裂して2つ目の細胞が形成される
- 複製されたDNA。元の細胞のDNAとうりふたつだ
- 細胞膜が分かれる
- 元の腎臓細胞

細胞の分裂

体の細胞は絶えず入れかわっています。それぞれの細胞が核内のDNAを複製し、2つに分裂して自分自身の完全なコピーをつくります。上の拡大画像は、腎臓の細胞が分裂する様子を示したものです。

最も長い体細胞は神経細胞で、中には長さが1mのものもある！

- 神経細胞の多くにはメッセージを伝える長い尾がある

174 人体

骨の役割

骨格をつくる骨は、あなたの体重の15％近くを占めています。体の大きさや形は骨格が決めています。骨がなければ体はフニャフニャです。骨格のおかげで自由に動き回れるし、何かにぶつかっても大切な臓器が傷つかないのです。

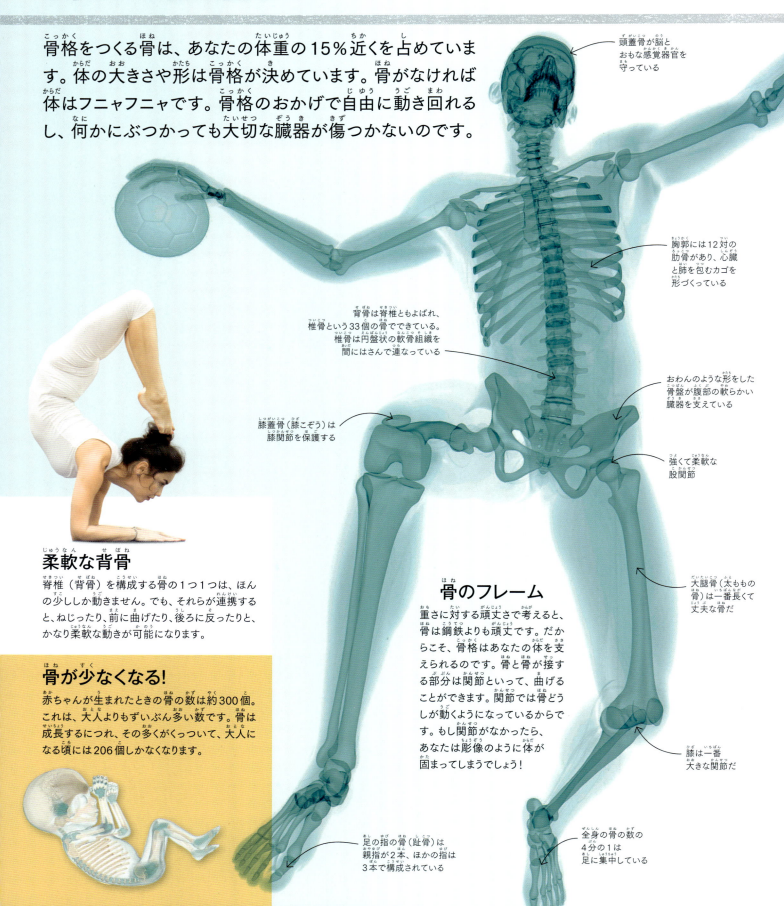

- 頭蓋骨が脳とおもな感覚器官を守っている
- 胸郭には12対の肋骨があり、心臓と肺を包むカゴを形づくっている
- 背骨は脊椎ともよばれ、椎骨という33個の骨でできている。椎骨は円盤状の軟骨組織を間にはさんで連なっている
- おわんのような形をした骨盤が腹部の軟らかい臓器を支えている
- 膝蓋骨（膝こぞう）は膝関節を保護する
- 強くて柔軟な股関節
- 大腿骨（太ももの骨）は一番長くて丈夫な骨だ
- 膝は一番大きな関節だ
- 足の指の骨（趾骨）は親指が2本、ほかの指は3本で構成されている
- 全身の骨の数の4分の1は足に集中している

柔軟な背骨
脊椎（背骨）を構成する骨の1つ1つは、ほんの少ししか動きません。でも、それらが連携すると、ねじったり、前に曲げたり、後ろに反ったりと、かなり柔軟な動きが可能になります。

骨のフレーム
重さに対する頑丈さで考えると、骨は鋼鉄よりも頑丈です。だからこそ、骨格はあなたの体を支えられるのです。骨と骨が接する部分は関節といって、曲げることができます。関節では骨どうしが動くようになっているからです。もし関節がなかったら、あなたは彫像のように体が固まってしまうでしょう！

骨が少なくなる！
赤ちゃんが生まれたときの骨の数は約300個。これは、大人よりもずいぶん多い数です。骨は成長するにつれ、その多くがくっついて、大人になる頃には206個しかなくなります。

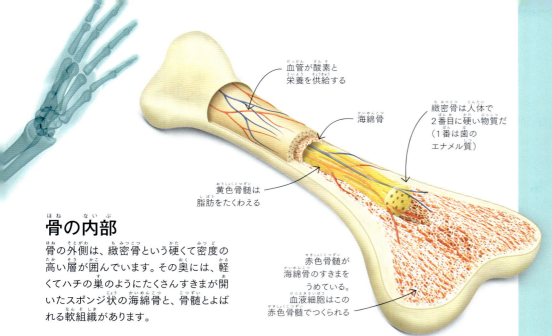

骨の内部

骨の外側は、緻密骨という硬くて密度の高い層が囲んでいます。その奥には、軽くてハチの巣のようにたくさんすきまが開いたスポンジ状の海綿骨と、骨髄とよばれる軟組織があります。

- 血管が酸素と栄養を供給する
- 海綿骨
- 緻密骨は人体で2番目に硬い物質だ（1番は歯のエナメル質）
- 黄色骨髄は脂肪をたくわえる
- 赤色骨髄が海綿骨のすきまをうめている。血液細胞はこの赤色骨髄でつくられる

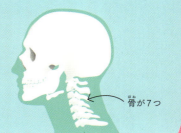

ヒトの首の骨とキリンの首の骨は数が同じ！

- 骨が7つ
- 骨が7つ

朝は寝る前よりちょっとだけ背が高い。寝ている間に背骨がまっすぐにのびるからだ！

強い頭蓋骨

頭蓋骨には22個の骨がありますが、動くのは下顎骨（あごの骨）だけです。それ以外の骨は、互いのつなぎ目が固く結合して（縫合とよばれます）、防護に適した強い構造をつくり上げています。

- 8つの骨がドーム形の頭蓋を形成している
- 側頭骨は体中の骨の中で最も密度が高い
- 14個の顔面骨
- 力強いあごの筋肉が下顎骨を動かす

万能の手

ヒトの手は、強く握るだけでなく、精密かつ繊細に動かすことができます。関節がいくつもあり、親指をほかの4本の指と向かい合わせることができるからです。これほど何にでも使える手を持つ哺乳類は、ほかにいません。

- 指の骨（指骨）は14本ある
- 手のひらの骨（中手骨）は5本ある
- 8個の手根骨が手首を形成している

骨折が治るしくみ

骨を構成する生体組織は、成長したり、自己更新することができます。だから、骨が折れても修復できるのです。

最初の数時間
骨折した部分の周りに血腫が形成され、傷口がふさがれます。

数日後
折れたすきまに新しい骨の線維が形成され始めます。

数週間後
線維に代わって海綿骨ができ、血管が再生します。

数カ月後
海綿骨が緻密骨に置き換わり、骨折が治ります。

一番小さい骨！

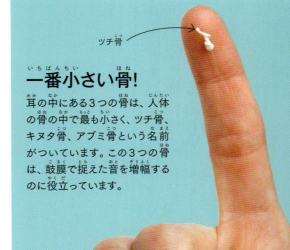

- ツチ骨

耳の中にある3つの骨は、人体の骨の中で最も小さく、ツチ骨、キヌタ骨、アブミ骨という名前がついています。この3つの骨は、鼓膜で捉えた音を増幅するのに役立っています。

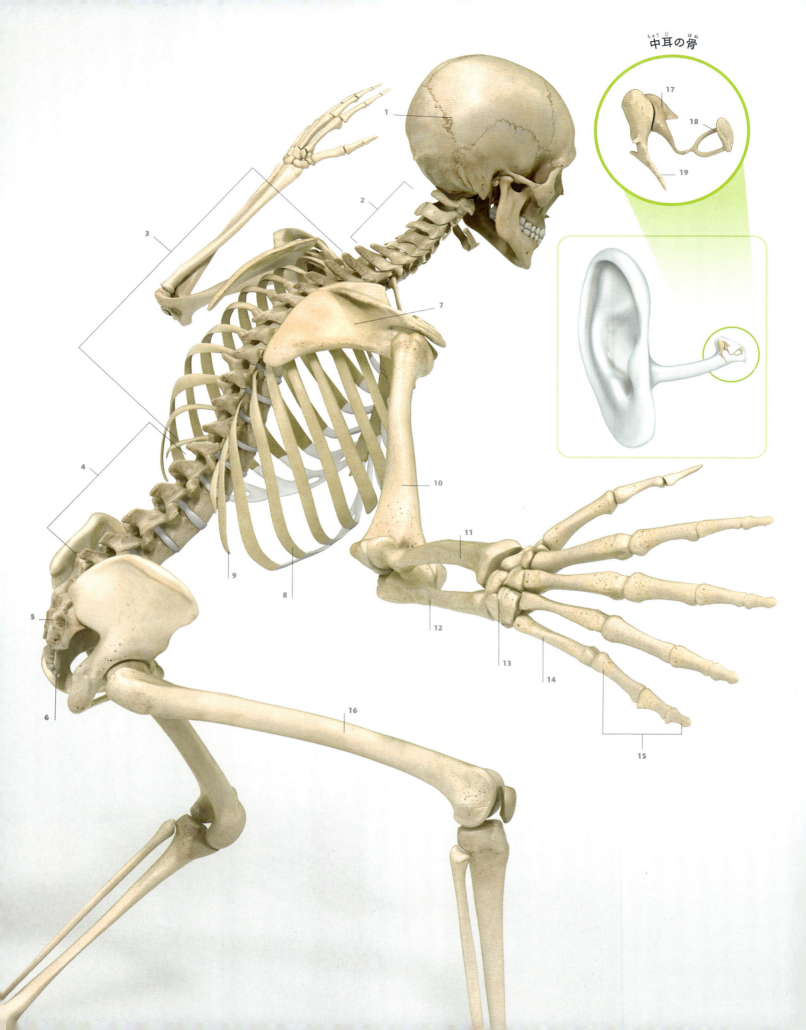

骨の名前を当てよう

ヒトの骨格は206個の骨でできている。
お医者さんならすべての骨の名前を
言い当てられるけれど、
あなたはいくつわかるかな？
足根骨と手根骨、脛骨と腓骨を区別できる？
下のリストの中には、1つだけ仲間はずれがある。
それはどれだろう？

1 頭蓋骨（頭の骨）
2 頸椎（首の背骨）
3 胸椎（胸部の背骨）
4 腰椎（腰部の背骨）
5 仙骨
6 尾骨
7 肩甲骨
8 肋骨
9 浮動肋骨
10 上腕骨（上腕の骨）
11 橈骨（前腕の外側の骨）
12 尺骨（前腕の内側の骨）
13 手根骨（手首の骨）
14 中手骨（手のひらの骨）
15 指骨（手の指の骨）
16 大腿骨（太ももの骨）
17 キヌタ骨（耳小骨）
18 アブミ骨（耳小骨）
19 ツチ骨（耳小骨）
20 顔面骨
21 歯
22 下顎骨（あごの骨）
23 舌骨
24 鎖骨
25 胸骨
26 骨盤（腰骨）
27 膝蓋骨（膝こぞう）
28 脛骨（すねの骨）
29 腓骨（ふくらはぎの骨）
30 足根骨（足首の骨）
31 中足骨（足の骨）

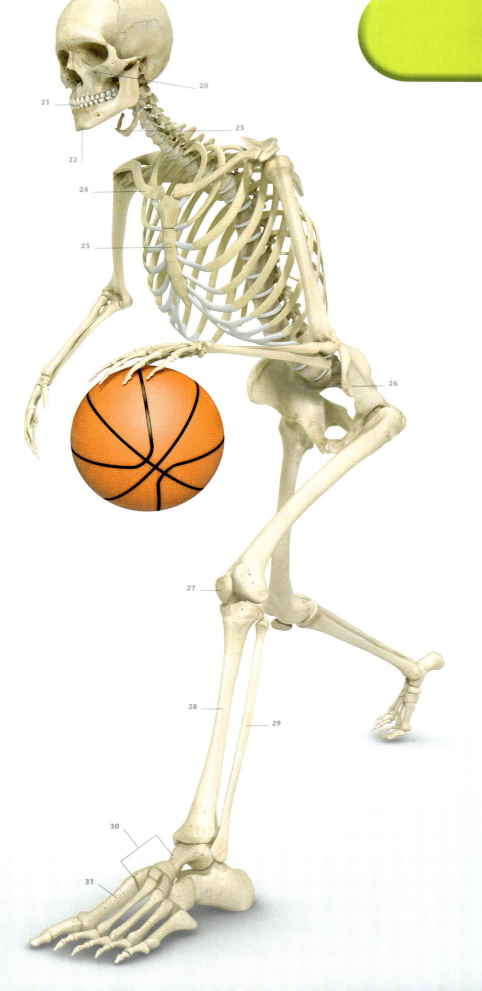

仲間はずれは21の歯。歯は骨ではなく、象牙質とよばれるカルシウム質の物質でできている。

筋肉の働き

178 人体

600を超える筋肉が骨格にくっついていて、ヒトの体は筋肉でパンパンです。筋肉は体重の40％を占め、あなたの体の動き1つ1つに関わっています。ただ、筋肉の働きはそれだけではありません。あなたがしゃべったり、食べ物が消化器系を通る流れをつくったり、さらには生きるのに不可欠な血液を全身に送ったりといったことも、筋肉が行っているのです。

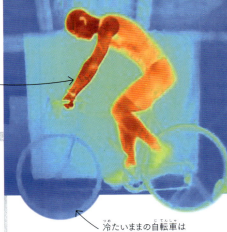

サーモグラフィーには最も温度の高い部分が赤く表示される

冷たいままの自転車は青色に映っている

体の熱
自転車に乗るなどの運動をして、筋肉が激しく動くと、熱が発生します。上の熱画像では、余分な熱を取り除こうと放熱している体の部位が赤くなっています。

舌の筋肉は、しゃべったり、食べたり、のみこんだりするのを助ける

ほぼ筋肉の舌
舌には7つの異なる筋肉があります。舌の筋肉の半分は舌と頭や首をつなぐもので、残りの筋肉で、のばしたり、しゃべったり、口の中で食べ物を動かしたりといった、舌の動きを行っています。

大きさのわりに最も強い筋肉は咬筋だ。
その力は最大で90kgに達する。

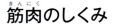

咬筋があごの動きをコントロールしている

筋肉のしくみ
筋肉は骨を引っ張ることはできても、押し戻すことはできません。そのため、骨が特定の方向を往復できるように、たいていの筋肉は2つが向かい合うように配置されています。たとえば腕の曲げのばしは、上腕にある2つの筋肉が連携して行います。

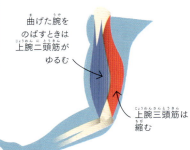

曲げた腕をのばすときは上腕二頭筋がゆるむ

上腕三頭筋は縮む

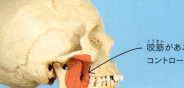

筋肉の中身
筋肉は、銅線が束になった電気ケーブルのように、筋線維とよばれる長い細胞が何百本も集まってできています。筋線維は筋原線維という小さな糸状のもので構成され、これがゆるんだり、縮んだりして筋肉の動きになります。筋肉が動くのに必要な酸素とエネルギーは、血管から供給されます。

筋線維（赤）と結合組織（白）の拡大写真

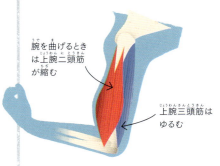

腕を曲げるときは上腕二頭筋が縮む

上腕三頭筋はゆるむ

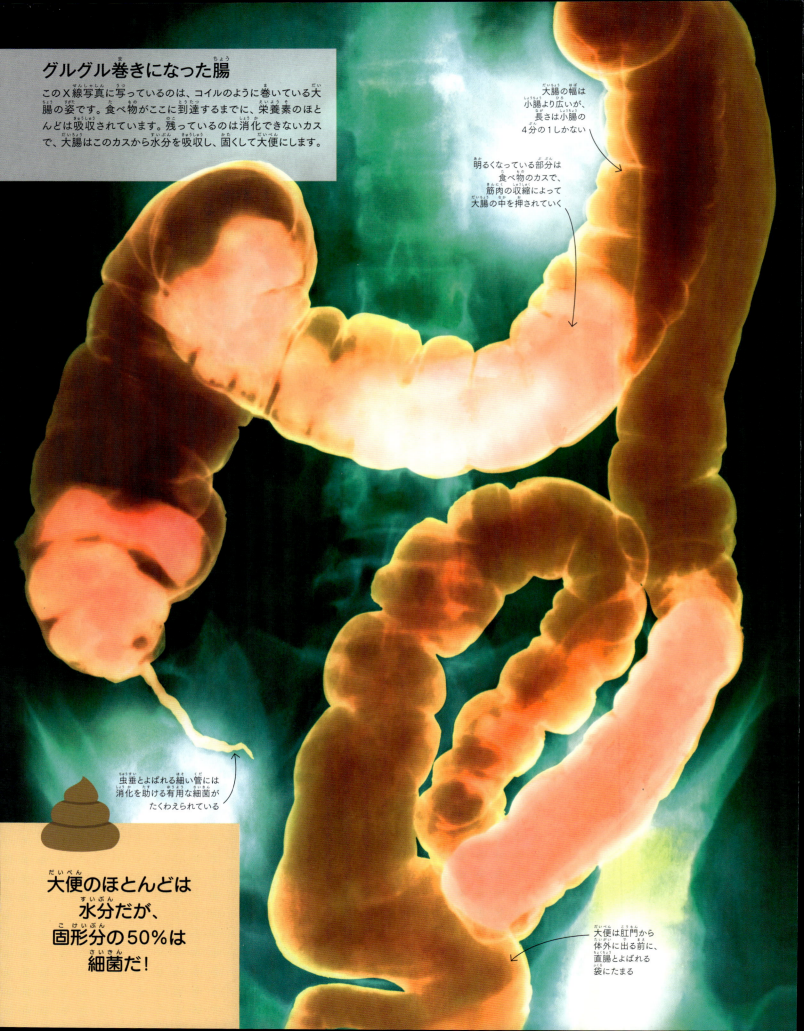

食べ物を処理する

私たちは一生の間に何万回も食事をしますが、そのたびに口にした食べ物を分解するのが消化器系です。口に入れた食べ物は、のべ9mほどにわたる消化器官を通る間に、吸収できる大きさまで分解されます。

ヒトの体では、1日に最大で1.5Lの唾液がつくられている！

1日分の唾液で大きなペットボトルがいっぱいになる

酸による攻撃
筋肉質の胃は食べ物を混ぜ合わせ、分解を助ける消化液と混ぜ合わせます。消化液には強力な酸がふくまれていて、有害な細菌を死滅させます。

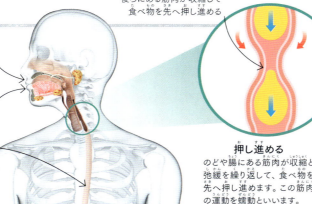

食べ物が通った後ろにある筋肉が収縮して食べ物を先へ押し進める

食べ物は口の中で、咀嚼により細かくくだかれる

唾液は食べ物を軟らかくしてのみこみやすくする

押し進める
のどや腸にある筋肉が収縮と弛緩を繰り返して、食べ物を先へ押し進めます。この筋肉の運動を蠕動といいます。

厚い胃壁には3層の筋肉がある

毎日1.5〜2.5Lの胃液がつくられている

胃の内側を覆う厚い粘膜のおかげで、胃そのものが消化されることはない

食道

消化器系
食べ物が消化器系を通り抜けるのには、約24時間から72時間かかります。その間に食べ物は分解され、重要な栄養素と水分が体に吸収されます。消化されなかったカスは、大便として体の外へ押し出されます。

肝臓は脂肪を分解する胆汁という液体を分泌する

胃は食べ物を糜粥というおかゆ状のものに変える

小腸は栄養素を吸収する

大腸

肛門

平均的な人が1年間に口にする食べ物の重さは675kgほどになる！

ゲップが出るのはなぜ？
炭酸飲料を飲むと、食道にガスがたまることがあります。それに体が反応して、余分なガスを口からゲップとして押し出します。

あなたは毎日、最大で2.2Lのおならをしている！

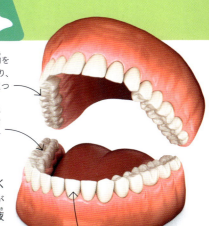

鋭い犬歯は食べ物をしっかりつかんだり、引き裂いたりするのに役立つ

前臼歯と臼歯は食べ物をくだいてすりつぶす

丈夫な歯
歯が食べ物を細かくくだくことで、消化のプロセスが始まります。口の中の唾液腺から分泌される唾液には、食べ物を軟らかくする働きがあります。

切歯は切ったり噛んだりするのに使う

心臓と血液

心臓は、いっときも休むことなく、全身に血液を循環させる強力なポンプです。毎日約10万回拍動して、5Lの血液を、臓器や筋肉をめぐる壮大な旅へ送り出しています。

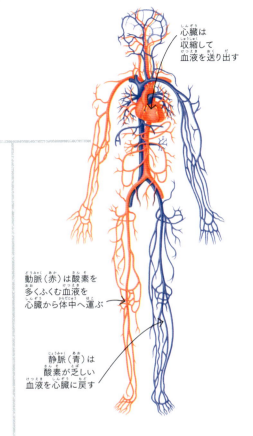

心臓は収縮して血液を送り出す

動脈（赤）は酸素を多くふくむ血液を心臓から体中へ運ぶ

静脈（青）は酸素が乏しい血液を心臓に戻す

体内をめぐる血管をすべてつなげると10万kmになる。これは地球を2周半する長さだ！

血液が流れる管

血管には3つのタイプがあります。心臓から送り出される血液が流れる動脈、心臓に戻る血液が流れる静脈、そして動脈と静脈をつなぐ小さな毛細血管です。

動脈 壁が厚くて筋肉質の血管です。

静脈 壁が薄い血管です。

毛細血管 一番細い血管です。

静脈弁が血液の逆流を防ぐ

壁の厚さが細胞1個分しかない

循環器系

循環器系は、心臓と血管の複雑なネットワークをつくっています。心臓は、酸素や栄養素を運ぶ血液を、体内のすべての細胞、筋肉、臓器に送り届けます。

血液の中身

血液全体の55％は血漿とよばれる水のような液体で、44％は赤血球が占めています。残りの1％は白血球と血小板です。

血小板には血液を凝固させる働きがあり、凝固した血液は皮膚の傷口をふさぐ

白血球は侵入してきた細菌を攻撃する

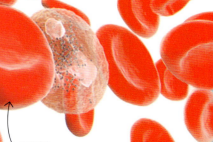

赤血球は肺から酸素を運ぶ

私たちの血液には鉄がふくまれているので赤いが、タコの血液には銅がふくまれているので青い！

命を救うペースメーカー

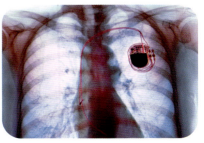

ペースメーカーは小型の電子機器で、乱れた拍動を正常に戻すために、皮膚の下にうめこまれます。上はペースメーカーのX線写真で、ペースメーカーから出たリードが血管を通して心臓につながっています。

人体 | 183

心臓が拍動するしくみ
心臓は2つのポンプでできています。1回の拍動で、心臓の左半分が酸素を多くふくむ血液（赤で表示）を全身に送り出し、右半分が酸素の少ない血液（青で表示）を肺に送ります。

1 心臓が弛緩して、血液が心臓上側の左右の心房に入ってきます
— 左心房
— 右心房

2 左右の心房が収縮して、血液を心臓下側の左右の心室へ押しこみます
— 左心室
— 右心室

3 左右の心室が収縮し、右心室の血液は肺へ、左心室の血液は全身へ送られます。
— 肺へ送られる血液
— 全身へ送られる血液

大動脈は人体の動脈で一番太い

右冠動脈は心臓の右心室に血液を送る

左冠動脈は心筋の左側に血液を供給する

いそがしく働く心臓
心臓は体の中で一番いそがしく働いている筋肉なので、大量に血液を供給する必要があります。上の画像が示しているのは、筋肉でできた心臓の壁に酸素とエネルギーを送るために張りめぐらされた、複雑な心臓の血管のネットワークです。

心臓の内部
心臓はだいたい握りこぶしくらいの大きさで、4つの部屋——上側に2つの心房、下側に2つの心室があります。これらの部屋が収縮して拍動が起こり、体のすみずみへ血液を送り出しています。

— 右心房
— 左心房
— 右心室
— 左心室

平均的な一生の間に、心臓は最大で30億回も拍動する！

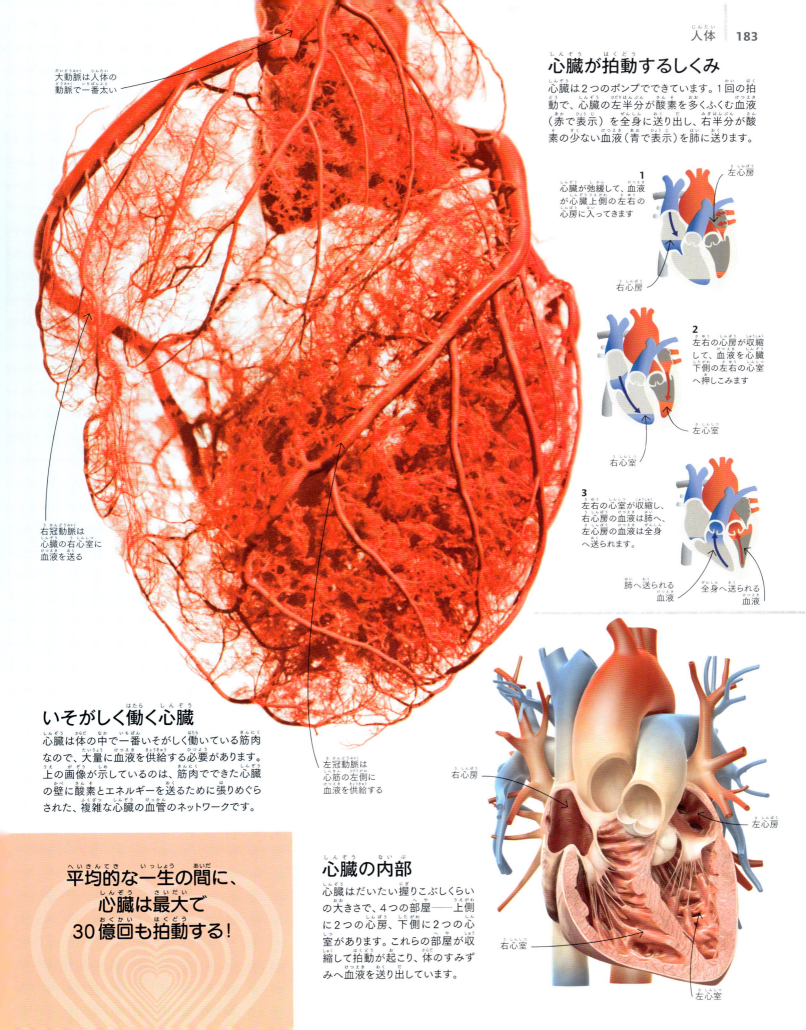

データで見る
すごい人体

ヒトの体はものすごい能力を持っています。私たちが意識しなくても、酸素や栄養が絶えず細胞に送り届けられ、さまざまな身体機能が同時にコントロールされているのです。ここでは、私たちの体に関する驚くような事実と数字を紹介していきましょう。

わずか2％の瞳

緑色の瞳を持つ人は世界人口のわずか2％で、緑色は世界で最も珍しい瞳の色となっています。人類の大半、約80％の人々は茶色の瞳をしています。

細胞はどのくらい生きる？

あなたの体内の細胞にはそれぞれの寿命があって、機能によって寿命が異なります。皮膚細胞は絶えず入れかわり、寿命はわずか1日です。その一方で、脳細胞のようにあなたが生きているかぎり、ずっと死なない細胞もあります。

70年以上 脳細胞

15年 骨格筋細胞

10年 脂肪細胞

6-9ヵ月 肝細胞

3-5日 腸管上皮細胞

1-3日 白血球

まばたき
目は一生の間に約4億1600万回まばたきをします。

平均的な人はのべ26年間、つまり人生の約3分の1を睡眠に費やすことになる！

トイレタイム
一生の間にトイレに座っている時間を合計するとまる1年になります。

歩数
一生の間に歩く歩数は約1億4600万歩になります。

呼吸
一生の間に約2億5000万Lの空気を吸います。

血液を送り出す
心臓は一生の間に約2億Lの血液を全身に送り出します。

あなたの一生の間に…
80年生きる人は、約2万9220回、新しい日を迎えることになります。その間、体は信じられないほどたくさんの仕事をこなすことになります。

人体 | 185

ギネス級の長さ

入念に手入れをし、細心の注意を払って、毛や爪を驚異的な長さにのばした人たちがいます。ここでは、そうしたギネス級の記録を紹介しましょう。

世界一長い爪
アメリカ人のダイアナ・アームストロングは世界で一番長く爪をのばしました。その長さはなんと1.38m！

世界一長い髪
中国人の謝秋萍の髪の長さは、2004年に測定したとき、5.62m ありました。これは大人のキリンの背丈に匹敵します。

世界一長い口ひげ
アメリカ人のポール・スローザーは口ひげを63.5cmまでのばしました。

世界一長いまつげ
中国人の尤建霞のまつげの長さは20cmあり、あごまで届いていました。

世界で一番長く生きた人

世界最高齢の記録を持っているのはフランス人のジャンヌ=ルイーズ・カルマンで、彼女は1997年に122歳と164日で亡くなりました。

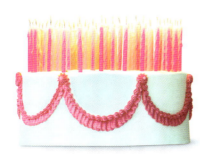

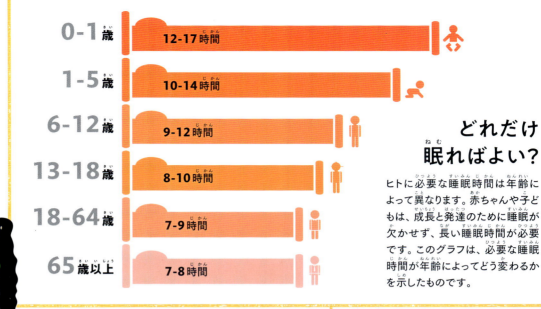

- 0-1歳 12-17時間
- 1-5歳 10-14時間
- 6-12歳 9-12時間
- 13-18歳 8-10時間
- 18-64歳 7-9時間
- 65歳以上 7-8時間

どれだけ眠ればよい？

ヒトに必要な睡眠時間は年齢によって異なります。赤ちゃんや子どもは、成長と発達のために睡眠が欠かせず、長い睡眠時間が必要です。このグラフは、必要な睡眠時間が年齢によってどう変わるかを示したものです。

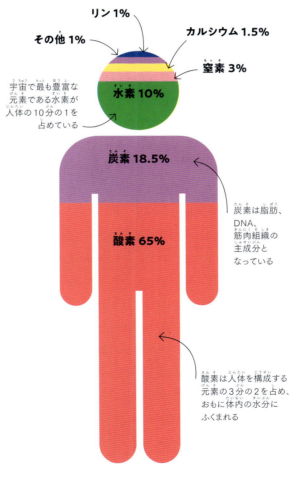

- その他 1%
- リン 1%
- カルシウム 1.5%
- 窒素 3%
- 水素 10%
- 炭素 18.5%
- 酸素 65%

宇宙で最も豊富な元素である水素が人体の10分の1を占めている

炭素は脂肪、DNA、筋肉組織の主成分となっている

酸素は人体を構成する元素の3分の2を占め、おもに体内の水分にふくまれる

体内の元素

人体の大部分は6つの元素で構成されています。それらがいろいろと組み合わさって、体の中で何千種類もの化合物を形成しているのです。上のイラストは、私たちの体を構成する元素の割合（重量％）を示したものです。

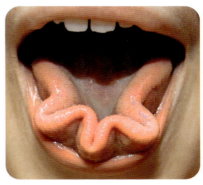

舌を丸める

ほとんどの人は舌をU字に丸めることができます。ある調査によると、83％の人が丸めることができるそうです。でも、舌をひだ状にできる人は14％しかいません。中には、クローバーの葉のような形にねじるすご技の持ち主もいます。

汗をかく仕事

体から出る汗の量は、体に課せられた運動の激しさや周りの暑さによって変わります。高温下でたくさん運動する人は、1日に最大で12Lもの汗をかくことがあります！

呼吸のコントロール

呼吸は無意識に行われますが、運動をすると、多くの酸素が必要だと脳が認識し、呼吸を大きく、速くします。呼吸を意識的にコントロールすることも可能です。水泳の選手は、リズミカルな呼吸ができるように訓練し、筋肉への酸素の流れを一定に保つようにしています。

水泳選手が水の中で息を吐くと、息は泡の流れをつくる。息を吐ききった水泳選手は頭を水面に出して大きく空気を吸いこむ

水泳選手の強い腹筋は横隔膜と肋間筋の働きを助け、呼吸をコントロールしやすくする

肺への道

空気は気管を通って肺に届きます。気管は気管支とよばれる2本の太い管に分かれます。それがさらに、細気管支というたくさんの細い管に分かれ、まるで木を逆さにしたように広がっていきます。細気管支の先には、顕微鏡でないと見えないほど小さな空気袋があって、これは肺胞とよばれます。

気管支が肺に空気を運ぶ

気管

細気管支が肺胞に空気を運ぶ

呼吸のしくみ

胸に2つある肺は、スポンジのような構造をしていて、1日に約2万2000回におよぶ呼吸を可能にしています。1回呼吸するたびに、生きるのに大切なガス交換が行われます。吸いこんだ空気にふくまれる酸素が血液に入っていき、それと同時に、体内の細胞から排出された老廃物の二酸化炭素が、血液から肺の中へ出ていき、息として吐き出されます。

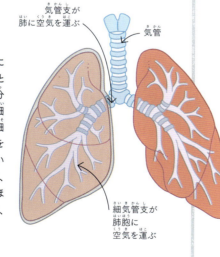

長く息を止める方法を習得したフリーダイバーの中には、酸素ボンベなしで100m以上潜れる人もいる！

人体 | 187

ネバネバした粘液
空気と一緒に吸いこんだほこりや細菌を、粘液というネバネバした液体が捉え、体内での感染症との戦いを助けます。多いときには、鼻、喉、肺から1日に1.5Lの粘液が分泌されます。

レースが終わるまで激しい運動を続けるために、筋肉は規則正しい酸素供給を必要とする

ヒトの肺の表面積は皮膚の表面積の30倍もある！

ガス交換
肺の中には、肺胞とよばれる空気に満たされた小さな袋が約4億8000万個あります。その肺胞に張りめぐらされた細い血管（毛細血管）を通じて、酸素と二酸化炭素のガス交換が行われます。

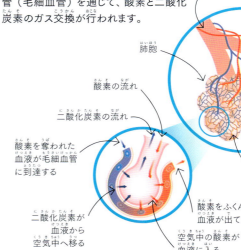

- 肺
- 細気管支
- 肺胞
- 酸素の流れ
- 二酸化炭素の流れ
- 酸素を奪われた血液が毛細血管に到達する
- 二酸化炭素が血液から空気中へ移る
- 空気中の酸素が血液に入る
- 酸素をふくんだ血液が出ていく
- 毛細血管が肺胞1つ1つを取り囲んでいる

息を吸って吐く
肺の下には横隔膜という薄い板状の筋肉があります。息を吸うとき、この横隔膜が収縮して平らになります。すると胸腔の容積が大きくなり、気道から空気が入ってきて肺が膨らみます。逆に横隔膜がゆるむと、肺から空気が押し出されます。

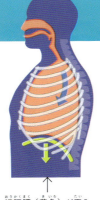

横隔膜（黄色）が平らになり、筋肉が肋骨を持ち上げ、空気が肺へ吸いこまれる

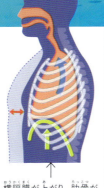

横隔膜が上がり、肋骨が降りて胸腔が小さくなり、空気が押し出される

それぞれの肺胞は砂つぶより小さいこともある！

山の空気
高地の空気は酸素が少なく、呼吸が困難になります。ネパールのシェルパのような山岳民族は、赤血球の生産を増やして、肺から全身に送る酸素を確保しています。

肺活量
肺をきたえることで、肺にためておける空気の量を増やすことができます。トランペットのような、口で吹く楽器を演奏するミュージシャンは、一般的に肺の機能がかなり高く、呼吸を上手にコントロールできます。

人体

脳の地図
脳は領域ごとに異なる役目を担っていることが、脳スキャンによって確認されています。とはいえ、私たちの行動は、どんなに単純なものでも、多くの領域が関わり、連携して働いています。

筋肉の動き / 複雑な動き / 触覚 / 思考と人格 / 視覚 / 話す / 言葉を理解する / 音を聞き分ける

信号を送る
神経系はニューロンとよばれる神経細胞のネットワークでできています。ニューロンは情報伝達細胞として、電気信号で情報を中継していきます。脳だけでも860億個のニューロンがあります。

この樹状突起という部分がほかのニューロンと接続する / 細長い軸索が信号を伝える / 軸索末端がほかのニューロンの樹状突起へ信号を送る

一部の神経信号は伝わる速度がF1のレーシングカー並みに速い！

活発な脳
脳スキャンによって、脳のどの部分が最も活発に働いているかがわかります。上はレム（急速眼球運動）睡眠中の脳をスキャンした画像です。この脳は活動中で、夢を見ており、目覚めているときと同じくらい活発に働いていることを示しています。

活動している脳の領域は赤で示される

脳——体のコントロールセンター

脳は人体の中で一番複雑な器官で、あなたの行動はもちろん、体内のさまざまな活動、思考、感情、記憶をコントロールしています。しかも、そのすべてを同時に行っているのです。脳は脊髄と神経とともに、あなたの神経系を形成しています。

脳は神経系で最も大きな器官だ

脳はほとんど脂肪でできていて、ゼリーのようにとても軟らかくフニャフニャしている！

反射
すべての行動を脳が支配しているわけではありません。何かとがったものに手が触れると、その信号が脳に届くよりも早く、0.5秒以内に手が勝手に離れます。これは反射とよばれるもので、脊髄によって直接コントロールされています。

脊髄は体と脳を行き交うメッセージの通り道だ

神経系というシステム
あなたが周りの世界を感じ、反応できるのは神経系のおかげです。神経は、感覚器官からの信号を脳に伝えます。それを受けて、脳や脊髄から筋肉、臓器、腺に向けて、何をするかを命じる信号が出るのです。

神経はニューロンという細胞の大きな束だ

頭蓋骨の中

重さ約1.3kgの脳は、ヒトの体の中でも最大級の臓器で、頭蓋骨内のほとんどのスペースを占めています。脳は頭蓋骨内の神経ネットワークに直結しており、味、におい、音を感じたり、顔の表情をつくるのに大きな役割を果たしています。

あなたの脳内に数百億個もある脳神経細胞を合わせると、電球を点灯するのに十分な電気エネルギーが発生している！

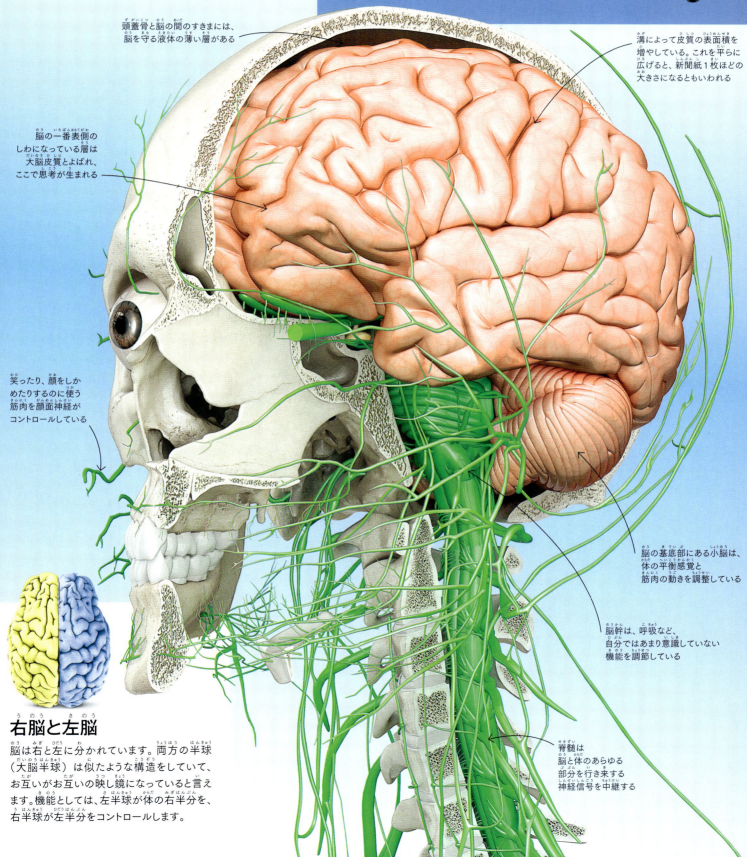

頭蓋骨と脳の間のすきまには、脳を守る液体の薄い層がある

溝によって皮質の表面積を増やしている。これを平らに広げると、新聞紙1枚ほどの大きさになるともいわれる

脳の一番表側のしわになっている層は大脳皮質とよばれ、ここで思考が生まれる

笑ったり、顔をしかめたりするのに使う筋肉を顔面神経がコントロールしている

脳の基底部にある小脳は、体の平衡感覚と筋肉の動きを調整している

脳幹は、呼吸など、自分ではあまり意識していない機能を調節している

脊髄は脳と体のあらゆる部分を行き来する神経信号を中継する

右脳と左脳

脳は右と左に分かれています。両方の半球（大脳半球）は似たような構造をしていて、お互いがお互いの映し鏡になっていると言えます。機能としては、左半球が体の右半分を、右半球が左半分をコントロールします。

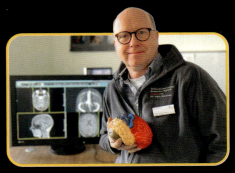

ドイツのベルンカステル／ウィットリヒ病院で神経科長を務めるイェルン・ツェラー医師は、神経学が医学の中で最も興味深い分野だと考えている。

神経科医に聞く

Q. 脳は痛みを感じますか？
A. 脳自体が痛がることはありません。つまようじで突いても、何も感じないでしょう。しかし、体のすみずみから痛みの信号が特別な経路を通って脳に中継されることで、私たちは痛いと感じます。頭痛がするときもありますが、それは脳が痛いのではなく、脳を取り囲む血管や軟組織など、頭の中の脳以外の組織が痛がっているのです。

Q. 記憶は何でできているのですか？
A. 私たちの脳の中では、想像を絶するほどたくさんの神経細胞がつながり合っています。私たちが何かを記憶しようとするとき、それを記憶するうえで重要なつながりが、特に密接に結びつきます。そして脳は、この結びつきを強くするために、一種の「思考の接着剤」として働くタンパク質をつくり出すのです。

Q. 思考はどこから来るのですか？
A. どんなに優秀な脳研究者でもわかりません！ 私たちの頭の中にはイメージやある種の考えが浮かんだりしますが、そこからどのような形で理性的・論理的な思考が形成されるのか、まだ解明されていないのです。

Q. 脳をきたえることはできますか？
A. できます！ 脳はたくさん使えば、強くなります。本を読んだり、遊んだり、絵を描いたり、音楽を演奏したり……そのどれもが脳のためになるのです。

Q. 眠っている間、脳は何をしているのですか？
A. 働き続けています。夢を見ているときも、その他の睡眠段階でも、脳はその日のすべての経験を整理して、次の日に備えて処理能力の空きをつくってくれます。ただ、そのためには十分な睡眠時間が必要です。

Q. 脳は大きいほうがかしこいというのは本当ですか？
A. これは断言できます。間違いです！ 大きさはまったく関係ありません。脳内にある細胞の数はみんな同じで、脳をきたえることがかしこさにつながります。

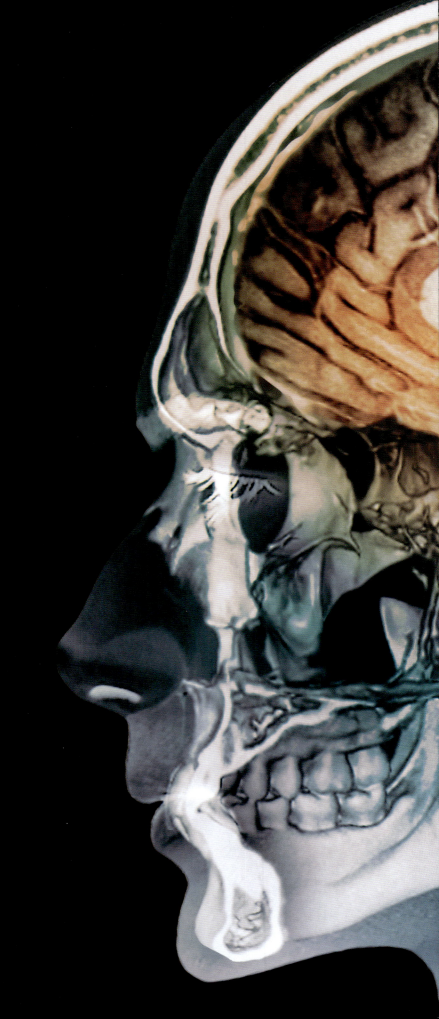

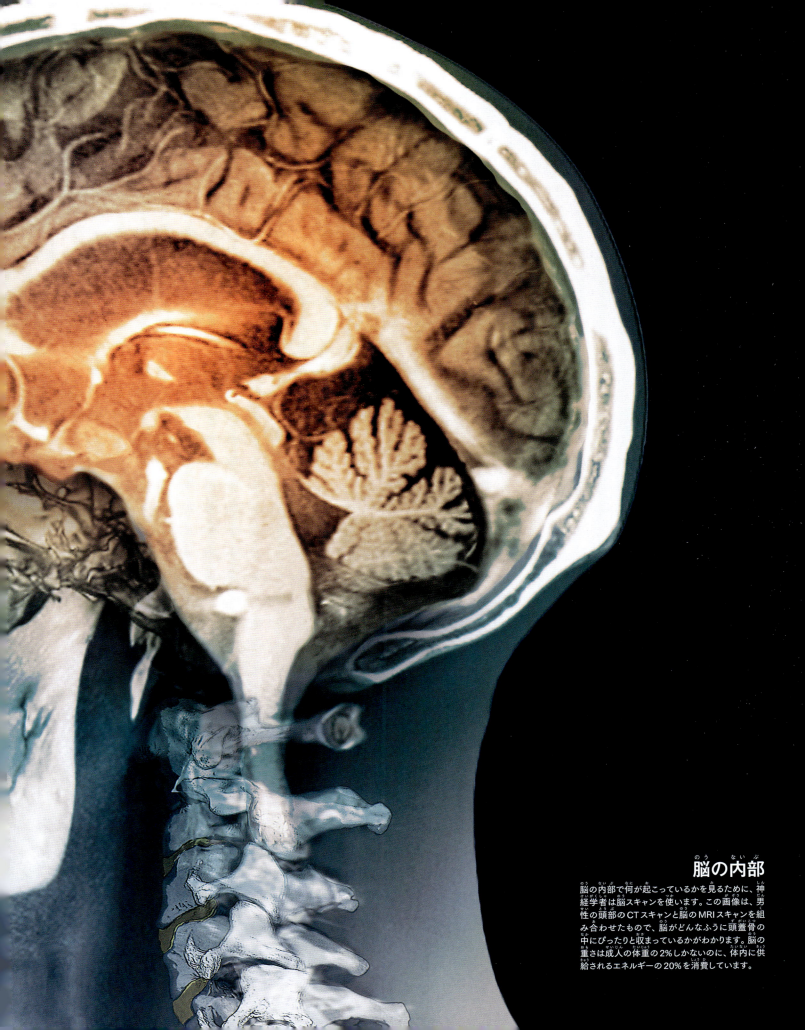

脳の内部

脳の内部で何が起こっているかを見るために、神経学者は脳スキャンを使います。この画像は、男性の頭部のCTスキャンと脳のMRIスキャンを組み合わせたもので、脳がどんなふうに頭蓋骨の中にぴったりと収まっているかがわかります。脳の重さは成人の体重の2%しかないのに、体内に供給されるエネルギーの20%を消費しています。

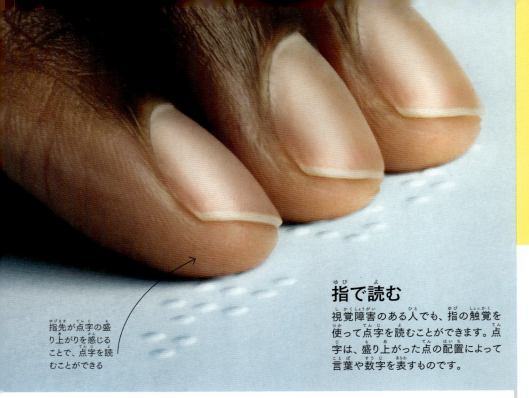

指で読む
視覚障害のある人でも、指の触覚を使って点字を読むことができます。点字は、盛り上がった点の配置によって言葉や数字を表すものです。

指先が点字の盛り上がりを感じることで、点字を読むことができる

ヒトの舌には平均して2000から4000個の味蕾がある！

すばらしい感覚器官

見たり、聞いたり、においをかいだり、触ったり——あなたが周りの世界を体験することができるのは、感覚器官が周りの世界で何が起きているかを脳に伝え、その情報を脳が処理しているからです。もし感覚というものがなければ、人生はとても退屈なものになってしまうでしょう！

5つの感覚
5つの異なる感覚が、自分の周りについて理解し、周りと関わるうえで特別な役割を果たしています。

触覚
皮膚の感覚器が、痛み、圧力、接触、温度に反応します。

視覚
2つの目がそれぞれ映した像を組み合わせて、脳が処理します。

味覚
舌の表面にある味蕾が塩味、甘味、酸味、苦味、うま味を識別します。

聴覚
耳が音を捉えます。音の正体は、空気中を振動しながら伝わる波です。

嗅覚
香水や食べ物のにおいは、鼻が感知します。

ヒトの目は少なくとも100万色の色を見ることができる！

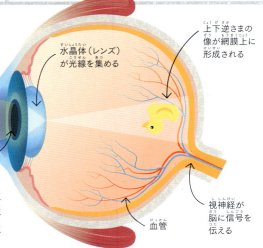

ものが見えるしくみ
光は瞳孔から目に入り、目の奥にある網膜に上下逆さまの像を結びます。網膜にある約1億2500万個の光受容細胞が、それを神経信号に変換して脳へ中継し、逆さまになった像を脳がもう一度反転させて元に戻します。

- 物体に反射した光が目に入ってくる
- 光が角膜（目の前面にある透明な部分）に当たって曲がる
- 水晶体（レンズ）が光線を集める
- 上下逆さまの像が網膜上に形成される
- 瞳孔
- 血管
- 視神経が脳に信号を伝える

人体 | 193

世界に1つの虹彩
虹彩は色のついた筋肉の輪で、瞳孔を大きくしたりすぼめたりします。その模様はとても複雑で、同じ虹彩は2つと存在しません。一卵性双生児でも、虹彩の模様は異なっています。

ダンサーは何も見ないで足を正しい位置へ動かす

6つ目の感覚
筋肉や関節にあるセンサーが、体のすべての部位の位置を、絶えず脳に連絡しています。こうして手足の位置がわかる感覚を「固有受容覚」といいます。腕や脚の動きを見なくてもダンスを踊れる人がいるのは、この固有受容覚があるからです。

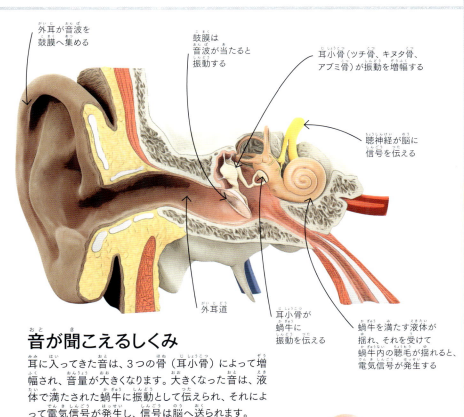

外耳が音波を鼓膜へ集める

鼓膜は音波が当たると振動する

耳小骨（ツチ骨、キヌタ骨、アブミ骨）が振動を増幅する

聴神経が脳に信号を伝える

外耳道

耳小骨が蝸牛に振動を伝える

蝸牛を満たす液体が揺れ、それを受けて蝸牛内の聴毛が揺れると、電気信号が発生する

音が聞こえるしくみ
耳に入ってきた音は、3つの骨（耳小骨）によって増幅され、音量が大きくなります。大きくなった音は、液体で満たされた蝸牛に振動として伝えられ、それによって電気信号が発生し、信号は脳へ送られます。

複数の感覚が互いに結びついている人もいる。そうした人は、音楽を聴くと、その音のにおいがしたり、肌触りがしたり、色がついて見えたりする！

目の錯覚
脳はすぐに答えを求められるので、見たものが何か理解するのが難しい場合、「きっとこうだろう」と推測したものでごまかしてしまいます。これが目の錯覚の原理です。脳は錯覚にだまされて、実際にはないものがあるように見えてしまうのです。

この手を斜めから見ると、陰影と曲線に脳がだまされて、手のひらに深い穴が開いているように見えてしまう

ゾウの妊娠期間は動物界で最も長く、最長で22カ月になる!

卵子を目指して

受精は、精子が卵子を包む透明帯を突き破り、精子の核が卵子の核と融合することで起こります。右の拡大画像は、たくさんの精子が卵子と受精しようと競争している様子。でも、卵子と受精できる精子は1つだけです。

むちのような尾を振って精子は毎分5mmのスピードで泳ぐ

1つの精子が卵子に入ると、卵子内で化学変化が起こり、ほかの精子が中へ入ってこられないようにする

世界中で毎日35万人以上の赤ちゃんが生まれている!

1つの細胞から赤ちゃんへ

受精したことで、卵細胞の中に両親の遺伝物質（新しいヒトをつくるための指示書）がそろいます。そうして成長が始まった初期の段階の赤ちゃんは胚とよばれ、妊娠9週目から出産までは胎児とよばれます。

精子の頭部は遺伝物質を運んでいる

最初の分裂で2つの細胞ができる

細胞塊はラズベリーに似ている

外側の細胞が子宮内膜に潜りこむ

卵黄嚢が栄養を供給する

分裂
受精卵は分裂を繰り返し、分裂するたびに新しい細胞ができる。

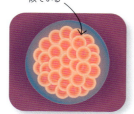

細胞塊
卵子が細胞分裂を続け、ラズベリーのような細胞の塊ができる。

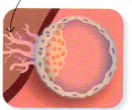

着床
受精から1週間後、中が空洞になったボール状の細胞塊が、子宮に接着する。

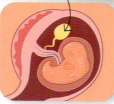

胎芽
5週目には脳、心臓、脊髄が現れ、発達していく。

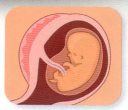

胎児
8週目には手足がしっかり形成され、頭は丸くなる。

人体 | 195

ヒトの生殖

すべてのヒトの命は、2つの小さな性細胞、つまり女性の卵細胞と男性の精子細胞が、受精とよばれるプロセスで合体するところから始まります。そこから9カ月あまりかけて、受精卵は分裂と成長を続けて完全なヒトの形になり、新しい命として生まれてくるのです。

卵子を守る厚い透明帯

双子の赤ちゃん

およそ250件の妊娠に1件の割合で、受精後すぐに受精卵が2つに分かれて、一卵性双生児が生まれます。この2人の赤ちゃんの遺伝子は同じで、容姿も似ています。二卵性双生児は、1つの卵子ではなく、2つの卵子が受精した場合に生まれます。

年中無休の精子製造

思春期以降、精子は男性の生殖器官である精巣でつくられ続けます。精子の寿命は短いため、精巣では精子が絶えずつくられています。その数はなんと、1秒間に1500個、1日に1億個以上にのぼります。一方、女性の生殖器である卵巣では、出生後新しい卵子は1個もつくられません。

生まれたときの女児の卵巣には100万個以上の卵子が入っている!

子宮の中では

超音波スキャンは、音波の反射を利用して対象物を画像化します。医師は超音波スキャンを使って、子宮の中にいる赤ちゃんの健康や臓器の状態を確認します。スキャン画像によっては、赤ちゃんが手を振っているように見えたり、親指を立てているように見えたりすることもあります。

命を支える

妊娠中、赤ちゃんは約40週間にわたって、母親の子宮内で成長します。子宮には胎盤とよばれる器官が形成され、赤ちゃんとチューブ状の臍帯(へその緒)で結ばれます。胎盤は臍帯を通じて、母親の血液から赤ちゃんへ栄養と酸素を供給し、赤ちゃんから出る老廃物を取り除きます。

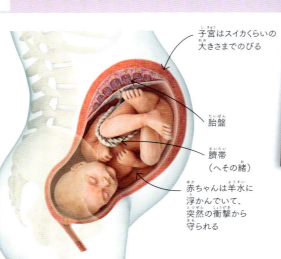

子宮はスイカくらいの大きさまでのびる
胎盤
臍帯(へその緒)
赤ちゃんは羊水に浮かんでいて、突然の衝撃から守られる

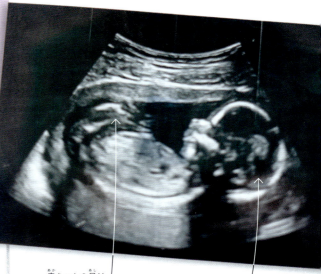

赤ちゃんの足はしっかりと折りたたまれている
頭蓋骨の輪郭がはっきりと見える

196 人体

脳の成長

赤ちゃんは、必要なニューロン（脳細胞）をほとんどすべて持って生まれてきます。さらに、脳は幼少期に急速に成長します。新しいスキルを学んで、新しいニューロン間の結合がつくられていくからです。思春期初期までに脳の大きさは大人と同じになりますが、その後も脳の発達は何年間も続きます。

誕生時
生まれたときの脳の大きさは、成人の約4分の1です。

思春期
11歳から14歳の間に、脳は大人と同じ大きさになりますが、成長は続きます。

骨組織は時とともに再生し、骨格は10年ごとに完全に新しくなっている！

水中の赤ちゃん

赤ちゃんには、水中で無意識に起こる反射がすでに備わっています。水の中に入った赤ちゃんは本能的に息を止め、泳ぐように腕を振ります。成長するにつれて、こうした反射は失われていきます。

年齢にともなう変化

私たちの体は、一生の間に大きく変化していきます。小さくて無力な赤ちゃんから、小児期、思春期を通じて成長し、大人になります。大人になったあとも、年齢を重ねるにつれて、私たちの体は徐々に変わり続けます。

老いてなお元気

2012年、ドイツのヨハンナ・クアースは、86歳で世界最高齢の現役体操選手となりました。高齢になると筋肉や骨が弱くなりますが、活発に体を動かし続けることで、筋力や骨の老化を遅らせる効果が得られます。

逆立ちしながら脚をまっすぐに保つには相当な練習が必要だ！

胴部の筋肉をきたえると、バランスと安定性の向上につながる

平行棒を使った運動は、上半身の筋力をつけ、維持するのに役立つ

人体 | 197

生まれてから1歳の誕生日を迎えるまでに、赤ちゃんは約25cm成長する！

骨をつくる

形成されたときの骨は、柔軟な軟骨でできています。その軟骨が、骨化とよばれるプロセスによって、徐々に骨組織に置き換わっていきます。右の2つのX線写真は、3歳の子どもと大人の手の骨の違いを示しています。

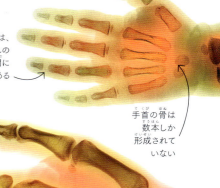

子どもの手では、それぞれの指の骨の間に軟骨がある

手首の骨は数本しか形成されていない

大人の手では関節の骨と骨の間に薄い軟骨の層がある

手首の骨がすべてそろっている

ちっちゃな歯

赤ちゃんは20本の小さな乳歯を持った状態で生まれ、それが生後数カ月たつと歯茎から生えてきます。成長するにつれて、乳歯はだんだん32本の永久歯に生え変わっていきます。

これは乳歯が生えた7歳児のイメージ画像

大人の歯は子どものあごの中の乳歯の下にかくれている

健康を維持するには

バラエティに富んだ食事と定期的な運動は、体を健康に保ちます。ほとんどの医師は、さまざまな種類の食品、特に果物や野菜をバランスよくとることを勧めています。運動は心臓、筋肉、骨を丈夫に保ち、気分まで爽快にしてくれます。

髪が白くなる

年をとると髪が白くなりますが、実際は髪の色が変わったのではなく、色素が抜けてそう見えるだけです。加齢とともに、髪に色をつけていた色素細胞が死んでいき、入れかわることはありません。色素の減少にともなって、髪は灰色、銀、白に変わっていきます。

幼い子どもの脳は毎秒100万個以上の新しい神経結合をつくっている！

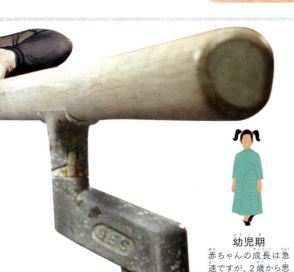

人生の各段階

人生の段階ごとに、体の形、大きさ、強さに変化が生じます。人生も後半に入ると、細胞が古くなり、体が老化し始めます。

10代は1年で8cmも成長することがある

年齢とともに関節や背骨が変化し、背が低くなる

幼児期
赤ちゃんの成長は急速ですが、2歳から思春期までは成長が安定して続きます。

思春期
成長が一気に進み、第二次性徴が発現して成熟します。

成人期
骨が最も強くなるのは、完全に成長しきった成人期初期です。

中年期
成人してから年を重ねていくと、皮膚が薄くなって弾力性がなくなるため、しわが増えます。

高齢期
年をとって筋肉や骨が弱くなり、関節の動きが悪くなります。

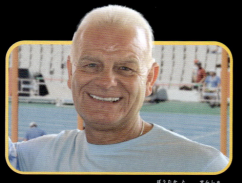

アラン・ウィリアムズはイギリスの棒高跳び選手で、コモンウェルスゲームズ（英連邦競技大会）をはじめとする国際大会への出場経験がある。現在は次世代のアスリートを指導している。

アスリートに聞く

Q. 陸上競技を始めたきっかけは？
A. ある日いきなり、「学校代表として棒高跳びの大会に出てほしい」と頼まれました。大会に出場しましたが、ほかの棒高跳びの選手が誰も来なかったので、不戦勝で私の優勝が決まったんです。でも私は夢中になりました。それから4年間、一生懸命練習して、国際大会のイギリス代表になりました。

Q. 陸上競技のコーチとはどんなことをするのですか？
A. コーチの役割は、選手が若者として成長するのを助けることです。それは、選手が自信を高め、身体的・技術的なスキルを磨き、特にここ一番というときに最高のパフォーマンスをうまく発揮できるようにするということです。

Q. トレーニング以外で一番大切なことは何ですか？
A. メンタルの強さです。競技スポーツにスランプや挫折はつきもので、克服するにはメンタルの強さが不可欠です。栄養はあらゆるスポーツ選手にとって大切ですし、休息と睡眠も欠かせません。トレーニングによる身体への効果はトレーニング中には表れず、アスリートがエネルギー補給（よく食べること）、休息、回復している間に出てきます。

Q. ある特定の体型でなければ棒高跳び選手にはなれませんか？
A. 棒高跳びの選手には、背の高い人、低い人、筋肉質の人、やせ型の人など、さまざまな体型の人がいます。体型を理由にして棒高跳びをあきらめさせるようなことは、絶対に言いません。マルハナバチは、その体と羽の大きさから、飛べないことが理論的に証明できるのですが、実際には飛び回っています。「飛べない」ことを誰もハチに教えなかったからかもしれませんね！

Q. すごく長いポールを使えばもっと高く飛べそうなのに、どうして棒高跳びの選手は使わないのですか？
A. これはいい質問で、私もよく聞かれます。棒高跳びはポールの長さよりも、選手がどれだけ高い位置でポールを握れるかが大事なのです。ポールが長すぎてうまく扱えず、踏み切ったあとでポールを垂直に立てることができなければ、安全なマットの範囲内に降りることができません。

棒高跳び

棒高跳びの選手は、体を押し上げてクロスバーを越えるために、短距離走、跳躍、体操の能力を兼ね備えていなければなりません。助走から踏み切って跳んでいる間、ポールを握ったままコントロールするには、強い背筋と肩の筋肉が必要です。そしてジャンプの頂点に達したら、腹筋を使って下半身を持ち上げ、逆立ちのような姿勢をつくります。

200 | 人体

細菌やウイルスと戦う

あなたの体は、細菌やウイルスといった敵の攻撃に日々脅かされています。でも大丈夫。あなたの体に内蔵された防御システムが敵を追いつめ、倒しているので、簡単には病気にならず、健康でいられるのです。

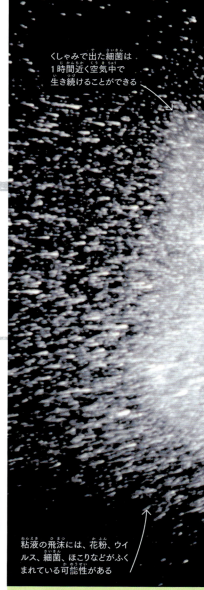

くしゃみで出た細菌は1時間近く空気中で生き続けることができる

粘液の飛沫には、花粉、ウイルス、細菌、ほこりなどがふくまれている可能性がある

風邪の原因となるウイルスは200種類くらいある！

飢えたハンター

マクロファージとよばれる特殊な白血球は、あなたの体内を守る防衛チームの重要なメンバーです。マクロファージは、細菌や傷ついた組織、病気になった細胞など、体に害となるものなら何でも捕らえて食べ、最終的には消化してしまいます。

マクロファージ（白）が結核菌（緑）を捕獲しているところ

マクロファージは細菌をのみこみ、酵素という化学物質を使って消化する

鉄壁の防御バリア

あなたの体は、病気の原因となる細菌の侵入を防ぐさまざまな天然のバリアによって守られています。

皮膚
皮膚は丈夫で、防水性を持つバリアです。体の最初の防衛ラインとなります。

胃酸
胃の中の強い酸（塩酸）が、食べ物や飲み物にふくまれる細菌を殺します。

涙
塩分をふくんだ涙は、目の中の細菌を殺し、汚れを落とすのに役立ちます。

粘液
鼻の中の粘液はベタベタしていて、鼻の穴に入ってくる細菌を捕らえます。

唾液
口から分泌される唾液は、細菌を洗い流し、歯を清潔に保ちます。

耳あか
耳あかは、ほこりや汚れを閉じこめることで、耳をきれいに保ち、守ります。

ワクチンの活躍

ワクチンとは、病気が体内に入ってくる前に、それと戦えるようにあらかじめ体内の防御を訓練しておく薬です。2020年の新型コロナウイルス感染症（COVID-19）の世界的大流行時に、このウイルスと戦うためにつくられたワクチンは、最初の1年で約2000万人の命を救いました！

抗体（ピンク）がコロナウイルスの粒子に付着して、人体の細胞への侵入を阻止する

くしゃみをすると、鼻や口から呼気、唾液、粘液が飛び散る

くしゃみをすると、最大4万もの唾液の飛沫が飛び散る

ハクション!
くしゃみは、鼻の中の花粉やほこり、あるいはウイルス感染によって引き起こされるかゆみをともなう炎症に対して、自動的に起きる反応(反射)です。この典型的なくしゃみの写真では、時速160km近いスピードで唾液や粘液が噴き出しています。

抗体をつくる
白血球の中には、細菌を無力化したり、破壊対象の目印になったりする「抗体」というタンパク質をつくるものがあります。侵入者が再びやってきたときには、その白血球が侵入者のことを思い出します。あなたの体は何十億種類もの抗体をつくることができ、それぞれの抗体が特定の種類の細菌を標的としています。

抗体はY字形のタンパク質で、細菌にくっつく

かさぶたができるしくみ
切り傷ができて血管が破れると、血液細胞はただちに傷の修復を始めます。白血球は、切り傷に入りこんだ細菌をもれなく攻撃します。傷をうめてふさぐ血液細胞もあります。

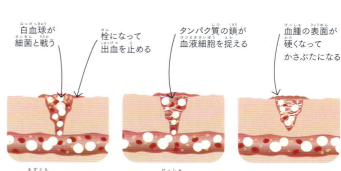

傷口をうめる
血小板とよばれる凝固細胞が集まってくっつき、傷口をうめます。

血腫
タンパク質の鎖が赤血球と結合して、血腫とよばれる塊ができます。

かさぶた
かさぶたができて、その下の傷が治っていきます。

白血球が細菌と戦う / 栓になって出血を止める / タンパク質の鎖が血液細胞を捉える / 血腫の表面が硬くなってかさぶたになる

新型コロナウイルス感染症
新型コロナウイルス感染症はコロナウイルス(感染者との密接な接触によって拡散するウイルス)によって引き起こされる呼吸器の病気です。このウイルス粒子が体内に入ると、細胞に侵入して自分の複製をつくります。

あなたの皮膚には、1cm² あたり数百万個の細菌が生息している!

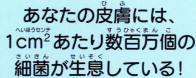

科学
（かがく）
SCIENCE

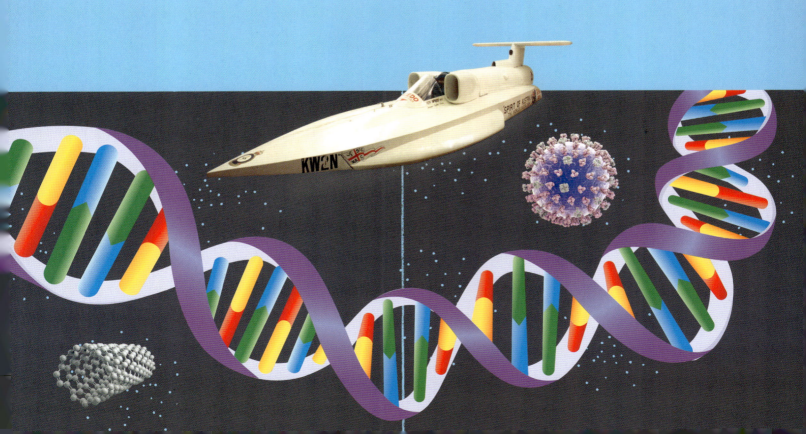

科学って何？

問いかけること、自分の考えを試すこと、結論を導き出すこと——これらはすべて「科学」です。そして科学者とは、私たちの体の内部から私たちを取り巻く世界まで、あらゆるもののしくみを探る人です。

科学の分野

特定の事柄を探究する科学の分野は、非常に小さなもの（微生物学）から非常に大きなもの（天文学）まで何百にも及びます。科学が主として探究しているのは、材料、物質、生命、エネルギー、そして力です。

溶けたガラスに空気を吹きこむことでさまざまな形にすることができる

材料
材料科学の分野では、既存の材料の特性を調べるだけでなく、新しい材料の開発も行います。

水を加熱すると液体から気体へ状態が変化する

物質
化学者は、原子がどのように元素を構成し、別の物質と反応するとどう変化するかを研究しています。

市民が取り組む科学

「地元の環境の変化を探る」といった市民参加型の科学プロジェクトもあります。オーストラリアのシドニーではマイクロプラスチックを探すボランティア活動が行われており（写真）、その活動はプラスチック汚染の深刻度を地図にするプロジェクトの助けになっています。

この上にあるコイルに電気がたまっていくと、雷のような閃光として電流が空気中に放出される

雷のような電流がコイルから飛び出す

雷発生装置

ドイツのウォルフスブルクにあるフェーノ科学センターでは、勇敢なデモンストレーション係がテスラコイル（強力な高電圧電流について調べるための実験装置）のすごさを体当たりで披露してくれます。高電圧の電流によってデモンストレーション係が負傷するようなことはありません。アースが接続された特別なスーツを着ているので、電流は彼の体に入ることなく、スーツを伝って地面へ流れるのです。テスラコイルは、その名が示すように、1891年にセルビア系アメリカ人の科学者ニコラ・テスラがつくった装置です。

世界中で880万人以上が科学者として働いている！

科学 205

衝突させる科学！
2008年に稼働を始めた大型ハドロン衝突型加速器は、素粒子どうしを衝突させ、素粒子物理学の理論を検証するために建設された装置です。環になったトンネル内に置かれる加速器の全長は27kmに及びます。

科学的な方法
研究を始めるとき、科学者はまず仮説（確かめたい考え）を立て、実験室やコンピューター・モデルを使うなど、さまざまな方法で仮説が正しいかどうか確かめます。その結果はほかの科学者たちによって確認され、間違いがないかチェックされます。

ミジンコはきわめて小さな生物だ。写真のミジンコは体内に卵を持っている

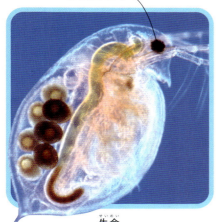

花火は多くの光エネルギーを放出する

回転する観覧車には多くの力が働いている

生命
生命の研究とは、生命体を生かし、繁殖させることができる複雑なシステムについて調べることです。

エネルギー
物理学者は、熱や光、物体の動きなど、エネルギーが伝わるあらゆる方法について研究します。

力
物体や人間、あるいは惑星が、力の働きによってどのように押されたり引っ張られたりするかも、物理学者が研究する重要な分野です。

中世の騎士が着る甲冑のようなスーツに身を包んだデモンストレーション係

物質の3つの状態

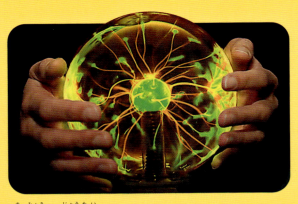

奇妙な状態！
宇宙の物質のほとんどは、プラズマとよばれる「第4の状態」になった物質でできています。プラズマとは電気を帯びたガスで、恒星を構成するものです。地球上では、色鮮やかに輝くプラズマボール（写真）の中でプラズマを見ることができます。

私たちの身の周りにあるすべてのものは「物質」でできています。物質とは、目には見えないとても小さな粒子からできています。物質はおもに3つの状態、つまり固体、液体、気体として存在します。

凍った灯台
激しい嵐と寒冷な気候が、この灯台に降り注ぐ水を凍らせました。水の状態が液体から固体に変化したのです。凍るスピードが速かったため、灯台からしたたり落ちる水がそのまま凍り、とがったつららになっています。

氷がとけると…
この灯台は、アメリカのスペリオル湖沿岸の港湾都市、ミネソタ州ダルースにあります。

状態の変化

物体は3つある状態のどれかの形で存在し、熱せられたり、冷やされたりすると、それまでの状態から別の状態へ変わります。水は、加熱すると蒸発して気体になります。冷やすと凝縮して液体になり、それが凍ると固体になります。

凝華とは気体がいったん液体にならず、そのまま固体になること

固体がいったん液体にならず、気体になることもある

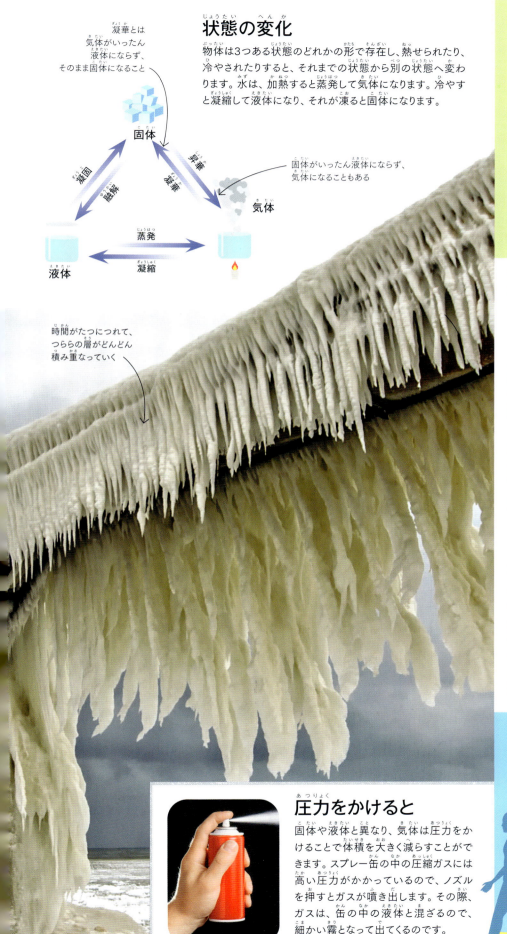

時間がたつにつれて、つららの層がどんどん積み重なっていく

圧力をかけると

固体や液体と異なり、気体は圧力をかけることで体積を大きく減らすことができます。スプレー缶の中の圧縮ガスには高い圧力がかかっているので、ノズルを押すとガスが噴き出します。その際、ガスは、缶の中の液体と混ざるので、細かい霧となって出てくるのです。

不思議なスライム

ベトベトしたスライムは、ぎゅっとしぼればしぼるほど、ドロドロの液体になっていきます。それはスライムが「非ニュートン流体」、つまり、圧縮すると液体になったり固体になったりする物体だからです。

固体
固体の内部では、粒子どうしが分子間力とよばれる強い力によってがっちりと結ばれ、動かない配列で並んでいます。

液体
液体中の粒子は、固体よりも弱い結合でまとまっています。互いにすれ違うように移動できるので、遮るものがなければ流れ出します。

気体
気体の分子はバラバラで、互いに結合していません。そのため自由に動き回り、拡散することができます。

分子の動き

地球上のほとんどの物質は、粒子（原子または分子）が集まってできています。物質の状態が変わっても、物質内の粒子自体が変わることはありませんが、その「ふるまい」は変化します。気体や液体になった粒子は、固体内の粒子と違って、よく動き回るようになります。

カスタードクリームは圧力をかけると硬くなる液体なので、カスタードクリームの「水たまり」があったら、その上を歩いて渡れる！

208 | 科学

原子の構造

小さな原子は、それよりもっと小さな粒子でつくられています。原子の中心（原子核）は陽子と中性子という粒子でつくられ、その周りを電子が飛び回っています。元素（210〜211ページ）ごとに原子核を構成する陽子の数は異なります。右は炭素原子の構造を示した図で、原子核に6個の陽子を持っています。

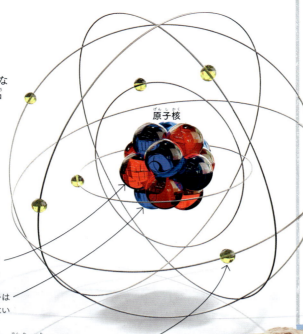

原子核

陽子はプラスの電荷を持っている

中性子は電荷を持っていない

電子はマイナスの電荷を持っている。原子が持つ陽子と電子の数は常に同じなので、原子全体としては電荷を持たない

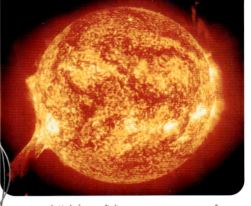

太陽の中のぶつかり合い

太陽のエネルギー源は核融合です。中心部にある原子核どうしがぶつかり合い、新しい元素を形成し、光と熱を生み出しているのです。太陽で起こっている核融合は、毎秒5億4400万tの水素をヘリウムに変換しています。

古代の原子

原子という考えは、古代ギリシャにまでさかのぼります。古代ギリシャ人は、あらゆるものは小さな構成要素に分解できると考えたのです。ギリシャの哲学者デモクリトスは紀元前430年頃、この構成要素を、ギリシャ語で「分けられない」を意味する「アトモス」から「アトム」と名づけました。

原子のパワー

一番小さな虫から一番大きな銀河まで、宇宙に存在するありとあらゆるものは、すべて「原子」でできています。このきわめて小さな粒子が、私たちの世界全体をつくり上げている材料なのです。

原子の力を解放する

原子核を構成する粒子は、強い力によってがっちり結びついています。核分裂とよばれるプロセスで原子核が分かれると、膨大なエネルギーが放出されます。原子力発電所は、この反応を利用して電力を生み出しているのです。

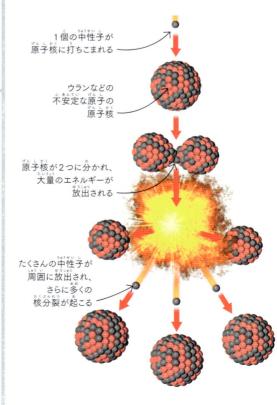

1個の中性子が原子核に打ちこまれる

ウランなどの不安定な原子の原子核

原子核が2つに分かれ、大量のエネルギーが放出される

たくさんの中性子が周囲に放出され、さらに多くの核分裂が起こる

ピンの頭には約1000万個の水素原子を並べることができる！

ピンの頭

分子の構造

原子は結合して、「分子」とよばれる大きな構造をつくることができます。水も分子の1つで、2個の水素原子と1個の酸素原子からできています。

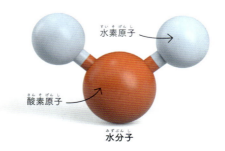

水素原子

酸素原子

水分子

核分裂で
エネルギーを生み出す
原子力発電所は
世界中に400以上ある！

核爆発

核分裂で放出される膨大なエネルギーは、破壊に利用することも可能です。このエネルギーを利用した「原子爆弾」は、第二次世界大戦中に科学者のチームによって開発され、世界各地で爆発実験が行われました。この爆発の写真は、カザフスタンで行われた実験で撮影されたものです。

核爆発によって発生した煙が
キノコ状の雲を形成する

立ちのぼる煙にかくされて、
地上で起こった破壊と
残された瓦礫は見えない

元素

凡例
元素のおもな「族」は以下のように色分けされています。

- 水素
- アルカリ金属
- アルカリ土類金属
- 遷移金属
- ランタノイド
- アクチノイド
- ホウ素族
- 炭素族
- 窒素族
- 酸素族
- ハロゲン族
- 貴ガス族

各元素は、原子核の陽子が同数の原子だけで構成される純粋な物質です。1869年、ロシアの化学者ドミトリー・メンデレーエフは、それぞれの元素を格子状に並べた表——今日では「周期表」とよばれるものをつくりました。

周期表
周期表には118の元素があります。周期表の元素は原子番号順に並んでいて、ほかの元素との反応のしやすさなど、同じような性質を共有するもので「族」(縦の列)をつくっています。

ガラス球に入った水素。水素ガスは無色である

これは閃ウラン鉱。ラジウムを抽出できる鉱物だ

ランタノイドとアクチノイドは本来アルカリ土類金属の隣に位置するが、スペースの関係で下に列挙している

ウランは核燃料と核兵器の製造に使われる

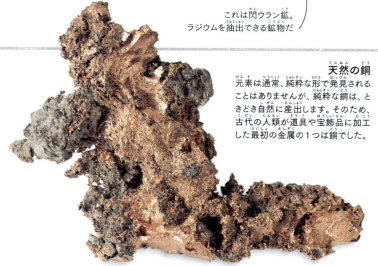

天然の銅
元素は通常、純粋な形で発見されることはありませんが、純粋な銅は、ときどき自然に産出します。そのため、古代の人類が道具や宝飾品に加工した最初の金属の1つは銅でした。

原子番号

各元素は、それを構成する原子の原子核の陽子の数と周りの電子の数が同じで、原子核の中性子の数は種類ごとに異なります。元素は原子核にある陽子の数、つまり原子番号の小さい順に並べられています。

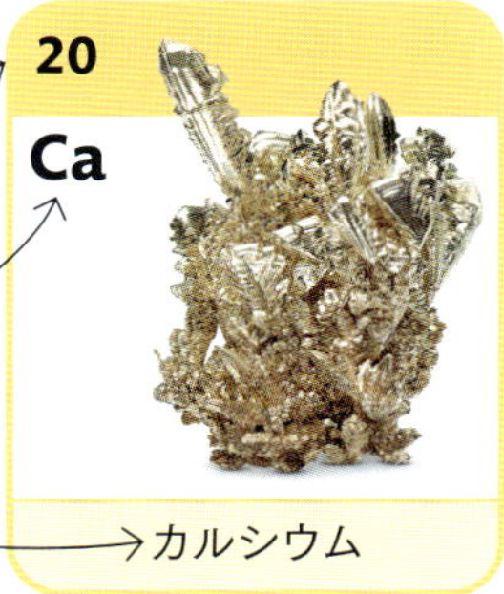
20
Ca
カルシウム

原子番号（陽子の数）

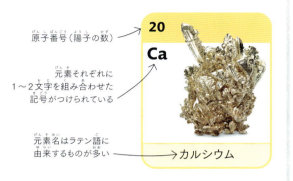

元素それぞれに1～2文字を組み合わせた記号がつけられている

元素名はラテン語に由来するものが多い

人間がつくる元素（人工元素）

ほとんどの元素は地球上に存在し、天然の物質から抽出することができますが、中には天然には存在しない元素や、地球上にはほんの少量しか存在しないために単離できない元素もあります。科学者たちはこうした元素を、実験室で粒子を衝突させることにより、人工的につくり出しています。

下の周期表では、人工的につくられた元素をこのマークで示している

2
He
ヘリウム

5 B ホウ素
6 C 炭素
7 N 窒素
8 O 酸素
9 F フッ素
10 Ne ネオン
13 Al アルミニウム
14 Si ケイ素
15 P リン
16 S 硫黄
17 Cl 塩素
18 Ar アルゴン

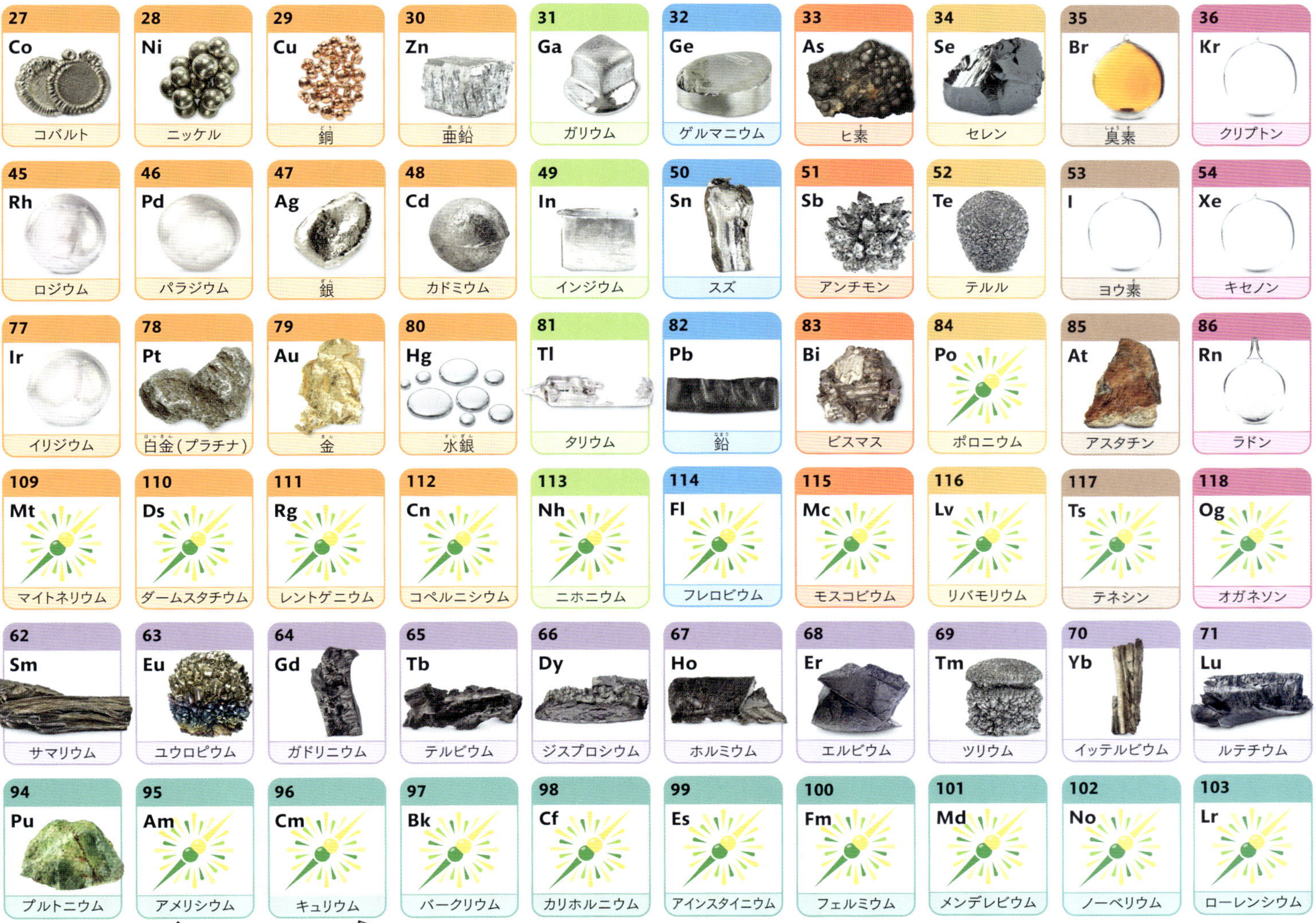
27 Co コバルト
28 Ni ニッケル
29 Cu 銅
30 Zn 亜鉛
31 Ga ガリウム
32 Ge ゲルマニウム
33 As ヒ素
34 Se セレン
35 Br 臭素
36 Kr クリプトン
45 Rh ロジウム
46 Pd パラジウム
47 Ag 銀
48 Cd カドミウム
49 In インジウム
50 Sn スズ
51 Sb アンチモン
52 Te テルル
53 I ヨウ素
54 Xe キセノン
77 Ir イリジウム
78 Pt 白金（プラチナ）
79 Au 金
80 Hg 水銀
81 Tl タリウム
82 Pb 鉛
83 Bi ビスマス
84 Po ポロニウム
85 At アスタチン
86 Rn ラドン
109 Mt マイトネリウム
110 Ds ダームスタチウム
111 Rg レントゲニウム
112 Cn コペルニシウム
113 Nh ニホニウム
114 Fl フレロビウム
115 Mc モスコビウム
116 Lv リバモリウム
117 Ts テネシン
118 Og オガネソン
62 Sm サマリウム
63 Eu ユウロピウム
64 Gd ガドリニウム
65 Tb テルビウム
66 Dy ジスプロシウム
67 Ho ホルミウム
68 Er エルビウム
69 Tm ツリウム
70 Yb イッテルビウム
71 Lu ルテチウム
94 Pu プルトニウム
95 Am アメリシウム
96 Cm キュリウム
97 Bk バークリウム
98 Cf カリホルニウム
99 Es アインスタイニウム
100 Fm フェルミウム
101 Md メンデレビウム
102 No ノーベリウム
103 Lr ローレンシウム

アメリカで最初につくられたことから、アメリシウムと名づけられた

この名前は科学者のピエール・キュリーとマリー・キュリー夫妻に由来する

15種類の元素には、有名な科学者の名前がつけられている！

元素の名前を当てよう

元素の名前をどれくらい知っているか試してみよう！　各写真には元素記号がついているので、それがヒントになるはず。
仲間はずれもあるので気をつけて！　答えは右のページにあるよ。答えを先に見ないように！

1 水素	10 銀	19 チタン	28 プラチナ	37 亜鉛
2 鉄	11 臭素	20 窒素	29 酸素	38 リン
3 ヒ素	12 カリウム	21 鉛	30 コバルト	39 水銀
4 青銅	13 ヨウ素	22 アルミニウム	31 ナトリウム	
5 銅	14 タリウム	23 リチウム	32 ネオジム	
6 金	15 ユウロピウム	24 硫黄	33 スズ	
7 塩素	16 ビスマス	25 タングステン	34 プルトニウム	
8 ニッケル	17 ウラン	26 ヘリウム	35 ネオン	
9 マグネシウム	18 炭素	27 カルシウム	36 ケイ素	

炭素循環

炭素は、水、空気、土壌、生物の間を絶えず循環しています。この終わることのない循環のプロセスには、一瞬に進む部分もありますが、生物による分解のように何年もかかる部分もあります。

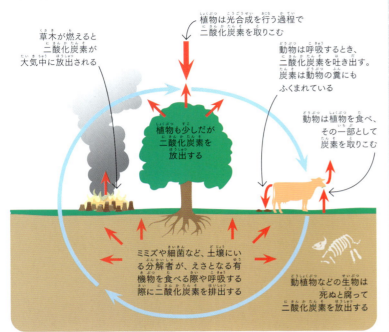

- 草木が燃えると二酸化炭素が大気中に放出される
- 植物は光合成を行う過程で二酸化炭素を取りこむ
- 動物は呼吸するとき、二酸化炭素を吐き出す。炭素は動物の糞にもふくまれている
- 植物も少しだが二酸化炭素を放出する
- 動物は植物を食べ、その一部として炭素を取りこむ
- ミミズや細菌など、土壌にいる分解者が、えさとなる有機物を食べる際や呼吸する際に二酸化炭素を排出する
- 動植物などの生物は死ぬと腐って二酸化炭素を放出する

植物から石炭へ

植物が腐ると、植物を構成していた炭素はたいてい分解されて、空気中に放出されます。しかし場合によっては、腐った植物が水分をたっぷりふくんだ泥の沼に沈み、何百万年もかけて押しつぶされることがあります。その結果つくられたのが、炭素を多くふくむ化石燃料、つまり現在世界中で動力源として使われる石炭です。

- 葉が腐り始める（死んだ植物）
- 沼地の中で圧縮された植物はやがて泥炭になる（泥炭）
- 褐炭より硬い石炭になる（褐炭（軟炭））
- 深さと圧力が増すと不純物が排除されて炭素の割合がさらに増える（石炭）
- このタイプの石炭には光沢があり、手触りもツルツルしている
- 最も硬い石炭は90％以上が炭素でできている（無煙炭（硬炭））

> 天文学者たちは、はるか彼方にダイヤモンドでできた天体を発見した。その大きさをカラットで表すと100億の1兆倍の1兆倍カラットになる！

黒鉛

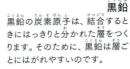

黒鉛の炭素原子は、結合するときにはっきりと分かれた層をつくります。そのために、黒鉛は層ごとにはがれやすいのです。

黒鉛の彫刻

黒鉛（グラファイト）は純粋な炭素の1つの形です。軟らかく薄片状に崩れるので、簡単に彫ることができます。写真は、黒鉛を芯にした鉛筆の先端に、小さな彫刻を施したもの。黒鉛には「電気を通す」という特徴がありますが、これは原子の配列と結合の仕方によるものです。

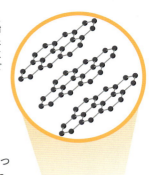

- 黒鉛は軟らかく、簡単に成形できる
- 鉛筆の芯には黒鉛が使われる。「鉛筆」とよばれるのはそのためだ

科学 | 215

極細チューブ
科学者たちは新しい形態の炭素をいろいろと開発しています。その1つが円筒形をした極細チューブで、わずか1mmの間に何千本も並べられるほどの細さです。このチューブは、医療での利用や強力な新素材の原料など、たくさんの可能性を秘めています。

炭素でできた生命体
炭素化合物はどんな生き物の体にも存在しています。動植物を形づくる糖、脂肪、タンパク質は、どれも炭素化合物でできているのです。必要な炭素を、動物は食物から取りこみ、植物は空気中から二酸化炭素の形で取りこんでいます。

カエルの細胞はすべて、炭素化合物でできている

植物の細胞も炭素をふくんでいる

多用途の炭素

炭素は最も使い道の多い元素の1つです。純粋な炭素は、おもに2つの形で自然界に存在します。最も硬い天然の物質の1つであるダイヤモンドと、最も軟らかい物質の1つである黒鉛です。

ダイヤモンド
ダイヤモンドの中では、炭素原子1つ1つがほかの4つの炭素原子と結合し、がっちりした3次元構造をつくっています。

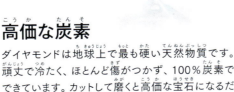

強靭な繊維
炭素が鎖のように連なってできている炭素繊維は、小さくて軽いのに、強度は鋼鉄の5倍もあります。この炭素繊維を網状に編んで樹脂で固めると、非常に強いシート状にすることができます。高速車のパネルの生産にうってつけの素材です。

高価な炭素
ダイヤモンドは地球上で最も硬い天然物質です。頑丈で冷たく、ほとんど傷がつかず、100%炭素でできています。カットして磨くと高価な宝石になるだけでなく、機械類の部品にも使われます。

BACモノ・スポーツカー

軟らかいナトリウム

金属は硬いものがほとんどですが、ナトリウムは非常に軟らかいので、食事用のナイフで簡単に切ることができます。ナトリウムが属しているアルカリ金属元素という族は、ほかの物質ときわめて反応しやすく、水や空気とさえ反応します。

電気が流れるしくみ

純粋な金属の中では、金属原子が密接に結びついた格子構造を形成しており、その格子の間を自由に動き回れる自由電子が存在しています。そのおかげで、電気は金属を通して流れることができるのです。

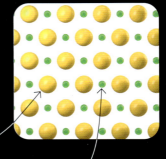

金属原子

自由電子は自由に動き回れる

驚異的な金属

金属は周期表にあるすべての元素の4分の3以上を占めています。金属には、光沢があり、触ると冷たく、硬くて強いという特徴があります。電線からおもりまで、日用品の材料として広く使われています。

橋を架ける

鉄に炭素を混ぜると、鋼鉄（スチール）という強い合金ができます。その強靭な特性から、鋼鉄は大型構造物の建設に使われます。オーストラリアのシドニー・ハーバー・ブリッジ（写真）もその1つです。

鋳型に注ぎこまれる液体状の金。冷えると固まって鋳型の形になる

オスミウムは最も密度の高い金属だ。電子レンジ1台の大きさで、自動車1台と同じ重さになる！

金属の特性

金属はどれも同じではありませんが、金属のほとんどは共通の重要な物理的特性をいくつか持っています。

光沢
ほとんどの金属は光をよく反射します。つまり表面に光沢があって、反射性が高いということです。

固体
ほぼすべての金属は、室温環境では固体です。唯一、水銀だけが室温で液体の金属です。

展性・延性
ほとんどの金属に展性・延性があります。展性とはたたいたり圧力をかけると薄く広がり、延性とは引っ張ると延びる性質です。ワイヤーは延性を利用しています。

電気伝導性
金属は電気を通すことができます。これは自由電子が金属内を移動できるということです。

熱伝導性
金属は熱もよく伝えます。自由電子が金属内のエネルギーの移動を助けるからです。

すべての金を集めて立方体をつくったら、アメリカのホワイトハウスよりも高くなる

これまでに採掘された金をすべて集めると、1辺が22mの立方体ができる!

液体の金

ほとんどの金属は室温で固体ですが、加熱すると軟らかくなり、さまざまな形に加工できるようになります。さらに加熱するととけて、写真の金のように、鋳型に流しこめるようになります。

金の融点は1064℃。この温度で金はとけて液体になる

金ののべ棒(インゴット)

冷えた金は固まって棒の形になる

金属のとかし合わせ

金属はほかの金属や非金属元素と混ぜて「合金」とよばれる物質をつくることができます。合金の中には、純金属よりも硬く、強く、軽く、より摩耗しにくくなるものがあります。

多くの楽器が銅と亜鉛の合金である真鍮でつくられている

混合物
複数の物質を一緒にしても反応しない場合は、混合物になります。混合物の中で物質は混ざり合いますが、化学結合は形成されません。そのため、物質が分離した状態に簡単に戻ってしまうこともあります。

インクは徐々に水と混ざり合っていくが、水が蒸発すると分離する

すばやい反応！
食品を調理するとき、切っただけでも、化学反応が起こることがあります。リンゴを切ってまもなく果肉が茶色くなるのは、空気中の成分（酸素）と反応するためです。

化学反応

化学反応は、私たちの身の周りのいたるところで起こっています。それはゆっくりと静かに進むこともあれば、轟音とともに一瞬で終わってしまうこともあります。化学反応は、化学結合をつくったり壊したりすることで、そのプロセスにかかわった物質を別のものに変換します。

反応のしくみ
化学反応が起こるとき、それにかかわる各物質の原子の配列が変わります。その際、原子どうしの結合が壊れ、新しい結合が形成されます。そうしてできた生成物は、反応前のものとは違う、まったく新しい物質になります。

化学反応の最終結果は生成物とよばれる

反応物
反応し合う物質を反応物といいます。上の図では反応物は2つです。

反応
反応中、分子はバラバラになり、原子どうしの結びつきが変わって、新しい分子が形成されます。

生成物
化学反応でつくられた生成物は、個々の反応物とは別の特性を持つ新しい物質です。

水素と炭素は、ほかのどの元素よりも生成する化合物の種類が多い！

まばゆい光とともに熱が放出される

大きな爆発

テルミット（アルミニウム粉末と酸化鉄の混合物）に点火すると、「ドカン」という轟音とともに大きな爆発が起こります。これは「発熱反応」（熱を放出する反応）の一例です。テルミット反応の場合、発熱温度は2000℃に達します。その逆に、熱を吸収する「吸熱反応」というものもあります。

細かな火花が四方八方に飛び散る

人体の中では、毎秒何十億もの化学反応が起こっている！

化合物の生成

化合物とは2種類以上の元素で構成される物質で、もとになった元素とは似ても似つかないものになることがあります。たとえば、光沢のある金属のナトリウムが塩素ガスと反応すると、結合して白い塩（塩化ナトリウム）ができます。

ナトリウム ＋ 塩素 ＝ 塩

燃焼は化学反応

火も「燃焼」とよばれる化学反応によって生まれます。燃料が空気中の酸素と反応して燃焼が始まると、大量の熱と光が発生します。それが火です。反応が急速に進む火もあり、その場合はまたたく間に燃え広がります。

錆も化学反応

非常にゆっくり起こる反応もあります。たとえば、鉄が空気中の水や酸素と反応するには、数週間かかることもあります。やがて、鉄の表面に、触るとパラパラと落ちる赤茶色の皮膜が形成されます。これが錆です。

錆（酸化鉄）の斑点は酸化反応でできた生成物だ

220 科学

素材の世界

私たちの身の回りには、さまざまな素材があふれています。素材を意識することがないとしたら、それは素材が求められる機能をしっかり果たしているからです。柔らかくてあたたかい服や、丈夫で雨風に耐えられる建物がなかったら、私たちのくらしはどうなるか、想像してみましょう。

ペットボトルは分解されるまでに450年もかかる!

凍った煙

エアロゲルは驚くべき特性を持つ人工素材で、その見た目から「凍った煙」ともよばれます。シリカゲルからつくられるエアロゲルは、小さな穴が無数に開いていて、空気が素材全体の95%以上を占めています。そのため驚くほど軽く、下の写真のように、非常に優れた断熱材となるのです。

- 花は炎の熱から守られている
- エアロゲル
- 炎

ポリスチレン

ポリスチレンは包装によく使われるプラスチックで、スチロールとも言います。写真はポリスチレンからつくる発泡スチロールで、気泡を多くふくんでいることから非常に軽量です。

- 発泡スチロール容器
- 気泡
- 倍率185倍

ニッケル

たたいたり圧力をかけたりして加工できる硬い金属のニッケルは、ほかの金属と混ぜて合金として使われるのが一般的です。その表面は滑らかそうですが、拡大して見ると亀裂が入っています。

- ニッケル硬貨
- 倍率2万4000倍

木

天然素材である木は、中の繊維が空気孔の開いた構造をつくっていることから、かなり軽量な建築材料になります。

- 木材
- 倍率100倍

綿

植物から採取される天然素材の綿は、セルロースという物質の繊維でできています。衣料品の素材としてよく使われます。

- 綿のTシャツ
- セルロース繊維
- 倍率60倍

プラスチックの鎖

20世紀前半に発明されたプラスチックには多くの種類がありますが、どれもモノマーという分子からできていて、長い鎖状につながったポリマーという構造をつくっています。さまざまなモノマーを使って特性の違うものをつくれることから、プラスチックは幅広い用途に使われています。

- モノマー
- ポリマーはたくさんのモノマーがつながってできている

ミクロの構造

私たちは目的に合わせて、「硬い／軟らかい」「伸縮性がある／ない」を基準に素材を使い分けています。そうした素材を顕微鏡で調べてみると、まったく違った姿が見えてきます。

コンクリートブロック

コンクリート
セメントと小石や砂の混合物であるコンクリートは、岩石に似た特性を持っています。表面にポリマーコーティングを塗れば、ツルツルにすることもできます。

ナイロンパッド

ナイロン
最初の合成（人造）繊維の1つであるナイロンは、衣料品によく使われるプラスチックです。長い繊維にすることができ、丈夫で軽く、天然繊維よりも分解されにくいのが特徴です。

倍率400倍

倍率90倍

軽くて強いケブラー

1965年にアメリカの化学者ステファニー・クオレクが生み出した合成繊維ケブラーは、とても強いのに軽い素材です。防弾チョッキなどに使用され、兵士や警察官、消防士が着用しています。

ケブラー製防弾チョッキ

マイクロプラスチック

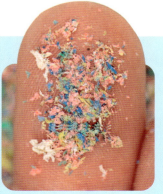

プラスチックはどこにでもあります。その中で、5mm以下の小さな粒子状にくだけたものはマイクロプラスチックとよばれ、海中に何兆個もただよっています。その一部は人間の体内にまで存在し、1人あたり1週間に推定約5gのマイクロプラスチックを取りこんでいるともいわれています。

1 空き缶がリサイクルセンターに持ちこまれる
2 たくさんの缶をまとめて圧縮し、塊にする
3 つぶされた缶がとかされる過程で不純物が取り除かれる
4 冷えて固まったアルミをのばして板にする
5 アルミ板から新しい缶やその他の製品がつくられる

アルミのリサイクル

素材のリサイクル

私たちは多くの素材をごみとして捨て、無駄にしていますが、中にはリサイクルできるものもあります。たとえば、飲料用アルミ缶はアルミの板へ完全に戻すことが可能です。そうすることで、捨てられた缶を新しい缶や別の製品に生まれ変わらせることができるのです。

データで見る
すごい素材

現代の生活には、自然由来のものから、工場や工業炉でつくられたものまで、たくさんの素材が使われています。このページでは、私たちが使っている素材にかくされた驚くべき事実とデータを見ていきましょう。

海藻でできたティーバッグ

食べられる包装材

プラスチック包装は、私たちが口にする食べ物や飲み物を守ってくれます。しかし、用が済んだら捨てられて、大量のごみになってしまいます。この問題への対策として、天然素材でつくる「食べられる包装材」を開発している企業があります。

牛乳
プラスチックそっくりの食べられる伸縮性フィルム包装を、牛乳からつくることができます。

小麦の殻
普通は捨てられる小麦の外側の部分を、食べられる持ち帰り用容器にすることができます。

ジャガイモ
乾燥させたジャガイモの皮で、フライドポテトを入れるケースがつくれます。

海藻
海で育つ藻類からつくられた素材を使って、液体を入れて持ち運べる丈夫な風船をつくることができます。

自己修復する素材

どんなに丈夫な素材でも時間がたてば壊れます。しかし、科学者たちはそうならない物質を開発中です。その1つが、割れたり切れたりしても治ってしまう画期的な新型プラスチックです。割れたかけらどうしを押しつけるだけで、素材が自分自身を修復するのです。

自己修復プラスチック

分解するまでの年月

多くの素材が、最後はごみになって捨てられます。その中には、分解(生分解)が早いものもあれば、途方もない時間がかかるものもあります。

紙
木からつくられる紙は、2～5カ月で自然に返ります。

ナイロン
人工繊維のナイロンでつくった衣服は、分解されるまで30～40年かかります。

アルミ缶
素材のアルミニウムが完全に分解されるまで80～100年かかります。

ビニール袋
ビニールでできた薄い袋は、完全に分解されるまで10～20年以上かかります。

ガラス瓶
硬いガラスが完全に分解されるまで、およそ100万年かかります。

自然界からヒントを得た素材

体を守る皮膚から、体内で生成される物質まで、驚くべき特性を秘めた動物や植物がいます。そうした自然界の特性からヒントを得て開発された新素材がたくさんあります。

ヤモリの足
ヤモリが壁にくっついて登ることができるのは、足の裏に生えた細かな毛が、壁との間に強い吸着力を生じさせるからです。科学者たちは、同じしくみの接着剤を開発しました。

サメのうろこ
サメの皮膚の構造をもとに、「速く泳げる水着」がつくられました。重なり合ったサメのうろこが水の抵抗を減らすと考えられています。

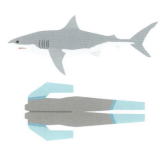

人工物と生物の総重量比較

2020年、人類がつくり出したものの総重量が、地球にいる生物の総重量を史上初めて上回りました。
今日、人類が毎年つくり出す人工物の量は、20年ごとに倍増しています。

強靭な物質

科学者たちは、これまでにない強靭な物質をつくろうと試行錯誤しています。しかし、自然界には強靭な物質がすでに数多く存在しているのです。
カサガイとよばれる生物の小さな歯は最強の生物素材の1つで、クモの糸の5倍の強度があります。

岩に張り付こうとしているカサガイ

氷のホテル

建物は木材やコンクリートといった材料で建てるのが普通ですが、もう少し独創的な材料を使う意欲的な建築家もいます。
スウェーデンには、巨大な氷の塊から壁をけずり出してつくられる「アイスホテル」があります。
毎年冬につくられては、春になると溶けてなくなります。

おもな素材の年間生産量

毎年、大量の素材が生産され、世界中に運ばれ、使われています。
広く製造・使用されている素材の多くは建築に使われる建材ですが、プラスチックやガラスを使った身近な日用品も大量につくられています。
それぞれの素材が1年間に生産される量は以下の通りです。

300億t コンクリート
住宅や道路をはじめとするインフラの建設に使われます。

18億t 鋼鉄
強くて頑丈な建築材料です。

3億5400万t プラスチック
おもに商品の包装に使われます。

4億t 紙
本をつくるのに使われますが、包装材や断熱材としても利用されます。

2340万t ガラス
住宅、容器、グラスなどの食器によく使われます。

とげ
衣服に使われる面ファスナー（マジックテープ）は、服などにくっつくとげ（植物の実を包む外皮）にヒントを得たものです。

ハスの葉
ハスの葉は水をはじきます。レインコートに使われる防水素材の中にも、これと同じ原理を利用しているものがあります。

エネルギーの種類

エネルギーはいろいろな形でたくわえられ、伝達されます。光、熱、音はどれも、エネルギーがある場所からほかの場所へ伝達される形態の1つです。

運動エネルギー
動く物体には運動エネルギーがたくわえられています。速度が上がると、物体が持つ運動エネルギーも増大します。

電気エネルギー
電子とよばれる粒子が電流として流れたり、電荷としてたくわえられたりといった形で伝達されるエネルギーです。

光エネルギー
私たちの目によって感知できるエネルギーの伝達形式で、波として伝わります。

音エネルギー
物質を振るわせる波として、物質の中を移動するエネルギーです。

熱エネルギー
物質を構成する粒子を振動させるエネルギーです。

化学エネルギー
原子や分子の間の化学結合に閉じこめられているエネルギーです。

核エネルギー
原子の核(中心部)には膨大なエネルギーがたくわえられています。

位置エネルギー
持ち上げられたり、絞られたり、引きのばされたりすることで物体が得るエネルギーです。

人体で発電する技術

人体が生み出すエネルギーの多くは、最後は熱として周囲に逃げていきます。でも熱電発電機(TGM)という小さな装着型機器を身につければ、体から出る熱を利用して電気をつくり出すことができます。近い将来、この発電機を体につけて、腕時計やヘルスモニター、ペースメーカーにも電力を供給できるようになるかもしれません。

エネルギー

宇宙に存在するエネルギーの総量は決まっていて、それが絶えず物体の間を行ったり来たりしています。この世で起こるすべてのことを可能にしているのは、このエネルギーの移動です。電気をつけて部屋を明るくすることも、体の筋肉を動かすことも、すべてエネルギーの移動によって起きていることなのです。

熱を見る機械

熱が1カ所にじっとしていることはなく、より温度の低い物体や周囲の空間に移動します。サーモグラフィーは、物体が発する熱を検知して、温度を色分けして表示する機械です。右の画像のように、最も温度が高いところはピンクや赤で、温度がある程度高いところは緑や青、最も温度が低いところは黒で表示されます。

無駄になるエネルギー

エネルギーを使うと、その一部が周囲に移動するのは避けられず、どうしても無駄が出ます。ボウリングをしているとき、ピンめがけて突進するボールの運動エネルギーは、一部が音になって空気中へ失われ、ピンにぶつかったときには、さらに多くのエネルギーが音となって失われます。

史上最大の音は、インドネシアの火山島クラカタウが1883年に噴火した際に発生した轟音で、4800km以上離れた場所でも聞こえた!

科学 225

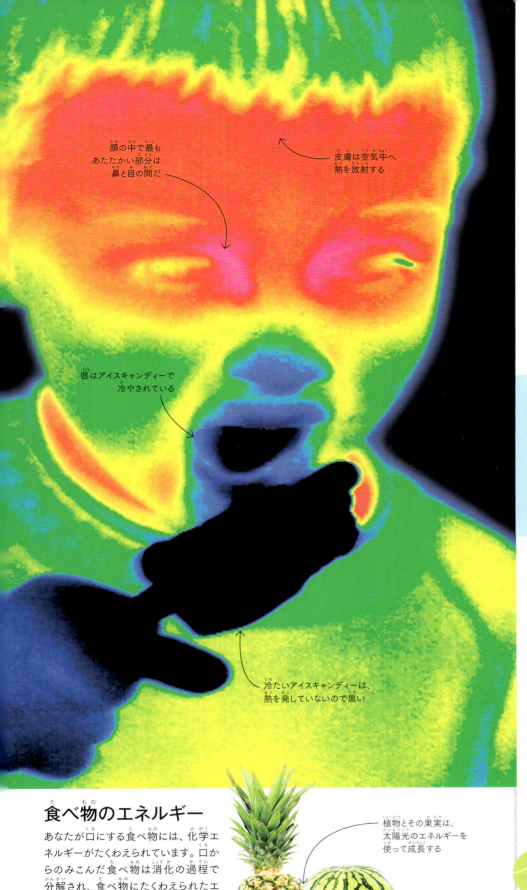

顔の中で最もあたたかい部分は鼻と目の間だ

皮膚は空気中へ熱を放射する

唇はアイスキャンディーで冷やされている

冷たいアイスキャンディーは、熱を発していないので黒い

食べ物のエネルギー

あなたが口にする食べ物には、化学エネルギーがたくわえられています。口からのみこんだ食べ物は消化の過程で分解され、食べ物にたくわえられたエネルギーが放出されます。その多くは熱エネルギーや運動エネルギーとなり、体を動かし続けます。

植物とその果実は、太陽光のエネルギーを使って成長する

バネのエネルギー

エネルギーをたくわえる方法にはいくつかあります。たとえば、電池の場合は化学エネルギーです。写真のバネを使ったおもちゃは、エネルギーを弾性位置エネルギーとしてたくわえています。しかし吸盤が吸着力を失うと、位置エネルギーが解放されて、上にぴょんと跳ね上がります。

位置エネルギーが運動エネルギーになる

吸盤

たくわえられた弾性位置エネルギー

人が1日生きるのに必要なエネルギーを電池から得ようとすると、単3電池500本以上が必要になる！

エネルギーの移動

何かが起きても、それ以前と以後で存在するエネルギーの総量が変わることはありません。エネルギーは決してなくならず、ただ移動するだけなのです。ボールが跳ねるとき、何が起こっているのかを見てみましょう。

1 持ち上げられることで、ボールに重力位置エネルギーがたくわえられる

2 ボールにたくわえられたエネルギーは、ボールが落下するにつれて運動エネルギーに変わる

3 床にぶつかってつぶれることにより、ボールは弾性位置エネルギーを得る

4 ボールが弾むことで、弾性位置エネルギーは運動エネルギーに変わる

ノルウェーの電力の90％以上は水力発電所でつくっている！

化石の燃料

私たちがエネルギー源として燃やしている燃料の多くは、太古の生物の死骸からできています。天然ガスや石油は、堆積層の下にうもれた生物の死骸が圧力を受け、何億年もの時間をかけて変化したものなのです。化石燃料は再生可能なエネルギーではなく、燃やすと有害なガスを発生します。

世界を動かすエネルギー

照明、加熱、移動など、私たちは生活のあらゆる場面でエネルギーを使っています。しかし、どんなエネルギー源にも欠点があります。化石燃料は環境に悪影響を与えるし、再生可能エネルギーは簡単には利用できません。

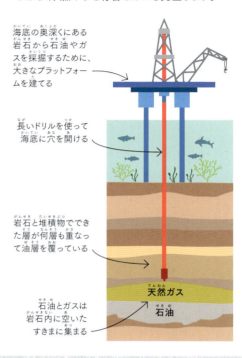

- 海底の奥深くにある岩石から石油やガスを採掘するために、大きなプラットフォームを建てる
- 長いドリルを使って海底に穴を開ける
- 岩石と堆積物でできた層が何層も重なって油層を覆っている
- 石油とガスは岩石内に空いたすきまに集まる
- 天然ガス
- 石油

- 空気抵抗を減らすため、ドライバーは狭いスペースに体をおさめなければならない
- 車のソーラーパネルには、太陽光を電気に変換する小さな太陽電池が232個取り付けられている

科学 | 227

地熱による発電

地熱発電では、まずポンプで水を地中深くに送りこみます。地殻よりも深いところには自然に高温になっている岩があり、そこに水が触れて発生した蒸気で発電用タービンを回すのです。アイスランドにあるスバルスエインギ地熱発電所には、タービンを回したあとの蒸気を利用した、いい湯加減の露天入浴施設もつくられています（写真）。

太陽熱を集める鏡

太陽光発電にはこんな方法もあります——大量の鏡を環状に配置し、その中心に水をたくわえた構造物を設置します。太陽からの熱を構造物に集めれば、中の水が沸騰して蒸気になり、発電用タービンを回すことができます。

風が回すタービン

再生可能エネルギーの1つである風力発電は、風という絶対になくならない天然資源を利用します。海上や丘の斜面に設置された巨大タービンの羽根を風の力で回転させ、電力を生み出すのです。

世界中で毎年使用されるエネルギーの総量は、1950年に比べて400％以上も増加している！

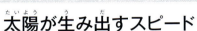

太陽が生み出すスピード

最高時速130kmで走行するこのソーラーカーは、オーストラリアで開催された2019年ブリヂストン・ワールドソーラーチャレンジに出場した多くのマシンの中の1台です。完全に太陽からのエネルギーだけで、1500kmを走り通すことができました。

気候の危機

1800年代から現在まで、人類は大量の化石燃料を燃やし、二酸化炭素などのガスを大気中に放出してきました。これが地球の気候を温暖化させ、氷の融解、山火事、干ばつといった異常気象を引き起こしているのです（88～89ページ）。

エネルギーの源

世界は長年にわたって化石燃料（石炭、石油、天然ガス）に大きく依存してきました。しかし近年では、環境に優しく再生可能なエネルギー源による発電量が増加しています。

私たちが使っているエネルギーの源は？

- 石炭 27%
- 石油 31%
- 天然ガス 24%
- 再生可能エネルギー 7%
- 原子力 4%
- 水力 7%

気候学者に聞く

気候学者のサム・ハーディは、人々や企業が気候変動に適応できるように手助けしています。以前はイギリスのリーズ大学に勤務し、東南アジア全域で発生するサイクロンを研究していました。

Q. 気候変動が確実に起こっていると言えるのはどうしてですか？
A. 1850年以降、地球の表面温度が1℃以上上昇していることを示す、信頼できる測定結果がいろいろな形で出てきています。これだけ急激な温暖化は、太陽活動などの自然な気候プロセスでは説明できません。また、同じ期間に人間の活動が大気中の温室効果ガスの量を増加させたこともわかっています。私たちの身の回りのいたるところに、温暖化の影響が表れています。海水温の上昇、海面上昇、氷床や氷河の融解などがそうです。

後退する氷河

気候変動のせいで氷河が溶けています。氷河は川のように流れる氷の塊ですが、過去数十年間で急速に後退しています。それは、このノルウェーのブリクスダール氷河の写真からも明らかです（左が2002年、右が2019年のもの）。氷河が溶けることは海面上昇の原因にもなっており、地元の水資源と生態系にも影響を与えています。

Q. 気候変動の影響について、最も心配なことは何ですか？
A. 私が最も心配しているのは、世界の大部分、特に熱帯地域に人が住めなくなることです。そうなったら、何億人もの人々が住み慣れた土地を追われることになるでしょう。

Q. ご自身が実際に経験した温暖化の影響はありますか？
A. 私が住んでいるイギリスでは、2022年7月に記録的な猛暑に見舞われ、一部の地域では最高気温が初めて40℃に達しました。心配なことに、このような極端な熱波が起こる回数が世界中で増え、しかも一段と深刻になっています。

Q. 気候のどんな分野を研究しているのですか？
A. 地球上で最も大きな被害を出している嵐や豪雨の元凶である大型の熱帯低気圧、サイクロンの勢力拡大に焦点を当てて研究しています。気候変動によって熱帯低気圧の発生頻度が減る一方で、激しさを増す可能性があると科学者は考えています。こうした研究は、超巨大サイクロンに備えるのに役立つでしょう。

Q. 気候変動は止められると思いますか？ 私たちにできることはありますか？
A. 地球規模で行動を起こせば、間違いなく気候変動に対処できます。しかし、残された時間はあとわずかしかありません！ 私たちにできることの1つに、自分の声を届けることがあります。たとえば、あなたの意見を議員に伝えることです。また、肉や乳製品の消費量を減らしたり、飛行機に乗る回数を減らしたりすることも個人レベルでできることです！

光の性質

太陽の光もランプの光も、あらゆる光は電磁波という波の一種です。そして光は、毎秒約30万kmの速さで伝わるエネルギーでもあります。

生きたランプ
深海の生き物の多くは発光します。捕食者を混乱させたり、獲物をおびき寄せたり、交尾の相手を引き寄せたりするために、体を輝かせたり、点滅させたりするのです。彼らには発光器とよばれる器官があり、化学反応を利用して光を生み出しています。

透明な体は捕食者に見つかりにくくする効果がある

このイカの足には発光器（光を出す器官）が並んでいる

切断する力
レーザーは細くまっすぐに進む収束性の高い光のビームを生み出し、鋼鉄を切断できるほど強力なものもあります。医学の分野では、目の手術などの繊細な手術に低出力のレーザーが使われています。

かくれていた色
白い光は実はさまざまな色の光が混ざったものです。白い光をプリズムというガラスブロックに通すことで、いろいろな色の光に分けることができます。プリズムは色ごとに異なる角度に光を曲げるため、扇状に広がった色のスペクトルができます。

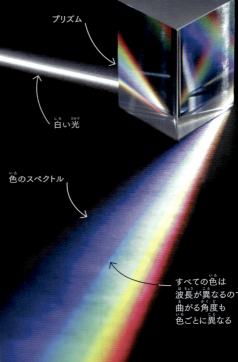

プリズム
白い光
色のスペクトル
すべての色は波長が異なるので曲がる角度も色ごとに異なる

光の速度で動くことができれば、1秒間に地球を7.5周することができる！

光の屈折
コップの水に入れた鉛筆が曲がって見えるのは、光が空気から水に入るときに減速するせいです。光が斜めに差しこむと、水に先に入る側とあとから入る側とで減速する時間に差が生じて光が曲がり（屈折し）、鉛筆が曲がって見えるのです。プリズムも光を屈折させ、色分けします。これは色によってプリズム内を進む速度が違うからです。

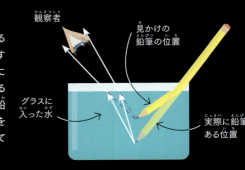

観察者
見かけの鉛筆の位置
グラスに入った水
実際に鉛筆ある位置

光のショー

このノルウェーの漁村は、空に太陽がなくても、光に満ちあふれています。きらめく星々を背景に、夜空いっぱいにオーロラが色鮮やかな自然のショーをくり広げ、下界では、穏やかな海が建物や通りを照らす電灯の光を受けて輝いています。

恒星の光は、恒星のコア（中心部）で起こる核反応によって生み出される

オーロラは南極や北極周辺の上空で見られる。太陽から流れてくる荷電粒子が空気中の分子に衝突して発光することで起こる

電灯の中に通っている細いフィラメントや充填したガスに電気を流すことで、電灯が輝く

光は水面にぶつかって反射する、つまり跳ね返っている

電磁スペクトル

私たちの目は光（可視光線）を感知できますが、私たちには見えない電磁波もあります。電磁波の種類によって波の長さは異なり、電波の波長は数 m から数 km、ガンマ線の波長は短くて、原子の幅よりも小さいくらいです。

電波　マイクロ波　赤外線　可視光線　紫外線　X線　ガンマ線

光のスペクトルには人間に見えない部分があるが、多くの動物はそれを見ることができる。ミツバチは紫外線を、ヘビは赤外線を感知できる！

すさまじい電気のパワー

自然の力の中で、電気ほど興味をそそるものはないかもしれません。コンピューターから自動車まで、さまざまなものを動かしている電気は、電柱を伝ってのびる電線や地中にうめられたケーブルによって、私たちの家まで運ばれてきます。

電気とは何か？

電気とは、電子とよばれる小さな荷電粒子の動きです。電子は原子の一部ですが、金属内で自由に動き回れる自由電子があります。電源に接続すると、これらの電子はすべて一方向に流れます。

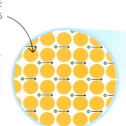

自由電子はプラスの電荷を帯びた原子の間を電流として流れる

自由電子の流れ
マイナスの電荷を持つ電子は、電源のマイナス端子側からプラス端子側に向かって流れます。

スイッチをオフにすると回路が遮断され、電流が流れなくなる

電池　スイッチ　電球

回路
電流を流すためには、電線を切れ目なく続くループ状につなげる必要がある。

逆立つ髪

物と物をこすり合わせると電荷が生じ、それらの物の間を電子が移動します。髪に風船をこすりつけると風船が電子を獲得してマイナスの電荷を帯び、プラスの電荷を帯びた髪を引き寄せます。これが静電気による現象です。

雷の温度はおよそ2万9730℃。太陽の表面よりも熱い！

電子が風船に移動し、風船はマイナスの電荷を帯びる

電子が逃げた髪はプラスの電荷を帯びる

雷のパワー

雷は強力な電気エネルギーの形態の1つで、雲の中に静電気がたまることによって発生します。平均的な雷1回で、電球にまるまる6カ月間電力を供給できるだけの電気が生じます。

感度のいいハンター

動物界の捕食者は電気を巧みに利用して、次の食事を見つけています。サメのような生き物は、魚やほかの獲物が発する弱い電流を感知し、その情報を使って獲物を追跡することができるのです。

サメの頭部にある電気受容体

かくれている獲物

導体と絶縁体

電気を流すことができる物質（導体）は限られています。金属は最も優れた導体ですが、食塩水のような水溶液でも電気を流すものがあります。電気を通さない物質は絶縁体とよばれます。

電線の周りに絶縁体のプラスチックコーティングを施し、触っても感電してケガをしないようにしている

電線の多くは優れた導体である銅でつくられている

街の灯

宇宙から見た夜の地球は、電気の明かりに照らされています。暗い夜でも自由に活動できるのは、そのおかげです。夜の地球で最も明るいのは、発展した大都市など人がおおぜいくらす場所です。世界の電力のほぼ20％が、都市の照明に使われています。

世界の電力の28％は再生可能エネルギーによってつくられている！

栄誉ある ノーベル賞

スウェーデンの化学者アルフレッド・ノーベルによって1901年に創設されたこの賞は、毎年、いろいろな分野で功績を挙げた学者たちに贈られています。ポーランド人科学者のマリー・キュリーは、ノーベル賞を2度受賞した最初の人物で、しかも異なる2つの科学分野（化学賞と物理学賞）で受賞したのは彼女だけです！

愉快な イグノーベル賞

科学のユーモラスな側面を評価するこの賞は、さまざまな珍妙な発見に贈られてきました。バナナと靴の間の摩擦の大きさを調べた研究者がイグノーベル賞を受賞したこともあります！

世界を変えた 歴史的な発明 6選

初期の道具から現在のハイテク機器にいたるまで、人類は常に生活を便利にする手段を考案してきました。科学の分野や社会全体に大きな変化をもたらした歴史的な発明を紹介します。

1436年　印刷機
アイデアを広く社会に伝えることが格段に容易になりました。

1590年　顕微鏡
肉眼では見えない小さな生命体を見られるようになりました。

1831年　発電機
この発明により、電気を広く使えるようになりました。

1860年　内燃機関
さまざまなタイプがつくられ、輸送機械の動力となりました。

1942年　核エネルギー
原子のエネルギーを解放して発電できるようになりました。

1946年　コンピューター
デジタル革命を起こしました。

データで見る すごいアイデア

最初の科学者たちが世界のしくみを調べ始めてから現在にいたるまで、偉大な思想家や実験者たちが大胆な新理論を思いつき、ワクワクする新発明を生み出してきました。このページでは、科学の世界をいろどってきた最も知的で、最も斬新なアイデアのいくつかを紹介しましょう。

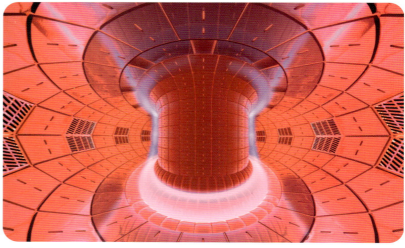

ITER内部の完成想像図

未来の核融合

科学者たちは現在、核融合を実現する国際熱核融合実験炉（ITER）の開発に取り組んでいます。核融合は、太陽などの恒星がエネルギーを放出する際に起こっている反応です。核融合炉を作動させるには内部を超高温にする必要があり、ITERが完成すれば1億5000万℃という高温を実現できます。これは太陽の10倍の熱さです。

天才的な科学者

ごくまれにですが、天才的な科学者が
まったく新しい世界の見方を思いつくことがあります。
彼らの頭脳から生まれる独創的な理論は
それが登場する前とあとで、
科学の世界をがらりと変えてしまいます。

地球が太陽の周りを回っていると
科学者たちが理解したのは、
17世紀に入ってからのことだ！

生没年
1879–1955

アルベルト・アインシュタイン
ドイツ生まれのアインシュタインは、有名な相対性理論によって、時間と空間がどのように結びついているかを示しました。

1643–1727

アイザック・ニュートン
イギリスの科学者ニュートンは、物を落下させるのは力（重力）の働きであることを発見しました。

1809–1882

チャールズ・ダーウィン
イギリスの博物学者ダーウィンは、進化論、つまり地球上の生命がどのように発展してきたかを示す理論を考え出しました。

1834–1907

ドミトリー・メンデレーエフ
ロシアの化学者メンデレーエフは、元素を周期表にまとめる方法を考え出しました。

思いがけないおもちゃ

発明のアイデアが思った通りに成功するとは限りません。
でも、そういう発明がおもちゃになって
人気が出ることもあるのです。

スーパーソーカー
1980年代にNASA（アメリカ航空宇宙局）ジェット推進研究所のエンジニアが、水を利用した冷凍システムを開発しようとしていたところから生まれた水鉄砲です。

プレイ・ドー
もともとは壁紙の汚れ取りとして発明されたこのグニャグニャの粘土は、1956年に色鮮やかなおもちゃになりました。

スリンキー（トムボーイ）
このバネのおもちゃは、1943年に機械技師が船の動きを測定する道具として考案したものです。

ルービックキューブ
幾何学パズルとして1974年に考案されたルービックキューブは、大人気の遊び道具となりました。

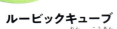

ひもスプレー（パーティースプレー）
このスプレーから噴き出す物質は、1972年に考案された当初、骨折した手足用のギプスをつくるためのスプレーにするはずでした。

思いがけない大発見

多くの偉大な発見は、
科学者たちが何か別の研究を行う中、
まったくの偶然でもたらされました。

1895年 X線
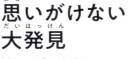
ドイツの物理学者ウィルヘルム・レントゲンは、電子の研究をしていたときに偶然X線を見つけました。

1928年 ペニシリン

イギリスの科学者アレクサンダー・フレミングは、放置していた汚れたペトリ皿の中に、感染症を治療できる青カビが出す物質を発見しました。

1946年 電子レンジ

アメリカの技術者パーシー・スペンサーは、自分が開発していた機械のせいでポケットに入っていたチョコバーがとけてしまい、この機械が調理に使える可能性に気づいたと言われています。

若すぎる発明家

サミュエル・トーマス・ホートンというイギリスの少年は、わずか3歳のときブラシを2つ付けたほうきのアイデアを思いつきました。
2008年、5歳の彼は
そのデザインで特許を取得し、
世界で最も若い発明家の1人となりました。

鳥やイヌをはじめ多くの動物が地球の磁場を利用して自分たちの進む方向を決めている！

強力な引力

ほとんどの磁石は、磁性金属（鉄、ニッケル、コバルト）のいずれかをふくんでいます。鉄をふくむネオジム磁石は非常に強力で、非磁性体に遮られても、多数の金属製のクリップを引き寄せます。写真では手が非磁性体にあたります。

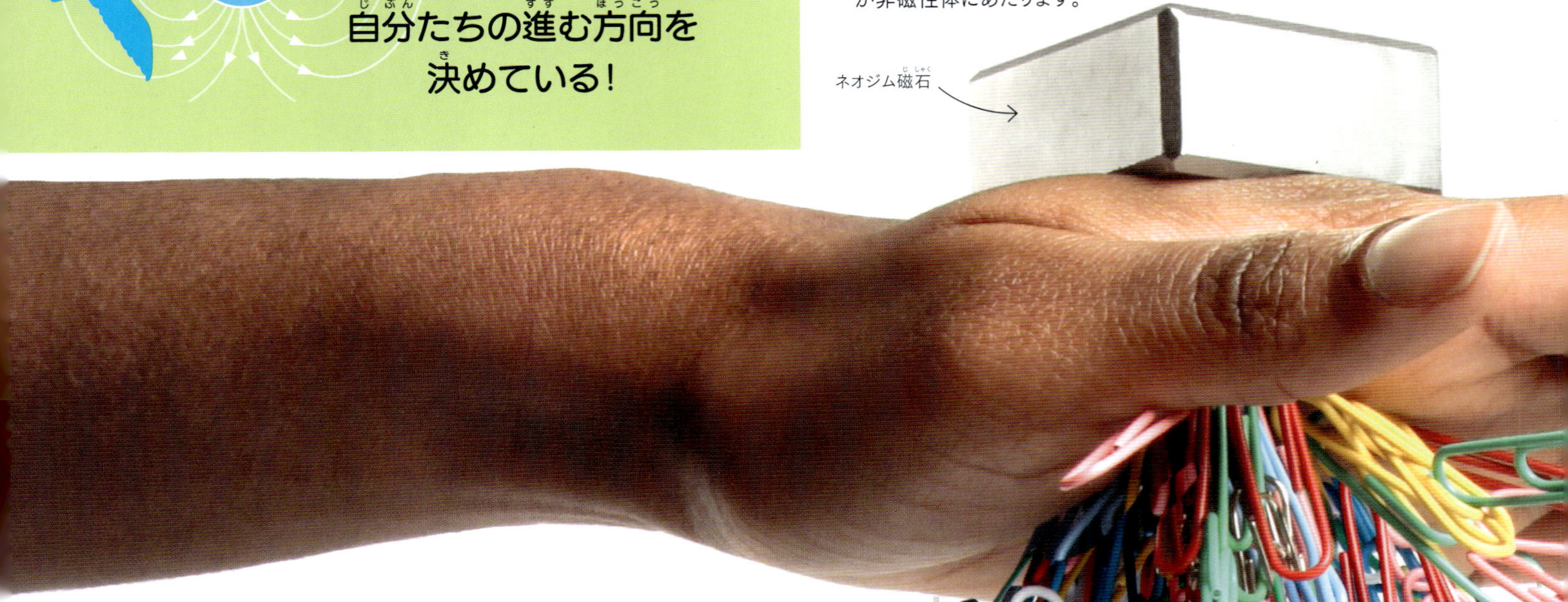

ネオジム磁石

磁場

磁石の周りには必ず磁場があります。磁場とは磁性体（鉄やニッケルなどの金属）が磁石の力の影響を受ける領域で、下の写真では磁石の周りにまいた砂鉄が磁場の形状を示しています。

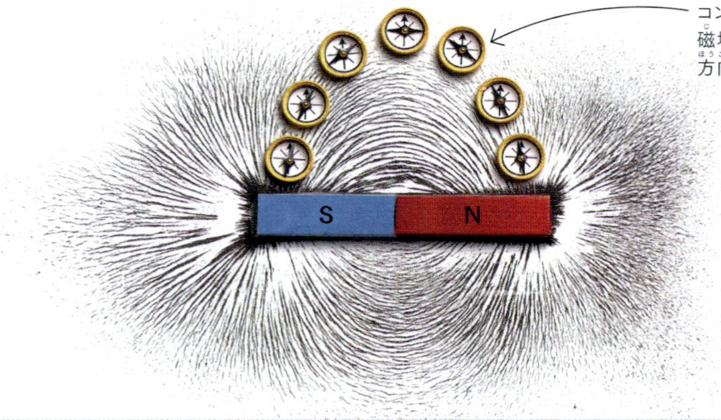

クリップには鋼鉄がふくまれているので、磁石に引き寄せられる

コンパスの針は磁場の向きと同じ方向を向いている

反発と引力

どの磁石にも必ず2つの極、N極とS極があります。ある磁石の極を別の磁石の極に近づけると、互いの磁場が作用して、磁石どうしが引き合ったり離れたりします。

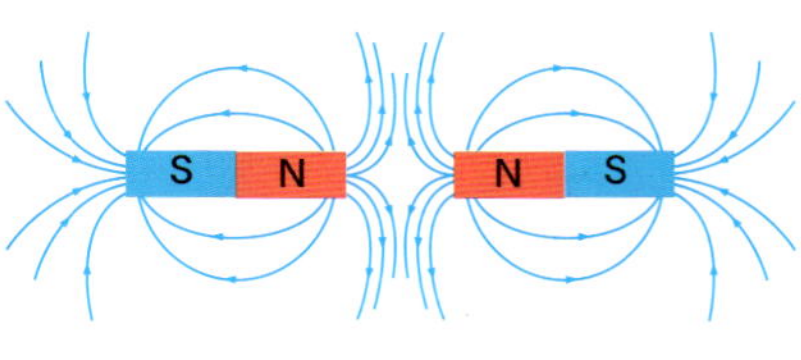

反発
2つの磁石の同じ極どうしを向かい合わせて置くと、2つの極は互いに押し合います。

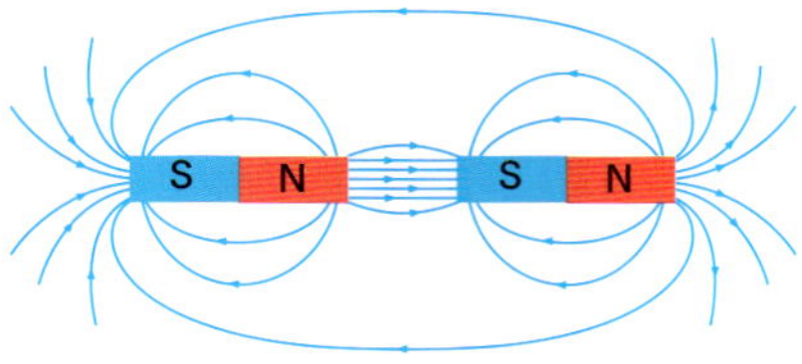

引力
2つの磁石の異なる極を向かい合わせて置くと、2つの極は互いに引き合います。

電磁石

鉄片に電線を巻くと、電磁石ができます。電線をもっと巻くか、電流を増やすかすると、電磁石を永久磁石より強くすることができます。

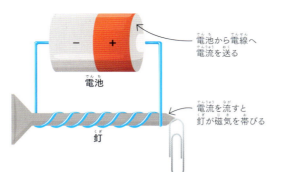

- 電池から電線へ電流を送る
- 電池
- 電流を流すと釘が磁気を帯びる
- 釘

全宇宙最強の磁力を持つ物体は、重力崩壊を起こしてつぶれたマグネターとよばれる恒星だ！

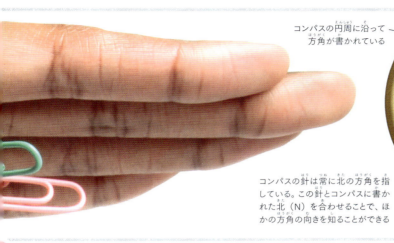

- コンパスの円周に沿って方角が書かれている
- コンパスの針は常に北の方角を指している。この針とコンパスに書かれた北（N）を合わせることで、ほかの方角の向きを知ることができる

北を指すコンパス

地球は巨大な磁石なので、周りに磁場があり、N極とS極があります。コンパスは磁場上の北極（N極）を示すようにつくられており、目的地に向かう進路がわかります。

- コンパスの針には磁石がふくまれており、針は自由に動くことができる

強力な磁石のパワー

目に見えない磁石の力は、物体を押したり引いたりします。たとえ小さくても磁石どうしは互いに強く引き合うので、近づければ激しくくっつくことがあります。

荷電粒子の嵐

太陽から吹く荷電粒子が地球の磁場と衝突すると、空に色鮮やかな光のスペクタクルが広がります。これがオーロラ（極光）で、北極に現れるものは北極光、南極に現れるものは南極光とよばれます。

- 車体の裏側には大型磁石が付いている
- 線路には電磁石がうめこまれていて、車両内の磁石と引き合ったり反発したりしながら、車両を前進させる
- 磁気浮上式列車

磁気浮上式鉄道

世界最速の鉄道は磁力で走ります。磁気浮上式鉄道（マグレブ）として知られるこの鉄道は、強力な磁石と電磁力を使って車両をレールに沿って引っ張り、最高時速は600kmに達します。

スキージャンプの世界最長記録はオーストリアのシュテファン・クラフトが保持している253.5mだ！

変形させる力
力は物体を動かすだけではありません。圧迫したり、曲げたり、のばしたり、ねじったりして、物体の形を変えたり、壊したりすることもあります。このボールは、イヌの上あごと下あごに圧迫されて変形しています。

力の神秘

力にはどこか神秘的なところがあります。目に見えないのに、その影響を見たり感じたりすることができるからです。しかし実際のところ、力には「押す」と「引く」の2つしかありません。それでも力は、物体を動かしたり、速度を変えたり、止まらせたり、方向を変えたり、形を変えたりできるのです。

摩擦を減らす
ある物体の面が別の物体の面の上を動くと、摩擦という力が働いて速度が落ちます。ゴツゴツした表面だと摩擦は大きくなります。それで、スキーはデコボコの砂利の上より、滑らかな雪の上のほうが楽に滑れるのです。

綱引き状態
力が釣り合っているとき、状況は動かず、同じ状態が続きます。2つのチームが綱引きをしているとき、両方のチームの引っ張る力が同じだと、全体として引っ張る力が相殺されて釣り合い、どちらのチームも動きません。しかし、一方のチームの引っ張る力が強いと、全体として引っ張る力がそちら側に向き、どちらのチームも動き始めます。

トラックが空中へ飛び上がると、空気抵抗（トラックと空気との間の摩擦）によって減速する

トラックのエンジンが生み出す力によって摩擦と空気抵抗の減速効果は一部打ち消される

タイヤに切られた溝がタイヤと路面の摩擦を高め、グリップ（タイヤの食いつき）を良くしている

力の作用

モンスタートラックがスロープを駆け上がり、車の列を飛び越えようとしています。このとき、トラックにはいろいろな力が作用しています。エンジンの生み出す推力がトラックを前進させ、タイヤが摩擦を利用して路面を蹴ります。トラックが空へ飛び上がったら、空気抵抗がトラックを減速させようとし、最後は重力がトラックを大地へ引き戻すのです。

この宇宙で最も強い力は原子核の中の粒子どうしを結びつけている力だ！

第1法則
ロケットにかかる力が釣り合っているとき、静止しているロケットはそのまま動かず、すでに動いているロケットは一定の速度で直進し続けます。

ロケットは重力によって下に引っぱられるが（赤矢印）、地面は同じ大きさの力で上向きに支えるので（青矢印）、力は釣り合う

第2法則
力の均衡が崩れると、ロケットは加速します。加速の勢いは、力の大きさとロケットの質量によって決まります。

全体としての力
推力
重力

第3法則
すべての作用は、同じ大きさの逆向きの力、つまり反作用をともないます。高温のガスがロケットから噴き出すと、その反作用として、ロケットは噴き出すガスの力と同じ大きさの力で押し上げられます。

反作用
作用

運動の法則

「運動の3法則」は、物体とそれに作用する力との関係を説明するものです。上の3つの図は、この運動法則がロケットにどのように作用するかを示しています。

ヘビがスルスルと滑るように前へ進むとき、腹のうろこと地面の間の摩擦を利用している！

自動車の名前を当てよう

自動車は好きかな？　いろいろな時代のスピードカーの名前がどれくらいわかるか、心のギアを上げて試してみよう。
でもスピードは出し過ぎないように。
仲間はずれもあるので気をつけて！
答えはこの下にあるよ。答えを先に見ないように！

（）の中の数字は年式

1　シトロエンSM：洗練された1970年代のフレンチクーペ
2　シボレー・カマロ（2010）：スポーティーなアメリカンクーペ
3　DMCデロリアン：1980年代のスポーツカー。映画『バック・トゥ・ザ・フューチャー』に登場
4　フェラーリF300：1998年のF1マシン
5　シボレー・ベルエア：1950年代のアメリカンコンバーチブル
6　スマート・フォーツー：2人乗りの電気自動車
7　ジープ・ラングラー：現代的な4輪駆動車
8　ポンティアック・ファイヤーバード・トランザム：1960年代のアメリカの高速車
9　ベンツ・パテント・モトールワーゲン：1885年に発明された最初の自動車
10　オースチン・セブン：1960年代のコンパクトカー
11　リライアント・ロビン（1975）：イギリスのハッチバック3輪自動車
12　ヒュンダイi10：2007年から生産されている小型ハッチバック車
13　ソープボックスカー（1992）
14　フォルクスワーゲン・ビートル（1968）：往年のファミリーカー
15　ロールスロイス・シルバーゴースト：1906年製のイギリスの高級車
16　ランチア・アプリリア：1930〜40年代のファミリーカー
17　ブガッティ・ベイロン・スーパースポーツ：2010年製のスーパーカー
18　メルセデス・ベンツ500K：1930年代のグランドツーリングカー
19　フォード・モデルT：1908年に発売された世界初の量産乗用車
20　BMWイセッタ：1950年代後半のバブルカー
21　マクラーレンF1 GTR：1990年代のレーシングカー
22　テスラ・モデルS：現代の電気自動車
23　トヨタ・プリウス：ハイブリッドカー（ガソリンエンジンとは別に駆動用電気モーターを搭載）
24　プジョー205GTi：1980年代のハッチバック
25　ジャガー・Eタイプ：1960年代イギリスのスポーツカー
26　マクラーレン・セナ：2017年のスーパーカー
27　ポルシェ・ボクスター：1998年のスポーツカー
28　日産スカイラインGTR R34：1990年代の日本のスポーツカー
29　ブガッティT39：1920年代のレーシングカー
30　レンジローバー・スポーツ：スポーツ用多目的車（SUV）

242 　科学

ニュートンメーターは力をニュートンという単位で示す

物の重さを量る
物の重さを「〇g」「〇kg」などと言うとき、それは実際には「質量」、つまりその物が持つ物質の量のことを言っているのです。重量とは物体に働く重力の大きさであり、ニュートンという単位で測定されます。

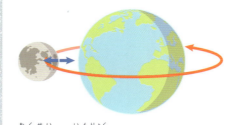

惑星の引力
太陽系のすべての惑星が太陽の周りを回り続けているのは、重力の働きによるものです。また、月が地球から離れず、地球の周りを回っているのも重力の働きで、月と地球が互いに引っ張り合い、引きとめ合っているからです。

重力という力

重力は宇宙で最も重要な力の1つです。重力があるからこそ、私たちは大地に足をつけて立ち続け、地球は太陽の周りを回り続けているのです。

落下しているのがわかるようにキャニスターから煙が出ている

地上に近づいたら、ジャンパーはここに収納されているパラシュートを開く

重力のしくみ
重力とは物体どうしを引き寄せる力です。この力は双方向に働きます。つまり、地球があなたを引っ張るとき、あなたも地球を引っ張っているのです。重力の強さは物体の質量と、物体どうしの距離によって決まります。

両方の引力
質量を持つ物体は、ほかの物体を引っ張ります。引っ張られたほかの物体も、同じ力で引っ張り返します。

大きいと強くなる
物体が持つ質量（物体が持つ物質の量）が大きいほど、それが持つ重力の引く力が強くなります。

離れると弱くなる
2つの物体の距離が離れるほど、引き合う重力は弱くなります。

てっぺんから地上へ
2人の命知らずのジャンパーが、重力のすべてをその身に受けて、高所からのベースジャンプ（固定された構造物からの飛び降り）を行っています。彼らは世界一高いビルのてっぺんから飛び降りて、地上まで828m降下しました。

吸いこまれたらおしまい
大質量星が寿命を迎えると、自らの重さにつぶされて重力崩壊を起こし、ブラックホールを形成することがあります。ブラックホールの引力は非常に大きく、光さえも逃れることはできません。ブラックホールに近づいた物質は、どんなものでも引き裂かれてしまいます。

宇宙の塵がブラックホールに吸いこまれる様子を描いた想像図

アラブ首長国連邦のドバイにあるブルジュ・ハリファは世界で最も高いビルだ

史上最も高いところからの
パラシュート降下は
アラン・ユースタスが
2014年に達成した。
ユースタスは上空41.3kmの
高さから飛び降りた！

ユースタスは特殊なスーツを着なければならなかった

体に受ける力

急激な加速は、地球の重力（1Gと表される）よりも大きな重力を発生させます。ジェットコースターに乗ったときに受ける力は、最大で3G（地球の重力の3倍）です。戦闘機のパイロットや宇宙飛行士が受ける力はさらに大きく、ブラックアウト（脳に血が行かなくなって目が見えなくなる症状）に襲われる危険性があります。

ヘルメットに取り付けたカメラが記録破りのジャンプを撮影する

重力は強い力のように
感じられるかもしれないが、
宇宙の主要な力の中では
最も弱い！

飛ぶときに働く力

飛行中の飛行機には、推力、揚力、重力、抵抗力の4つの力が働きます。重力は飛行機を下方に引っ張り、抵抗力（空気抵抗）は飛行機を後方に引っ張ります。一方、エンジンの推力によって飛行機は前進し、翼の上を空気が流れることで揚力が生じます。これらが重力と抵抗力に打ち勝つことで、飛行機は空を飛べるのです。

翼の断面が上下対称なので、進む方向に対して翼が斜め上を向くように機体を傾けることにより、この飛行機は逆さまでも通常と同じように飛ぶことができる。

推力
エンジンで燃料を燃やすと、エンジンの後方から高温のガスが押し出され、機体を前進させます。

揚力
エンジンの推力によって飛行機が前進すると、特殊な形状をした翼の上面を空気が流れることで、揚力（持ち上げる力）が生じます。

重力
飛行機の重量が飛行機を引き下ろすので、揚力の大きさは飛行機の重量と釣り合っていなければなりません。

抵抗力
飛行機が空中を動くと、空気に押されて速度が落ちます。

すばらしい飛行

物体が空中を飛ぶという現象の裏には、力と力のせめぎ合いがあります。ジャンボジェット機のような巨大な飛行機は、常に高く飛び続けるために、強力なエンジンを搭載する必要があります。

ヨーロッパアマツバメは最長で10カ月間、止まることなく空中を飛び続ける。寝ている間でも飛んでいる！

揚力を生み出す

この断面図を見ると、翼の上面が湾曲し、前部が上向きに傾いていることがわかります。この翼の形状によって、空気の流れは翼の上面を通過する際に速くなります。一方、翼の下面の空気は上面よりもゆっくり流れるため、圧力が上昇して、揚力が生じます。

翼の上面を通る空気は流れが速くなって、圧力が低くなる

翼の下面を通る空気は上面よりもゆっくり流れるので、圧力が高くなる

手に汗にぎるアクロバット飛行

航空ショーで、スタントパイロットたちが超絶技巧の編隊飛行を披露しています。飛行機がこれほど接近して飛ぶと、ちょっとしたミスでも大惨事につながりかねません。真っ赤な複葉機（主翼が2枚ある飛行機）が青いアメリカ海軍機の編隊のすぐ上を逆さまに飛んでいますが、海軍機の編隊は密集して飛んでいるため、1機にしか見えません。

翼が2枚あると揚力が増すので、翼を短くすることができる。そうすると飛行機の運動性能が向上する

1機目の横を別の2機が飛んでいる

機首がとがり、機体が流線形をしているので、空気抵抗が少ない

旅客機で飛んでいるとき、乗客の足は地上から約1万2000m離れている！

過密飛行

世界の空を約1万機の飛行機が同時に飛んでいると言われています。互いに衝突しないように、飛行機は専用のルートを飛び、万一何かが接近してきたときは、衝突防止装置がパイロットに警告します。

史上最速飛行

1976年に軍用機のロッキードSR-71ブラックバードが時速3529.6kmを達成しました。これはジェットエンジンで飛ぶ飛行機が達成した史上最速のスピードで、音速の3倍以上です。

自由自在に飛ぶドローン

無人航空機のドローンは、パイロットが乗りこむ必要がなく、遠隔操作が可能です。ローターやプロペラを使用するタイプが多く、最初は軍で使われていましたが、現在は種まきや物資の運搬、救助活動の支援などにも使用されるようになっています。

ローターを備えたドローンはその場でホバリングできる

ドローンのカメラは地上の状況を高所から俯瞰的な視点で捉えることができる

ローターが空気を下向きに押し出すことで揚力を生み出している

航空機の名前を当てよう

航空機を見分ける力を試してみよう！ 登場年や種類まで当てられたら完璧だ！
仲間はずれもあるので気をつけて！ 答えは右にあるよ。答えを先に見ないように！

（　）の中の数字は登場年

1　スピリット・オブ・セントルイス：1927年に大西洋を無着陸横断飛行
2　LZ 127 グラーフ・ツェッペリン飛行船（1928）
3　セスナ・スカイホーク（1955）：生産数が最も多い単発機
4　グッドイヤー・ピルグリム軟式飛行船（1925）：広告飛行船
5　アブロ・アビアン 7083（1926）：軽飛行機
6　ブライトリング・オービター：1999年に地球を一周した最初の熱気球

7 スーパーマリン・スピットファイア（1936）：第二次大戦期の戦闘機

8 ペガサス・クアンタム（1996）：超軽量動力ハンググライダー

9 ヤコブレフYak-9（1942）：第二次大戦期の戦闘機

10 ソッピース・ベイビー（1915）：第一次大戦期の偵察機

11 三菱零式艦上戦闘機（1940）：第二次大戦期の戦闘機

12 ユーロコプターX³（2010）：高速ヘリコプター

13 ハインケルHe177グライフ（1939）：第二次大戦期の爆撃機

14 マクレディ・ゴッサマー・コンドル（1976）：人力飛行機

15 ロッキードU-2（1955）：スパイ機

16 モンゴルフィエ式の熱気球：1783年に初の熱気球飛行

17 ボーイング747（1970）：ジェット旅客機

18 ソーラーインパルス1（2009）：太陽光発電航空機

19 コンコルド（1976）：超音速旅客機

20 ボーイングCH-47チヌーク（1961）：軍用輸送ヘリコプター

21 スペースシップワン（2004）：ホワイト・ナイト・ワンから打ち上げる試験宇宙機

22 エアバスA380（2007）：ジェット旅客機

23 DJI MAVIC 3（2021）：ドローン

24 レオナルド・ダ・ビンチの空気ネジ（1400年代）

25 ノースロップ・グラマンRQ-4グローバルホーク（1998）：無人航空機

26 アントノフAn-225（1989）：大型輸送機

27 エアバス・ベルーガ（1996）：貨物機

28 ピピストレル・ベリス・エレクトロ（2020）：初の完全電動航空機

29 メッサーシュミットMe262：第二次大戦期のジェット戦闘機

30 ライト・フライヤー（1903）：史上初めて飛行に成功した動力飛行機

最大級のコンテナ船の全長は400mに達する。これはジャンボジェット機の全長の5倍だ！

浮き沈みを決めるもの

密度が水より小さい物体は浮くし、大きい物体は沈みます。密度とは一定の体積あたりの質量のことで、どれだけの物質がその中に詰まっているかを表しています。

- コルクは軽く、水よりも密度が小さいので浮く
- 魚の密度は水の密度とほぼ同じ
- 硬貨は水よりも密度が大きいので沈む

船にまつわるサイエンス

草を編んでつくった小さな舟から、船内にプールを備えた巨大なクルーズ船まで、あらゆる船が水に浮かんでいます。船が浮くのは、水よりも密度が小さいからです。

水上レース用ヨット

このトリマラン（三胴船）のようなレース用ヨットは、時速48kmのスピードで波間を疾走します。3つの船体を持つ構造は、水を切り裂くだけでなく、ヨットがまっすぐな姿勢を保つのにも役立っています。

風によってヨットが傾き、水面から持ち上がることがあるので、高いところが苦手な人は要注意！

トリマランの主船体は中央にあり、両脇にある2つの副船体がそれを支えている

世界最速の船は
スピリット・オブ・オーストラリアで、時速511.11kmをたたき出した！

船が浮くしくみ

鋼鉄の塊を水に入れると沈みますが、同じ重さの鋼鉄でできた船は浮きます。これは、水より密度の小さい空気が船の空洞部分に入り、船の平均密度が小さくなるからです。さらに、船が水に入ると、そこにあった水は周りに押しのけられます。同時に押しのけられた水と同じ重さの上向きに働く力、浮力が生まれて船を押し上げ、浮くことができるのです。

鋼鉄の塊が沈むのは鋼鉄の重力より浮力が小さいからだ

浮力が重力と釣り合う

世界の漁船

世界には約400万隻の漁船があります。大型船もたくさんありますが、漁船の80%以上は全長12m以下のものです。

世界の海底には推定300万隻の難破船が眠っている！

3つの船体は細長い流線形をしているので、水を切り裂くように走ることができる

人類史上初の単純機械は、100万年以上前に使われていた手斧だ！

単純機械

単純機械には大きく分けて6つの種類があります。いずれも加えた力を別の形で出力するもので、力を強くしたり、弱くしたり、力の向きを変えたりします。

斜面
スロープとも言います。これを使うとものを上へ運ぶのが楽になりますが、それと引き換えに押す距離は長くなります。

くさび
2つの傾斜面を背中合わせにしたV字形の道具。くさび形の道具の1つに斧があり、物体を2つに割ることができます。

ネジ
先がとがっていて、円を描くように上部を回すと、その回転力が下向きの力に変わります。

てこ
固定された点（支点）の上を動く棒が「てこ」です。てこの構造は単純ですが、重い物体を地面から引き離すことができます。

車輪と車軸
車輪は中心にある棒（車軸）の周りを回転します。この車軸を回転させることで、少ない力で車輪を大きく回転させることができます。

滑車
力の向きを変える道具です。ロープを下に引っ張ることで、物体を持ち上げることができます。

大地を掘削するマシン

機械の中にはとてつもなく大きいものがあります。その例が、ここに紹介する重さ1万1800tの採掘機、バガー288エクスカベーターで、世界で最も重い陸上車両の1つです。巨大なアームを旋回させながら、崖状になった大地を掘り、1日に24万1000m³以上の土砂をすくい上げる能力があります。

長いケーブルを動かしてメインアームを上下させる

釣り合いおもりをのせて掘削機が前につんのめるのを防いでいる

幅の広い履帯で掘削機の重量を支えている

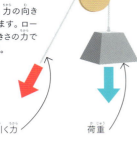

単滑車
輪が1つの滑車は、力の向きを変えることができます。ロープを引く力と同じ大きさの力で荷重を持ち上げます。

二重滑車
滑車を2つ組み合わせると、荷重を持ち上げるのに必要な力は半分になりますが、ロープを引く距離は2倍になります。

引く力　荷重　引く力　荷重

労力の軽減
単純機械を使えば、力を大きくしたり小さくしたりして、荷物の持ち上げなどの作業を楽に行うことができます。滑車でものを持ち上げるとき、滑車の数を増やすと持ち上げるのが楽になりますが、滑車の数が増えるほど引っ張る距離が長くなっていきます。

巨人のようなキャタピラ車
ロケットを発射場へ運ぶためにNASA（アメリカ航空宇宙局）がつくったクローラー（キャタピラ式輸送車）はとにかく巨大で、長さが約40mもあります。ただし、スピードは時速1.6kmしか出ません。

掘った土砂はベルトコンベヤーで運ぶ

この深いザルのようなバケットを使って土を掘っていく

頼りになる機械

機械とは、作業を任せるため、あるいは作業をしやすくするためにつくり出された道具です。最も基本的な機械である「単純機械」は6種類あり、複雑な構造の乗り物や器具も、単純機械を組み合わせてつくることができます。

世界最大級のダンプカーの積載重量は450t。ゾウ90頭分くらいの重さのものを運ぶことができる！

最長のトンネル

私たちがくらす地面の下には、いろいろなトンネルが張りめぐらされています。水道の水を送るトンネルもあれば、鉄道や自動車が山や丘の下、さらには海の下を通るためのトンネルもあって、地面の下はハチの巣のように穴だらけです。

最長の道路トンネル
ラルダール・トンネル（ノルウェー）：24.5km

最長の海底トンネル
英仏海峡トンネル（イギリス～フランス）：37.9km

最長・最深の鉄道トンネル
ゴッタルドベース・トンネル（スイス）：57km

最長の送水トンネル：デラウェア送水路（アメリカ、ニューヨーク州）：137km

> 英仏海峡トンネルの掘削工事にはトンネル掘削機が11台使われた。11台の総重量は、エッフェル塔よりも重い1万2000tに達する

データで見る
すごい建造物

「現代版の七不思議」とも言うべき壮大な建造物は、目もくらむような高さ、信じられないほどの長さに達し、工学と技術を新たな高みに引き上げています。

驚異の橋 4 選

最も長い橋
中国の丹陽・昆山特大橋は全長164.8kmです。

最も高い橋
中国の北盤江大橋は深い峡谷に架かり、川面から橋のデッキまでの高さが565mあります。

最も古い橋
トルコのイズミルでメレス川に架かる単一アーチ橋は、紀元前850年に建設され、現在も使用されています。

最も背の高い橋
フランスのミヨー高架橋（下）は主塔の高さが343mに及びます。

ミヨー高架橋

高いビル トップ 6

世界一高いビルとしての地位を長年保つことは至難の業です。ところが、現在高さ世界一のブルジュ・ハリファは、2010年以来、その座を守り続けています。

> ブルジュ・ハリファには延べ1万kmに及ぶ鉄骨が使われ、2万6000枚の板ガラスで覆われている

- ブルジュ・ハリファ　アラブ首長国連邦、ドバイ／高さ828m
- ムルデカ118　マレーシア、クアラルンプール／高さ679m
- 上海タワー　中国、上海／高さ632m
- アブラージュ・アル・ベイト・クロックタワー　サウジアラビア、メッカ／高さ601m

大きな人工島 トップ5

陸地に残っているスペースが乏しいと、人間はしばしば、海に人工の島をつくるという大事業に乗り出します。人工島の用途は、防衛要塞、空港、住宅地、高級リゾートなど、さまざまです。

関西国際空港

1 フレボポルダー
オランダ、フレボラント州
面積970km²

2 ヤス島
アラブ首長国連邦、アブダビ
面積25km²

3 香港国際空港
中国、香港
面積20.64km²

4 関西国際空港
日本、大阪
面積10.7km²

5 ポートアイランド
日本、神戸
面積8.3km²

最も重い建造物

ギザの大ピラミッドの推定重量は600万t。人類史上最も重い建造物です。近代建築物で最も重いのはルーマニアの首都ブカレストにある国会議事堂で、その重さは410万tです。

背の高い像 トップ5
（）内は完成年

1 統一の像
インド、グジャラート州／高さ182m (2018)

2 魯山大仏（中原大仏）
中国、魯山県／高さ128m (2008)

3 牛久大仏
日本、牛久／高さ120m (2008)

4 レイチュンセッチャー大仏
ミャンマー、モンユワ近郊／高さ116m (2008)

5 仙台大観音
日本、仙台／高さ100m (1991)

統一の像　魯山大仏（中原大仏）　牛久大仏　レイチュンセッチャー大仏　仙台大観音

平安国際金融中心　中国、深圳　高さ599m

ロッテワールドタワー　韓国、ソウル　高さ554m

世界最大の城

ポーランドのマルボルク城は世界一面積が広い城です。この城は13世紀にチュートン騎士団によって建てられました。総面積は21万m²で、サッカーフィールド26面に匹敵します。

科学

インターネットの裏側

> グーグルのクラウド上には4兆枚以上の写真が保存されている！

インターネットは世界中のコンピューターを結ぶ広大なネットワークです。現在何十億というコンピューターやスマートフォンがインターネットに接続しており、世界をまたぐ情報のやり取りが数秒でできてしまいます。

インターネット・サービス・プロバイダー
通称「プロバイダー」とよばれる事業者が、ケーブル、ダイヤルアップ・ネットワーク、衛星などを通じて、さまざまな機器からインターネットに接続するための基盤となる設備を提供しています。

アンテナが信号を伝達する

携帯電話基地局
高いところに設置されていることが多く、携帯端末からの信号を拾い、電波を利用するプロバイダーに携帯端末を接続します。

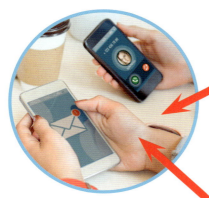

スマートフォン
スマートフォンは、Wi-Fiや携帯電話基地局を通じてインターネットに接続することができます。世界全体としては、パソコンよりもスマートフォンでインターネットにアクセスする人のほうが多くなっています。

ルーターはケーブルを通じてプロバイダーに接続している

無線ルーター
ルーターはコンピューターのネットワークをプロバイダーに接続する

部屋と建物をうめ尽くすほどの数のサーバーが並んでいることもある

コンピューター
ノートパソコンやデスクトップパソコンは、Wi-Fiまたは電話ネットワークに直接接続するケーブルを使って、ローカルルーターに接続することができます。

インターネットのしくみ

インターネットにアクセスできる機器はたくさんあります。そうした機器は、接続したルーターを使ってローカルネットワークを形成しています。ルーターはインターネット・サービス・プロバイダーと情報をやり取りし、プロバイダーは世界中のローカルネットワーク間の情報の受け渡しを行います。

データセンター
インターネット上で利用可能な情報は、巨大なデータセンターに置かれた「サーバー」というコンピューターに保存されています。こうしたサーバーを「クラウド」とよぶこともあります。

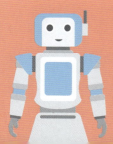

インターネット・トラフィック
（インターネットを流れるデータ量）の最大60％が人間ではなくボットによって生成されていると考えられている！

世界有数の大都市は接続数も世界最大級だ

世界を結ぶ

インターネットの登場により、国際的なコミュニケーションがかつてなく簡単にできるようになりました。現在では全人類の60％以上がインターネットを利用し、とりわけ、都市部からのアクセスが多くなっています。この地図は、世界中の都市がどれほど緊密にインターネットを通じて結ばれているかを示したものです。

衛星信号

インターネット・データのほとんどはケーブルを通じてやり取りされますが、一部は地球の周りを回る人工衛星を通じて送られます。衛星回線の利点は、ケーブルが設置されてない僻地でもインターネットに接続できることで、この衛星ブロードバンドを世界全域に展開しようと、新しい企業が計画を進めています。

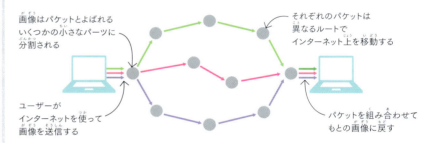

画像はパケットとよばれるいくつかの小さなパーツに分割される

それぞれのパケットは異なるルートでインターネット上を移動する

ユーザーがインターネットを使って画像を送信する

パケットを組み合わせてもとの画像に戻す

データの送信

インターネット上では毎日、膨大な量の情報が送信されています。これを可能にしているのが「パケット交換」という方法です。ネットに接続する端末から送信されたファイルを小さな塊（パケット）に分割し、それぞれ別々に利用可能な最良のルートで送るのです。

海底ケーブル

インターネット・データのほとんどは、光ファイバー・ケーブルを通じて世界中に送られており、光ケーブルの多くは広大な海の底を横断しています。海底を横断しているということは、船が傷つけたり、サメがかじる危険性もあるということです。

ワールド・ワイド・ウェブ

ワールド・ワイド・ウェブ（WWW）とは、インターネットを通じて見られるウェブサイトを相互に接続するしくみのことです。これは、電子メールやファイル転送サービスと同じく、インターネットを利用する方法の1つに過ぎません。

ケーブルをゆっくりと海の中へのばすオペレーター

総延長140万kmの海底ケーブルが全インターネット・トラフィックの97％を伝送している！

256 | 科学

初期のロボット

最も初期のロボットの1つに、1966年に開発された「シェーキー」があります。シェーキーは、カメラとセンサーを使って、部屋の中をぶつからずに移動したり、物を動かして1つにまとめたりすることができました。AIを利用するこのロボットは、今日のロボットへの道を開きました。

電子機器は中央におさめられた

ロボットを構成する部品

ロボットが複雑な作業を行うには、周りの状況を把握するセンサーが欠かせません。センサーから得た情報はロボットに内蔵されたコンピューターで処理されますが、人間のオペレーターが処理することもあります。作業に必要な動作を実行するのは、ロボットの腕やアクチュエーターという部品です。爆発物処理ロボット（イラスト）は、集めた情報を使って爆発物を処理します。

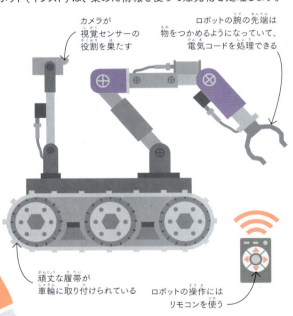

カメラが視覚センサーの役割を果たす

ロボットの腕の先端は物をつかめるようになっていて、電気コードを処理できる

頑丈な履帯が車輪に取り付けられている

ロボットの操作にはリモコンを使う

2021年の時点で、合計300万台の産業用ロボットが世界中の工場で稼働している！

有能なロボットたち

21世紀の私たちは、さまざまな仕事にロボットを使っています。工場や病院だけでなく、軍にもロボットが配備されています。こうした知能を持つ機械の中には、自分で意思決定ができるものもあります。

ロボット手術

手術支援ロボット「ダヴィンチ」にはロボットアームが取り付けられていて、それを使って、人の手では不可能な精密な手術を行います。人間の外科医がコンソール（操作卓）を使って、アームやそこに取り付けた器具、カメラを操作します。現在、世界中で5000台以上のダヴィンチが稼働中です。

ロボットという言葉の生みの親はチェコの作家カレル・チャペック。1920年発表の戯曲にロボットなるものが初めて登場し、人を殺した！

体を触られると、それを認識して反応する

目にはカメラが内蔵されている

人工知能

多くのロボットがある種の人工知能（AI）を利用しています。人工知能とは、人間と同じように、起こったことから物事を判断し、学習することができるコンピューター・プログラムのことです。この犬型ロボット「Aibo」は、AIを使って周囲の環境に適応し、飼い主との新しいかかわり方を生み出していきます。

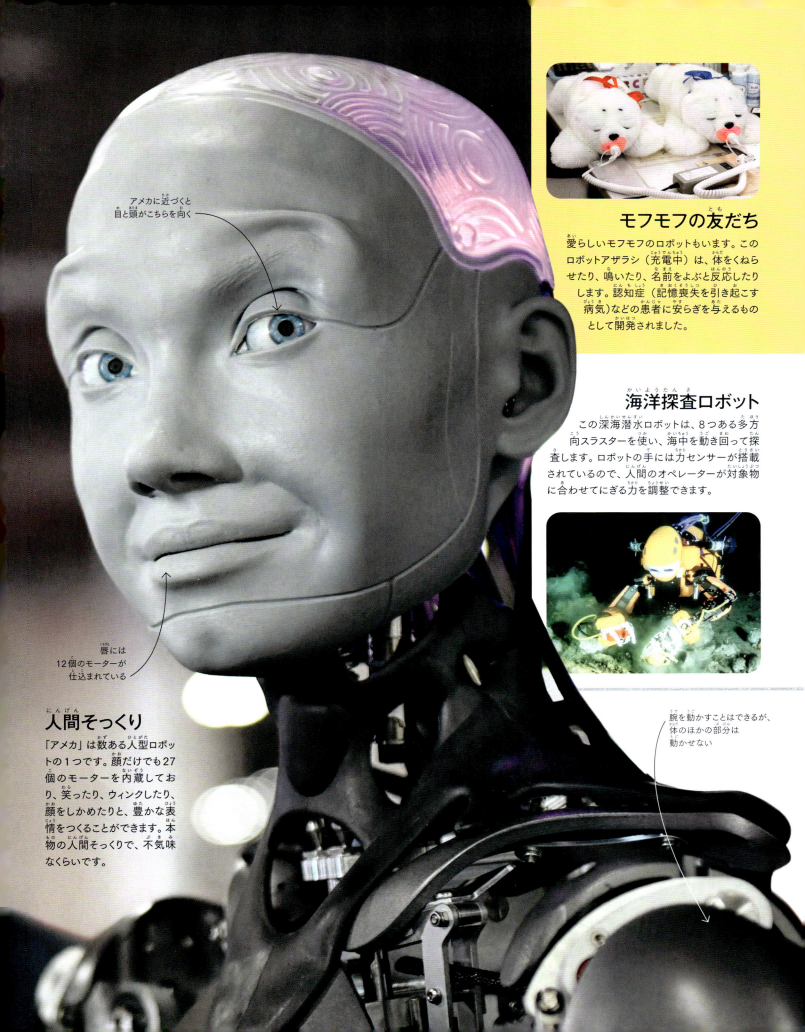

アメカに近づくと
目と頭がこちらを向く

唇には
12個のモーターが
仕込まれている

人間そっくり

「アメカ」は数ある人型ロボットの1つです。顔だけでも27個のモーターを内蔵しており、笑ったり、ウィンクしたり、顔をしかめたりと、豊かな表情をつくることができます。本物の人間そっくりで、不気味なくらいです。

モフモフの友だち

愛らしいモフモフのロボットもいます。このロボットアザラシ（充電中）は、体をくねらせたり、鳴いたり、名前をよぶと反応したりします。認知症（記憶喪失を引き起こす病気）などの患者に安らぎを与えるものとして開発されました。

海洋探査ロボット

この深海潜水ロボットは、8つある多方向スラスターを使い、海中を動き回って探査します。ロボットの手には力センサーが搭載されているので、人間のオペレーターが対象物に合わせてにぎる力を調整できます。

腕を動かすことはできるが、
体のほかの部分は
動かせない

258 | 科学

顕微鏡で見る ミクロの世界

肉眼では見ることのできない小さな生物の世界があります。小さな藻類から細菌のコロニーまで、無数の微生物が、私たちの身の回りや体の中にまで存在しています。

ものすごく小さな動物

極小の生命体がすべて単細胞の単純な生物というわけではありません。体長が2mmもない写真の水生カイアシ類（橈脚類）は、エビなどの甲殻類の仲間で、世界中の海や淡水に生息しています。

↑ 泳ぐための小さな足

細菌の体

細菌には3万以上の種があります。どの細菌も、たった1個の単純な細胞でできていて、その形は球形のものからコルク栓抜きのような形のものまでいろいろです。

前進するのに役立つ尾

細菌のすべての遺伝情報は体の中心に位置するDNAに保存されている

桿菌

線毛とよばれる細かい毛によって、物の表面にくっつくことができる

極限環境の生き物

生き物が生存できそうもない厳しい環境、たとえば深海の底でも生きられる微生物はたくさんいます。写真は熱水噴出孔とよばれる真っ暗な深海にできた煙突で、地中のマグマによって高温に熱せられた水が噴き出しています。日光の届かないこんな高温の場所でも繁栄できる微生物がいるのです。

噴出孔から出てくる熱水には、微生物が生命を維持するのに利用できるミネラルがたっぷりふくまれている

噴出孔の周りには微生物マットとよばれる微生物の塊が形成される

小さな世界

顕微鏡画像を見るとき、それが実際にどれくらい小さいか想像するのは難しいかもしれません。下の画像の生き物たちは非常に小さいため、マイクロメートルという単位でサイズが表されます（1マイクロメートルは1cmの1万分の1）。

水中を泳ぐのに使う鞭毛

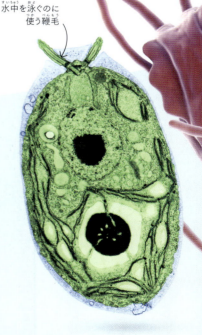

外側に生えるするどいとげを利用して、ウイルスは感染した生物の細胞の中に入りこむ

小さくてぶよぶよした球形の細菌

大腸菌の外膜は線毛とよばれる細かな毛で覆われている

球状の胞子

インフルエンザ・ウイルス
冬になると多くの人が感染し、感染すると死ぬこともある危険なウイルスです。その直径はわずか0.1マイクロメートル。

ブドウ球菌
ヒトの皮膚によく見られる細菌で、黄色ブドウ球菌は感染症を引き起こすことがあります。

大腸菌
ヒトの腸内に多く生息しています。ヒトにとって有益な種もあれば有害な種もあります。

ペニシリウム菌（アオカビ）
この小さな真菌は、細菌感染症の治療に使われる薬となり、多くの人の命を救っています。

微細藻類
小さな水生生物である藻類は、池や川、海に何百万という単位で浮かんでいます。

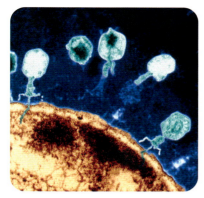

小さな侵略者

通常、ウイルスは生物に分類されません。ウイルスは自分の力で増殖できないからです。ウイルスが増殖するには、ほかの生物を利用します。写真のバクテリオファージというウイルスは、自分のDNAを細菌に注入し、細菌に複製させて増殖します。こうしてつくられた新しいウイルスが、細菌の細胞を突き破って出てくるのです。

顕微鏡の働き

光学顕微鏡は、ガラスレンズが光を屈折させる原理を利用した機器で、接眼レンズを通して対象物を見ると、実物よりも大きく見えます。光学顕微鏡が対象物を拡大して見ることができるのは数千倍までですが、光の代わりに電子ビームを利用する新しいモデルでは5000万倍まで拡大することができます。

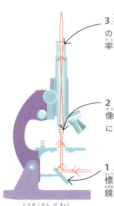

3 接眼レンズの近くのレンズがさらに倍率を上げる

2 レンズは対象物の像を4倍から100倍に拡大する

1 スライドにのせた標本に向けて、鏡が光を反射する

光学顕微鏡

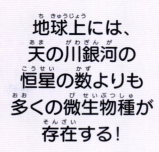

地球上には、天の川銀河の恒星の数よりも多くの微生物種が存在する！

精子には長い尾があり、これを使って体を前進させる

拡大して見ると、砂糖の結晶の表面は完全に滑らかではない

丸く膨らんだ部分に、この生物のDNAが入っている

ランブル鞭毛虫
人間に深刻な被害（ジアルジア症）をもたらす微生物で、原生動物界に属します。

精子細胞
この泳ぐ細胞は、ヒトの男性の体内で1日に1億個以上もつくられています。ヒトの細胞としては最も小さいものですが、多くの微生物を格段に上回る大きさです。

砂糖の結晶
砂糖、塩、米など、多くの家庭用食品は小さなつぶでできています。最も小さな砂糖の結晶でさえ、ほとんどの微生物の大きさを上回ります。

特徴を決めるDNA

私たち1人1人をそれぞれ異なる存在にしている情報は、長いらせん状の分子に格納されて、細胞の中にかくれています。この分子がDNAです。DNAの違いが、1人1人違う身体的・精神的特徴をつくっているのです。

二重らせん

細胞内で塊になっているDNAを広げると、二重らせん構造が現れます。これはねじれたはしごのような形をしていて、塩基とよばれる化学物質が2つ結びついて段をつくっています。塩基には4種類があり、その組み合わせの違いが、私たちの遺伝情報をおさめた暗号を形づくっているのです。

それぞれの塩基は特定の1つの塩基としか対をつくらない

DNAの骨格。糖などの化学物質でできている

ヒトのDNAの40%はバナナと同じだ！

かしこい染色体

誰もが母親と父親のDNAを受け継いでおり、そのDNAは染色体とよばれる構造体にまとめられています。あなたには46本の染色体があり、そのうちの23本は母親から、23本は父親から受け継いだものです。

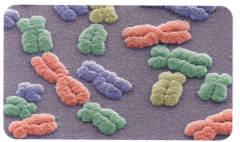

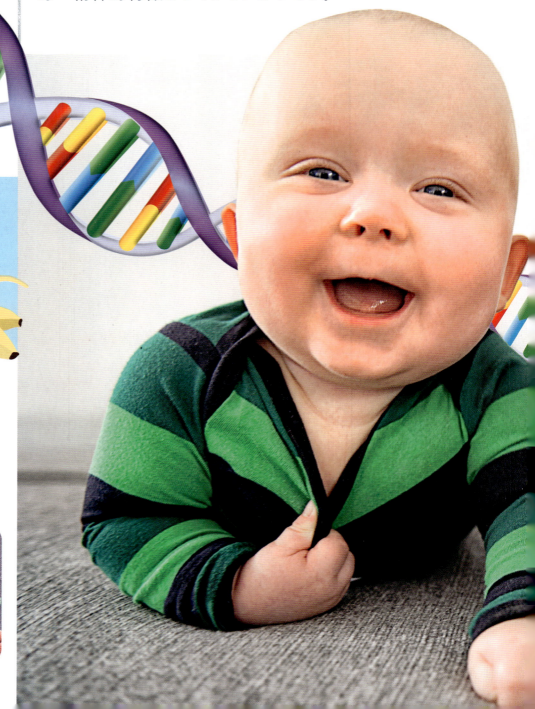

遺伝子の役割

DNA分子には、遺伝子とよばれる特定の領域がたくさんあります。それぞれの遺伝子は、体の一部になる部品をつくったり、体内での仕事に必要なタンパク質をつくるよう、体に指令を出したりします。こうしてつくられたタンパク質がすべて組み合わさって、人間の体を形づくる特徴ができ上がっているのです。

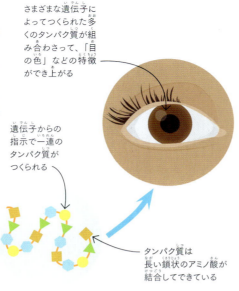

さまざまな遺伝子によってつくられた多くのタンパク質が組み合わさって、「目の色」などの特徴ができ上がる

遺伝子からの指示で一連のタンパク質がつくられる

タンパク質は長い鎖状のアミノ酸が結合してできている

DNAの各部が遺伝子になっている

遺伝子の書き換え

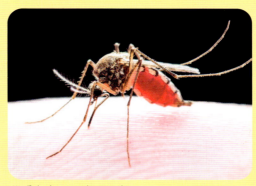

現代の科学者は、DNAを編集する能力を手に入れました。現在では、メスの蚊（人を刺すほう）が成虫になるまで生きられないように、遺伝子を編集する試験が行われています。もしもメスの蚊が成虫まで成長できなければ、マラリアなどの病気が蚊からヒトにうつるのを防ぐことができるでしょう。

双子のDNA

一卵性双生児はうりふたつに見えます。それもそのはず、2人ともまったく同じDNAを持っているからです。とはいえ、遺伝子によって将来がすべて決まるわけではありません。環境やライフスタイルの影響もあるので、双子でも成長するにしたがって違いが出てきます。実際、指紋だって同じではないのですから。

双子は目の色、肌の色、顔の形、どれもすべて同じだ

コードの変異

DNAがコピーされる過程で、遺伝子に変化が起こることがあります。皮膚や目の色素が薄くなるアルビニズムは、こうした遺伝子の変化によって起こります。子孫にこれが現れるのは、変化した遺伝子のコピーが2つ（父親と母親から1つずつ）受け継がれた場合のみです。

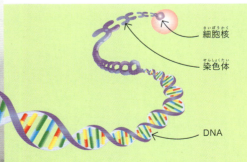

細胞核
染色体
DNA

1つの細胞にふくまれるDNAをすべてほどいてのばすと、その長さは約2mになる！

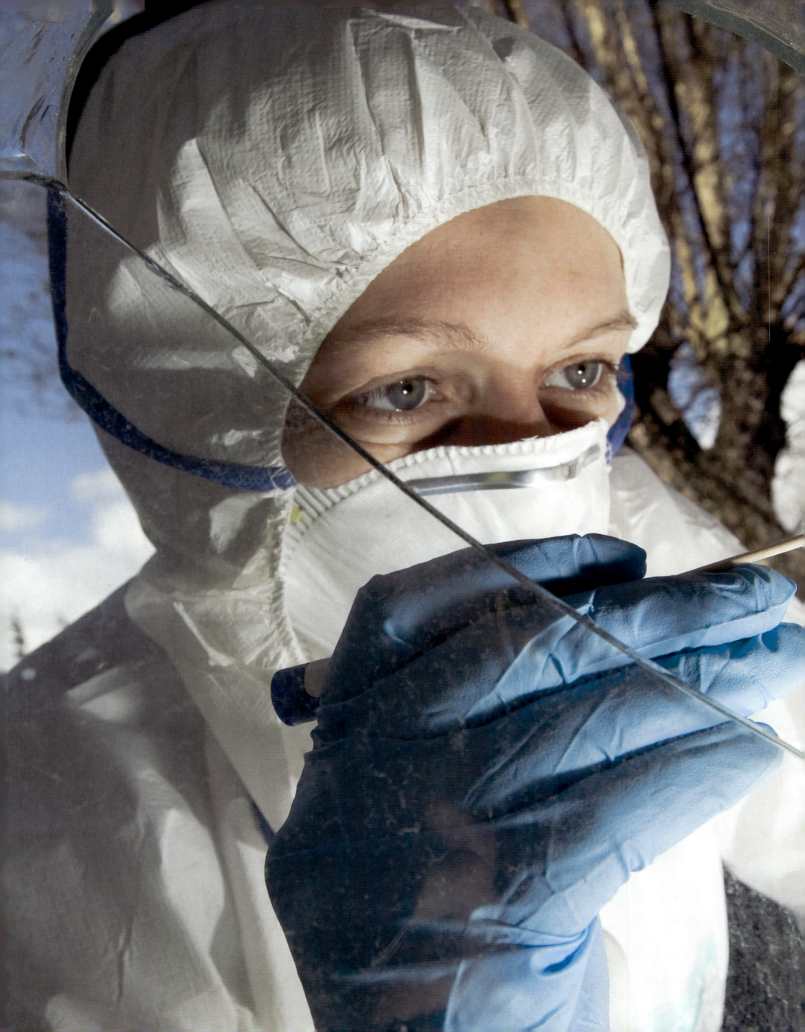

証拠集め

犯罪現場を調べる鑑識官は、犯罪の真相につながりそうな証拠をくまなく探し回ります。現場を乱さないように手袋と保護具を着用し、収集したものは、汚染されないように注意しながら、1つ1つ別の容器や袋に入れて封をします。写真のように、綿棒を使って割れた窓から採取した血液など、わずかなサンプルでも大きな証拠になる可能性があります。

リーサ・ニコルス=ドリューはイギリスのレスターにあるデ・モントフォート大学の准教授であるとともに、法科学者の資格も持っています。大学で教鞭をとりながら、事件の科学捜査も担当します。

法科学者に聞く

Q. 仕事の一番の魅力は何ですか?
A. ほかの専門家と協力しながら、科学的な手法を使って、誰が、いつ、どこで、何を、どのように行ったのか解明し、それを通じて犯罪を解決し、地域社会の安全を守ることです。

Q. 法科学にはどのような分野がありますか?
A. 法科学には、毒物学(薬や毒物を調べる)、テクノロジー(コンピューターや携帯電話を分析する)、生態学(土壌や花粉といったものを調べる)など、実に多くの分野があります。

Q. 犯罪現場ではどんなものが見つかりますか?
A. 犯罪現場には、靴の跡、タイヤの跡、衣服の繊維、ガラスやペンキの破片、書類、毛髪や唾液といった人間が残した証拠など、さまざまな種類の証拠が見つかる可能性があります。発見されたものはすべて検査機関に送られ、分析されます。

Q. DNAは犯罪の解決にどのように役立ちますか?
A. DNAは体のすべての細胞(赤血球を除く)に存在します。犯罪現場にある血液などの生体物質から回収されたDNAを法科学者が調べることで、犯罪と無関係の人物を除外したり、事件に関係する人物を特定したりする手がかりが得られることがあります。

Q. 証拠を見つけるのに役立つ特殊な機器は何かありますか?
A. 以前は見えなかった証拠が、今は見ることができるようになっています。紫外線を物品に当てると、それについた皮膚の細胞物質が見えるので、これを調べれば、その品を誰が扱ったかわかります。赤外線を使えば、ペンのインクで手の甲に書いたメッセージを洗い流したかどうかがわかります。この2種類の光は、パスポートや通貨などの公的なものが本物かどうかを判断するのにも役立ちます。

歴史 HISTORY
れきし

歴史って何?

歴史は、これまでに世界で起こったすべてのことでつくられています。私たちは、歴史を学ぶことで現在起こっていることを理解し、さまざまな物語に対する理解を深めることができるのです。

過去に目を向ける

古代の洞窟壁画から現代の写真にいたるまで、これまでに人々が芸術をつくってきた方法や、表現してきた対象を通じて、彼らの生きた世界を知ることができます。

動物
約2万年前、フランスのラスコー洞窟に描かれたウシやウマ。野生動物か獲物を描いたのでしょうか。

権力
支配者は、自らの富と権力を見せつけるために芸術を利用しました。この4500年前のモザイク画は、「ウルのスタンダード（旗章）」とよばれ、シュメールの軍事力を誇示しています。

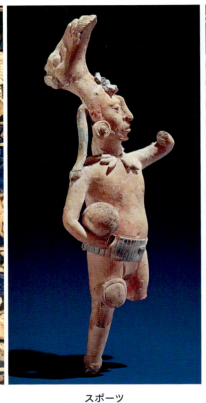

スポーツ
さまざまな時代の絵画やフリーズ（浮き彫り）、彫刻は、人々がいつの時代もスポーツに興じていたことを物語っています。この像は、7世紀のマヤの球技選手です。

宗教
いつの時代も、芸術はさまざまな宗教の神々や聖人、信仰を題材にしてきました。この中世のステンドグラスには、キリスト教の聖人が描かれています。

オーストラリアの先住民の口承史（口伝えによる歴史）は、6万年前にさかのぼる物語を伝えている！

歴史は誰のもの?

いつの時代も、さまざまな文化の人々が、自分たちが優れていることを主張し、その一方で自分たち以外の知識や伝統を否定してきました。以前は、「文字による記録がなければ歴史はない」とされていましたが、今日では、遺物や芸術のほか、何世代にもわたって受け継がれてきた言い伝えも事実を伝えるものとして尊重されています。

複雑な装飾が施されたスキタイのくし。スキタイは、「文字を持たない古代文明」として知られている

ギザのピラミッドがつくられた時代からクレオパトラが生きた時代までの年月は、クレオパトラから現代までの年月よりもはるかに長い！

歴史の謎

歴史の秘密の中には、今も謎のままになっているものがあります。5000年前にインド北西部からパキスタンにかけての地域で繁栄したインダス文明で使われた言語は、いまだに読み解かれていません。歴史家たちは解読を試みていますが、これは、歴史自身が謎のままにしておこうとしているのかもしれません。

約5000年前の印章にきざまれたインダス文字

歴史の情報源

歴史を知りたいとき、情報源はたくさんあります。文字に書かれた記録があれば、その時代の人々が見た出来事がわかります。考古学は遺跡から出土した物の世界を解き明かしてくれます。人々が語る過去についての物語も情報源になります。

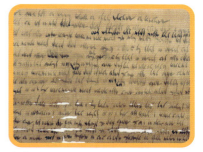

文字
写真は2500年前の結婚証書。こうした公の記録や、日記、手紙といった人々の手で直接書かれた記録は、彼らがどのようにくらしていたかを教えてくれます。後世の歴史書は、こうした「一次資料」を評価・分析したものなのです。

日常生活
18世紀に描かれた、たこあげをする2人のインド女性。こうした作品を通じて、昔の日常生活を知ることができます。

歴史的瞬間
1830年のフランス7月革命を描いた絵画。このように、歴史的な大事件が、それに参加した人々を称える作品として残されることがあります。

戦争
戦争は、いつの時代も絵画に描かれてきました。1850年代以降は、その悲惨さが写真としても記録できるようになりました。上は第一次世界大戦のひとこまです。

考古学
考古学者が遺跡で発見した遺物の数々は、人々の生活ぶりについて多くのことを教えてくれます。写真は、現在のブルガリアにある古代ギリシャの交易の中心地だった遺跡で、アンフォラ（両取っ手つきの壺）を発掘しているところです。

遊びとゲーム

昔から変わらないものもあります。3300年前も、子どもたちはゲームで遊んでいました。これは古代エジプトのゲーム「セネト」のゲーム盤です。少年王ツタンカーメンがあの世でも遊べるようにと、墓に埋葬されたものです。

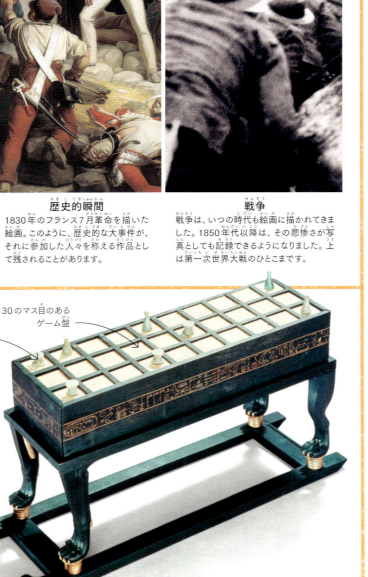

30のマス目のあるゲーム盤

象牙製の駒

口伝えによる歴史
多くの文化は文字記録を残していませんが、人々が口伝えしてきた歴史は、文字による記録と同じくらい豊かで詳細です。写真はアメリカ先住民の語り部であるアーボル・ルッキングホース。シャイアンリバー・ラコタ族の出身で、部族の歴史を語り続け、若い世代に伝えています。

人類の祖先

人類の進化は、約700万年前にアフリカでくらしていた類人猿のある集団が、直立歩行するようになって始まりました。そうした類人猿は、長い時間をかけて脳をより大きく進化させ、やがて私たちホモ・サピエンスの祖先が出現したのです。

- 火の上に食料を置けば、調理ができる
- 炎によって、明るさとあたたかさが得られる

火を手なずける

約100万年前、ホモ・エレクトスは火を起こし、コントロールする方法を学びました。そのおかげで、厳しい気候でも暖をとり、捕食者を追い払うことができるようになりました。火を使って調理すると、食物は消化しやすくなり、栄養を効率よく摂取できます。おかげで、人類の脳はより大きく発達しました。

最古のアート

最古の洞窟壁画は約4万5000年前に描かれました。左の壁画はそれより新しく、フランスのラスコー洞窟で約2万年前に描かれたものです。洞窟壁画には動物が多く描かれ、赤、黄、茶色の顔料が使われました。それは、物語を伝えるためだったのかもしれませんし、宗教的な意味があったのかもしれません。

道具づくり

初期の人類は道具づくりの名人でした。右の石斧は176万年前に火打石の破片をけずってつくられたものです。こうした道具が使われたのは150万年前のことですが、それからかなりあとの時代には、斧の刃の部分を棒や骨にくくりつけ、より強い力で振り回せるようにしたもの（下）がつくられるようになりました。

- 持ち手部分はとがっていないので、持っていても安全
- 痛烈な一撃をおみまいするためにとがらせた石の刃
- 柄にしっかり固定された刃の部分
- 柄には頑丈な木や骨を使い、下の端を握った

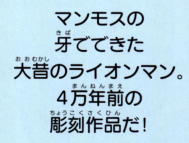

マンモスの牙でできた大昔のライオンマン。4万年前の彫刻作品だ！

ホモ・サピエンスは、アフリカで進化し、世界各地に広がっていった！

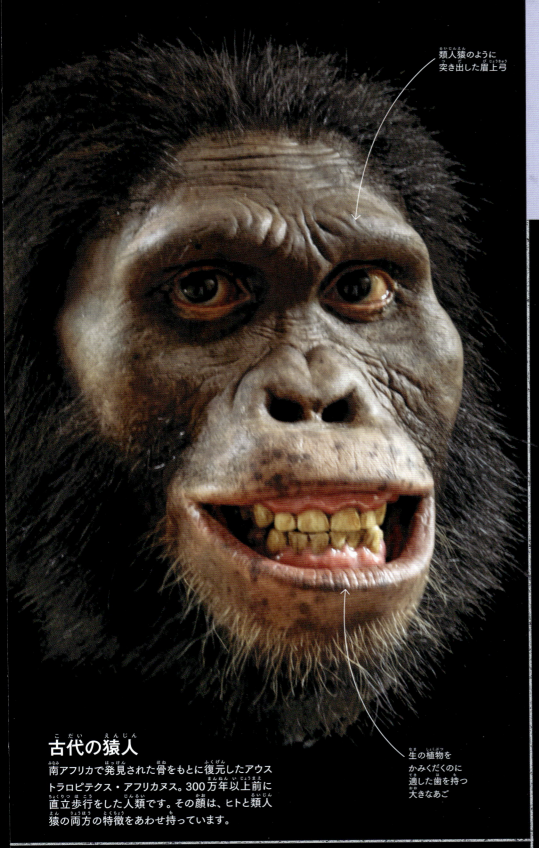

類人猿のように
突き出した眉上弓

生の植物を
かみくだくのに
適した歯を持つ
大きなあご

古代の猿人
南アフリカで発見された骨をもとに復元したアウストラロピテクス・アフリカヌス。300万年以上前に直立歩行をした人類です。その顔は、ヒトと類人猿の両方の特徴をあわせ持っています。

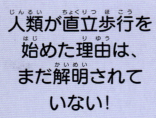

人類が直立歩行を始めた理由は、まだ解明されていない！

人類の祖先 5選
人類の祖先は約20種発見されています。中には、私たち現生人類と同じ時代に生きていた種もありますが、どれも絶滅しています。人類の祖先5種と、彼らが生きた時代を紹介しましょう。

アウストラロピテクス・アフリカヌス
320万〜200万年前
この種はおもに2本足で歩いていましたが、樹上生活に適した長い腕をまだ持っていました。現生人類よりもずっと小柄でした。

ホモ・ハビリス
230万〜170万年前
道具を使った最初の種の1つで、「ハビリス」は「器用な人」を意味します。直立歩行に適応していましたが、類人猿のように大きなあごと濃い体毛をまだ持っていました。

ホモ・エレクトス
180万〜11万年前
「エレクトス」は「直立した人」を意味し、体つきは現生人類とほぼ同じでした。アフリカやアジア各地に住み、狩猟採集のために長い距離を歩き回りました。

ホモ・ネアンデルターレンシス
20万年〜4万年前
大きな脳と強い力を持つホモ・ネアンデルターレンシス（ネアンデルタール人）は、寒い気候に適応し、ホモ・サピエンスと同じ時代に生存していました。

ホモ・サピエンス
20万年前〜現在
現生人類のホモ・サピエンスは、約20万年前にまずアフリカで進化しました。脳が大きくなったため、集団で協力したり問題を解決したりできるようになりました。

狩猟の始まり
初期の人類は死んだ動物の肉をあさっていましたが、道具を工夫することで狩猟ができるようになりました。約50万年前に発明された石製の穂先をつけた槍を使うことで、大型動物も人類の狩猟の対象となります。集団の力を合わせれば、どんなに大型の獲物でも倒すことができました。

最初の町

初期の人類は狩猟や採集で食料を得ており、新鮮な食料を求めてあちこち移動していました。1万2000年前頃になると、人類は作物を栽培し始め、初めて1カ所に定住するようになり、集落ができてきました。

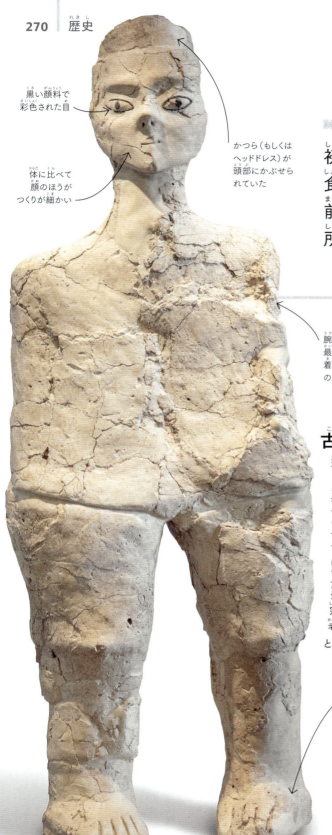

- 黒い顔料で彩色された目
- 体に比べて顔のほうがつくりが細かい
- かつら（もしくはヘッドドレス）が頭部にかぶせられていた
- 腕がないので、最初は衣服を着せられていたのかもしれない
- 小さな足には指がはっきりきざまれている
- 安定させるためにきつく巻きつけた葦を芯にしている

古代の像

現在のヨルダンに位置するアイン・ガザルは、世界最古の集落の1つです。約9000年前、ここに人々が定住していました。その遺跡の地下蔵からは、石膏でできた大きな人間の像が、30体以上発見されています。像は宗教儀式に使われたとも考えられますが、確かなことは誰にもわかりません。

肥沃な農地

最初の農耕民がくらしていたのは、3本の大きな川の流域に広がる肥沃な土地で、「肥沃な三日月地帯」として知られています。その地帯のメソポタミアとよばれる地域に、世界最古の集落がつくられました。

葦をきつく巻きつけて芯にしたアイン・ガザルの像は、約9000年前につくられた！

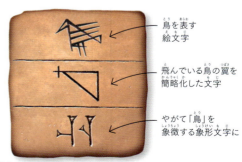

- 鳥を表す絵文字
- 飛んでいる鳥の翼を簡略化した文字
- やがて「鳥」を象徴する象形文字に

最初の文字

文字は、食料貯蔵庫の在庫や法的な契約を記録するために発明されました。メソポタミアで使われた初期の文字は、対象物を表す絵文字でした。絵文字は徐々に、簡略化された象形文字へと発展していきました。

歴史 271

車輪は最初、運搬用ではなく、陶器をつくるためのろくろとして発明された！

ウル王朝

メソポタミア南部のシュメールに、最初の都市国家が誕生しました。その首都ウルは、強大な力を持つ王と女王が統治する貿易の中心地でした。ウルの城壁内には、右のような巨大な階段ピラミッド（ジッグラト）がそびえ、宗教儀式に用いられました。

- ハープのように弦を弾いて演奏する
- 竪琴の前面を飾る雄ウシの頭

ウルで発掘された竪琴

青銅器時代

銅とスズをとかして混ぜると、青銅ができます。骨や石よりも強くて成形しやすい青銅は、紀元前3500年頃に最初に開発され、それまでよりも優れた道具や武器がつくられるようになりました。

- するどい刃先は熱した金属をたたいてつくる

王権を表すウシ

シュメール各地の都市では、専門の職人がはるか遠くの土地から取り寄せた原材料を使って、宝飾品をつくりました。この黄金の雄ウシの頭部は、4000年以上前にウル近郊の王墓に埋葬された竪琴の一部です。

- ラピスラズリは、かつては黄金よりも貴重だった青い石で、目とひげに使われている
- 木製の頭部は、薄くのばした金で覆われている

大都市 チャタル・ヒュユク

現在のトルコに位置するチャタル・ヒュユクは、9000年以上前に築かれた独特な構造の集落です。家と家の間に通路はなく、人々は粘土の屋根の上を行き来していました。この集落には約2000年間、人々がくらしていました。

- 玄関の代わりに天井に穴が開いていた
- 建物は密集していた
- 近くの囲いで家畜を飼っていた

最初に家畜化された動物はイヌだった！約1万5000年前のことである

歴史

ナイル川のほとり

エジプトの大部分は人を寄せつけない不毛の砂漠でしたが、ナイル河畔は土地が豊かで、農耕に適していました。おかげでエジプトは栄え、その強大な力で北方の土地を征服していきました。この地図は、エジプト王国の勢力範囲が最大だったときのものです。

凡例
■ 前1570〜前1085年頃のエジプト

女性の統治者

ファラオ（王）は大半が男性でしたが、女性が自分の子どもや夫と共同、もしくは代理の摂政として国を統治することもありました。右のネフェルティティ王妃は、夫のアクエンアテンとともに国を統治しました。正確な役割は不明ですが、当時の美術品にエジプトの敵を打ち負かす姿が描かれているので、強大な権力を持っていたことは間違いないようです。

ネフェルティティ像の右目は黒く染めた蜜蠟で彩色し、つややかな水晶で覆われている。左目は失われている

人が死ぬと、その臓器はカノプス壺に入れて保存した！

ぐるぐる巻きで埋葬

裕福な人は、埋葬時に大がかりな儀式を行いました。遺体はミイラにされ、幾重にも包まれ、入れ子式の石棺（サルコファガス）に収めて、死後の世界に向かう準備をしたのです。

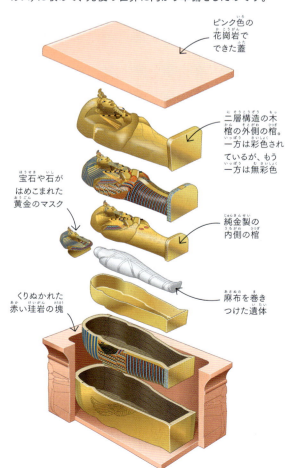

- ピンク色の花崗岩でできた蓋
- 二層構造の木棺の外側の棺。一方は彩色されているが、もう一方は無彩色
- 宝石や石がはめこまれた黄金のマスク
- 純金製の内側の棺
- 麻布を巻きつけた遺体
- くりぬかれた赤い珪岩の塊

- 危険に備えて警戒する見張り
- 槍で魚を仕留めようとしている男
- 漁師たちが捕らえた大型の魚

聖なるネコ

エジプト人にとって、ネコは家に幸運をもたらす動物でした。そのため、ネコは宝石で飾られ、ごちそうを与えられていました。ネコが死ぬとミイラにし、飼い主の人間はまゆ毛をそり落として喪に服したのです。ネコを殺した者は、誰であろうと死刑にされました。

ネコのミイラは一族の墓や寺院に安置されることもあった

ナイル川に育まれた王国

紀元前3000年頃、アフリカのナイル川流域に、強大な力を持つエジプト文明が興りました。エジプトは世界史上、かつてないほど豊かな王国になりました。

世界の驚異！
大ピラミッドは、重さ約2.3tの岩のブロック、約200万個でできています。ファラオであるクフ王の墓として建造され、人間の顔にライオンの体を持つ大スフィンクスによって守られています。

川の恵み
古代エジプトでは、生活の中心に常にナイル川がありました。毎年起こる洪水で、栄養豊富な土壌が流域の平野に運ばれ、土地は肥沃になりました。はしけ船が川を往来し、物資や人を運びました。この4000年前の模型には、貴族の家族が川遊びを楽しむ様子が表現されています。

- 仕留めたばかりの水鳥
- 日差しを遮る天蓋
- 船尾の長いオール。はしけ船を操作する
- 予備のオール

ファラオは、3000年以上にわたってエジプトを支配した！

ファラオ
古代エジプトのファラオは絶大な権力を誇り、神の化身と見なされていました。ファラオは、民衆を集めてピラミッド建設のような大がかりなプロジェクトに携わらせることもできましたが、民衆の大半は農民だったため、収穫期および集めることはできませんでした。

- ファラオの統治を象徴するコブラ
- 少年王ツタンカーメンのマスク。黄金と宝石で飾られている

メナト=アッラ・エル・ドーリー博士は、植物を専門とするエジプト考古学者です。墓に描かれている絵や遺物を顕微鏡を使って調べ、祖先が食べていたものを明らかにしようとしています。

エジプト考古学者に聞く

Q. どんな仕事をしているのですか？
A. 古代の植物を研究しています。たとえば、みなさんが好きな料理をつくるとき、種を取り除いて捨てるとします。その種がゴミの中から見つかれば、何をつくっていたのか当てることができるのですよ。

Q. 古代エジプト人の好きな食べ物は？
A. パン、レンズ豆、レタス、ネギ、それにアヒル、ガチョウ、豚、魚などをよく食べていました。毎日のように飲んでいたのがビールです。とろみがあって栄養価が高い飲み物でした。お金持ちも同じものを食べていましたが、値段の高い牛肉やワインを、庶民よりも多く食べていました。

Q. 甘いものもありましたか？
A. もちろん！　古代エジプト人は甘いものが大好きで、干しイチジクやナツメヤシを使って、ケーキに似た甘いパンをつくっていました。お金持ちは、甘いケーキや焼き菓子をつくるときにハチミツも使いました。

Q. 食べ物をどうやって冷蔵したのですか？
A. はっきりとはわかりません。冷蔵せずにすむように、乾燥させたり、塩漬けにしたり、燻製にしたりと、さまざまな工夫をしていたはずです。おそらく、その日の食べ物はその日に手に入れたのでしょう。冷蔵する必要のあるものは、家の中のすずしい場所に保管していたと考えられます。

Q. 今までで一番珍しい発見場所は？
A. 大便の中です！　実は、動物の糞や人間の便も食べたものがたくさんふくまれているので、古代の食生活についていろいろなことがわかるんです。

Q. どうして古代人の痕跡を探すことが重要なのですか？
A. エジプト人としても、エジプト考古学者としても、私にとって、自分の祖先がどんな人たちだったのかを知ることは大切です。祖先のくらしぶりを知るのにうってつけの手がかりが食べ物なんです。それだけでなく、現代の私たちが食べている料理がどんな歴史をたどってきたのかも研究したいと思っています。世界中で伝統料理が失われつつある今、それを記録に残すことが重要だと思っています。

豊かな食材

この3400年前の墓の壁画には、古代エジプトの書記で天文官だったナクトとその妻タウィが、穀物、ブドウ、魚、アヒル、イチジクなどの供物を受け取っている姿が描かれています。古代エジプトは、当時の世界でどこよりも肥沃な土地の1つでした。こうした壁画は現在、メナト=アッラ・エル・ドーリー博士をはじめとするエジプト考古学者たちが古代世界の様子を知る手がかりとなっています。

古代ギリシャには、アテナイやスパルタなど1000以上の都市国家があった！

立派な劇場

演じられている劇について解説するパフォーマー集団。彼らはコロス（コーラスの語源）とよばれる

神々の登場場面では、装置を使って役者を降ろした

斜面の岩を切り出してつくった客席

古代ギリシャの演劇は、おそらくディオニュソス神の祭典を起源としています。喜劇は支配者や神々のことをからかい、悲劇は悲しい物語を描きます。さまざまな役を演じるために、役者は仮面をつけました。

英雄ヘラクレス

手にした石で大蛇をなぐろうとするヘラクレス

古代ギリシャには数多くの神話があります。中でも有名なのは「ヘラクレスの功業」の物語です。ヘラクレスは、家族を殺した罰として科せられた12の難しい仕事を成し遂げました。大蛇と戦うこの19世紀の彫像をはじめ、ヘラクレスは多くの芸術作品にインスピレーションを与えました。

偉大な神々

古代ギリシャには多くの神々がいて、それぞれがくらしのさまざまな分野を司っていました。神々に供物を捧げればお返しに祝福を得られると、人々は考えていました。

ゼウス
神々の王で、稲妻を武器とします。

アテナ
都市国家アテナイを守護する知恵と戦いの女神。

ヘルメス
神々の使者で、死者の魂を冥界に導きます。

古代ギリシャの彫像は、今は色がついていないが、もともとは鮮やかな彩色が施されていた！

大いなるギリシャ文明

今から2500年前、古代ギリシャの人々は、影響力のある独自の高度な文明を築きました。古代ギリシャは1つの国ではなく、言語と宗教を共有する数百の都市からなる国家でした。

ホプリテスは脚を守るために青銅製のすね当てをつけた

戦士ホプリテス

古代ギリシャでは、しばしば都市どうしが戦争をしました。兵士は、ギリシャ語で盾を意味するホプロンにちなみ、ホプリテスとよばれていました。武器やよろいの代金は自分で用意しなければならず、ホプリテスになれるのは、裕福な者に限られていました。

大蛇の正体は川の神アケロオス。戦うためにこの姿になった

人の体を貫くするどい牙

裸でも無礼じゃない！

古代ギリシャの人々は裸で体をきたえました。英語で「体育館」を意味する「ジムナジウム」には、「裸で運動する」という意味もあります。オリンピアに出るランナーも、ひげは生やしていても裸でした。

ヘラクレスの手から逃れようとするアケロオス

ヘラクレスは強い握力で大蛇を押さえこむ

民衆の力

古代ギリシャの初期の都市国家は、王によって統治されていました。右は、そうした王を表現した青銅器時代の仮面です。しかし紀元前507年頃、アテナイの人々は王を追放し、自由民1人1人に重要案件についての投票権を与えました。この体制は、ギリシャ語のデモス（民）とクラトス（統治）を組み合わせて、デモクラシー（民主政）とよばれました。

古代ローマの裕福な人々は、クジャクやキリン、はてはライオンまで、異国の動物を好んで食べた！

教育

ポンペイ壁画に描かれたこの女性は、蠟板とペンの一種であるスティルス（鉄筆）を持ってポーズをとっています。読み書きを学ぶことは、古代ローマの富裕な人々だけの特権でした。

ローマ帝国の拡大

今から約2000年前、古代ローマの人々は、訓練のゆきとどいた軍隊と優れた工学技術を駆使して、かつてないほど巨大な大帝国を築きました。

ヒョウなどの野生動物が帝国の各地から連れてこられた

ひとかみで殺せるほど強力なあご

この剣闘士は槍で戦っているが、剣を使う剣闘士もいた

上半身のよろいで胸は守られているが、のどはむき出しだ

血は剣闘場の砂地にしたたり落ち、しみこんでいく

命がけの戦い

剣闘士とよばれるきたえ上げた戦士たちは、民衆を楽しませるために競い合いました。決闘をしたり、戦闘を再現したり、どうもうな動物に挑んだりしたのです。剣闘士の大半は奴隷で、最強の剣闘士は、富や名声、さらには自由を勝ち取ることができました。

広大な帝国

ローマ帝国は拡大し続け、その勢力圏は117年頃に最大となります。北はイギリス、東はイラクあたりまで広がり、人口は7000万人に達しました。帝国内の遠く離れた都市を結ぶため、古代ローマの人々は8万kmに及ぶ舗装道路を整備し、軍隊の移動や貿易、郵便に活用しました。

古代ローマのトイレ事情

大半の家にはトイレがなく、人々は公衆トイレを使いました。個室はなく、しゃべったり冗談を言い合ったりする社交の場として人気がありました。ただし、用を足したあとにお尻をふく道具は、みんなで使い回していました。

無敵の軍隊

- 盾を密集させて頭上を防御した
- 外が見えるのは最前列の兵士だけ
- 行軍と戦闘に耐える頑丈なサンダル
- 兵士の体を守る湾曲した盾
- ローマ帝国を象徴するワシの翼

古代ローマ軍は30の軍団に分かれており、各軍団はレギオナリウス（軍団兵）とよばれる4800人の兵士で構成されていました。軍団はさまざまな陣形をとって、身を守ると同時に戦闘を有利に運びました。上のイラストはテストゥド（カメの意味）とよばれる陣形です。

初代皇帝

- 若者の姿で表現されたアウグストゥス
- 腕をのばしているのは、アウグストゥスが演説していることを表している
- ローマ神話の愛の神クピドが皇帝のそばにいる
- 裸足で表現されるのは神々だけだ

500年近く共和政だったローマで、紀元前49年に内戦が起こり、将軍のオクタウィアヌスが皇帝の座に就くと、アウグストゥス（「尊敬すべき者」）と名乗り、神として崇められるようになりました。その後400年にわたり、ローマは歴代の皇帝に支配されました。

放置しておいた尿にふくまれるアンモニアが汚れを落とすため、古代ローマ人は洗濯に尿を使っていた！

驚きの工学技術

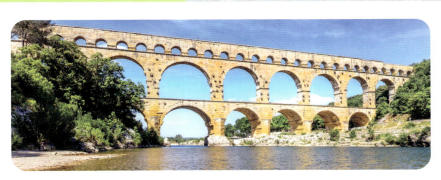

ポン・デュ・ガールとよばれるこの橋は、水源から50km離れたフランスのニームまで水を運ぶ水道橋の一部です。古代ローマ時代の1世紀に建造されました。古代ローマ時代の遺物は、2000年以上の時の試練に耐え、残っているものがたくさんあります。

凶暴な略奪者

バイキングは、8世紀に西ヨーロッパの沿岸部を襲い始めました。865年、バイキングの大軍団がイングランド東部の海岸に上陸し、左の中世の写本に描かれているように、大規模な侵略を開始しました。数多くのバイキングが、イングランドその他の略奪した土地に定住していきました。

← 船首に取り付けられたドラゴンの頭部は恐怖のシンボルだった

農場のような家

バイキングは、現在のノルウェー、デンマーク、スウェーデンの沿岸地域でくらしていました。多くの者は農民や職人で、家族と家畜のためのスペースがある大きな家に住んでいました。

かくされた財宝

バイキングは、財宝を略奪すると安全な場所にかくしていましたが、取りに戻らないこともありました。この黄金のペンダントは、バルト海のある島の埋蔵場所から発見された財宝の1つで、ほかの金製品と合わせると600gの重量になりました。

← 槍を手に、渡し板を伝って上陸しようとしている戦士

身だしなみに気をつかうバイキングは各自がくしを持っていた！

← シカの枝角でつくったバイキングのくし

海を渡るバイキング

8世紀から11世紀にかけて、バイキングはスカンジナビアから船出しました。その旅は土地の略奪だけでなく、貿易や文化交流にもつながりました。

無線通信規格のBluetoothは、バイキングの「青歯王」ハーラル1世にちなんで名づけられた。左のロゴは、青歯王のイニシャルのルーン文字を組み合わせたものだ！

頼りになる武器

高価な剣を持っているバイキングもいましたが、バイキングの一般的な武器は斧や槍でした。どんな武器でも貴重品だったため、柄にルーン文字で所有者の名がきざまれているものもありました。

バイキングの旅

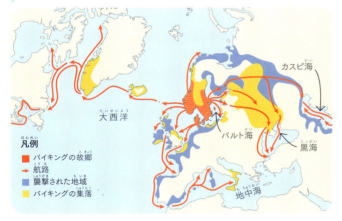

バイキングは、故郷のスカンジナビアを出発して、北へ、南へ、東へ、西へと向かいました。土地や財宝を得るために略奪や殺戮をする者もいたし、新しい土地を開拓するために遠くまで航海する者もいました。さらには、東ヨーロッパの川や海岸沿いの交易路を開いた商人もたくさんいました。

凡例
- バイキングの故郷
- 航路
- 襲撃された地域
- バイキングの集落

北欧の神々

バイキングには多くの神々がいて、それぞれ独自の能力と個性を持っていました。神々は、人間や巨人の頭上の、巨大樹ユグドラシルの天辺にあるアスガルドでくらしていました。

トール
戦士であり雷神であるトールは、槌を手に巨人や大蛇と戦います。

熟練の船大工

バイキングは熟練した船大工でもあり、さまざまな形状の船を持っていました。よく知られるロングシップは、船体がスリムで船足も速く、こいで進むことも帆走することも可能でした。ロングシップの船底は平らなので、岸のすぐそばまで近づき、浅い川でも航行できました。

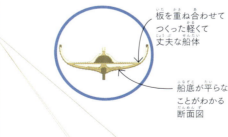

板を重ね合わせてつくった軽くて丈夫な船体

船底が平らなことがわかる断面図

風が止むと帆を下ろした

舵取り用のオール

風がないときは、オールを使った

船首に取り付けられたドラゴンの頭部。洋上では取り外すこともあった

オーディン
主神のオーディンは、知識が豊富で全能です。8本脚のウマに乗っています。

フレイヤ
愛と豊穣の女神フレイヤは、生と死を司っています。

船の名前を当てよう

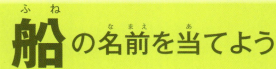

古今東西の海の乗り物を紹介しよう。
名前をすべて言えるかな?
仲間はずれもあるので気をつけて!
答えはこの下にあるよ。答えを先に見ないように!

( )の中はつくられた年・時代

1 ビザンチン帝国のドロモン(7世紀)
2 サバンナ号:大西洋を横断していた蒸気帆船(1818年)
3 中国・明時代のジャンク船(1640年頃)
4 ベネチアのゴンドラ(18世紀)
5 オランダ東インド会社のバタビア号(1628年)
6 カティーサーク号:イギリスの快速帆船(1869年)
7 コンテナ船(現代)
8 アラビアのダウ船(1300年代以降)
9 フラム号:ノルウェーの探検船(1892年)
10 サンサルバドル号:スペインのガレオン船(1540年)
11 サンティシマ・トリニダー号:スペインの戦艦(1769年)
12 古代ギリシャのトライリーム(三段櫂船)(前5世紀頃)
13 古代エジプトの帆船(前16世紀頃)
14 樹皮でつくったクリー族のカヌー(17世紀)
15 古代ローマの商船(前3世紀)
16 タイタニック号:豪華大洋航路船(1912年)
17 李氏朝鮮の亀甲船(1590年)
18 ホーネット号:アメリカ海軍の空母(1940年)
19 バイキングのロングシップ(9世紀)
20 ペルーの葦舟(13世紀)
21 シンフォニー・オブ・ザ・シーズ号:クルーズ船(2017年)
22 エンパイア号:アメリカの蒸気外輪船(1843年)
23 ポリネシアの戦闘用カヌー(5世紀)
24 ポルトガルのカラベル船(1590年)
25 海賊船(18世紀)
26 伊400:日本の潜水艦(1944年)
27 ボトルシップ
28 ドレッドノート号:イギリスの戦艦(1906年)

仲間はずれは27のボトルシップ。これは模型の船だ。他の船と違って実際に乗れないからね。中に模型を入れるには一度ばらばらに分解しておき、ボトルの中に入れてから船の形に組み上げるんだよ。

284 | 歴史

中華帝国——宋王朝の時代

960年、趙匡胤という将軍が、乱立していた10個の国々（十国）を平定し、1つの帝国に統一しました。新たに建国された宋王朝は、その後300年にわたって中国を統治しました。

蚕のまゆ1つから、長さ900mものひと続きの絹糸が得られる！

ゾウは珍しい見世物で、その存在は、帝国の富を見せつけるものだった

仏塔の建立

宋の時代には、数多くの仏塔が建立されました。仏塔は細長い多層の建造物で、神聖な物を安置したり、展望台として使われたりしました。写真の遼帝塔は、現存する宋時代の塔の中で最も高く、13層から成っています。1055年に完成し、高さは84mあります。

官僚登用試験

宋の朝廷で職を得るには、「科挙」という試験に合格する必要がありました。あらゆる階層の何千人もの若者が試験を受け、合格するのはきわめて優秀な者だけでした。つまり、朝廷は富裕層や縁故者だけでなく、国中の秀才を集めて構成されていたのです。

石弓（弩）の威力

このイラストのような中国の手持ちの石弓は、射程が370m以上で、2秒に1回の速射ができるものもありました。

希少な絹地

絹地に火のし（アイロン）をあてる高貴な女性たち。何世紀もの間、蚕のまゆから糸をとって絹織物をつくる方法は、中国人しか知りませんでした。貿易商はこの希少な織物を、はるばる中国からヨーロッパへと運びました。

中が空の竹筒に火薬を詰めると、爆竹のでき上がり！

影絵の物語

人形を使った影絵芝居の一場面。中国の皇帝や衛兵（禁軍）の立派さが描かれています。影絵芝居は宋の時代に広まり、その後も伝統芸能として盛んに上演されました。この人形は、宋のあとの清朝の時代につくられたもので、中国西部の甘粛省で発見されました。

大刀とよばれる長い刃のついた武器で武装している朝廷の衛兵

今日にも生きる宋時代の大発明

宋の時代、中国の技術者や発明家は、中国のみならず全世界を変えるような技術革新を数多くもたらしました。そうした発明は、今日でもさまざまな形で活用されています。

羅針盤
1100年代、針が常に南を指す羅針盤が発明され、航海術が進歩しました。

紙幣
商人が交子とよばれる最初の紙幣を使い、それがのちに公式の通貨になりました。

活版印刷
技師の畢昇（990〜1051年）が、陶磁器製の活字を使う最初の活版印刷を発明しました。

運河の閘門
983年、水位を上げ下げする閘門が中国につくられ、運河は丘陵地にも広がっていきました。

火薬
宋王朝は、建国する直前に発見した火薬を使って、最初の爆薬をつくりました。

陶枕（陶磁器製の枕）

赤ん坊をかたどった陶磁器製の調度品。枕などに用いられる

中国製の花瓶や食器、置物などの磁器は、原産地にちなんで「チャイナ」とよばれ、その品質の高さから珍重されました。白磁は、カオリンという白い粘土に、きらきらした石英と光沢のある雲母をふくむ鉱石を混ぜてつくられます。

286 | 歴史

中世の日本

12世紀末の鎌倉幕府誕生以来、日本は将軍を頂点とする武士階級によって支配されました。将軍の統治下、日本には一定の秩序と豊かな伝統文化が誕生しました。

豪傑として知られる女武者の板額御前

普通の扇子の形をした鉄扇は、刀を持ちこめない場所での護身用として携帯された

金属製の硬い骨は、鋭利な刃になっていることもある

絹製の飾り房

扇子の用途

涼をとるときには紙製の扇子、ファッションとして自己主張したいときには高級な絹製の扇子が使われました。鉄扇とよばれる金属製の扇子もあり、武器としても防具としても使うことができました。

重ね着ファッション

武家風の文化が発展すると、衣服にも変化が現れました。武士は着用が楽な「直垂」を日常的に着るようになり、女性の間では「小袖」が流行しました。

女武者の戦い

12世紀後半、有力武家の平氏と源氏が全国を二分する戦いをくり広げました。当時は女性が戦闘に加わることもあり、源義仲に仕えた巴御前や、平氏方の城資国の娘である板額御前といった女武者の活躍が、後世に伝えられています。

木曽馬とよばれるずんぐりした小型のウマ。そのたくましさで兵士に好まれた

幅広の袖口はきつく絞ることもできた

細かい模様（小紋）

男性の装束
絹製の直垂は日本のエリート層の装束でした。庶民は質素な木綿製の服を着ていました。

女性の装束
小袖は重ね着ができ、一番外側の衣はさまざまにアレンジできました。

歴史 287

強大な将軍
1192年、源 頼朝は天皇から征夷大将軍に任命され、天皇よりも強大な権力を持つ最初の将軍となりました。以後、足利氏や徳川氏などが歴代の将軍を務め、1867年まで日本を統治しました。

戦国武将は戦の合間に花を活けて心を静めた！

仏教の守護神
紀元前5世紀にインドで生まれた仏教は、6世紀に日本に伝わり、その後新たな形をとって武家の間に広まっていきました。この持国天像は、武将のような姿をしています。

神道の思想
日本の伝統的な宗教は神道です。神道では、あらゆるものに神が宿ると考えられています。

稲荷神社のキツネの像。キツネは神の使いと考えられ、日本人に親しまれている

武芸には18種があるとされ、その1つには甲冑を着たまま水中を泳ぐ泳法もあった！

嫉妬深い鬼である「般若」を演じるときに役者がかぶる面

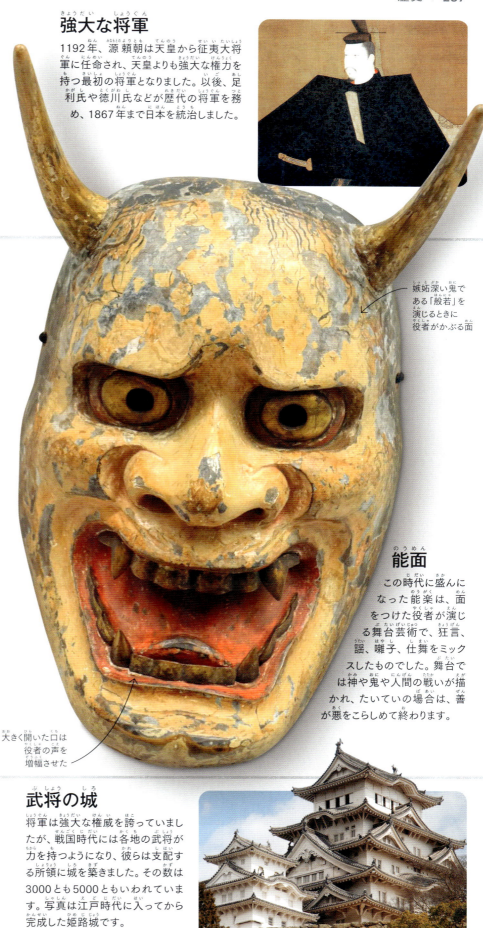

能面
この時代に盛んになった能楽は、面をつけた役者が演じる舞台芸術で、狂言、謡、囃子、仕舞をミックスしたものでした。舞台では神や鬼や人間の戦いが描かれ、たいていの場合は、善が悪をこらしめて終わります。

大きく開いた口は役者の声を増幅させた

武将の城
将軍は強大な権威を誇っていましたが、戦国時代には各地の武将が力を持つようになり、彼らは支配する所領に城を築きました。その数は3000とも5000ともいわれています。写真は江戸時代に入ってから完成した姫路城です。

288 | 歴史

時計を動かす機械の一部がこの中にかくれている

時刻はここに表示される

アル=ジャザリー著『巧妙な機械装置に関する知識の書』に記されたゾウ時計の挿絵

挿絵には、アラビア語で注釈がついている

ドラゴンが下にある壺に玉を落とすと、それが引き金になって時計が鳴る

30分ごとにゾウの頭をたたくゾウ使い

ゾウ時計

イスラム世界に数多くいた発明家の1人で工学者のアル=ジャザリー（1136〜1206年）は、実用的な水車から、人々を楽しませるからくり時計まで、さまざまな装置をつくりました。この写真の精巧な時計は、現代の復元模型。アル=ジャザリーの発明品の数々は、詳細な挿絵つきで著書に記録されています。

ヨーロッパ / 地中海 / アジア / バグダッド / アル=アンダルス（アラビア語でイベリア半島の意） / アフリカ / メッカ

凡例
- 632年のイスラム世界
- 661年までの勢力範囲
- 750年までの勢力範囲

イスラム教の誕生

預言者ムハンマドは、7世紀初頭にメッカから宗教的メッセージを広め始めました。イスラム世界のカリフ（預言者の後継者）が領土を拡大するにつれて、この新しい宗教もカリフとともに移動していきました。

知の中心地

バグダッドの有名な図書館「知恵の館」には、さまざまな言語で書かれた何千という書物が収められていました。イスラム世界各地から、科学者、翻訳者、作家がここに集まり、意見が交わされました。

イスラムの黄金時代

イスラム教は7世紀にアラビア半島で誕生した宗教です。その教えが広まるにつれ、イスラム世界に科学と文化の黄金時代が花開きました。

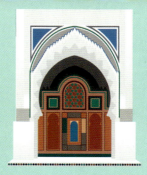

世界最古の大学は859年、ファティマ・アル＝フィフリによってフェズに設立された！

砂糖が北アフリカとヨーロッパにもたらされたのはイスラム商人のおかげだ！

炎症を起こした歯を治療する道具

研究熱心な医師
この絵のように、日常的な歯の治療から高度な外科手術まで、医師たちは人々を治療する新しい方法を見つけることに熱心でした。

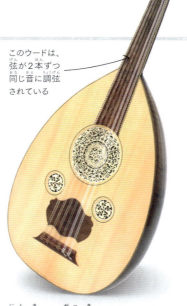

このウードは、弦が2本ずつ同じ音に調弦されている

人気の楽器
黄金時代を通じて、イスラム音楽が広く普及しました。当時の楽器の中で人気があったのがウードで、その多くが現代のスペインに当たるアル＝アンダルス（イベリア半島）でつくられました。ウードは旅する音楽家によって近隣のヨーロッパの諸王国に持ちこまれ、そこでリュートになりました。

イスラムの先進的科学
イスラム教は、学者に発明や研究を奨励しました。古代ギリシャの時代やそれ以降の知識を守り伝えただけでなく、科学の進歩や多くの新しい発見に大きく貢献しました。

天文学
星や太陽の高度を計算するために、アストロラーベとよばれる複雑な装置が開発されました。

化学
錬金術師は、金属を酸に溶かしたり変化させたりして、発見したことを記録しました。石けんも錬金術師の発明品の1つです。

医学
病気のことや薬になる植物についての詳細な説明をまとめ、百科事典のように重厚な医学書を出版しました。

工学
気候が乾燥した地域では水の管理が欠かせないため、さまざまな独創的な灌漑装置が考案されました。

ラクダのキャラバンは交易路を行き来して商品を運んだ

盛んな交易
アジア、アフリカ、ヨーロッパとの間を結ぶ往来の激しい交易路が、イスラム世界の交易の中心地を通っていました。商人は、金や塩、香辛料、食料品、織物などをにぎやかな市場で取り引きし、裕福になっていきました。

建築
繊細なタイル細工や馬蹄形のアーチを特徴とするイスラム建築様式が、モスクや宮殿に使われました。

古代世界の七不思議

「世界の驚異」と称される壮大な建造物は、多くの大陸に存在します。こうした驚くべき建造物を最初に選定したのは古代ギリシャの人々で、右の7つが選ばれていました。これらの建造物は「古代世界の七不思議」として広く知られています。

ギザの大ピラミッドは、七不思議の中で唯一現存している!

ギザの大ピラミッド
エジプトでも最古の「ギザの大ピラミッド」は、4600年前に建造され、約200万個の巨大な石のブロックでできています。

バビロンの空中庭園
異国の珍しい植物であふれていたという伝説の庭園。古代都市バビロンで、階段状に建造されました。

エフェソスのアルテミス神殿
ギリシャ神話の女神アルテミスを祀ったこの神殿は、アテナイのパルテノン神殿の2倍の大きさでした。

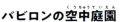

ハリカルナッソスのマウソロス霊廟
トルコにあるこの巨大な墓は高さが40mもあり、最上部には大理石でできた巨大な戦車像がのっていました。

ロドス島の巨像
青銅と鉄でできたこの巨大な像は地震で倒壊しました。その残骸は、それから800年もの間、地上に放置されていました。

アレクサンドリアの大灯台
古代エジプトに建造された高さ100mのこの灯台は、船乗りの頼みの綱でしたが、14世紀に全壊しました。

オリンピアのゼウス像
黄金と象牙で覆われたこの巨大な座像は、オリンピック発祥の都市、古代ギリシャのオリンピアに建造されました。

世界のピラミッド5選

ピラミッドは、モニュメントを建てようとする者たちにとって人気のある形状でした。有名な世界のピラミッドを5つ紹介します。

1 ジッグラト
紀元前1250年頃、イランに建造されたチョガ・ザンビールは、ジッグラトとよばれる階段状のピラミッドです。

2 エジプトの階段ピラミッド
紀元前2648年に世を去ったファラオ、ジョセルのために建造されました。古代エジプトで最古のピラミッドです。

3 ヌビアのピラミッド
クシュ(スーダン)のヌビア王国が、紀元前700年頃から建造したピラミッドです。

4 太陽のピラミッド
紀元前350年頃までにメキシコに建造。アステカの人々がこの地で権力を握ったとき、「太陽のピラミッド」と名づけました。

5 マヤのピラミッド
メキシコのククルカン神殿は、11世紀に建造された階段ピラミッドです。

巨大な囲い壁
古代王国グレート・ジンバブエの広大な首都には、2万人もの人々がくらしていました。その中心には「グレートエンクロージャー(大囲壁)」とよばれる、壁の上に壁を築き直した高さ10mの囲い壁がありました。

最大級の寺院

カンボジアにある12世紀のアンコールワット寺院群は、世界最大の宗教建築です。城壁内の広さは、サッカーのフィールドが227面も収まるほどです。

高さ世界一!

時代とともに建築技術や工法が発達し、高い建物がつくれるようになりました。ここに挙げた建造物はすべて、建設された当時、世界一の高さでした。ギザの大ピラミッドはこれまでに最も長い期間、高さ世界一の記録を保持していました。

前8000年頃 エリコの塔
古代エリコ／高さ8.5m

前2500年頃 ギザの大ピラミッド
エジプト／高さ147m

高所にある寺院・修道院

多くの寺院・修道院は岩だらけの高所にあるおかげで、俗世間との関わりを断って安らぎを得ることができます。右に挙げた4つも、一見近づきにくい場所にあります。

1 タクツァン・パルプグ僧院
ブータンにあるこの僧院は、地上900mの断崖絶壁に立っています。

2 タウン・カラット僧院
地上736mに位置するこの僧院にたどり着くには、777段の階段を上らなければなりません。

3 メテオラの修道院群
ギリシャの修道院群で、高さ400mにそびえる砂岩の尖塔をいただいています。

4 懸空寺
この中国の寺院は、50mの断崖絶壁にぶら下がっているように立っています。

ミャンマーのタウン・カラット僧院は突岩の上に立っている！突岩とは、古代の火山内のマグマの火道が侵食されてできた形成物だ。

骸骨の教会

チェコのセドレツの教会には、何千もの人骨と頭蓋骨で装飾された風変わりな聖堂があります。中心には、人骨でできたシャンデリア（写真）が吊り下げられています。

データで見る 世界のモニュメント

歴史上いつでもどこでも、人々は権力を誇示したり、支配者を称えたり、信仰を宣言したりするためにモニュメント（記念建造物）を建ててきました。ここに挙げた建造物はどれも、規模や高さや話題性の点で建造当時の世界一を誇っていました。

14世紀 リンカン大聖堂
イギリス／高さ160m
高くそびえる尖塔は1548年に倒壊した

16世紀 ボーベ大聖堂
フランス／高さ153m
1548年にリンカン大聖堂の尖塔が倒壊したため、新たに高さ世界一の聖堂になりました。

19世紀 エッフェル塔
フランス／高さ300m

20世紀 ペトロナス・タワー
マレーシア／高さ452m

偉大なる アステカ文明

1400年から1521年までメキシコの広大な地域を支配していたのは、アステカの人々です。文化の多くを共有する近隣諸国は、しばしばアステカに貢ぎ物を贈っていました。

鋭利な刃物

アステカの人々は、黒曜石や火打石などの鉱物で、非常によく切れるナイフをつくりました。木製の柄は、鉱物や貝殻のモザイクで装飾されていました。

ナイフの柄はワシの戦士がひざまずいた形をしている

火打石製の刃

翡翠とトルコ石をモザイクの技法ではめこんだうろこ

貝殻でつくられた歯

崇高なヘビ

アステカの信仰では、双頭のヘビは異なる世界間を行き来することができる、偉大な力の象徴でした。この装身具は、重要人物が胸元に下げていたものと考えられています。

ヘビの装身具

歴史 | 293

絵による記録
アステカの人々は、紙やシカ革でできた書物に記録を残していました。彼らの使う文字体系は、単語やフレーズ、出来事や音を表す絵に基づいていました。上の絵は、アステカの主要神トナカテクトリを表しています。

征服された都市は黄金からカカオ豆まであらゆるものを貢ぎ物としてアステカに贈らなければならなかった！

分厚い防具を身につけたマヤの球技選手

球技
メソアメリカ（中央アメリカ域）の球技は、多くの文化圏で行われていました。球技チームは、手と足以外の体を使ってゴム製のボールを宙に浮かせ、ボールが落ちると失点になりました。

見事な羽根飾り
色とりどりの鳥の羽根は、カバンから頭飾り、儀式用のマントから盾まで、あらゆるものの装飾に使われました。光沢のある羽根の多くは、色鮮やかなケツァルという鳥の長い尾から取ったものです。

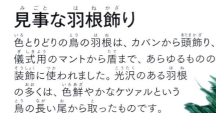

儀式用の頭飾り

この頭飾りは250羽以上の鳥の羽根でできている

アステカ最後期の統治者モクテスマ2世は、野生動物を集めた動物園を宮殿内に持っていた！

立派な建築物
アステカの人々は偉大な建築家でした。彼らは湖に浮かぶ人工島に首都テノチティトランを建設しました。神殿や政府庁舎、宮殿などの公的な建築物は、テラス状の広場に建てられることが多く、石材をていねいに階段状に積み上げてつくられました。

儀式が執り行われる寺院

居住区

商品や農産物を売っている市場

商品は、船で中心部に運びこんだり運び出したりした

鋭利な黒曜石の破片がちりばめられた棍棒

エリート戦士
アステカの人々は、土地ではなく富を得るために戦いました。最も勇敢な戦士は「ワシの戦士」と「ジャガーの戦士」で、身代金目的で敵の領主を捕らえるために訓練されていました。

インカ帝国

15世紀、インカ帝国は世界最大級の規模を誇っていました。これを統治したのは、サパ・インカ（皇帝）という称号の全権を握る男性です。皇帝は、広範な道路網、税制、大規模な軍隊を有する、高度に組織化された社会を支配していました。

広大な勢力範囲

インカ帝国は細長い形をしていて、南アメリカ大陸の西側のほぼ全域──南北4000km以上にわたっていました。そこには、海岸、森林、山岳など、多様な環境がふくまれていました。

インカ道の中で最長のものは3600km以上にも及んだ！

インカの飛脚

帝国各地にメッセージを届けるため、足の速いランナーによる中継システムがありました。メッセージは「キープ」とよばれる結び目をつくったひもを使って伝達されました。キープは、ランナーからランナーへとハイスピードで受け渡され、メッセージが届けられました。

1人目のランナー
各ランナーはほら貝を持ち、ラッパのように吹いて到着を知らせます。

中継
ほら貝の音が聞こえると、次のランナーはキープを持って走る準備をします。

配達完了
最後のランナーは、目的地でキープを手渡し、口頭でもメッセージを伝えます。

鳥の羽根の頭飾り

凝った衣装を着た銀の像。インカのエリート女性を表しているのかもしれない

飾り房がついたラマウールの外套。これらはインカの高貴な女性が着ていた衣服のミニチュア版だ

インカの供物

インカの人々はさまざまな神を崇拝し、神々に敬意を表して神殿を建てました。この銀や金でできた小像群は、埋葬地に供物としてささげられました。

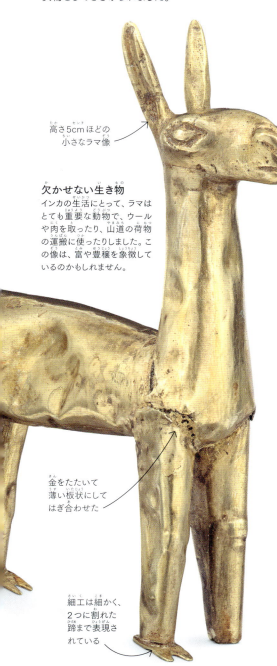

高さ5cmほどの小さなラマ像

欠かせない生き物
インカの生活にとって、ラマはとても重要な動物で、ウールや肉を取ったり、山道の荷物の運搬に使ったりしました。この像は、富や豊穣を象徴しているのかもしれません。

金をたたいて薄い板状にしてはぎ合わせた

細工は細かく、2つに割れた蹄まで表現されている

インカの農民は、3000種以上のジャガイモを栽培していた！

結び目で記録

インカには文字はなく、「キープ」とよばれる方法を使って記録を残していました。キープとは縄の結び目による記録法で、色と結び目を変えることで、いろいろな情報を表すことができました。

インカでは、支配者は太陽神インティの子孫だと考えられていた！

山地の農業

平地がほとんどなかったため、インカの農民は山の斜面に段々畑をつくっていました。トウモロコシ、豆類、カボチャ、ジャガイモなど、さまざまな作物が栽培されました。

トウモロコシ
農民
手作業でつくった段々畑

ロープ橋

インカの人々は、川を渡るために太い縄で橋を架けました。植物をより合わせて縄をない、それをつなぎ合わせて橋をつくったのです。同じような橋は今日でも使われていますが、安全性を維持するために毎年架けかえられています。

マチュピチュ

インカの都市は石のブロックでつくられました。中でも有名な都市がマチュピチュで、ペルーのアンデス山脈の高地に約200の建物と数千段の階段が築かれています。

ベニン王国

現在のナイジェリアに位置するベニンシティは、かつて強大な王国の首都で、交易の中心地として栄えていました。城壁に囲まれた首都は、道幅の広さと華麗な宮殿で知られていました。

サンゴでできたオバの冠は、海の神からの贈り物だと考えられていた！

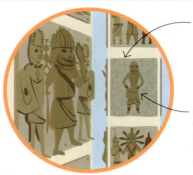

- 宮殿の壁や柱には、何百という飾り板が並んでいた
- それぞれの板にベニンの歴代の支配者や出来事が記録されていた

強大なオバ

ベニン王国の支配者は「オバ」とよばれていました。左の飾り板には、ウマに乗り、従者に支えられたオバが描かれています。板は銅と亜鉛の合金である黄銅でつくられており、黄銅の使用は王室の工芸品にしか許されていませんでした。

着飾ったオバ

国際貿易

ベニン王国は、パーム油、コショウ、高級布などの製品をほかの王国に輸出していました。15世紀以降、ポルトガル商人に象牙を売り、ポルトガル商人からは代価として黄銅のブレスレットを受け取りました。黄銅はとかして美術品に加工されました。

パーム油の原料となるアブラヤシの実

ベニンシティ周辺の城壁は、なんと1万6000kmもの長さがあった！

熟練同業者の組合

芸術家、工芸家、オバに仕える司祭や音楽家はみな、それぞれの同業者組合に所属していました。各職業の役割や技術、知識は親族間で受け継がれ、たとえば、金属加工職人は全員が親戚でした。

笛吹組合の一員である王室つき楽師の真鍮像

陸上でも水中でも生息できる泥魚は、王権の象徴だ

王家のティアラ

ポルトガル商人の小さな顔がえり飾りにあしらわれている

王太后の肖像
この象牙の仮面は、エシギ王の母イディアの肖像と考えられています。イディアは、15世紀末の内戦後、王である息子を助けて王国を復興し、王国初の正式なイヨバ（王太后）となりました。イディアとその後の歴代の王太后は、王宮で絶大な権力を握りました。

ヒョウは権力の象徴だった。オバの宮殿には、数頭のヒョウが飼われていた！

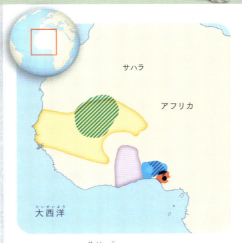

アフリカ西部 歴史上の王国 6選
アフリカ各地には、古くからさまざまな王国が存在していました。アフリカ西部に存在した強大な王国のごく一部を紹介します。

ワガドゥ王国（古代ガーナ帝国）
300年頃〜1200年頃
サハラ砂漠を横断する交易路を支配したこの帝国は、金の中継貿易によって巨万の富を築きました。

イフェ王国
700年頃〜1200年頃
ヨルバ人が築いたこの交易国は、黄銅の工芸品で有名でした。黄銅の鋳造技術は、のちに属国となるベニン王国の芸術家たちの創作意欲を刺激しました。

ベニン王国
1200年頃〜1897年
正確な起源は明らかではありませんが、15世紀から18世紀にかけて最盛期を迎えました。

マリ帝国
1235年〜1899年
ワガドゥの交易路を掌握した広大なイスラム帝国。一時期、有名なマンサ・ムーサ（史上最高の億万長者）によって統治されました。

オヨ王国
1300年頃〜1900年頃
ヨルバ人の建国したこの国家は、17世紀から18世紀に最盛期を迎えました。強大な軍事力を持ち、多くの近隣諸国を征服しました。

アシャンティ王国
1700年頃〜1901年
アカン族の末裔によって建国された交易国。強大な力を持つアサンテヘネ（王）によって統治されました。

略奪された文化財
1897年、在ベニンのイギリスの植民地支配者がベニンシティを攻撃し、イギリス軍は王宮の壁の飾り板約900枚を切り落としました。これらの飾り板は、ほかの貴重な美術品とともに、現在外国の美術館に収蔵されています。その一部を返還する手続きが最近ようやく始まりました。

国外に持ち出されようとしている略奪品

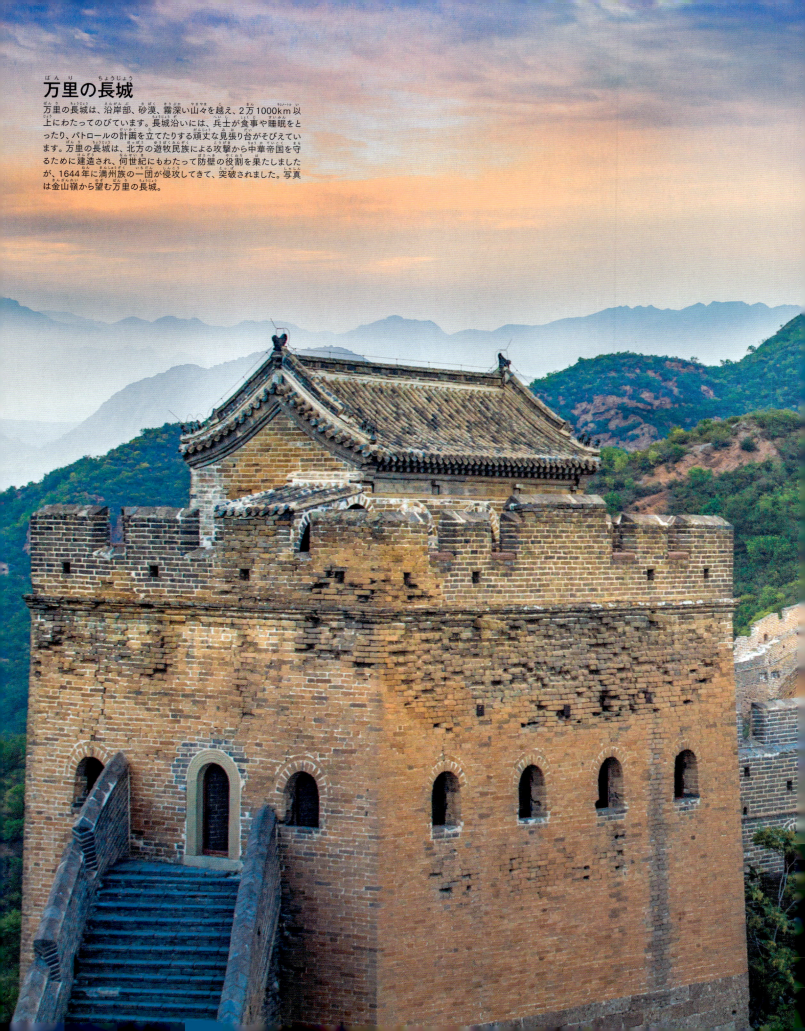

万里の長城

万里の長城は、沿岸部、砂漠、霧深い山々を越え、2万1000km以上にわたってのびています。長城沿いには、兵士が食事や睡眠をとったり、パトロールの計画を立てたりする頑丈な見張り台がそびえています。万里の長城は、北方の遊牧民族による攻撃から中華帝国を守るために建造され、何世紀にもわたって防壁の役割を果たしましたが、1644年に満州族の一団が侵攻してきて、突破されました。写真は金山嶺から望む万里の長城。

馬可欣は中国の清朝時代を専門とする美術史家です。彼女は、この時代の陶器、磁器、絵巻物などを調べることで、過去を探究しています。

歴史学者に聞く

Q. どうして歴史学者になったのですか？
A. 子どもの頃、秦の始皇帝の墓で発見された兵馬俑（兵士や馬をかたどった像）を見にいったんです。始皇帝というのは、紀元前221年から210年まで在位した中国の初代皇帝です。私は、兵士たちの生き生きとした姿に衝撃を受けました。どうして1体ずつ顔も髪形も服装も違うんだろう？　どうしてこの皇帝の墓に入ることになったんだろう？　そんな疑問に答えを見つけたくて、歴史を勉強しようと思いたちました。

Q. 万里の長城は誰がつくったのですか？
A. 万里の長城は一度につくられたのではなく、紀元前7世紀頃から部分ごとにつくられました。そして、兵馬俑をつくらせた秦の始皇帝の時代に、そうした城壁をつなげました。現在の万里の長城は、そのほとんどが明の時代（1368～1644年）に築かれたものです。

Q. 長城にはもち米が入っているって本当ですか？
A. そうなんです！　中国の建築家は、甘みのあるもち米を使ったスープに石灰を混ぜて「もち米モルタル」という特殊な接着剤をつくりました。この接着剤が万里の長城をしっかりつないでいます。接着力が強いので、万里の長城は地震にも耐えられるんです。

Q. 人々は長城の内と外を行き来できましたか？
A. 行き来することはできましたが、壁の上を歩いたり、壁によじ登ったりはしませんでした。人々は城壁につくられた門を通って行き来できましたが、中国に出入りするには、現代のパスポートに記されたビザのような入国許可証が必要でした。城壁の門前にはたくさんの市場が開かれ、そこで中国や北方地域の商人が取引をしていました。

Q. 衛兵はどんな生活をしていましたか？
A. とてもいそがしくしていました。毎日、長城を95kmもパトロールしなければならないのですから。壁の修復に備えて、1日に150個のレンガをつくる必要もありました。私たちが発見した衛兵の毎日の献立によると、彼らは鶏肉、魚、羊肉、バイソン肉、豚肉、豆、大麦、小麦などを食べていました。重労働だったので、1日働いたら、このくらいは平らげることができたと思います。

舞踏病の発生

1374年、ドイツの町アーヘンで踊り狂う奇病である舞踏病が発生し、数ヵ月続きました。その後、この病気はドイツ国内の町々に広がり、さらには世界各地に広まりました。

手洗い用の水差し

このライオンのように見える動物の水差しは、フォーマルな食事の前の手洗いに使われました。人々は同じ皿から食べ物を取り、手づかみで食べることが多かったので、手洗いが重要でした。

バイザー。目を保護しなくてもいいときは、押し上げることができる

木製の槍

手首と手を守るガントレット

頼もしい騎士

騎士は、幼い頃から訓練を重ねたエリート戦士でした。戦時には有力な領主に忠誠を誓い、その見返りに領主から土地を与えられました。

ウマの顔を守るチャンフロン

ヨーロッパの騎士と城

コショウはとても貴重で、金銭の代わりにコショウで家賃を支払うこともできた！

6世紀から15世紀にかけて、ヨーロッパの支配者たちはしばしば戦争をしました。人々は保護を求めて、有力な領主に忠誠を誓いました。新しい王国がいくつも誕生しましたが、この時代の最強の権力者はカトリック教会でした。

- タレットとよばれる側防塔
- 領主夫妻のそれぞれの居室や大広間では、祝宴が催された
- 攻撃から城を守る複数の高く分厚い城壁
- 中庭には、厩舎、洗濯場、炊事場などがある
- 矢狭間。このすきまから射手が矢を射ることができる
- 堀は城壁を乗り越えようとする侵入者の動きを鈍らせる
- バービカンまたはゲートハウスとよばれる城門。跳ね橋を渡って通る

城の守り

900年代末期には、石づくりの城が一般的になっていました。そうした城は、戦略的に有利な場所に築かれ、分厚くて高い城壁に囲まれていたことから、周囲からの攻撃に対して守りを固めることができました。

医者は、患者の頭蓋骨に穴を開けて病気を治そうとした。悪霊を解放することがねらいだった！

- 骨を切り裂くするどい刃

巡礼の目的

ヨーロッパで最も有力だった宗教はキリスト教です。多くの教会には、豪華な装飾の容器に入れた聖人の遺物が安置されていました。巡礼者は、健康や富、罪のゆるしを祈願するために、そうした教会を訪れたのです。

- ミイラ化した聖ニコラスの指が、のぞき窓から見える

ペスト（黒死病）の流行

死にいたる病、ペストは、シルクロードなどの交易路を経て、北アフリカや中国をふくむアジア一帯に急速に広まりました。ヨーロッパに上陸したのは1347年。当時は治療法が確立していなかったため、ヨーロッパではペストによる死者数が全人口の4分の1に当たる約2500万人にのぼりました。

- 膿で腫れ上がったリンパ節
- 膿を出して患者を救おうとする医師

ヨーロッパのルネサンス

14世紀から16世紀にかけて、ヨーロッパ社会に劇的な変化が起こりました。ルネサンスとよばれるこの時代、イタリアの都市国家で生まれた新しい考え方が、文化、芸術、科学に大きな影響を与えました。

ベネチアでは、極端な厚底靴が登場。靴の高さを制限する法律が制定された！

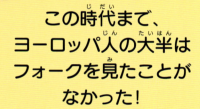

この時代まで、ヨーロッパ人の大半はフォークを見たことがなかった！

驚くべき発明家

レオナルド・ダ・ビンチは、イタリアの画家であり発明家でもあった人物です。当時の技術のはるか先をいく発明品をいくつも考案しました。

ダ・ビンチのスケッチブックに描かれた飛行機械のアイデアをもとに、現代になって製作された模型

活版印刷の発明

中世のヨーロッパでは、本は手書きで書き写してつくっていました。書写には時間がかかるため、本は高価でした。15世紀、ドイツの発明家ヨハネス・グーテンベルクは、組みかえ可能な活字を使ってページ全体を何度も印刷できる印刷機を設計しました。おかげで、思想や学問がより遠くへ、より速く広まるようになったのです。

プレス機を支える頑丈な木枠

活字を並べた版の上に紙を下ろし、プレスの下に差しこむ

この部分で紙に圧力をかける

ハンドルを回して、インクを塗った版と紙を密着させる

金属板に並べた活字

革を丸めてインクを染みこませたインクボールを使って、版にインクを広げた

再発見された神話

ギリシャ神話やローマ神話はルネサンス期に再発見され、芸術家たちに人気のテーマとなりました。上の絵はイタリアの画家サンドロ・ボッティチェリが、ギリシャ神話のケンタウロス（半人半馬の生き物）とともにいる女神アテナを描いたものです。

ルネサンスが影響を及ぼした5つの分野

ルネサンスとは、ヨーロッパ全土に広がった運動です。同じような文化の復興運動がヨーロッパ各地で、異なる時期に起こりました。

芸術
絵画や彫刻のテーマは、ローマ神話やギリシャ神話の影響を大きく受けていました。

建築
大きなドームのような古代建築を改良するため、新しい技術やアイデアが用いられました。

学問
新しい大学が開設され、宗教色のない教科書が出版されました。

商業
商業の拡大は、富の増大につながりました。富裕層が資金を提供して、建築や芸術が発展しました。

天文学
新しい望遠鏡の登場により、科学者は天体を観測し、宇宙について知識を得られるようになりました。

すばらしきフィレンツェ

ルネサンスは、イタリア各地の都市国家から始まりました。特にフィレンツェはその中心地で、1418年に設計された大聖堂のドームは、レンガづくりのものとしては、今でも最大を誇ります。

コペルニクス的転回

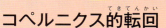

かつては太陽が地球の周りを回っていると考えられていましたが、1543年、ポーランドの天文学者ニコラウス・コペルニクスは、地球が太陽の周りを回っていると唱えました。コペルニクスを信じる者はほとんどなく、彼を支持する科学者は投獄されたり火あぶりにされたりしました。

顔や体はすべて果物や花、野菜で構成されている

トウモロコシは、探検家が南北アメリカ大陸から持ち帰るまで、ヨーロッパでは知られていなかった（309ページ）

花開く芸術

ルネサンス以前、ヨーロッパの芸術家はキリストや聖人の姿を描くことに明けくれていました。ルネサンス期を迎えると、視野が広がり、新しいテーマを探すようになります。芸術家の多くは、各地の王国や都市国家の裕福な支配者から金銭の援助を受けていました。

イタリアの画家ジュゼッペ・アルチンボルドが描いたローマ神話の季節を司る神ウェルトゥムヌス

帽子の持ち主を当てよう

きみがムガル帝国の兵士だったとしたら、頭に何をかぶる？
あるいは、古代メソポタミアの女王だったら？
頭を働かせて、帽子の持ち主を当ててみよう。
仲間はずれもあるので気をつけて！
答えはこの下にあるよ。答えを先に見ないように！

（）の中は時代と地域

1. スペイン人とアメリカ先住民の混血カウボーイ（15世紀／メキシコ）
2. チムー族の貴族（14〜15世紀／ペルー）
3. 戦士（前5〜前4世紀／ギリシャ）
4. 中国・明朝時代（1368〜1644年）の高貴な女性
5. ナポレオン・ボナパルト（1799〜1821年／フランス）
6. ムガル帝国の兵士（16〜17世紀／インド）
7. 兵士（1世紀頃／ローマ帝国）
8. 武士（15世紀後半〜16世紀／日本）
9. 剣闘士（前1世紀／ローマ帝国）
10. アメリカ独立革命の戦士（1775〜1783年／アメリカ）
11. スペインの兵士（16〜17世紀／スペインと南アメリカ）
12. ヨルバ族の王（20世紀／ナイジェリア）
13. プアビ女王（前2600年頃／メソポタミア）
14. アパッチ族の戦士（19世紀／アメリカ）
15. アメリカ軍の歩兵（第二次世界大戦）
16. 海賊（1650年代〜1720年代／カリブ海地域）
17. 神聖ローマ皇帝（10世紀／ドイツ）
18. モンゴルの戦士（15〜17世紀／中央アジア）
19. 高位の武官（17〜18世紀／中国）
20. ドイツの歩兵（第一次世界大戦）
21. バイキングの戦士（8〜11世紀／ヨーロッパ）
22. キャップシェル（2億〜1億4500万年前）
23. フランスの革命家（1789〜1799年）
24. ピューリタン（16〜17世紀／イギリスとアメリカ）
25. ヌビア王（3〜4世紀／アフリカ北東部のクシュ）
26. アメリカ南北戦争の北軍歩兵（1861〜1865年／アメリカ）
27. 中世の騎士（14〜15世紀／ヨーロッパ）
28. 兵士（19世紀／ブータン）

仲間はずれは22のキャップシェル。この遠く離れた時代の物体は、帽子ではなく、先史時代のサザエの化石だ。

世界をかける探検家

交易網を通じて異国の物語が伝わってくると、それを自分の目で確かめようと、世界各地から探検者たちが旅立っていきました。より進化した船や航海用具を備えて、探検家たちは大海原を渡り、それまで知られていなかった大陸や島に到達する者もいました。

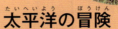
ラパヌイに入植したポリネシア人がつくった巨大なモアイの石像

太平洋の冒険

貿易だけが探検の目的ではありません。早くも紀元前1500年頃には、ポリネシア人が太平洋の探検に乗り出し、次々に島に定住していきました。それから2000年以上のち、ポリネシアの船は初めてラパヌイ（イースター島）、ハワイ、アオテアロア（ニュージーランド）に到達しました。

航海用具の発達

イスラムの科学者が開発した海洋アストロラーベのような航海用具のおかげで、船乗りは自分のいる位置や、どこへ向かえばよいかを大まかに知ることができるようになりました。1410年のこの絵は、インド洋を航行する船を描いたものです。

海洋アストロラーベ（天体の位置や経度がわかる）

鄭和が指揮した大船団を構成する小型の宝船の模型

最初の出会い

遠く離れた異なる国や大陸の人々どうしが初めて出会ったとき、たいていの場合は互いに好奇心を抱きました。しかし、北アメリカにやってきたこの船のように、ヨーロッパ船の到来はしばしば紛争を引き起こしました。

1522年、スペイン船のビットリア号が初めて地球を一周した！

鄭和の航海

中国の武将である鄭和（1377〜1433年）は、大船団を率いて東南アジア、インド、アフリカのスワヒリ沿岸の港を訪れました。鄭和は中国製品（たとえば明の壺）を贈り、その返礼品（たとえばキリン）を明の皇帝に持ち帰りました。

歴史 | 307

好奇心旺盛な旅行者

モロッコの探検家イブン・バットゥータは、1325年に恒例のメッカへのハッジ（巡礼）に出かけ、自分が旅好きであることに気づきました。彼の旅は、東は北京、南はアフリカのキルワにまで及ぶ広範囲なものでした。彼の『旅行記』という本の中には、自らが経験した驚くべき物事が詳しく語られています。

地図凡例：最初の旅／2度目の旅／3度目の旅／4度目の旅

探検家の土産話

探検家たちは、自分の知らない世界は風変わりですばらしいものにあふれていると考えがちでした。そのせいか、彼らの報告も大げさなものになりました。この中世の絵は、異国で発見されたドラゴンを描いたとされるものです。

世界地図

地図は古代からつくられていましたが、人々の旅する範囲が広がり、調査が進むほど、詳細な地図がつくられるようになりました。しかし、地図には製作者が知っていることしか描かれなかったため、地理的な間違いや記載もれもありました。この地球儀は、1522年にドイツでつくられたものです。

- カリブ海地域は、この時代にはすでにヨーロッパ人によく知られていた
- 北アメリカは、当時のヨーロッパ人が知っていた沿岸の地域だけが描かれている
- この島は日本を示しているが、大きすぎるし、北アメリカに近すぎる
- 南アメリカの西海岸は未知の領域なので、雲にかくれている
- 北アメリカ、中央アメリカ、南アメリカの実際の大きさと形はこの通り

ヨーロッパ人による植民地化

ヨーロッパ人の探検家がほかの大陸に到達すると、すぐに「豊かな土地だ」という報告が、本国の支配者のもとに届きました。侵略者が送りこまれて植民地となったそれらの土地は、何世紀にもわたって原産物を搾取されることになりました。

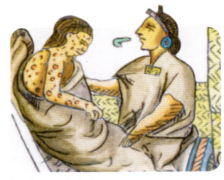

新種の病気

ヨーロッパ人によって、南北アメリカ大陸に新種の病気が持ちこまれました。先住民にはその病気に対する抗体も治療法もなかったため、命を落とす者が数百万人にのぼったといいます。上はアステカの絵で、天然痘が重症化した患者が描かれています。

先住民の知識

先住民は、独自の社会と農耕技術を確立していました。彼らはしばしば、自分たちの技術を新しく来た移入者たちに教えました。たとえば北アメリカでは、先住民がトウモロコシ、豆類、カボチャを移入者と一緒に植え、効率よく収穫する方法を伝えました。しかし、移入者はその地を植民地化し、ほどなく先住民を故郷から追い出したのです。

トウモロコシ

ポルトガルの植民地で現在ではブラジルになっている地域は、ポルトガル本国の約92倍の面積があった！

銀の略奪

南北アメリカ大陸に最初に到達したスペインの探検家たちは、インカやアステカの人々がつくった金や銀の工芸品の豊かさに驚きました。工芸品は略奪されてスペインに送られ、とかされました。スペイン人はまもなく、先住民を強制的に働かせ、銀の採掘を始めます。現在のコロンビアに位置するポトシ鉱山で鋳造されたスペイン硬貨は、世界中で使われました。

南アメリカで鋳造されたスペインの「ピースオブエイト」銀貨

この硬貨は遠く中国でも使われていたと見られる

貿易による侵略

17世紀、ヨーロッパの一部の国は、アジアの香辛料、茶、織物類の交易を支配するため、それぞれ東インド会社を設立しました。そうした会社は、次第に軍隊を持つようになり、現地の支配者や政治に干渉するようになりました。イギリス商人は1613年、東インド会社を設立し、1858年にイギリス王室がインド統治を引き継ぐまで、その勢力を拡大しました。

アメリカの農産物
南北アメリカ大陸では古くから、トマト、ジャガイモ、パイナップル、カカオが栽培されていました。それらの農産物は、1500年代に初めてヨーロッパにもたらされました。

植民地化される世界
1500年代、ポルトガルとスペインが南北アメリカ大陸の植民地化を始めました。ほかのヨーロッパ諸国もこれに続き、その後400年以上にわたり、世界各地が植民地化されました。下の地図の赤い部分はその一部です。

カリブ海地域をめぐって多くの国々が争奪戦をくり広げた

南アメリカ大陸は、スペイン領とポルトガル領に分割された

1770年代
1770年代を迎える頃には、南北アメリカ大陸のほぼ全域が植民地支配されていました。アフリカとアジアの沿岸部にも、小さな植民地がいくつかありました。

アフリカの大半が植民地支配されていた

1914年
19世紀に入ると、植民地化の対象はおもにアフリカとアジアに移ります。1914年頃には、アフリカの独立国はリベリアとエチオピアだけになっていました。イギリスはインド亜大陸を植民地支配していました。

激しい抵抗
植民地化はしばしば残虐な方法で行われたため、その地でくらす人々は激しく抵抗しました。ダホメ（現在のベナン）では、フランスの侵略者たちが女性戦士部隊「アゴジェ」に遭遇します。ヨーロッパ人は、この荒々しい部隊を「アマゾン」とよんで恐れました。

ベナン最大の都市コトヌーにはアゴジェの戦士を模した現代的な像が立っている

アフリカ大陸とその資源を分割するために使用されたアフリカの地図。ヨーロッパの指導者たちは、アフリカでくらす人々のことを一切考慮していなかった

1884年の分割
ヨーロッパ各国の指導者たちは、できるだけ多くの植民地を手に入れようと競っていました。1884年、アフリカ大陸をヨーロッパ各国の間で分割する方法を探るための会議が開かれました。しかしその会議には、現地の支配者を招くことも、既存の王国の境界線が考慮されることもなかったのです。

アゴジェの武器は長銃と山刀だった

第二次世界大戦が終結した時点で、世界の7億5000万人がまだ植民地支配の下にあった。

過酷な奴隷生活

16世紀以降、ヨーロッパ諸国と、建国したばかりのアメリカ合衆国は、アフリカ出身の人々を奴隷にして売買し、無報酬で強制労働させることで富を築きました。

強制労働
奴隷にされた人々は、プランテーション（農園）の畑や蒸し暑い砂糖工場（上はカリブ海地域の砂糖工場を描いた絵）で働かされました。多くの者は、働いてもお金をもらえませんでした。

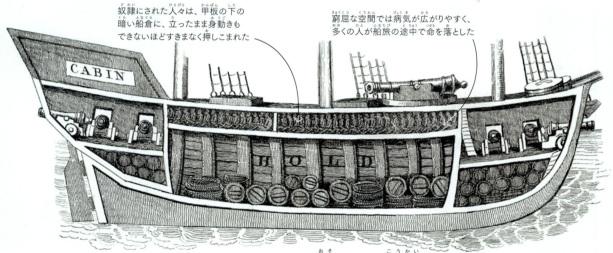

- 奴隷にされた人々は、甲板の下の暗い船倉に、立ったまま身動きもできないほどすきまなく押しこまれた
- 窮屈な空間では病気が広がりやすく、多くの人が船旅の途中で命を落とした

恐ろしい航海
友人や家族から引き離されアフリカ各地の王国からさらわれてきた人々は、行く先も知らされず、海岸から船に乗せられました。大西洋航路に向けて出航するまでの間、船は海岸沿いに錨を降ろし、さらに奴隷の集団を積みこむのを待っていました。その間、人々は何カ月も鎖につながれたままでした。

海を越えた人身売買
ヨーロッパの船は、アフリカから出港して大西洋を渡り、奴隷にされた人々を強制的に運びました。それらの人々は、南北アメリカ大陸で売られ、働かされました。

約1250万の奴隷にされた人々が、大西洋を渡って運ばれた。

奴隷制の歴史

奴隷にされた人々の酷使は、400年間にわたって合法でした。奴隷廃止論者は奴隷制を終わらせるよう働きかけましたが、廃止までには長い時間が必要でした。その影響は今日もまだ残っています。

15世紀後半
ポルトガル人が、奴隷にしたアフリカ人を労働力として使い始めました。1510年、スペインがカリブ海のイスパニョーラ島に、奴隷にしたアフリカ人を送りこみました。

16～17世紀
多くのヨーロッパ諸国が、大西洋横断貿易に参入しました。

18世紀
南北アメリカ大陸各地にあるヨーロッパ諸国の植民地で、奴隷が労働力として使われました。

1770年代
奴隷廃止運動が始まります。黒人と白人の運動家（その多くは女性）が、白人社会に情報を広め、政治家に働きかけました。

不当労働による作物

プランテーションは、ヨーロッパでの需要を満たすために特定の作物を栽培する農場です。プランテーションの所有者や商人は、奴隷が無給で生産した作物を売って富を築きました。

タバコは1500年代にヨーロッパに広まった

タバコ　サトウキビ　綿花

激しくなる抵抗

奴隷にされた人の中には船上で抵抗した者も多く、プランテーションで反乱を起こした者もいました。逃亡した人々は反乱のための共同体をつくり、プランテーションを攻撃しました。クイーン・ナニーが率いたジャマイカのマルーン（逃亡奴隷）の町は、こうした共同体の1つです。反乱のニュースが広まることで、奴隷の労働力を用いることに疑問を抱く人が増えていきました。

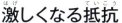

クイーン・ナニー

秘密の逃亡ルート

アメリカでは、「地下鉄道」という秘密組織が奴隷を自由にする後押しをしました。これは秘密の逃亡ルート、支援者、かくれ家などで構成されるネットワークです。ランタンに火が灯されていれば、そこは安全な場所、つまり「駅」であることを示します。約10万人がこの方法で自由を獲得しました。

心の自由を守る方法

プランテーションでの生活は過酷で、奴隷の多くは短命でした。それでも彼らは、コミュニティーを形成し、独自の信仰、伝統、文化を守っていましたが、やがてそこにキリスト教の風習が混じるようになりました。この絵は彼らの埋葬の儀式を描いたものです。

1777年
独立したばかりのアメリカ合衆国も、奴隷貿易に参加します。

1803年
デンマークは奴隷貿易（奴隷制ではない）を永久に違法と定めた最初の国です。ほかの国々もこれに続き、イギリスは1807年に奴隷貿易を廃止しました。

1834年
カリブ海地域のイギリス植民地で奴隷制を廃止。奴隷の所有者はその「損失」に対して多額の補償を受けましたが、解放された人々には何も与えられませんでした。

1865年
南北戦争終結後、アメリカで合法だった奴隷制度の廃止が宣言されました（318～319ページ）。

1888年
ブラジルが、南北アメリカ大陸で最後に奴隷制を廃止した国となります。しかし、南北アメリカ大陸でもヨーロッパでも、解放された黒人に対等な権利は与えられませんでした。

革命の時代

18世紀から19世紀半ばにかけて、いくつもの革命が世界で起こりました。人々は、自由、権利、より公平な法律、独立を求めて支配者に立ち向かったのです。

ハイチ革命の指導者
トゥサン・ルベルチュール

> フランス革命では、1万7000人近い人々がギロチンにかけられた。

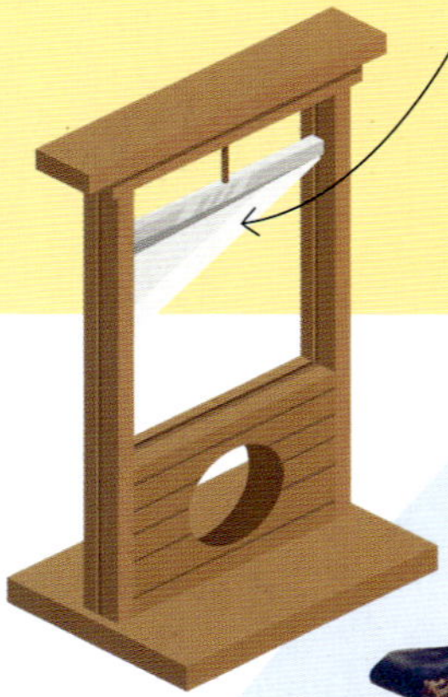

ギロチンの刃はすばやく落ち、頭部を胴体から切り離した

ハイチ（1791〜1804年）
奴隷にされた人々が起こした反乱で始まり、ハイチ島は1803年までにフランスの植民地統治から解放されました。1804年にハイチは共和制になりました。

フランス（1789〜1799年）
民衆の権利の要求が、最終的に国王ルイ16世の処刑と共和制の樹立につながりました。

アメリカ合衆国（1775〜1783年）
反乱を起こした北アメリカの13の植民地が、1776年にイギリスからの独立を宣言。新国家「アメリカ合衆国」として、自由を守るために長らく戦争をすることになりました。

言葉の力
ボルテールをはじめとするフランスの哲学者に影響を受けた新しい考え方が、自由と平等を求める声に変わっていきました。人々は、社会のあらゆる階層出身者の演説に耳を傾けるために集まり、演説は行動へとつながったのです。

おもな革命

革命の中には、新たな国家の樹立につながったものもあれば、一般市民の権利の向上をもたらしたものもあります。革命には何年もかかるものが多かった一方で、体制への不満が一気に噴き出して、短期間で終わるものもありました。

マラカイボ湖の戦い（1823年）
スペインの砦を攻撃するボリバル率いる海軍

ラテンアメリカ（1808～1823年）
スペインの植民地であった中南米の数カ所で、独立戦争が起こりました。革命指導者シモン・ボリバルの貢献により、コロンビア、エクアドル、パナマ、ペルー、ボリビアがスペインの植民地支配から解放されました。

ドイツ連邦（1848年）
ドイツの数多くの小国は、1つの国家に属することを望んでいましたが、全権を持つ君主に支配されることは拒否しました。市民が集会を開くと、軍隊は市民を攻撃しました。

女性の団結
この時代、女性は投票権を持っていません。しかし、この絵のパリの女性たちのように、政治クラブに参加する女性もたくさんいました。彼女たちは、食料品価格の上昇が続くことによる貧困問題、新聞や政治に自分たちの声を届ける方法などについて話し合ったのです。

ドイツ語圏の連合国を構成していたのは数多くの小さな独立王国だった

ヨーロッパ

凡例
- 1848年の反乱発生地
- 1848年の国境
- ドイツ連邦

イタリアはまだ統一国家ではなかった

1776年、アメリカは世界で初めて潜水艇を導入し、イギリスの戦艦を攻撃した！

1848年の火種
この年、ヨーロッパ各地で相次いで反乱が起こりました。食料不足が暴動に発展したり、労働者が権利を要求したり、帝政からの解放を望んだりと、暴動の原因はさまざまでした。暴動はすぐに鎮圧されましたが、改革を求める声が止むことはありませんでした。

古今東西の インフルエンサー

歴史の流れに大きな影響を与える人物がいます。支配者は、権力を使って影響を及ぼすことができますが、偏見に挑戦したり不正に立ち向かったりすることで道を切り開いた人物もいるのです。ここでは、歴史を動かした偉大な人物を紹介します。

クリスティーヌ・ド・ピザン

先駆的なフェミニスト

20世紀、多くの国の女性たちが選挙権を求めて闘い、勝利しました。しかし、フェミニズムは彼女たちよりずっと前の時代に始まっていたのです。

クリスティーヌ・ド・ピザン
（1364～1430年）
イタリアに生まれフランスで活躍した詩人。女性の権利を主張し、執筆で生計を立てた最初の女性の1人とされています。

オランプ・ド・グージュ
（1748～1793年）
フランスの劇作家で、フランス革命期の運動家。女性の権利に関する政治的な記事を発表しました。

ソジャーナ・トゥルース
（1793～1837年）
奴隷として生まれましたが、自由の身となり、アメリカ中を巡回して、奴隷制廃止と女性の選挙権を求めて訴えました。

メリ・マンガカヒア
（1868～1920年）
影響力のあるマオリの運動家。1893年、アオテアロア（マオリの言葉でニュージーランドの意）のすべての女性に選挙権を与えるための運動に参加しました。

セレブ王族

現代のセレブといえば、有名な映画スターやアイドルなどです。下に紹介する強大な権力を持つ支配者たちは、その当時の世界的セレブでした。

クレオパトラ
美しくてかしこいエジプトの女王。ローマ帝国の支配者たちと同盟を結び、国を救おうとしました。

マンサ・ムーサ
14世紀のマリ帝国の偉大な支配者。大量の黄金を持っていることで有名でした。

ナポレオンとジョゼフィーヌ
19世紀初頭にフランスを統治した2人は、当時のセレブカップルでした。

伝説の運動家

ドラァグクイーンのマーシャ・P・ジョンソン（1945～1992年）は、1960年代から80年代にかけてひときわ有名なLGBTQ運動家でした。ジョンソンは、1969年の「ストーンウォールの反乱」と第1回「ニューヨーク・プライド・パレード」に参加し、2つのLGBTQ権利団体を共同設立しました。

自由の闘士

何千年もの間、人々は侵略や植民地支配、人種差別に対して立ち上がってきました。そうした活動の先頭に立った、忘れ得ぬ指導者たちを紹介しましょう。

ウェルキンゲトリクス
古代ローマ人のガリア（現在のフランス）への侵略を阻止するために部族を団結させた族長。ガリア人は勇敢に戦いましたが、紀元前52年に降伏しました。

ンジンガ女王
17世紀のンドンゴ（現在のアンゴラ）の有力な統治者。その治世が終わるときまで、ポルトガルの侵略や奴隷貿易から王国を守りました。

シモン・ボリバル
フランス革命とアメリカの独立運動に触発され、南アメリカの植民地を率いてスペインに反旗をひるがえしました。しかし、「各地の植民地をまとめて1つの国にする」という彼の夢はかないませんでした。

ボリビアという国名とその通貨ボリビアーノは、革命家シモン・ボリバルにちなんで命名された！

歴史 315

史上最強のリーダー5選

アメンホテプ3世（前1391〜前1353年）
強い権力を持ったファラオ。栄華を極めた時代の古代エジプトを統治しました。

世宗大王（1397〜1450年）
科学、芸術、文化を奨励した李氏朝鮮の偉大な統治者。ハングルという新しい文字体系を考案しました。

アクバル（1542〜1605年）
戦いと外交を巧みに利用し、インドの多くの王国を統一。強大なムガル帝国を築きました。

ルイ14世（1638〜1715年）
「太陽王」とよばれ、72年と110日間フランスを統治しました。在位期間は史上最長です。

エカチェリーナ2世（1729〜1796年）
ドイツ生まれの王女でしたが、結婚すると夫から権力を奪い、ロシア皇帝となりました。

世宗大王

孔子（前551〜前479年）
古代中国の学者。人々が敬意を持ち規律を守ることで社会がよりうまく機能すると考えました。

カール・マルクス（1818〜1883年）
それまでの政治と経済の考え方に急進的な思想を持ちこみ、革命を引き起こしました。

ヒュパティア（370〜415年）
哲学者で数学者。エジプト、アレクサンドリアの学校で指導的な役割を果たしました。

シモーヌ・ド・ボーボワール（1908〜1986年）
フランスの知識人で作家。革命的なフェミニズム思想で知られています。

世界を変えた思想家

いつの時代も、思想家や哲学者は、「世界はなぜこうなっているのか」「私たちはどう生きるべきか」を考えてきました。ここに挙げた4人のような大思想家の思想は、いずれも世の中に大きな変化をもたらしました。

障害者権利運動のリーダー

ジュディス・ヒューマン（1947〜2023年）は障害者の権利の拡大を目指したアメリカの運動家です。幼い頃から、障害者のアクセス（利用）、教育、労働における平等な権利を求めて運動を展開しました。

ジェロニモ
19世紀のアパッチ族の戦士。メキシコ兵やアメリカ兵から部族の者を守るため、長期にわたってゲリラ戦を指揮しました。

チェ・ゲバラ
アルゼンチン生まれの社会主義者。貧しい人々のくらしを変えようと、1953〜1959年のキューバ革命に参加しました。

ネルソン・マンデラ
人種隔離政策アパルトヘイトの撤廃を訴えたために、30年近く投獄されました。その後、1994年に南アフリカ大統領に就任しました。

現代のインフルエンサー

マララ・ユスフザイ
パキスタンで、女子が学校に通う権利を訴えたために銃撃されました。現在、世界各地で女子教育を支援する運動を展開しています。

グレタ・トゥーンベリ
2018年にスウェーデンで環境保護を求める学校ストライキを行ったのち、世界中で環境保護を訴えています。

オータム・ペルティエ
カナダの先住民グループ、ファーストネーションの運動家。カナダにおける水の保全と先住民の権利を求め、8歳のときから活動しています。

パトリッセ・カラーズ
2013年にアメリカでブラック・ライブズ・マター（BLT）運動を共同で立ち上げ、黒人に対する警察の残虐行為に反対する発言を続けています。

マララ・ユスフザイ

産業革命

産業革命は、1750年頃にイギリスで始まり、その後世界中に広まりました。工場がつくられ、都市が発展し、経済が拡大、人口も増加し、くらしと風景が一変したのです。

子どもの重労働

子どもたちは長時間工場で働いていました。しかし1833年、イギリスに新しい法律が制定され、子どもは1日8時間しか働けず、9歳未満は一切働かせてはならないことになりました。

初期の鉄道

多くの発明家が、蒸気機関車の開発に取り組みました。その中で大きな成功を収めたのが、イギリスの技師ロバート・スティーブンソンが設計し、1829年に製造されたロケット号です。最初の鉄道は物資の輸送に使われましたが、やがて乗客も乗せるようになりました。

ロケット号の断面図
- 石炭を燃やした火で水をあたためる
- タンク内の水が沸騰し、蒸気がピストンを動かす

- 排ガスを吐き出す煙突
- 蒸気を逃がす安全弁
- 石炭を燃やす火室
- 車輪を動かす鉄製のピストン

スティーブンソンのロケット号（1829年）

さまざまな新しい機械

巧みな技術革新のおかげで、機械が人間や動物よりも短時間かつ安価に仕事をこなせるようになりました。1台の機械で、数十人から数百人分の仕事をこなすことができたのです。数多くのアイデアが考案・改良され、さまざまな発明品が生まれました。ここで紹介する3つは、この時代の重要な発明品のほんの一部です。

蒸気機関
鉱山のポンプや工場の機械を動かしました。

一度に最大120本の糸を紡ぐ
ジェニー紡績機
原綿から糸を紡いで織物をつくります。

蒸気で動くピストンがハンマーを動かす
蒸気ハンマー
金属をたたいて成形する道具。鉄工所で使われました。

繊維を取るふわふわの綿花

奴隷が支えた綿花の供給

イギリスが織物工場で使う綿花は、南北アメリカ大陸で奴隷が栽培・収穫したものでした。おかげで、イギリスはインドのような競合する綿布生産国より安い価格を設定できたのです。

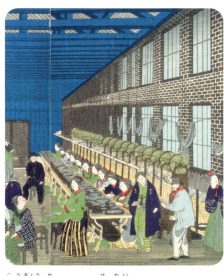

変化する社会

工業化が加速するにつれ、人々は工場で働くために田舎を離れるようになりました。その結果、都会は人があふれて不潔になり、貧困、病気、社会不安がはびこりました。

工業化する世界

工業化の波は、イギリスからヨーロッパ、アメリカ、アジアへと広がっていきました。大規模な機械化、安価な労働力、大量生産が当たり前になったのです。この絵は、日本の富岡製糸場の様子を描いたものです。

1817年、最初の自転車が発明された。足で地面をける自転車だった！

400人以上の女性が男装して、この戦争に参加した！

空飛ぶ手榴弾

1861年に発明されたケッチャム手榴弾が、北軍で使用されました。重さは最大2.3kgで、兵士はこれをダーツのように投げました。手榴弾がうまく敵の前に着弾すると、その衝撃でプランジャーがスライドし、中の火薬が爆発します。

アメリカ南北戦争

1861年から1865年にかけて、アメリカは激しい内戦状態にありました。この戦争は、奴隷労働の問題をめぐって始まったものです。北部の連邦州では奴隷労働は非合法とされましたが、南部諸州では支持されていました。

プランジャーを作動させるプレート

野営生活

両軍の戦闘員の多くは、職業軍人ではなく志願兵でした。駐屯地は不潔で病気が蔓延し、生活は不便で、ときに暴力もふるわれました。にもかかわらず、兵士の中には家族連れもいて、長期にわたる軍事作戦中、家族も兵士たちと一緒にくらしました。

駐屯地ぐらしの女性はほかの兵士の衣類の洗濯を請け負った

家族全員が小さな簡易テントで寝た

青い軍服はこの男性が北軍の一員であることを示している

赤ん坊やペットまでもが駐屯地でくらしていた

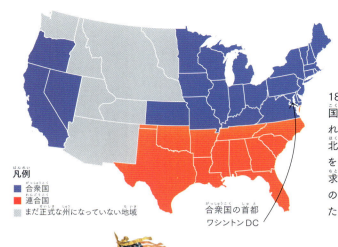

戦時の各州

1861年、南部の11州が合衆国から離脱し、南軍として知られる独立政府を樹立しました。北部諸州はこの新政府の承認を拒否し、合衆国への復帰を求めました。4年に及ぶ戦争ののち、各州は再び統一されましたが、多くの対立が残りました。

凡例
- 合衆国
- 連合国
- まだ正式な州になっていない地域

合衆国の首都 ワシントンDC

戦艦の激突

1862年のハンプトン・ローズ海戦で、戦艦というより潜水艦のように見える軍艦――北軍のモニターと南軍のバージニアが交戦し、引き分けに終わりました。「装甲艦」とよばれる船全体を金属で覆った戦艦どうしによる史上初の海戦でした。

黒人兵士の戦い

1863年、エイブラハム・リンカン大統領は、奴隷にされていた人々を解放し、黒人が入隊して戦えるようにすることを宣言しました。南部と北部から、アフリカ系アメリカ人約18万人が北軍に入隊しました。

1863年、第二次ワグナー砦の戦いで戦う黒人北軍兵士

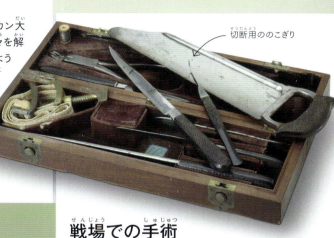

切断用ののこぎり

戦場での手術

戦闘で死亡した兵士のうち、怪我や病気による死者の数は、戦闘による死者の2倍にのぼりました。戦場での手術は麻酔薬なしで行われることが多く、不潔な環境で滅菌されていない器具が使われました。

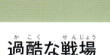

300万頭以上のウマとラバが活躍した!

過酷な戦場

大砲、ライフル、銃剣が用いられた戦闘は、数多くの死傷者を出しました。南北戦争中、おもにバージニア州とテネシー州で行われた大規模な戦闘は約50回、小規模な衝突は数千回にのぼり、戦死者は62万人を超えました。

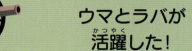

榴弾を用いる「ナポレオン」砲は南北戦争で最も広く使われた大砲だ

社会の変化

北軍の勝利により、奴隷制度が廃止され、1871年、ジョサイア・ウォールズ(上)が、アメリカ連邦議会議員に選出された最初のアフリカ系アメリカ人になりました。しかし、黒人はその後もまだ、公民権を求めて闘わなければならなかったのです。

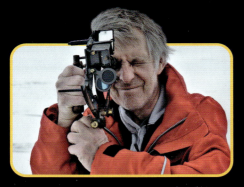

メンスン・バウンドはイギリスの考古学者で、2022年に難破船エンデュランス号を発見した遠征隊の隊長を務めました。

難破船エンデュランス号

イギリスの探検家、アーネスト・シャクルトンは、1914年にエンデュランス号で南極大陸に向けて出航しました。南極大陸を歩いて横断する計画で、それまで誰も成し遂げていない大業でした。しかし、エンデュランス号は氷に閉じこめられ、船体に亀裂が入り、海水が浸水してきました。乗組員は脱出しましたが、船は海底に沈みました。この難破船は、今も南極の海の底に眠っています。

海洋考古学者に聞く

Q. エンデュランス号の場所は、どうやって突き止めたのですか？
A. エンデュランス号のフランク・ワースリー船長が沈没したと思われる場所を特定していたので、その記録に従いました。的確な予測でした。我々が沈没船を発見したのは、ワースリーが記録した場所からわずか4海里（約7.4km）の場所でした。

Q. 沈没船を見たとき、どう思いましたか？
A. エンデュランス号の発見は、人生最高の瞬間でした。あんなにすばらしい状態の難破船は見たことがありません。もともとの塗装まで見えたんです。まるで、発見されるのを待っていたかのようでした。

Q. エンデュランス号の保存状態がよかったのはどうしてですか？
A. 南極はとても寒いので、フナクイムシは生き延びることができないんです。船の木材に入りこむフナクイムシは、ピンの頭ほどの大きさです。ですが、その後木を食べ始めると、人の親指くらいの太さで前腕くらいの長さにまで成長し、木材は食いつくされてしまいます。

Q. 遠征中に直面した最大の難関は何ですか？
A. 氷です。船は、氷に閉じこめられるとつぶれてしまいます。エンデュランス号がそうでした。私たちも何度も氷に閉じこめられましたが、そのたびに何とか脱出できました。

Q. どのようなテクノロジーを使いましたか？
A. エンデュランス号の発見に使用したのは「セイバートゥース」という装置です。この水中ロボットは自動で海底を探索することもできますし、リモートコントロールで望む場所に送りこむこともできます。

Q. 仕事の中で一番たいへんなことは何ですか？
A. 私は水中に潜るのが大好きですが、水中が過酷な環境であることを決して忘れないようにしています。長年のうちに私も仕事仲間も、空気がなくなったり、アシカに襲われたり、海流に流されたり、漁網に引っかかったり、有毒な魚に刺されたりといった目に遭ってきました。ですが、適切な訓練を受け、注意を払ってさえいれば、ほとんどの人が決して見ることのできない水中世界を探検することができます。

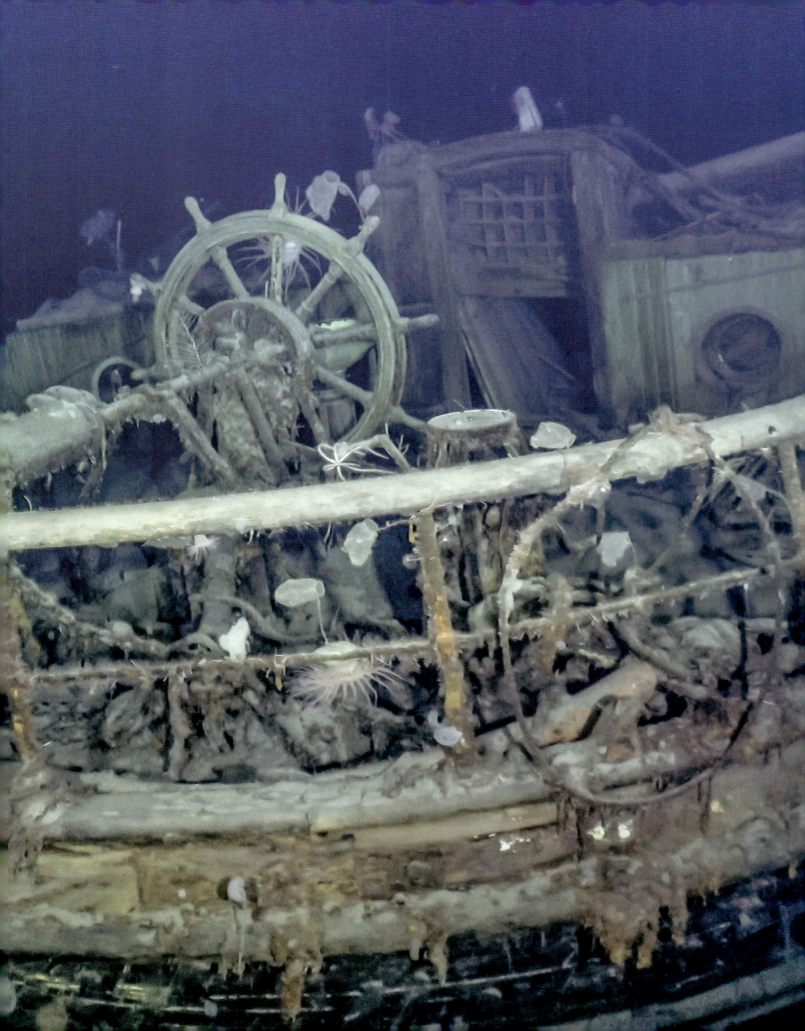

第一次世界大戦

1914年、ヨーロッパにくすぶっていた長年の緊張が、戦争に発展しました。戦争は野火のように広がり、複数の大陸で戦闘がくり広げられ、世界がかつて経験したことのない多数の死者を出す戦争になりました。

塹壕戦
前線の部隊は、砲弾の攻撃から身を守るために長い塹壕を築きました。兵士は、塹壕から攻撃を仕かけるだけでなく、この不潔で危険な環境の中でくらし、食べ、眠らなければならなかったのです。

西部戦線の戦い
ベルギーからフランスにかけての西部戦線では、きわめて血なまぐさい一進一退の戦いが何度もくり広げられました。1917年後半に行われた第三次イーペル会戦は、80万人以上の兵士の命を奪い、戦場には荒れ果てた風景が残されました。

戦争の経過

戦争が始まった1914年7月の時点で、人々はクリスマスまでに戦争は終わると思っていました。ところが、戦争はそれから4年も続いたのです。

1914年6〜7月 戦争勃発
オーストリア=ハンガリーのフェルディナント大公が暗殺されると、同国はセルビアに宣戦布告。ロシアがセルビア側につき、ドイツはロシアに宣戦布告しました。

1914年8月 初期の戦闘
東部戦線では、ドイツ軍がタンネンベルクの戦いでロシア軍に大勝しました。

1914年9月 塹壕掘り
西ヨーロッパ各地に進撃していたドイツ軍が、連合軍に阻止されます。両陣営とも、塹壕を掘り進めました。

1915〜1916年 東部戦線の戦い
東部戦線でロシアを支援しようとしたオスマン帝国軍に対し、連合軍がガリポリで攻撃しました。

おもな連合国

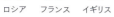

ロシア　フランス　イギリス　アメリカ

敵対する陣営

対立する国々は、連合国と中央同盟国の2つの陣営に分かれました。1914年末までにヨーロッパの大半の国々、日本、オスマン帝国が連合国に加わりました。1915年にはブルガリアが同盟国、イタリアが連合国として参戦し、1917年にはアメリカと中国が連合国に加わりました。

おもな中央同盟国

ドイツ　オーストリア＝ハンガリー　オスマン帝国

30カ国の6500万人の兵士がこの戦争で戦った。

4年間にわたる戦争で、推定2000万人が命を落とした。

新兵器

両陣営とも、敵に勝つために新技術を開発しました。重装甲の戦車は、有刺鉄線と速射機関銃で守られた敵陣を粉砕する兵器でした。効率的に兵士の命を奪うこれらの兵器により、両軍にたくさんの死傷者が出ました。

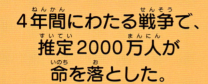

- 鋼鉄板で装甲された外装
- マークIV戦車
- ビッカースMk.I 重機関銃
- 最大射程は4.1km
- 安定性を確保する三脚
- 両側面に搭載された大型旋回砲
- どんな地形も走行できるキャタピラ

空中戦

戦争が始まったとき、飛行機はまだ発明されたばかりでした。両陣営はより速く、より軽い飛行機を急いで開発しました。まず敵の塹壕を探る偵察機が登場し、対抗策として、この偵察機を撃墜できる戦闘機が開発されました。

- イギリスのRAF SE5a戦闘機。上下の主翼は木製で布に覆われていた
- メッセージが入った金属製の容器

伝書鳩

電話線が引かれていない前線では、重要な極秘情報や命令を伝えるために伝書鳩が使われました。戦争中、50万羽以上の伝書鳩が各地の前線間で重要なメッセージを運びました。

1916年5月31日～6月1日 ユトランド沖海戦
イギリス海軍とドイツ海軍により、この戦争で唯一の大規模な海戦がデンマーク沖でくり広げられました。

1916年 大攻勢
連合軍が西部戦線に大攻勢をかけます。両陣営で100万人以上の兵士が死亡しました。

1917年4月 アメリカの参戦
ドイツの潜水艦がアメリカの客船ルシタニア号を攻撃・沈没させたことから、アメリカが参戦に踏み切りました。

1918年11月11日 戦争終結
ドイツ軍が複数の戦闘に敗れ、休戦協定締結に合意しました。

1919年 不安定な平和
ドイツは連合国との講和条約に調印し、屈辱的な条件での合意を余儀なくされました。

第二次世界大戦

戦争の経過

この戦争は2つの陣営の戦いでした。一方は、イギリス、フランスとのちにソ連、アメリカが加わる連合国、もう一方は、ドイツ、イタリア、日本を中心とする枢軸国でした。

1939年9月1日　開戦
ドイツがポーランドに侵攻。その2日後、イギリスとフランスがドイツに対して宣戦布告しました。

1940年5〜6月　フランスの陥落
ドイツ軍がフランスに攻めこんでパリを占領。イギリスは、フランス国内のレジスタンス運動を主導します。

1940年8〜11月　航空戦
イギリス本土航空戦（バトル・オブ・ブリテン）。ドイツ軍爆撃機がイギリス本土を空爆し、連合軍の戦闘機がこれに立ち向かいました。

1941年6月22日　東方への展開
ドイツ軍はソ連に侵攻しましたが、モスクワに到達する直前に冬が到来したため、進軍を中断します。最終的にドイツ軍は撤退を強いられ、弱体化しました。

1941年12月　太平洋での激戦
日本がアジアのイギリス植民地を攻撃し、シンガポールと香港を降伏させました。

史上最大規模の戦闘となった第二次世界大戦は、少なくとも5500万人の命を奪いました。合計80カ国以上が軍隊を戦場に送りこみ、戦闘に加わりました。

20mm機関砲（2門あるうちの1門）
エンジンの排気管

勢力を増すナチ党

第一次世界大戦後、ヨーロッパ諸国の中に独裁者が指導する国が現れました。ドイツでは、アドルフ・ヒトラー率いるナチ党（ナチス）が政権を握り、他国を征服してドイツを拡大しようと図ります。ドイツがポーランドに侵攻すると、イギリスとフランスはドイツに宣戦布告しました。植民地を持つヨーロッパの多数の国々が参戦し、この戦争に巻きこまれる国の数は次第に増えていきました。

ナチ党は、支持を集めようと大規模な集会を開いた

爆撃される都市

史上初めて、前線のはるか後方にいる市民も攻撃の対象となりました。両陣営の都市は、空襲により壊滅的な被害を受けます。1940年、ドイツ軍がロンドンに「ブリッツ（大規模空襲）」を仕かけると、4万3000人の市民が犠牲になり、1943年には連合軍がドイツのハンブルク（上）を空襲して、4万人の命を奪いました。

激しい空中戦
戦闘機がドッグファイトとよばれる激しい空中戦をくり広げ、爆撃機は軍や民間の標的を攻撃しました。この戦争中に製造された軍用機は80万機以上になりました。イラストはイギリス軍のスピットファイア戦闘機。

飛行隊記号

Uボートとよばれるドイツの潜水艦は連合国の船を約3000隻沈めた。

フランスの海岸に兵員を運んだヒギンズボートとよばれる上陸用舟艇

史上最大の作戦
1944年6月6日、連合軍は史上最大規模の海からの侵攻作戦を展開します。数千隻の船を使ってフランスの海岸に上陸し、ドイツに占領されていたフランス国内の各地を次々に解放していきました。

このマスクはゴム製で、子どもの顔にぴったりフィットした

ガスマスク
イギリスの4歳以下の子どもは、毒ガス攻撃から身を守るため、「ミッキーマウス」をモチーフにした色鮮やかなマスクを与えられました。

凍える足
ドイツとロシアが戦った東部戦線の兵士たちは、過酷な環境に苦しめられました。見張りにつくドイツ兵は、凍傷を防ぐために不格好な（しかし効果的な）わらのオーバーシューズを履かなければなりませんでした。

わらは熱を逃がさない

ホロコースト：ユダヤ人の迫害
ナチスはユダヤ人を迫害し、ゲットーとよばれる隔離地域に住まわせました。そして1942年、ナチスはユダヤ人を収容所に送り、組織的な殺害を始めます。少なくとも600万人のユダヤ人が、ほかの少数民族とともに収容所で殺害されました。

戦争終結
日本は連合国に対して最後まで抵抗を続けましたが、アメリカのB-29爆撃機が1945年8月6日に広島、8月9日に長崎に原子爆弾を投下します。両都市は壊滅的被害を受け、合計20万人以上の市民が命を落としました。この直後、日本は降伏しました。

1941年12月7日（現地時間）
真珠湾攻撃
ハワイ真珠湾の海軍基地が日本軍から奇襲攻撃を受けたことをきっかけに、アメリカは連合国の一員となって参戦しました。

1943年2月
スターリングラード攻防戦
8カ月にわたる血みどろの戦いののち、ソ連のスターリングラードの攻防戦で、ドイツ軍はそれまでで最悪の敗北を喫しました。

1944年6月6日
Dデー
連合軍16万人が占領下のフランスのノルマンディーに上陸。ドイツ軍は徐々に後退させられました。

1945年4月30日
ドイツの敗北
敗北が決定的になると、ヒトラーは自らの命を絶ちました。ドイツはその1週間後に降伏しましたが、日本は戦い続けます。

1945年9月2日
日本の降伏
アメリカが広島と長崎に原爆を投下。9月2日に日本が降伏文書に署名して、戦争が終結しました。

運動の経過

奴隷制度が廃止されると、アフリカ系アメリカ人に平等な権利を与えるための法律が制定されました。それでも、人種差別的な暴力行為は特に南部諸州で続きましたが、公民権運動は拡大し続けました。

1868年
憲法修正第14条が可決され、すべてのアフリカ系アメリカ人に完全なアメリカ市民権が与えられることになりました。

1880年代以降
「ジム・クロウ」法は、南部諸州で施行された、黒人と白人を隔離することを定めた法律です。この規則を破ったと見なされた黒人は、白人暴徒によって拷問され殺害されました。

1955年
白人女性を誘惑したとして罪に問われた14歳のエメット・ティルが、むごい殺され方をしました。これをきっかけに、公民権運動の波が高まりました。

1960年
ノースカロライナ州グリーンズボロの黒人学生が、学生食堂で人種隔離に反対する平和的な抗議活動を始めました。

1963年
5月、アラバマ州バーミンガムで10代の若者たちがデモ行進を展開。9月、人種差別主義者がバーミンガム16番街のバプテスト教会を爆破し、4人の少女が犠牲になりました。

1964年
公民権法が制定され、人種・出身国・性別による差別、そして人種隔離と「ジム・クロウ」法が違法と定められました。

1965年
アラバマ州のセルマからモンゴメリーへの行進をきっかけに、投票権法が制定され、人種や民族を理由に投票しにくくする行為は違法と定められました。

1968年
マーティン・ルーサー・キング牧師がテネシー州メンフィスで暗殺され、世界に衝撃を与えました。

公民権運動

1950年代から60年代にかけて、アフリカ系アメリカ人は、平等な権利を求める長い闘いを通じて前進していきました。運動家たちは、「人種隔離を違法とする」ことなど、数多くの目標を達成します。

初期の運動家
闘争は非常に長い期間に及びました。黒人女性ジャーナリストのアイダ・B・ウェルズは、1890年代から人種差別的な暴力に反対する記事を書き、ほかの運動家とともに活動を展開しました。

ローザ・パークスが乗ったバスの復元模型

人種隔離との闘い
アメリカの南部諸州では、黒人はバスの「白人」席には座れませんでした。ローザ・パークス（右ページ）はこれに抗議しました。黒人と白人がともにバスで旅をするグループ「フリーダム・ライダーズ」は、南部諸州で同じバスに乗って活動を展開しました。

果てしない行進
平和的な抗議活動を率いたマーティン・ルーサー・キング牧師は、抗議活動に注目を集めるために行進を行いました。行進はたびたび暴力的な妨害を受けましたが、それでも行進は続けられました。

1965年、アラバマ州セルマで、完全に平等な投票権を求めて行進するマーティン・ルーサー・キング・ジュニア

マーティン・ルーサー・キング・ジュニアは、抗議活動をしたとして30回近く逮捕された！

アメリカの公立学校で人種隔離が違憲となったのは、1954年のことだった。

おもな運動家

1950年代から、さまざまな経歴、職業、宗教的信条を持つ人々が黒人公民権運動に参加しました。ここでは、強い影響力を及ぼした人々を紹介します。

メイミー・ティル＝モブリー
少年エメット・ティルの母親であるメイミーは、息子がむごい殺され方をしたことが忘れられないよう、声を上げました。

ローザ・パークス
パークスは白人に席を譲ることを拒否して逮捕されました。これをきっかけとして、1955〜1956年の「バス・ボイコット運動」が起こりました。

マルコムX
イスラム教導師だったマルコムXは、アメリカの黒人は独立したコミュニティーをつくるべきだと考えていました。

モハメド・アリ
世界的に有名なボクサーのアリは、公民権運動について事あるごとに語り、広く放送で伝えられました。

ハリー・ベラフォンテ
人気歌手のベラフォンテは、運動に参加した数多くのアーティストの1人で、アメリカの国内外に公民権という言葉を広めました。

ヒューイ・ニュートン
ブラックパンサー党の共同設立者で、武装した市民による抵抗運動を展開しました。

アンジェラ・デービス
人種差別およびフェミニズムの政治活動家であるデービスは、大学教授でもあり、多数の著書があります。

表彰台での抗議

1968年のオリンピックで、アメリカのメダリスト、トミー・スミス（金）とジョン・カルロス（銅）は、国歌斉唱中に頭を下げ、人種間の不平等に対する抗議の印として、拳を突き上げるブラックパワーのポーズをとりました。この行為によって2人は競技人生を閉ざされ、2人を支持したオーストラリア人の銀メダリスト、ピーター・ノーマンもキャリアを絶たれました。

さらなる課題

人種による不平等や差別は、アメリカでもほかの地域でもなくなっておらず、抗議活動が今も続いています。黒人に対する警官の暴行に抗議して2013年に設立された「ブラック・ライブズ・マター」運動は、2020年の白人警官によるジョージ・フロイド殺害事件をきっかけに世界中に広がりました。

「ブラック・イズ・ビューティフル」は、1960年代にスローガンになった！

冷戦

1945年から1991年まで、資本主義のアメリカと社会主義のソ連（ソビエト社会主義共和国連邦）は、敵対する「超大国」でした。この敵対関係は冷戦とよばれ、互いに相手国を脅威と見なしながらも、直接衝突することはありませんでした。

1980年代、アメリカとソ連の指導者は、宇宙人が攻めてきたら冷戦を中断することで合意していた！

CIAの諜報員は靴ひもの結び方をさまざまに変え、秘密のメッセージを伝えていた！

鳥のスパイ

両国は互いに相手国を監視していました。アメリカのスパイ機関CIAは、ソ連の軍事基地を監視するためにハトを使いました。ほかにも、カラスを使ってソ連政府の建物の窓枠に盗聴器を落とさせたりもしました。

ストラップでハトののど元に装着したカメラ

核の脅威

超大国はどちらも、地球を破壊しつくすだけの核兵器を持っていました。もし一方が攻撃を仕掛ければ、もう一方が報復し、世界中を巻きこんだ核戦争に発展します。両国ともそれを恐れたため、この冷戦が「熱い」戦争に発展することはありませんでした。

軍拡競争

第二次世界大戦の終結直後、アメリカは世界で唯一、核兵器を保有する国でした。しかし、ソ連が1949年に核実験を開始します。これをきっかけに軍拡競争が始まり、両陣営がより大型で破壊力の高い核兵器を開発するようになります。競争は21世紀に入ってようやくスローダウンし、冷戦終結以降、核兵器の数は激減しました。

核ミサイル数
アメリカ
ソ連（1991年以降はロシア）
緊張が高まり、ソ連がミサイルを増産
1950年 1960年 1965年 1975年 1986年 2000年 2010年

ベトナム戦争

アメリカとソ連が直接衝突することはありませんでしたが、間接的には戦争状態にありました。たとえばベトナム戦争（1954〜1975年）では、ソ連は社会主義の北ベトナムに武器を供与し、アメリカは南ベトナムを支援するために55万人の兵士を送りこみました。

ベルリンの壁

第二次世界大戦後、ドイツは社会主義の東ドイツと資本主義の西ドイツに分断されました。ベルリンは東側に位置しましたが、やはり2つに分断されていました。1961年、東ドイツは、東ベルリン市民が西側に流出しないように、「ベルリンの壁」を建設しました。

宇宙開発競争

両超大国は宇宙でも競争をくり広げました。ソ連は1957年に世界初の人工衛星を打ち上げ、地球外探査の競争で一歩リードしました。さらに、その年の暮れには、地球周回軌道上に生物（イヌ）を送りこみます。しかし、人類を初めて月面に送り出したのはアメリカで、1969年のことでした。

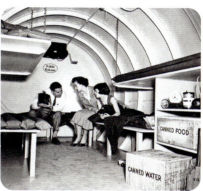

キューバ・ミサイル危機

世界が核戦争に最も近づいたといわれるのは、1962年10月にソ連がアメリカ沿岸からわずか166km沖のキューバに核ミサイルを配備したときでした。アメリカ人の中には、家族で13日間、地下壕に避難した人もいました。最終的にソ連はミサイルを撤去し、危機はひとまず去りました。

長年の間、アメリカの核兵器を発射するための極秘パスコードは00000000だった！

壁の崩壊

1980年代、ソ連の同盟国である東欧諸国に政情不安の波が押し寄せ、民主化や自由化の拡大を求める声が高まりました。1989年11月9日、デモ隊がベルリンの壁を破壊し、ドイツは統一されることになります。それから2年後、ソ連も内部分裂を起こしていくつもの共和国が独立し、ソ連は崩壊しました。

植民地の独立

アルジェリアの独立戦争記念碑は、高さ92m！

第二次世界大戦後、植民地による独立運動が活発になり、支配する側の大国は、世界が変わりつつあることを受け入れなければなりませんでした。暴力的な闘争による独立もあれば、交渉という形をとった平和的な独立もありました。20世紀末までに、すべてではありませんが、それまでの植民地の大半が独立しました。

祝！独立記念日

多くの国が独立した日を祝います。軍事パレードを行う国もあれば、カーニバルのような祭りで祝う国もあります。ケニアの「ジャムフリ・デー」は国民の祝日です。1964年に独立し、新たな共和国となったこの日を祝うために、多くの人々が集まります。

ガーナの独立記念日

ガーナ初代大統領のクワメ・ンクルマ

ガーナはアフリカでいち早く独立した国の1つです。この国で自由運動を率いたクワメ・ンクルマは、1948年、第二次世界大戦でイギリスのために戦ったにもかかわらず不当な扱いを受けた退役軍人を支援しました。彼らの抗議は独立運動へと発展し、1957年、ンクルマは自由な国ガーナの指導者になりました。

独立したアフリカの国々

1950年代以降、宗主国（カッコ内）の支配から自由を勝ち取ったアフリカの国々を年表で紹介します。

- **1956年** チュニジア、モロッコ（フランス）、スーダン（イギリス/エジプト）
- **1957年** ガーナ（イギリス）
- **1958年** ギニア（フランス）
- **1960年** カメルーン、トーゴ、ベナン、マダガスカル、ニジェール、ブルキナファソ、コートジボワール、チャド、中央アフリカ共和国、コンゴ共和国、ガボン、セネガル、マリ、モーリタニア（フランス）、ナイジェリア（イギリス）、ソマリア（イギリス/イタリア）、コンゴ民主共和国（ベルギー）
- **1961年** シエラレオネ、タンザニア（イギリス）
- **1962年** アルジェリア（フランス）、ウガンダ（イギリス）、ルワンダ、ブルンジ（ベルギー）
- **1963年** ケニア（イギリス）
- **1964年** マラウイ、ザンビア（イギリス）
- **1965年** ローデシア（1980年から国名ジンバブエ）、ガンビア（イギリス）
- **1966年** ボツワナ、レソト（イギリス）
- **1968年** スワジランド（イギリス。2018年から国名エスワティニ）、赤道ギニア（スペイン）
- **1973年/1974年** ギニアビサウ（ポルトガル）
- **1975年** モザンビーク、カーボベルデ、コモロ、サントメ・プリンシペ、アンゴラ（ポルトガル）
- **1976年** セーシェル（イギリス）
- **1977年** ジブチ（フランス）

分離独立

マハトマ・ガンジー、サロジニ・ナイドゥ、ムハンマド・アリ・ジンナーといった活動家による数十年にわたる運動の末、1947年にイギリスは支配していたインドから撤退しました。独立と同時に国は分割され、新しい国パキスタンが誕生します。分離独立とよばれるこの出来事には、暴力が付きものでした。現在、両国の国境では毎日のように軍事式典が行われています。

パン・アフリカ運動

パン・アフリカ主義は19世紀に始まった運動です。その目的は、奴隷制度や人種差別に対して黒人を団結させ、自分たちのルーツであるアフリカを称えることでした。その後、この運動は独立闘争において重要な役割を果たすようになり、アフリカ諸国の団結をよびかけました。

現在、世界には197の独立国がある！

パン・アフリカ運動の三色旗

ミア・モトリー首相とR&B歌手のリアーナにはさまれ、2021年にバルバドス大統領に就任したサンドラ・メイソン

島の独立

1627年以来、イギリスの植民地だったカリブ海の島バルバドスは、1966年に独立しました。イギリス連邦の一国としてエリザベス2世を国家元首としてきましたが、2021年にバルバドスは共和制に移行しました。

デジタル化の波

1970年代に発売された最初のフロッピーディスクは1MBのデータしか保存できなかった！

20世紀初頭、計算を行うために最初のコンピューターが開発されました。処理能力が向上するにつれ、機械自体が小型化し、より多くの人が使えるようになりました。

初期のコンピューター
最初の電子デジタル・コンピューターはイギリスとアメリカでつくられました。目的は、第二次世界大戦中のドイツ軍の暗号を解読するためでした。このときのコンピューターは、1つの部屋がいっぱいになるくらいの大きさでした。

初期のインターネット
インターネットの前身はARPANET（アーパネット）とよばれるネットワークでした。1969年にアメリカの4つの大学のコンピューターを電話回線で接続したものです。ARPANETは1970年代に入ると全米に広がっていきました。1980年代には、ARPANETは世界中の同様のネットワークと統合され、現在のインターネットが誕生しました。

赤い点は、別のネットワークへの接続点を示す

パーソナル・コンピューター
1970年代を迎える頃、コンピューターは企業に導入され始めましたが、個人の家庭ではまだ使われていませんでした。しかし、1980年代初頭に最初のパーソナル・コンピューター（PC）が製造されると、状況は大きく変わりました。

コンピュータにはケースが付属していなかったので、ユーザーは自分たちでつくっていた

最初のウェブページ
ワールド・ワイド・ウェブ（WWW）の発明により、文書へのリンクをうめこむことで、インターネット上で情報を閲覧できるようになりました。史上初のウェブページ（上）は、1991年に公開されました。これは使い方の説明リストです。

携帯電話
最初の携帯電話であるDynaTAC 8000Xは、1984年に発売され、価格は2000ポンド（現在の貨幣価値で6150ポンド＝122万円ほど）でした。機能は通話のみで、今のようなさまざまな機能はありませんでした。現在では、世界中で60億人が携帯電話を使っています。

DynaTAC 8000Xはレンガブロックほどの大きさだ

歴史 | 333

小さな頭脳
小さな半導体チップは、あらゆるデジタル機器の「頭脳」です。毎年、約1兆5000億個が製造されています。

ゲーム画面は、目を引くグラフィックアートに彩られたガラススクリーンの奥にある

初期のゲームはジョイスティックではなくボタンで操作した

ゲーム代金の硬貨を入れる投入口

「スペースインベーダー」などのゲームのグラフィックは、カラフルで目立ちましたが、とてもシンプルでした

初期のテレビゲーム
1970年代、人々はゲームセンターにある専用の大型ゲーム機でアーケードゲームに興じていました。1978年に公開された業務用アーケードゲーム「スペースインベーダー」は、襲ってくるエイリアンの大群を撃退するというものでした。1977年に発売されたAtari 2600は、広く普及した最初の家庭用ゲーム機です。現在では約500万種のゲームが普及しています。

今日、インターネット上には19億8000万ものウェブサイトがある！

334 | 歴史

大西洋横断にかかる時間

大西洋の横断にかかる時間は、最初に帆船で横断した時代に比べると、劇的に短くなりました。エンジンを搭載した船舶の開発によって、航行速度は大幅にアップし、さらに飛行機が開発されると、イギリスからアメリカまでの所要時間は数日から数時間に短縮されました。

66日
1620年、メイフラワー号は、イギリスからアメリカに到達するのに2カ月以上かかりました。

15.5日
1838年、蒸気船グレートウェスタン号が2週間強で大西洋を横断しました。

4日
1936年、クイーンメリー号が大西洋横断を数日に短縮しました。

17時間40分
1945年、旅客機ダグラスDC-4がロンドンからニューヨークまでノンストップで飛行しました。

6時間12分
1957年、ジェット旅客機がまたもや所要時間を短縮しました。

2時間52分
1996年、超音速旅客機コンコルドがロンドン～ニューヨーク間で最短時間を記録しました。

データで見る
すごいネットワーク

世界の人々は、かつてないほど密接につながっています。昔なら数カ月かかった旅も、今ではわずか数時間ですし、インターネットの助けを借りて、地球の反対側でくらす人と即座にやりとりできるようにもなりました。

驚異的な輸送量

ある場所から別の場所へ何百万もの人や何tもの貨物を移動させるというのは、簡単なことではありません。ここで紹介するのは、世界で最も交通量の多い場所です。

発着数世界一の空港
アメリカのジョージア州アトランタの空港からは、毎時80便以上が離陸しています。

取り扱いコンテナ数世界一の港
中国の上海港では、1日に平均約13万個のコンテナが扱われています。

乗降客数世界一の鉄道駅
東京の新宿駅では、1日平均350万人が乗降します。

新宿駅

力持ちの乗り物

ラクダからコンテナ船まで、人々はさまざまな方法で世界中に物資を運んできました。現代の巨大な貨物船は、かつてのキャラバンの商人には想像できない量の物資を運んでいます。

ラクダ
180～226 kg
ラクダには、荷物を背負って長旅ができるだけの強さとたくましさがあります。

帆船
37万9000 kg
17世紀の木造帆船は、ラクダの2000倍の物資を輸送できました。

アントノフAn-225ムリーヤ
25万 kg
この大型輸送機は、1988年から2022年まで、ソ連版スペースシャトルなどの重量貨物を輸送しました。

大型コンテナ船「エバーアロット」
6億97万3000 kg
2万4000個以上のコンテナを積載できる世界最大のコンテナ船です（下）。

インターネットの普及

インターネット利用者は、わずか3年で24％増加し、2019年以降は推定11億人が利用するようになりました。2022年には、約53億人（世界の人口の66％）が、インターネットを頻繁に利用するようになっています。

インターネットにアクセスしたことがない人はまだ27億人いる

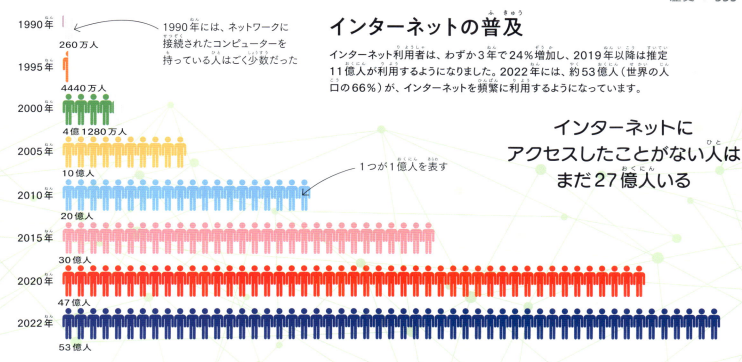

1990年　260万人（1990年には、ネットワークに接続されたコンピューターを持っている人はごく少数だった）
1995年　4440万人
2000年　4億1280万人
2005年　10億人
2010年　20億人（1つが1億人を表す）
2015年　30億人
2020年　47億人
2022年　53億人

世界をかけるメッセージ

毎日、膨大な数のデジタル・メッセージがインターネットで送受信されています。

送受信される電子メールは **10億通**

X（旧ツイッター）に公開されるメッセージは **5億件**

Instagramに投稿される写真は少なくとも **9500万点**

ビデオ通話の急増

新型コロナウイルス感染症（COVID-19）で都市がロックダウンした期間に、ビデオ通話が急速に普及しました。ビデオ通話アプリのZoomは、自宅待機政策が導入された直後の2020年4月にトラフィックが535％増加しました。

いつもオンライン

2022年、平均的なユーザーのオンライン利用時間は、1日に6時間37分になります。そのうち2時間28分はソーシャルメディアの利用時間です。

100万人を突破！

新しいテクノロジー、特にソーシャルメディア（SNSなど）が導入されると、人々はすぐに使い始めるようになりました。Netflixの場合は、利用者が100万人に達するまでに3年強かかりましたが、下記のソーシャルメディアではもっと短期間で100万人に達しました。

24カ月
ツイッター（現X）は、2006年のサービス開始から2年で100万人の利用者を獲得しました。

10カ月
Facebookは、2004年のサービス開始後、たちまち100万人のユーザーを獲得しました。

3カ月
写真共有アプリのInstagramは、数カ月で100万人のユーザーを獲得しました。

2週間
わずか2週間で、100万人がAIチャットボットChatGPTと対話しました。

文化 CULTURE
ぶんか

文化って何？

文化とは、個人として、また集団としての生き方のことです。私たちは、美術や文学、音楽だけでなく、日々のくらしを通して文化を表現しています。服装や言語、信条や習慣、さらには住んだり働いたりしている建物も、すべて文化の表れと言ってよいでしょう。

せまくなった地球

かつての世界では、別の文化圏の人や場所に触れる機会はあまりありませんでした。今日では、テクノロジーの発達により、世界中の人がどんな生活を送っているのかを、昔より手軽に知ることができます。

交通
交通手段、特に飛行機による輸送はかつてないほど速くなり、人や物の往来も、さらにはアイデアのやり取りも、昔よりずっと簡単になりました。

コミュニケーション
新しいテクノロジーのおかげで、どこにいても、友人や家族、同僚とおしゃべりし、意見を交わせるようになりました。

ネット上のニュース
目撃者がアップした動画をソーシャルメディア（SNSなど）上ですぐに視聴することができるため、世界中の出来事をその都度チェックできます。

文化の表現

世界にはびっくりするほど多様な文化が存在します。伝統を守って何千年も生活様式を変えていない地域社会もあれば、急速に発展する大都会もあります。ここでは、独創的でクリエイティブな人たちが、どのような形で文化の表現に貢献しているかを見ていきます。

ビジュアルアート
線画、絵画、彫刻、写真、グラフィティアートなどは、人々が自分のアイデアや信条を視覚的に伝える表現方法です。

エンターテインメント
クラシックバレエからロックフェスティバル、サーカス、スポーツイベントまで、私たちは自分でパフォーマンスをしたり、人のパフォーマンスを見たりするのが大好きです！

一体感を求めて

オーストラリアのシドニーは、異なる文化を持つ人々が住む、多様性あふれる都市です。一方で、みんなで一緒にお祝いする行事もあります。毎年、新年を迎えるときには、大勢の人がシドニー・ハーバー・ブリッジに集まります。

世界の人口は80億人。その59％がアジア大陸でくらしている！

文化 | 339

世界で最も
訪問者の多い
モニュメントは
中国の北京にある
紫禁城だ！

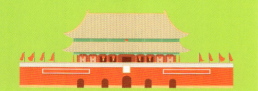

パンクがファッションに及ぼした影響は、音楽に対する影響よりも長く続いた。ストリートパンク系ファッションを愛する人は今も多い！

一時的な流行

長い伝統を持つ文化が多くある一方で、若者の間では短い流行に終わるものが少なくありません。パンクミュージックは1970年代後半に大きな反響をよびましたが、数年で勢いを失いました。

ライフスタイル
私たちが服装や髪型、食べるもの、購入する商品を選ぶときには、知らず知らずのうちに自分の文化を反映しているものです。

会話と読み書き
読んだり書いたりする文学作品でも、人と話をするときに使う言語や方言やなまりでも、言葉の使い方にはその人の文化が反映されます。

活動
お気に入りのスポーツ、趣味、サークル活動、さらには伝統工芸まで。いずれも、さまざまな文化を色濃く反映する活動です。

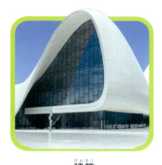

建築
家や学校や病院などの建築物や、都市の設計は、その文化集団の価値観やアイデンティティーを多くの人に向けて表現するものです。

340　文化

生き生きした言語

私たちは、コミュニケーションをとり、自分の考えや感情、知識を伝えるために言語を用います。世界がより緊密になるにつれ、より広く話されるようになった言語もあれば、衰退した言語、消滅した言語もあります。

クリンゴン語を話せるかな？

SFテレビドラマ『スター・トレック』のために考案されたクリンゴン語には、独自の辞書まで存在します！そのほか、映画『アバター』のナビ語や、小説『ウォーターシップ・ダウンのうさぎたち』のラピーヌ語も架空の言語です。

アメリカのコミコン（インターナショナル）でクリンゴン人に扮したファンたち

主要な言語トップ5

発祥の地からほかの国々へ広がって主要言語となったものもあれば、別の言語が存在する国で第2言語となったものもあります。世界で話す人が多い言語のトップ5は右の通りです。

1. 英語　15億人
2. 標準中国語　11億人
3. ヒンディー語　6億220万人
4. スペイン語　5億4830万人
5. フランス語　2億7410万人

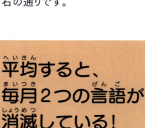

複数の公用語

2つ以上の公用語を定めている国は、世界にたくさんあります。公用語の数が多い国トップ3は、ボリビア（37言語）、インド（23言語）、ジンバブエ（16言語）です。

イスラエルの踏切にある警告板。ヘブライ語、アラビア語、英語が併記されている

平均すると、毎月2つの言語が消滅している！

世界の「こんにちは」！

どの言語にも、あいさつを交わすときに使う単語やフレーズがあります。ここでは、世界で広く使われている言語の「こんにちは」を紹介します。言語ごとにさまざまなアルファベットがあり、漢字のように「意味を表す文字」で書かれたものもあります。

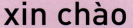
xin chào
シンチャオ（ベトナム語）

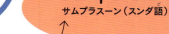
Sampurasun
サムプラスーン（スンダ語）

こんなふうに発音する

مرحبا
マルハバー（アラビア語）

ciao
チャオ（イタリア語）

नमस्ते
ナマステ（ヒンディー語）

السلام عليكم
アッサラムアライクム（ウルドゥー語）

helo
ハッロー（マレー語）

سلام
サラーム（ペルシャ語）

hola
オラ（スペイン語）

สวัสดี
サワッディー（タイ語）

現在、世界で話される言語は全部で7100ぐらいある！

サインとシンボル

言語は、話し言葉や書き言葉だけではありません。聴覚に障害のある人の多くは、手話を言語としています。現在、世界には約300種類の手話があり、7000万人が使っています。

手の動きだけでなく、ボディーランゲージや顔の表情も使って、文字や単語や文章を表現する

希少言語を存続させるために

言語は、使う人が減ると消滅してしまいます。ウェールズ語がその危機にひんしたとき、ウェールズの人々は存続させるよう努力しました。子どもたちは学校でウェールズ語を学び、ウェールズ語のテレビ局もあります。また「アイステズボッド」という祭りを毎年開催して、ウェールズの言葉と文化を守っています。

「アイステズボッド」で優勝した詩人。特製の玉座に座っている

英語には60万以上の単語がある。ほかのどの言語よりも数が多い！

salam əleyküm
アッサラームアライクム（アゼルバイジャン語）

bawo ni
バオニ（ヨルバ語）

hallo
ハロー（ドイツ語）

నమస్కారం
ナマスカーラーム（テルグ語）

bonjour
ボンジュー（フランス語）

你好
ニーハオ（標準中国語）

cześć!
チェシチ（ポーランド語）

jambo
ジャンボ（スワヒリ語）

Привіт
プリビイット（ウクライナ語）

hello
ヘロー（英語）

kumusta
クムスタ（タガログ語）

国旗の名前を当てよう

どの国にも必ず1つ国旗がある。
下の欄を見ないようにして、
左に挙げた旗がどこの国のものか、当ててみよう。
1つだけ国旗ではないものが交ざっているので、
要注意！

1　ウガンダ
2　ベリーズ
3　エクアドル
4　イギリス
5　ドイツ
6　モロッコ
7　リトアニア
8　アルゼンチン
9　中国
10　フランス
11　スペイン
12　ソマリア
13　アメリカ合衆国
14　ケニア
15　カタール
16　セーシェル
17　アンティグア・バーブーダ
18　サウジアラビア
19　韓国
20　チリ
21　パプアニューギニア
22　ブラジル
23　国際連合
24　日本
25　オーストラリア
26　ドミニカ国
27　ネパール
28　ペルー
29　南アフリカ
30　キリバス
31　インド
32　スリランカ
33　イタリア
34　コロンビア
35　カナダ
36　トンガ
37　ジャマイカ

仲間はずれは23の国際連合旗。国際連合（国連）は、人権擁護と平和推進を目的に設立された国際機関だ。

宗教と信仰

私たちが今ここに存在するのはどうしてでしょう。生きる意味とは何でしょう。死んだらどうなるのでしょう——いつの時代も人間は同じことに疑問を抱いてきました。こうした大きな謎を探究するのが、宗教や信仰の役目です。

 キリスト教 24億人
紀元前4年頃に生まれたイエス・キリストの生涯と教えに基づいています。

 仏教 5億6000万人
紀元前5世紀にインドで釈迦が創始しました。

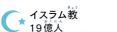 **イスラム教** 19億人
610年頃、預言者ムハンマドが興しました。

 シク教 2500万人
16世紀にインドでグル・ナーナクが始めました。

 ヒンドゥー教 11億人
4000年前にインドで誕生しました。

 ユダヤ教 1460万人
紀元前8世紀頃、中東で興りました。

主要宗教の信者数

上に挙げたのは、世界のおもな宗教とその推定信者数です。その一方で、どの宗教も信仰していない人は10億人以上おり、ヒューマニズム（人間主義）、不可知論、無心論などを信条としています。

クワクワカワク族のアーティストが彫刻したトーテムポール

聖なる自然

カナダでくらす先住民の中には、土地や周りの動物や自分たちの祖先を神聖な存在と見なす人々がいます。北アメリカの太平洋北西沿岸部の先住民は、部族や個人の信仰、文化、家族の歴史を象徴する木彫りの柱——トーテムポールを立てます。

ブラジルの救世主キリストの像は、高さが30mもある！

聖なる建物

キリスト教の教会、イスラム教のモスク、ユダヤ教のシナゴーグなど、どの宗教にも、信徒が祈りや儀式のために集う神聖な建物があります。ヒンドゥー教の寺院は、ヒンドゥーの神々をかたどった壮大かつ豪華な色とりどりの彫刻で装飾されています。上はスリランカにあるヒンドゥー寺院。

聖なる旅

巡礼とは、信者が聖地を訪れる旅のことです。その旅は多くの場合、長くて困難なものです。巡礼の目的は、信仰を深めるためや、祈りがかなったことに感謝するため、あるいは病気の回復を願うためです。

イスラム教で最高の聖殿とされるカーバは、巡礼の中心地だ

毎年、何千人ものイスラム教徒がサウジアラビアにある聖地メッカへの巡礼に向かう

宗教って何?

世界には多くの宗教がありますが、どの宗教にも共通する特徴があります。宗教的な「規範」があることです。ここでは基本的な規範を4つ紹介しましょう。

儀式と実践
祈り、洗礼、一定期間の断食など、信徒が実践する活動。

教えと決まり事
信徒がどのように生きるべきかを定めた、口頭や文書による教えや決まり事。

物語と神話
生き方の手本となる物語や、世界創造などの出来事を描こうとする物語。

物質的なもの
宗教関連のイコン(聖画像)や美術品、寺院や神殿などの聖地。

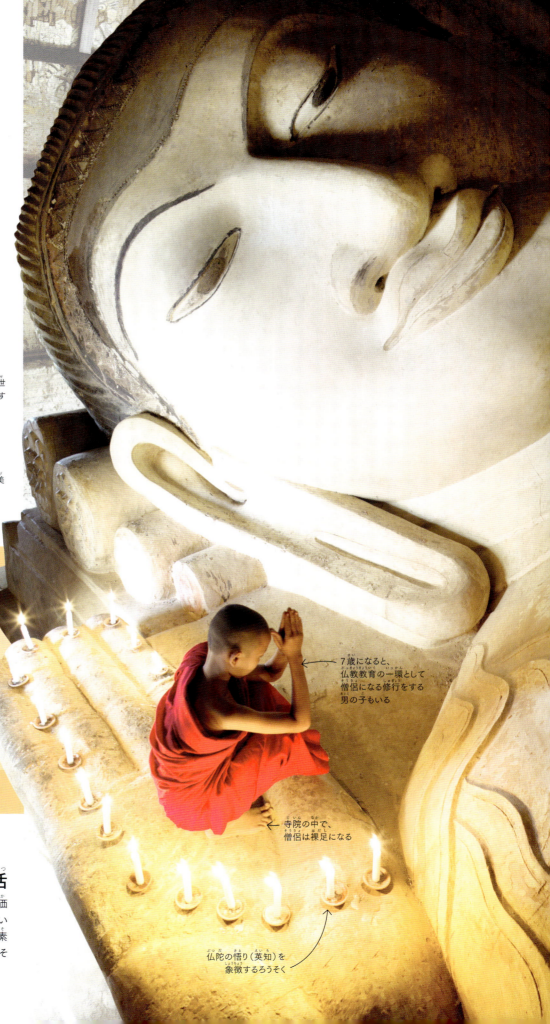

インドの王子ゴータマ・シッダールタは、木の下で49日間瞑想したのちに悟りを開いて仏教を興した!

7歳になると、仏教教育の一環として僧侶になる修行をする男の子もいる

寺院の中で、僧侶は裸足になる

仏陀の悟り(英知)を象徴するろうそく

修道僧の生活

信徒の中には、信仰の教えを学び、その価値観を実践するために一生を捧げる人もいます。たとえば、仏教の僧侶や尼僧は、質素な生活を送り、無地の袈裟をまとい、髪をそり、瞑想と祈りに多くの時間を費やします。

文化

楽しい祭り

どんな地域社会にも、大切な出来事や伝統を祝うために人々が集う特別な日があります。祝い方は、料理、パレード、贈り物などさまざまですが、多くの場合、祭りは人々が集まって楽しむ場となります。

祭りの種類

人々が集まって祝う理由はいろいろあります。ここではおもな祭りを紹介します。

神聖な行事
宗教上の重要な日を祝うことは、さまざまな宗教において大きな意味があります。

収穫祭
農村ではたいてい、収穫の時期に大規模な祝宴を催します！

新年
多くの文化圏では、古い年が終わり新しい年が始まることを祝います。

季節の変わり目
どの季節にも祭りがあり、春には自然の再生を祝います。

国家の日
建国や独立を記念したり、国民的英雄を称えたりする日です。

ワッセリングを先導する植物の精霊「グリーンマン」

冬のワッセリング

ワッセリングはイギリス古来の行事です。リンゴ園を訪れ、木に歌いかけて、次の季節の豊作を祈ります。集まった人々は、練り歩きながら、器に入ったスパイス入りのあたたかいリンゴ酒を回し飲みします。

大規模な音楽フェスティバル

いつの時代も、音楽はたくさんの人を集めます。ドナウインセルフェスト（上）はオーストリアの音楽と音楽家を称える無料の音楽祭です。首都ウィーンのドナウ川に浮かぶ島で開催され、毎年300万人の観客を動員しています。

この儀式には観光客も地元の人々も参加する

空に浮かべる灯籠は紙製で、中にろうそくが灯っている

文化 | 347

どくろの仮面や骸骨の扮装は、パレードで人気のコスチュームだ

死者をしのぶ

メキシコの「死者の日」は、死んだ家族や友人をしのぶ日です。色彩豊かなパレードを行うだけでなく、愛する故人の墓のそばで家族がピクニックをしたり、墓地をろうそくや花、供物で飾ったりします。

イギリスのシェットランド島で開催されるウップ・ヘリー・アーというお祭りでは、クライマックスにバイキングのロングシップを燃やす！

化粧で強調するのは目と歯

出会いと再会

離れた場所でくらす人々にとって、祭りは旧友と再会したり、恋の相手を見つけたりする場でもあります。チャドのゲレウォール祭りは、若い男性が化粧をしてダンスを披露し、パートナー候補にアピールします。

炎の祭り

火は世界各地の祭りで重要な役割を持っています。インドの一部で開催されるローリは、冬の終わりを祝う祭りです。人々はたき火を囲んで歌ったり踊ったりし、古い年を送り、新たなスタートを切る象徴として、火の中に食べ物を投げ入れます。

民族衣装を着て民族舞踊のギッダを踊るアムリトサル（インドのパンジャブ地方）の学生たち

スペインのトマティーナ（トマト祭り）では、150tものトマトを投げ合う！

浮き灯籠

タイのチェンマイで開催されるイーペンという祭りでは、何千という灯籠が空を照らします。人々が灯籠を浮かべるのは「功徳を積む」ため。善行を積むことで将来のよりよい生活を手に入れたい、という願いがこめられています。

ティーライトと浮き灯籠に照らされた寺院

すてきな食べ物

食事には、「生きるために必要な燃料」という以外の意味もあります。何を食べるかだけでなく、いつ誰と食べるかは、自分が何者かを示す行為でもあり、特定の集団や文化に属している証しでもあるのです。

水上の果物売り

市場は古代からあり、人々は毎日新鮮な食品を買うことができます。インドネシアのバンジャルマシンにあるこの水上マーケットは、今日も変わらず人気があります。タングイとよばれる丸い帽子をかぶった女性たちが、ジュクン（伝統的な小船）で市場に向かい、船上から直接果物や野菜を売ります。

古代のチーズ

チーズは最古の加工食品の1つで、何年も保存できるように牛乳を栄養価の高い固形にしたものです。7500年前の壺からも、チーズの痕跡が見つかっています。上は紀元前6世紀につくられた置物で、これが示すように、古代ギリシャ人はチーズが大好きでした。

※ ハードチーズの塊をすり下ろす男性

- アメリカ南部：バーベキューリブ
- グリッツはトウモロコシでつくるおかゆの一種だ
- スウェーデン：ミートボールとマッシュポテト
- リンゴンベリージャム
- ワットは肉を使った煮込み料理
- モロッコ：クスクス添えのタジン
- エチオピア：ワット
- タジンは肉や果物を使った煮込み料理
- インド：ターリー
- いくつもの小皿に入った野菜カレーとナン

世界の郷土料理

ある国や集団の伝統的で典型的な料理やレシピを「郷土料理」とよびます。郷土料理は、入手できる食材や気候、その地の宗教的な決まり事や信仰、調理に費やす時間など、さまざまな要因に影響を受けています。

プリンターでつくるごちそう

3Dデジタル技術を使うと、「食べられるアート作品」を創作することができます。砂糖やチョコレートなどの食品は、層状に積み重ねることで立体になります。写真は、ケーキやデザートのデコレーション用に3Dプリンターでつくった砂糖です。

生産された食品の3分の1が廃棄され、そのままゴミ箱行きになっている！

なぜ食べるのか

食習慣は個人個人の好みによって身につくと思われがちですが、ほかにもさまざまな要素が関係しています。

文化や国との関係
食べ物の中には、その地域や国や文化と強く結びついたものがあります。たとえばピザは、誰もが知るように、イタリアの国民食です。

健康とフィットネス
アスリートは、パフォーマンスを向上させるために食事をします。たとえば、マラソンランナーはレース前にエネルギーを補給するために、高炭水化物食品を摂取します。

宗教や信条
宗教上の理由から、あるいは動物愛護などの信条的な理由から、特定の食品を食べる(もしくは食べない)ことがあります。

社交の場
家族や集団で一緒に食事をすることによって、コミュニティーの一員であることを実感できます。

祝い事
誕生日ケーキのような特別な食べ物を一緒に食べることで、人生の大切な節目を祝うことにつながります。

サメの肉を6週間発酵させてつくるハカールはアイスランドのごちそうだ!

ご当地メニュー

この50年間で、「ファストフード」は世界中に広まりました。ファストフードは安価で手軽ですが、塩分や糖分、加工脂肪などが過剰にふくまれている可能性があります。世界展開する食品会社は、その土地の文化に合うようにメニューを工夫しています。

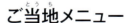
アラブ諸国の中には、マクドナルドのハンバーガーのバンズを平たい円形のパンに替えている国もある

バッタの揚げ物はタイで人気の屋台料理だ

昆虫からタンパク質

タンパク質は私たちの体の成長と修復に欠かせない栄養素です。このタンパク質を豊富にふくんでいるのが昆虫です。世界で約20億人が日常的に昆虫を食べていますが、将来はさらに多くの人が昆虫からタンパク質を摂取するようになるかもしれません。

データで見る
食べ物のあれこれ

食べ物は生存のための単なる燃料ではありません。みずみずしいトロピカルフルーツも、甘くてなめらかなチョコレートも、涙が出るほど辛い唐辛子も、世界の人々は食べたり飲んだりすることが大好きです。魅力的な食べ物に関するデータをいくつか紹介しましょう。

最高の甘味料

甘味料はサトウキビやビートなどさまざまな植物からつくられます。中でも甘さが強いのがアガベという植物からつくられるシロップです。アガベシロップは白砂糖の約1.5倍の甘さがあります。

アガベシロップはこのような砂漠の植物の葉から抽出した液でつくる

高価なスパイス

サフランをつくるために乾燥させた柱頭

サフラン

サフランは、薬用サフランから採取する世界でも指折りの高価な香辛料です。この風味豊かなスパイスを1kgつくるのに、壊れやすいめしべの柱頭が約15万株分必要です。

世界の「主食」四天王

世界中の食事のほとんどは、「主食」とよばれるわずか4種類の必須食材――トウモロコシ、米、小麦、根菜類が基本になっています。合計すると、主食は私たちが消費する全エネルギーの約60％を占めています。

1 トウモロコシ
古代から食べられてきた穀物。世界で消費されるエネルギーの19.5％を占めます。

2 米
米は35億人以上の主食であり、私たちが食べるエネルギーの16.5％を占めています。

3 小麦
粉状に挽いてパンやパスタ、シリアルにします。消費エネルギーの15％を占めています。

4 根菜類
世界の食料エネルギーの約5.3％は、キャッサバ、ジャガイモ、ヤムイモなどデンプン質の植物から摂取されたものです。

パスタが好きな国

パスタは世界中で愛される食べ物の1つで、毎年、約1690万t生産されています！2021年の1人あたりの平均消費量をもとにして、パスタ好きな国トップ4を紹介しましょう。

イタリアには、さまざまな形のパスタが350種類以上もある！

イタリア	チュニジア	ベネズエラ	ギリシャ	ペルー
23.5 kg	17 kg	15 kg	12.2 kg	9.9 kg

焼けるような辛さ

唐辛子の舌が焼けるような辛さは、カプサイシンとよばれる化合物のせいです。カプサイシンが多いほど、唐辛子は辛くなります。カプサイシンの含有量はスコビル値（SHU）で測定します。SHUが最も高い品種から最も低い品種まで、辛さのランキングを発表します！

1 キャロライナ・リーパー
150万～220万SHU

2 トリニダード・モルガ・スコーピオン
150万～200万SHU

3 ブート・ジョロキア
85万5000～150万SHU

4 ハバネロ・レッド・サビナ
35万～58万SHU

5 スコッチ・ボネット・ペッパー
10万～35万SHU

6 バードアイ
5万～10万SHU

7 カイエンペッパー
3万～5万SHU

8 セラーノペッパー
1万～2万3000SHU

9 ピーマン
0 SHU

純粋なカプサイシンのカプサイシン含有量は1600万SHU！

チョコレート消費大国

2022年、ドイツは世界で最もチョコレートを愛する国の称号を得ました。ドイツでは1人あたり11kgのチョコレートが消費され、スイスの9.7kgをわずかに上回りました。

フルーツ三昧

バナナは、どの果物よりも多く生産され、消費されています。2021年に世界で最も好まれた果物トップ5を生産量順に紹介します。

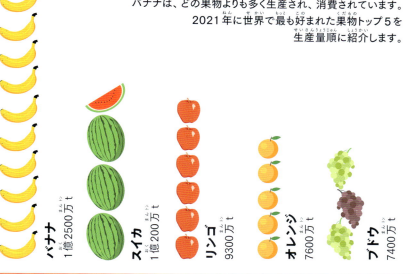

- バナナ 1億2500万t
- スイカ 1億200万t
- リンゴ 9300万t
- オレンジ 7600万t
- ブドウ 7400万t

紅茶にする？ それともコーヒー？

水に次いでおなじみの飲み物が、紅茶とコーヒーです。世界の人々は毎年数十億kgの紅茶やコーヒーをいれ、味わっています。

紅茶 63億kg　　コーヒー 98億kg

巨大なジャックフルーツ

熱帯産のジャックフルーツは長さが90cmにもなります。これはアメリカンフットボールのボール3個分の長さです！

文化

華麗なる スポーツの世界

勝敗の決め方
人と人が競い合うときは、必ず勝敗を決める方法について合意する必要があります。勝敗の決め方によって、スポーツ競技は大きく4種類に分かれます。

タイム競技
完走タイムの早い選手またはチームが勝利します。

距離競技
最も長い距離に到達した者が勝利します。

得点競技
ゴール数や得点数によって勝敗が決まります。

採点競技
審判によって演技が評価され、点数がつけられます。

世界には何百種類ものスポーツがあり、それぞれ独自の身体技能、ルールを発展させてきました。個人競技もあれば、チーム競技もあります。大半は競争をともなうものですが、結果がどうであれ、スポーツは参加するだけで楽しいものです。

栄光のオリンピック
4年ごとに開催される夏季・冬季のオリンピック及びパラリンピック競技大会では、世界トップクラスのアスリートたちが国を代表して競います。2020年の東京大会（開催は2021年）では、サーフィン（左）、空手、スポーツクライミング、スケートボードが新種目に採用されました。

最高のテクニック
多くのスポーツにおいて、最高のパフォーマンスを発揮して勝利を収めるための鍵はテクニックです。たとえば走り幅跳びでは、選手とコーチが動画を使って跳躍動作のあらゆる側面を分析し、飛距離をのばす方法を模索します。

踏み切りの推進力で、可能な限り大きな揚力を得る

上体は直立したまま

体を前方に押し出すため、脚と腕をすばやく「回転」させる

文化 | 353

競泳で41個の金メダルを獲得したトリシャ・ゾーンは、パラリンピック史上最も活躍した選手だ！

過酷な競技

スポーツ大会の中には、距離の長さや過酷さ、危険性から、トップクラスのアスリートしか参加できないものもあります。サハラマラソンは、モロッコのサハラ砂漠の約250kmを6日間かけて走りきる過酷なレースです。

気温が50℃に達する中、フルマラソン6回分の距離を走るランナー

十種競技
- 100m競走
- 400m競走
- 1500m競走
- 走り高跳びと棒高跳び
- やり投げ
- 110mハードル
- 走り幅跳び
- 砲丸投げと円盤投げ

アスリートの王

陸上競技には、投げる種目、跳ぶ種目、走る種目があります。男子十種競技では、10種目でこれらの能力を競います。オリンピックの十種競技のチャンピオンは、世界最高の「キング・オブ・アスリート」と名乗ることができます。女子の場合は、七種競技のチャンピオンが「クイーン・オブ・アスリート」と称されます。

みんなのサッカー

サッカーは世界で最も愛されているスポーツで、世界中に約35億人のファンがいます。定期的にプレーしているのは2億6500万人以上で、そのうち2900万人は女性選手です。サッカーは、女子も行うスポーツとして急速に普及しつつあります。

2019年、ロンドンで開催されたサッカーの祭典に1000人近い女子選手が参加し、サッカーの知名度を高めた

アメリカのマイク・パウエルが打ち立てた男子走り幅跳びの世界記録は、1991年から破られていない！

8.95m

慣性の力を維持するため、上体と腕を前傾させる

足から着地し、体を前方に投げ出す

スポーツ用具の名前を当てよう

どのスポーツで使われる用具かわかるかな？
下の答えを見ないようにして当ててみよう。
1つだけスポーツに関係のないものが
交じっているので要注意。

1　バドミントンのシャトルコック
2　円盤投げの円盤
3　やり投げの槍
4　バレーボールのボール
5　スカッシュのボール
6　カヤックのパドル
7　サーフィンのサーフボード
8　クロッケーのマレット
9　ダーツの矢
10　オーストラリアンフットボールのボール
11　アーチェリーの弓矢
12　救命リングブイ
13　バスケットボールのボール
14　ピックルボールのパドルとボール
15　砲丸投げの砲丸
16　新体操のリボン
17　スノーボードのボード
18　スキーのゴーグル
19　空手のヘルメット
20　ゴルフのボール
21　ゴルフのクラブ
22　ハーリングのスティック
23　卓球のラケット
24　ボウリングのピン
25　アイスホッケーのスケート靴
26　フェンシングのマスク
27　インラインスケートのスケート靴
28　フィールドホッケーのスティック
29　サッカーのボール
30　中国の羽根蹴りの羽根（ジェンズ）
31　カーリングのストーン
32　セパタクローのボール
33　クリケットのボール
34　クリケットのバット
35　リレー走のバトン
36　ラグビーのボール
37　サッカーのシューズ
38　野球のグラブとボール
39　水泳のゴーグル
40　ビリヤードのボール
41　サッカーのゴールキーパー用グローブ
42　野球のバット
43　スケートボードの膝当て
44　F1ドライバーのヘルメット
45　アメリカンフットボールのヘルメット
46　水泳用のノーズクリップ
47　テニスのボールとラケット
48　車いすバスケットボールの車いす
49　スキーのブーツ
50　ロードバイクのヘルメット

答えは12の救命リングブイ。溺れたような人を助ける救命道具だ。

356 文化

3つのメダル
サッカー・ワールドカップのチャンピオンメダルを3度獲得した選手は、ブラジル人ストライカーのペレしかいません。最初にメダルを獲得したのは1958年で、ペレがまだ17歳のときのことでした。ブラジルは1962年と1970年にも優勝し、ペレは3度栄冠に輝きました。

1 サッカー ファン人口35億人

2 クリケット ファン人口25億人

データで見る すごいスポーツ

位置について、用意……ドン！　一流のアスリートやチームは、メダルを獲得したり、対戦相手を打ち負かしたり、新記録を打ち立てたりするために、絶えず自分を追いこんでいます。スポーツをめぐる驚きの事実と記録を見ていきましょう。

月面でゴルフ
1971年、月面に降り立ったアメリカの宇宙飛行士アラン・シェパードはゴルフボールを2球打ち、人類初の月面ゴルファーとなりました。

月の重力は小さいため、地球で打つときよりもボールは遠くまで飛ぶ！

打球速度トップ5

- バドミントン 時速417km
- ゴルフ 時速339.6km
- ハイアライ 時速302km
- スカッシュ 時速281.6km
- テニス 時速263.4km

打球のスピードが速いスポーツのトップ5を紹介します。最速記録を出したのはボールではなく、バドミントンのシャトルコックでした。スマッシュで強くシャトルコックを打つと、その重さと円錐形のおかげで、ものすごいスピードで飛んでいきます。

人間界のクィディッチ
魔法使いハリー・ポッターが映画の中でプレーしていた架空のゲーム「クィディッチ」が現実のスポーツになりました！ほうきにまたがった選手がボールをフープに通すと得点になります。

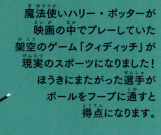

最初のオリンピック
今日のオリンピックは、古代ギリシャで開催された競技にヒントを得ています。近代オリンピックの第1回大会は、1896年にアテネで開催され、14カ国が9つの競技に出場しました。

 レスリング
 フェンシング
 陸上競技
 自転車競技
 水泳 / 体操 / 射撃
 テニス
 重量挙げ

スポーツ観戦

ファン人口が多いスポーツのトップ6を紹介します。圧倒的勝者はサッカーで、ほとんどすべての国で観戦（そしてプレー）されています。

3 ホッケー ファン人口20億人

4 テニス ファン人口10億人

5 バレーボール ファン人口9億人

6 卓球 ファン人口8億5000万人

過酷な競技大会

スポーツ選手の中には、肉体と精神の強さと持久力を試すために、いつも新しく、より過酷な大会を探し求めている人たちがいます。地球上で最も過酷なスポーツ大会を5つ紹介しましょう。

1 モンゴルダービー
モンゴルの草原で開催される1000kmの耐久馬術競技。7日間のレースで、選手は40kmごとにウマを乗り換えます。

2 バンデ・グローブ
世界唯一の単独無寄港世界一周ヨットレース。4万233kmのレース中、選手は手助けを一切受けられません。

3 アイディタロッド・トレイル
アメリカのアラスカ州を30日かけて横断するレース。雪と氷に覆われた1600kmの距離を、自転車とスキーとそりで走破します。

4 バークレー・マラソンズ
アメリカのテネシー州にあるフローズンヘッド州立公園で開催されるマラソン大会。参加者は、60時間以内に1周約32kmのコースを5周します。ルートに標識などはなく、1人も完走者がいない年のほうが多いくらいです。

5 ツール・ド・フランス
世界で最も過酷な自転車レース、ツール・ド・フランス（下）。3週間かけて21ステージ、約3600kmの距離を走ります。

最高スピード

人間は、どのくらい速く動けるのでしょう？4つの競技で人間が達成した最高速度を紹介します。

陸上
人間のランナーが到達した最高速度は時速44km弱。

水泳
スイマーが到達した最高速度は時速約7.6km。

自転車
ペダルをこいで走る自転車で記録した最高速度は時速296km。

スキー
ゲレンデを滑走するスキーヤーが到達した最高速度は時速255km。

最高のアリーナ

インドのアフマダーバードにあるナレンドラ・モディ・スタジアムは、世界最大のクリケット専用スタジアムです。その収容観客数はなんと13万2000人！従来の照明塔ではなく、環境にやさしいLED照明を初めて採用した競技場で、LED照明は屋根の縁にリング状に並んでいます。

最初のパラリンピック

公式の第1回パラリンピックは1960年にイタリアのローマで開催されました。23カ国から車いすを使用する選手400人が8つの競技に出場しました。

ダーツとアーチェリーを組み合わせたスポーツ

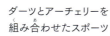

アーチェリー　陸上競技　ダーチェリー

水泳　スヌーカー　卓球　フェンシング　バスケットボール

物語の世界

世界では、年間約400万点もの本が出版されている！

文学作品は、人々やその国、コミュニティーにとって価値のある書物です。文学は物語を伝え、世界や人間に関する洞察を提供します。作家自身が世を去ったあともなお作品が長く愛されるのは、時代を超えて誰もが共感できるテーマをふくんでいるからです。

物語の宝庫
多くの国において、図書館はさまざまな文学作品と出合える（しかも無料で！）貴重な場所です。写真は、スウェーデンのストックホルムにある公共図書館。書籍、CD、オーディオブックなど約440万点が収蔵されています。

伝記
ある人物の生涯の物語。本人が執筆する場合は「自伝」とよばれます。

フィクション
架空の出来事や人物について書いた長編小説や短編小説。

戯曲
舞台やラジオ、テレビや映画で俳優が演じるために書かれた物語。

神話と伝説
英雄的な人物や偉業、不思議な出来事について、時代を超えて語り継がれる話。

詩
生き生きとした言葉で感情を伝える文学様式。多くの場合、韻律（音やリズム）を活用します。

文学の種類
文学作品はいくつかのジャンルに分かれ、各ジャンルにはそれぞれ独自の特徴やスタイルがあります。大半の文学作品は、左の5つのジャンルのどれかに分類されます。

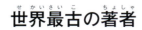

世界最古の著者
約4700年前に出版された『プタハヘテプの教訓』は、私たちが知る最古の本です。著者のプタハヘテプはエジプトのファラオ、イセシに仕えた役人でした。残念ながら、この傑作は1冊も現存していません。

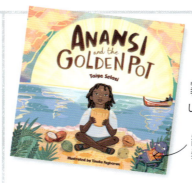

民話
ほとんどの文化には、独自の民話やおとぎ話があります。楽しく、魅力的な物語で、人生の大事な教訓を教えてくれます。伝統的に、民話は声に出して語られ、次の世代へと受け継がれてきました。

西アフリカの民話に登場するアナンシは、独創的でずるがしこく、クモの姿で物語を語る

文化 | 359

人類史上最大の
ベストセラー小説は
セルバンテスの
『ドン・キホーテ』。
世界で5億冊も売れている！

言葉と絵

コミックブックやグラフィックノベルは、絵と文と吹き出しを組み合わせてストーリーを伝えます。コミックブックは分冊で毎週出版されることが多いのに対し、グラフィックノベルは1冊の本でストーリーを完結させる形式です。

絵で物語を伝え、文章は最小限にとどめる

擬音語で場面を盛り上げる

芝居は最高の娯楽

古代から現代まで、芝居は文学表現の中で最も人気があるものの1つです。17世紀のロンドンでは、ウィリアム・シェイクスピアの戯曲がグローブ座（左）で上演されていました。シェイクスピアの作品は、今でも文学史上最も偉大なものとされています。

「小屋」はかくれた場所で、亡霊の声などの演出に使われる

役者は舞台奥の扉から登場する

「土間客」は1ペニーを払って立ち見をした

シェイクスピアの時代、女性が役者になることは違法だった！

文化

すばらしいアート

アート（美術）は人類の誕生とほぼ同じ頃に生まれました。先史時代の洞窟の壁に手形を残したり、タブレット端末でアニメを制作したり、アーティストたちは絶えず新しい独創的な方法を模索しながら、自己表現をしてきました。

鳥の体はポリエステル樹脂製

抽象的な形で想像上の生き物を表現しているが、鳥とわかる特徴がある

鳥の体に金属製のケーブルを取り付け、コイル状にして、安定した土台をつくる

ニキ・ド・サンファル作『ビッグバード』（1982年）

パリのルーブル美術館が所蔵する『モナ・リザ』は、年間1000万人の来館者に鑑賞されている！

さまざまな創作方法

アーティストはさまざまな技法、媒体、素材を使って創作します。伝統的な方法で制作するアーティストもいれば、珍しい手法や道具を追求し駆使するアーティストもいます。アートは、絵画のような二次元でも、彫刻のような三次元でも、映画やアニメーションのようなデジタルでも表現できます。

 絵画と線画
 版画
 彫刻
 織物
 デジタルアニメーション
 写真

参加型のアート

アートは人々を1つに結束させます。地域アートプロジェクトでは、プロのアーティストと地元の人々がチームを組んで、空間を明るくしたり、アーティストが独自の創造力を発揮する支援をしたりします。

南アフリカ、ケープタウンの壁画プロジェクト

レンブラントの『ヤーコブ・デ・ヘイン3世の肖像』は4度も盗難に遭い、そのたび発見された！

文化 | 361

← カラフルな羽根はアクリル絵の具で再現

アートって何？
何千年も昔から、人はこの問いについて議論を交わしてきました。1つの定義として、アートとは「目に見える媒体を通した思想や感覚の表現」とされています。アーティストのニキ・ド・サンファルは、色、形、素材、模様を組み合わせ、彼女独自の遊び心あふれる解釈で鳥（左）を表現しました。

具象
「写実」ともよばれる具象アートは、人物や風景などを見慣れたリアルな形で表現します。
葛飾北斎作『猿丸太夫』（1835年）

抽象
写実的に表現しようとするのではなく、形や色や表象によって思想や感情を表現します。
リュボーフィ・セルゲイエブナ・ポポーワ作『芸術的建築学』（1916年）

コンセプチュアル
素材や技法よりも思想を重視するアートです。鑑賞者も参加できるようにデザインされた作品もあります。
オラファー・エリアソン作『ウェザープロジェクト』（2003年）

アートの種類
アートは、いろいろな方法、さまざまなスタイルで表現できますが、ほとんどのアーティストは、上の3つのいずれかの方法で表現します。

芸術作品としての工芸品
日用品を芸術作品に変えるデザインは「装飾芸術」とよばれることがあります。陶磁器や宝飾品、ガラス細工、刺繍、織物などは、装飾芸術の一例です。下は刺繍のタペストリーで、ペルーのチチカカ湖に浮かぶウロス島の職人が制作しました。

← 神話の生き物で構成されたデザイン

人物を描く
肖像画は人物を題材とした絵画で、写真が普及する前は、人物の姿を記録する唯一の方法でした。有名人や権力者は、自分自身や家族の肖像画を画家に依頼し、歴史的・社会的に自分がいかに重要な人物であるかを示そうとしました。上は18世紀の肖像画で、ムガル帝国の皇帝ムハンマド・シャーを描いたものです。

ハヤブサを使った狩りは王室で人気の娯楽だった →
ムガル帝国の肖像画は、高貴な人物であることを示すために横顔を描いた →

公開展示
芸術作品の中には、ギャラリーや美術館ではなく、屋外で体感できるように制作されたものもあります。そうした作品の多くは大規模で、特定の場所のために創作されています。鑑賞者が作品に触れたり、作品と交流したりできるようなものを制作するアーティストもいます。

『南瓜』（1994年）草間彌生

← 香川県、直島の桟橋に設置された巨大な野菜の彫刻

ジアはベルギー出身のストリートアーティスト。動物を描いたユニークな壁画は、中国、ノルウェー、フランス、アメリカなど、世界各地の都市で見ることができます。

ストリートアーティストに聞く

Q. どういうきっかけでアーティストになったのですか？
A. スケッチや絵はごく小さい頃から描いていました。父も母もすごくクリエイティブな人で僕を励ましてくれたので、自分もどんどん描こうという気になりました。つまり、クリエイティブな家に生まれて自然にアーティストになったというわけです！

Q. どうして壁に描くという方法を選んだのですか？
A. 10代の頃、壁に落書きをするのがすごく楽しかったので、アントワープ王立アカデミーで美術を学んだのち、人に見てもらいやすくて、地域社会や環境に前向きな影響を与えられる作品を描きたいと思ったんです。ギャラリーや展覧会に行かなくてもみんなが楽しめるように、自分の作品をストリートで見てもらうことにしました。通りかかった人に驚いてほしかったんです。壁画は誰でも発見できます。ただ探せばいいだけですから！

Q. どんな道具を使っていますか？
A. スプレー式の塗料やマーカーを使うことが多いですね。速乾性があって持ち運びしやすいですから。ほかにも、壁画専用の塗料とか、ローラーとか、背景用の幅広ブラシも使います。はしごや足場や移動クレーンの上で作業するときにはハーネスを着用しますし、塗料から身を守るためにマスクや手袋もつけます。

Q. どこから描き始めますか？
A. まず背景を上から下に描きます。それから、着色する部分を塗ります。最後に、黒い線やハイライトを入れて完成です。作品はその場で創作したいので、あまり事前にスケッチはしません。僕にとって、描き始めるのは簡単なのですが、終えるタイミングを見極めるほうがずっと難しいんです！

Q. 失敗したときは、どうするんですか？
A. もう一度、その上に描き直します。これはよくあることで、たいした問題ではありません！

Q. 夢のプロジェクトはありますか？
A. 工場の建物を改装して、僕の作品を展示する美しいギャラリーとスタジオをつくりたいと思っています。そして、そこで絵を描いたり、創作活動をしたり、食べたり眠ったり、そんな毎日を送りたいんです！

都会に自然を

ジアの使命は、大好きな野生動物への敬意と驚異の念をよびさまし、都市環境の中に野生動物たちの居場所を与えることです。獲物をねらうオオヤマネコの絵は、フランスのサン・ディエ・デ・ボージュ市で開催された芸術祭のために創作した壁画の一部です。

364 文化

なぜ踊るのか?

人はありとあらゆる理由でダンスをします。ただ楽しいから踊るという単純な理由もあります。

文化への帰属意識
ポーランドのマズルカからアイルランドのジグまで、民族舞踊は自分たちの国や文化に対する誇りを表現しています。

物語の表現
バレエは、伝統的な民話や神話といった物語を舞踊の形で表現します。

信仰の表現
イスラム教神秘主義の旋舞など、宗教的な踊りは信仰心を表現し、信徒が神を身近に感じるのに役立ちます。

競技として
社交ダンスのようにプロスポーツとなりうるダンスもあります。

祝い事
婚礼などの家族行事や社交行事でのダンスには、幸せを願う重要な意味があります。

2018年のユースオリンピックで、ブレイクダンスが初めて競技として採用された!

ダンスで元気に

ダンスが体や心、感情によい働きをすることは、昔から知られていましたが、科学的にも証明されています。怪我の回復や障害とうまくつき合えるようになることを図って、臨床心理士がダンスを活用することもあります。高齢者の健康維持や認知症予防にも有効です。

バレエダンサーの優雅さを際立たせながらも、動きを妨げない衣装

アラベスクの姿勢では、片脚を背後にまっすぐ持ち上げる

美しいバレエ

古典舞踊の中でもひときわ美しいバレエは、肉体的にきわめて過酷な踊りでもあります。プロのバレエダンサーは、幼い頃から厳しい訓練を積み、高い芸術性をきわめます。

つま先立ちしてもバランスがとれるように、トウシューズはつま先が補強されている

文化 | 365

試合前の踊り

ラグビーでは、試合前に相手チームを威嚇するために闘いの踊りをすることがあります。写真は、サモア代表チームが伝統的な闘いの舞踊「マヌ・シバ・タウ」を披露しているところ。

世界で最初のバレエ作品は1581年、フランス王妃のために上演された！

振り付けをする

振り付けとは、ダンスの動きを考案し、それをひと続きに仕上げる作業です。ボリウッドダンスは、細かく振り付けの決まったステップと複雑な手の動きで、観客を魅了します。

ドラマチックなダンス

ダンスは、きわめて古い芸術だと言ってもよいでしょう。さまざまな形態があり、ソロも、ペアも、集団の踊りもあります。振り付けが決まっていることもあれば、その場で動きを創作することもあります。踊るのに必要なのは、音楽、もしくはビート（拍）だけです！

仮面をつけて踊るコートジボワールのザウリダンスはとても複雑なので、1つの踊りを習得するのに7年もかかる！

パフォーマンス
タップダンスやモダンダンス、ジャズダンス（右）などは、おもにミュージカルの舞台や映画で見ることができます。

ストリートダンス
ブレイクダンスのようなストリートダンスは、新しいタイプの音楽に合わせて路上で踊っているうちに自然に発生しました。

ダンスの種類
世界にはさまざまな種類のダンスがあり、古いものも新しいものもあります。おもに4つのカテゴリーに分類されます。

フォークダンス
このウクライナのホパークのように、伝統衣装で踊ることが多いフォークダンスは、自分たちの習慣や文化を楽しみながら守り、伝える手段の1つです。

古典舞踊
ほかの古典舞踊と同じく、このタイダンスは動きが厳密に決められています。踊り手には高度な技術が求められます。

時代を席巻するダンス

ある世代をとりこにして大流行するダンスもあります。社交ダンスのワルツもかつてはそうでした。近年はソーシャルメディア（SNSなど）の浸透により、短いブームを巻き起こすダンスがいくつも誕生し、数百万人が自分のパフォーマンス動画をアップしています。

366 | 文化

ハーモニー
異なる音を同時に奏でてつくる和音

メロディー
さまざまな高さや長さの音の連なり

リズム
時間の流れの中で一定間隔できざまれる運動

音楽って何?
音楽は音で構成されていますが、音読や雨音と違うのは、音楽家がいろいろな音を組み合わせ、整理して、メロディー、ハーモニー、そしてリズムを生み出しているという点です。

BTSの
ミュージックビデオ
「IDOL」は
リリースから
24時間で
4500万回
ダウンロードされた!

楽器の分類
楽器にはさまざまな種類がありますが、そのほとんどは、音の出し方によって次の5つに分類されます。

シタール

弦楽器
弦を弾く、または弦の上で弓を動かすことにより、音を奏でます。

電子ピアノ

鍵盤楽器
鍵盤をたたくことで弦がたたかれて、またはデジタル信号が送られて音が出ます。

音楽の魔法

一緒に国歌を斉唱する、幸せな思い出がつまったなつかしい曲を聴く、ただ気晴らしのためにギターをかき鳴らすなど、音楽は、自分の気持ちを表現したり、人とつながったりするための最も効果的な方法の1つです。

人類史上
最も売れたバンドは
ビートルズだ。
レコードの総売上枚数は
3億枚を超える!

さまざまなスタイル
音楽には実に多種多様なスタイルがあります。常に新しいスタイルが誕生し、昔からあるスタイルも進化を続けています。ここに紹介するのは、世界各地で特に人気の高いスタイルの一部です。

ジャズ
きわめて独創的な形態であるジャズは、20世紀初頭にアフリカ系アメリカ人たちによって生み出されました。

トランペットはジャズ演奏の花形の1つだ

ポップス
ポップはポピュラーの略。つまりポップスは多くの人が気軽に聴いたり購入したりしている音楽です。

歌手のパフォーマンスはポップスの売り物の1つだ

チェロ

クラシック
訓練を積んだミュージシャンが演奏会で披露するようにつくられた音楽です。

文化 367

ジャンベ

打楽器
たたいたり、振ったり、打ち合わせたりして音を出します。

木管楽器
中空の管にある穴に息を吹きこみ、内部の空気を振動させることで音を出します。

パンパイプ

チューバ

金管楽器
金属製の管状の楽器で、マウスピースに当てた唇の振動によって音をつくり出します。

大声で歌う
声を出して歌うことは、多くの信仰で重要な役割を果たします。ゴスペルは、アメリカの黒人教会の信者がいち早く取り入れた音楽スタイルで、その楽しさは世界中に広まりました。南アフリカの「ソウェト・ゴスペル・クワイア」（左）は、エネルギッシュなパフォーマンスと独特のハーモニーで国際的な賞を獲得しています。

楽譜を書く
自分の作曲した曲をほかの人に演奏してもらうときには、楽譜が役立ちます。現在広く浸透している楽譜は、10世紀に修道士が考案したものがベースになっています。現代の五線譜は、5本の平行な直線の上に記号を書いていきます。

リズムを表す拍子記号

音符の形と白黒によってどんな長さの音かを示す

音符の位置によって音の高低を示す

指で押さえる穴

古代の楽器
音楽は、人間の歴史と同じくらい古くからあります。クマの太ももの骨でつくったこの笛の破片は、スロベニアの洞窟で発見されました。4万5000年以上前のものと考えられています！

金属くずと木材でつくったバイオリン

ガラクタが奏でるハーモニー
どんな物でも音を奏でることができます！ パラグアイの「リサイクルド・オーケストラ」で子どもたちが演奏する楽器は、首都アスンシオン郊外の巨大なゴミ捨て場からひろってきた物でつくられています。

ロック
大音量のギターやベース、力強いドラム、パンチの効いた歌詞が特徴です。

エレキギターはロックに欠かせない

フォーク
多くの国や文化には、フォークとよばれる独自の音楽やダンスのスタイルがあります。

トプショールという弦楽器を弾くモンゴルの音楽家

コンガ

ソウル
聴く人の感情を強く揺さぶるソウルは、ゴスペルとブルースという2つの黒人音楽から生まれ、発展しました。

サルサ
キューバを代表する音楽スタイルで、ダンスにぴったりのリズミカルなビートが特徴です。

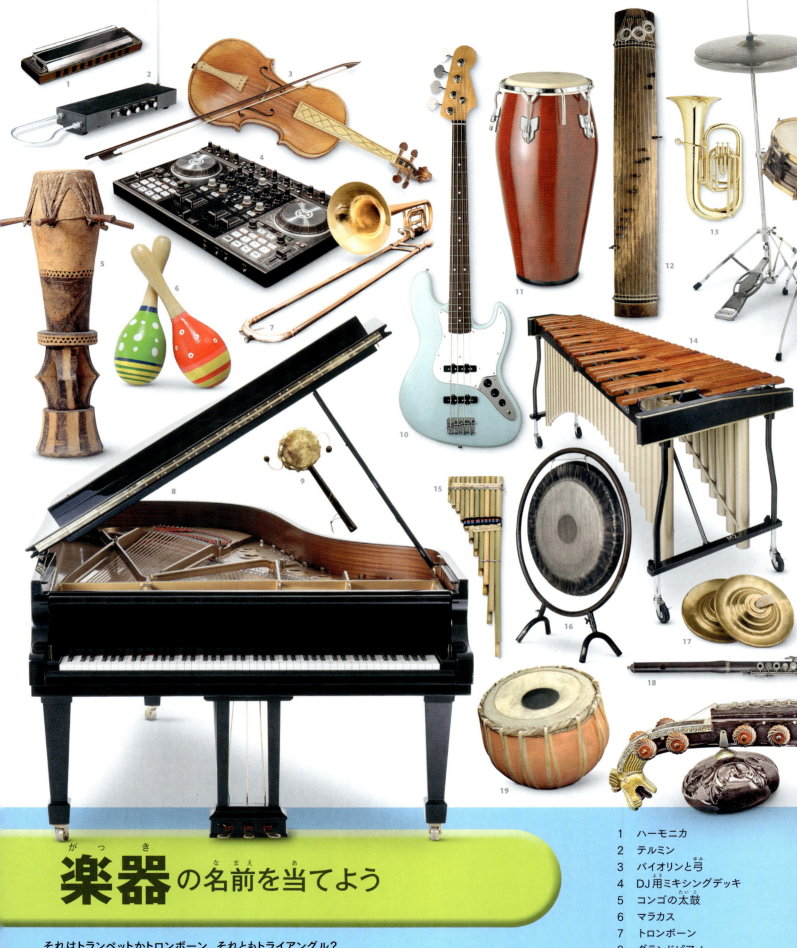

楽器の名前を当てよう

それはトランペットかトロンボーン、それともトライアングル？
答えを見ないで、いくつ楽器の名前を当てられるかな。楽器ではないものも1つまぎれこんでいるので注意！

1　ハーモニカ
2　テルミン
3　バイオリンと弓
4　DJ用ミキシングデッキ
5　コンゴの太鼓
6　マラカス
7　トロンボーン
8　グランドピアノ
9　インドのペレットドラム

10 ベースギター
11 キューバのコンガ（ドラム）
12 日本の琴
13 チューバ
14 シロフォン
15 南アメリカのパンパイプ
16 タムタム（銅鑼）
17 フィンガーシンバル
18 フルート
19 インドのタブラ（ドラム）
20 ロック用のドラムセット
21 サクソフォン
22 アコースティックギター
23 マンドリン
24 フレンチホルン
25 タンバリン
26 バグパイプ
27 トライアングル
28 オカリナ
29 チェロと弓
30 インドネシアのアンクルン
31 インドのドーラック（ドラム）
32 韓国のテグム（横笛）
33 西アフリカのジャンベ（ドラム）
34 ピッコロトランペット
35 インドのビーナ
36 中国の二胡
37 キューバのクラベス
38 アコーディオン
39 ハープ
40 オーストラリアのアボリジニの
　　ディジュリドゥ

370 | 文化

都会のくらし

地球上の人口の半分以上にあたる44億人が、都市部に住んでいます。都市生活者が全体の10%しかなかった1世紀前と比べると、とても大きな変化です。今も増え続けている都市は、かつてないほど巨大化し、人口が密集しています。

メガシティ

人口1000万人以上の都市をメガシティ(巨大都市)といいます。1950年にはニューヨーク市だけでしたが、現在では40以上のメガシティが存在します。世界のトップ5を紹介しましょう。

東京、渋谷のスクランブル交差点は世界で最もにぎやかな交差点だ。1回の青信号で最大3000人が横断することもある!

1　東京圏(1都3県、日本)　3750万人
2　デリー首都圏(インド)　2940万人
3　上海(中国)　2630万人
4　大サンパウロ都市圏(ブラジル)　2180万人
5　メキシコシティ(メキシコ)　2160万人

都市って何?

都市とは、ただ町を巨大にしただけのものではありません。より多くの施設があり、商店街、ビジネス街、住宅街、歓楽街など、さまざまな街区が存在します。

政治の中心地
その国の中央政府が所在する都市を首都とよびます。

人口の多さ
都市は、何十万、何百万という人々に住居、仕事、教育を提供します。

専門的なサービス
都市は、総合病院、図書館、文化センターなどのサービスを提供します。

デンマークのコペンハーゲンでは、車1台に対して5台の自転車が走っている!

凍てつく都市

世界一寒い都市はロシアのシベリアに位置するヤクーツクです。永久凍土(一年中凍っている地盤)の上にあるため、建物は高床式か杭の上に建てなければなりません。冬の平均気温は−37°Cで、最低気温は−64.4°Cになることもあります。

文化 371

都市の緑地化
多くの都市が、都会生活をより持続可能で健康的なものにする方法を見つけつつあります。オランダのロッテルダムにはヨーロッパ最大級の屋上市民農園があり、有機野菜や果物、ハーブ、ハチミツを生産して、地元の商店やホテルに供給しています。

高層ビルのブルジュ・ハリファは2万4348枚の窓ガラスをすべて清掃するのに3カ月かかる！

2007年までには世界人口の半分が都市に住むようになった

1960年以降、農村から都会に移り住む人の増加が加速

都市の人口（単位：億人）

1920年　1960年　2000年　2040年

都市への移住
何千年もの間、ほとんどの人は地方でくらし、農業に従事していました。それが今日では、ますます多くの人が都市や町でくらすようになっています。2050年までには、世界の人口の3分の2以上が都市部に住むようになると予測されています。

ブルジュ・ハリファの尖塔までの高さは828m。世界一高いビルだ

57基あるエレベーターは秒速10mで昇降する！

世界中のどのビルよりも階数の多い206階建て

高層化するビル
都市が海や山に囲まれているために周辺へ広がることができない場合、唯一の解決策は上へ上へと広がることです。つまりビルを高層化すれば、都市空間を余すところなく活用できるのです。一方、ドバイにそびえる超高層ビルは、それとは別の理由で建てられました。観光客や実業家にとって「世界一モダンで刺激的な目的地」として存在感を示すことがねらいでした。

ビルの1階の気温は最上階より6℃も高い！

未来の飛行機

飛行機は世界の温室効果ガスの約2％を排出しています（88〜89ページ）が、将来は今より環境にやさしい乗り物になっているかもしれません。このモーターグライダーは2009年に、電力のみを動力源とする世界初の有人飛行に成功しました。2035年までには、電気飛行機が普及するという予測もあります。

翼の下に貯蔵された水素が発電し、その電気がプロペラを動かす

進化する乗り物

歩いては行けない距離を移動する場合、人は乗り物を利用します。自転車、自動車、バスから、鉄道、船、飛行機まで、あらゆる乗り物は、世界中に張りめぐらされた交通網の一部を形成しており、そうした交通網はますます拡大しています。

とぐろを巻く列車

スイス初の鉄道開通から175周年を記念して、ヘビのように長い世界最長の旅客列車がスイスアルプスを走行しました。25両の電気機関車がそれぞれ4両の客車を牽引する100両編成の列車は、全長が1930mにもなりました。

自動運転車

自動運転車、つまり自動で走る車は、搭載されたセンサーで周囲をスキャンすることで安全に走行します。安定した速度を保ち車線を維持すること以上の操作には、まだ人間の運転手が必要ですが、技術のさらなる進歩によって、人間の手を借りずに自律走行する日が来るかもしれません。

カメラが前方の路面の状況を捉える
光センサーで周辺の3Dマップを作成する
RADARセンサーが電波を使って距離を測定する
衛星測位システムが車の位置を特定し、地図上に表示する
赤外線センサーで歩行者や車線を検出する

クリーンな交通手段

すべての乗り物にエンジンが不可欠というわけではありません。人力で動かせるものもあるのです！自転車は、短距離移動に適した安価で環境にやさしい乗り物で、都会ぐらしにぴったりです。オランダのユトレヒトのように、自転車が主要な交通手段になっている都市もあります。

アメリカには世界最大の鉄道網がある。合計すると赤道を3周できるほどの長さだ！

文化 373

高速フェリー

長い海岸線を持つ国や、島が多い国では、交通網の一部にフェリーを組み入れています。写真は「トリマラン」というタイプのフェリーです。船体が主船体と2つのアウトリガーの3部分からなるため、迅速かつ容易に水上を進むことができます。

ノルウェーには住民1000人につき81基の電気自動車用充電器がある！

どのくらいエネルギーが必要？

乗り物がエネルギーをたくさん必要とするほど、気候変動を加速させる温室効果ガスが多く発生します。下のグラフでは、乗り物の種類別に、乗客1人を1km移動させるのに必要なエネルギーの量をキロワットアワー（kWh）で示しています。

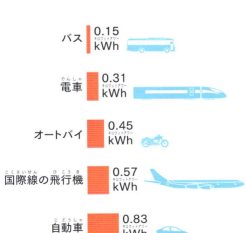

- バス 0.15 kWh
- 電車 0.31 kWh
- オートバイ 0.45 kWh
- 国際線の飛行機 0.57 kWh
- 自動車 0.83 kWh

各客車は10人乗り

ロープウェイ通勤

ボリビアの都市、エルアルトとラパスは標高400mの丘で隔てられています。隣接する両都市間の移動を容易にするため、2014年にロープウェイが開通しました。その後、ロープウェイのネットワークは7路線に拡大し、12秒ごとに客車が出発しています。

ダリル・エリオット機長は、25年間、旅客機のパイロットとしてヨーロッパ各地へ旅客を運んできました。総飛行時間は1万5000時間。つまり20カ月間は空にいた計算になります！

パイロットに聞く

Q. 手動操縦と自動操縦の割合を教えてください。
A. パイロットは通常、飛行機を離陸させて高度が1000フィート（約300m）程度に達すると、オートパイロットを作動させます。その後、計器盤についた操縦桿を回して飛行高度や機首方位（方向）を選択します。着陸は通常、パイロットが手動で行いますが、最近のほとんどの旅客機は、霧や低い位置の雲で滑走路が見えない場合、自動で着陸できるようになっています。

Q. どこへ向かっているか、どうしてわかるのですか？
A. 毎回、フライト前に運航部門が最適な飛行ルートの計画を立てます。私たちパイロットは、そのルートを機内のコンピューターに読みこませます。そうすると、車の衛星ナビと同じように、飛行機の位置がモニター上の地図に表示されるんです。

Q. ほかの飛行機とぶつからないようにするには？
A. ほかの飛行機との安全な距離を保つために必要な高度と機首方位を、地上の航空管制官が教えてくれます。これをバックアップするのが機内のコンピューターに搭載されたシステムで、近くにいるすべての飛行機と対話できるようになっています。コンピューターが何らかの危険を検知した場合は、それを避けるためにするべきことをコンピューターが指示してくれるはずです。

Q. 嵐の中を飛んだことはありますか？
A. 単純に言えば、答えは「ノー」です。パイロットは、嵐を避けるために何マイルも迂回します。飛行前に天気予報をチェックしたり、機内に気象警報システムを搭載したりと、さまざまな方法で嵐を回避するのです。ごくまれに飛行機に雷が落ちることがありますが、まったく危険はありません。そうした事態に耐えられるように、飛行機の設計者は飛行システムの検査に多くの時間を費やしているのです。

Q. コックピットからの眺めはどんな感じですか？
A. パイロットは幻想的な日の出や日の入りを見ることができます。アイスランド上空を飛ぶときは、オーロラを見ることもできます。6月と7月の真夜中頃、大気圏の高いところに浮かぶ白く輝く雲——いわゆる夜光雲を目にすることができるのも、パイロットの特権ですね。

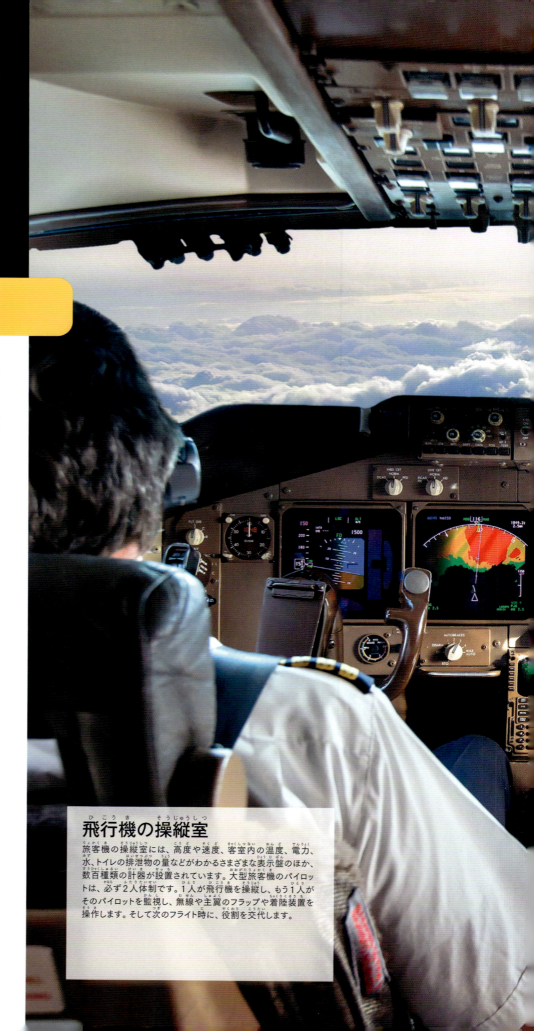

飛行機の操縦室
旅客機の操縦室には、高度や速度、客室内の温度、電力、水、トイレの排泄物の量などがわかるさまざまな表示盤のほか、数百種類の計器が設置されています。大型旅客機のパイロットは、必ず2人体制です。1人が飛行機を操縦し、もう1人がそのパイロットを監視し、無線や主翼のフラップや着陸装置を操作します。そして次のフライト時に、役割を交代します。

紙幣の製造

ホログラムのような偽造防止機能を持たせるため、紙幣は特殊な技術を用いて印刷されます。2021年、アメリカの造幣局は100ドル紙幣を23億7000万枚印刷しました。

いろいろな支払い方法

21世紀に入ってから、お金を支払う方法が大きく変化しました。長い間、人々はおもに現金で売買してきましたが、今ではキャッシュレス決済によるお金のやり取りがかなり増えています。

現金
私たちの財布に入っている硬貨や紙幣のことです。耐久性があって使いやすいようにデザインされています。

トークン
遊園地やカジノのトークンは、特定の物やサービスを手に入れるため、または特定の場所でお金の代わりに使えます。

キャッシュレス決済
銀行口座と連携したクレジットカードやスマートフォンで代金を払うと、買い手の口座から売り手の口座へお金が移動します。

ノルウェー、オスロのバイキング船博物館にある本物のロングシップ

100クローネ紙幣にはノルウェーのゴクスタで発見されたロングシップが描かれている

国の誇り

多くの国の貨幣には、その国のリーダーや偉人の肖像が描かれています。その中でノルウェーの紙幣の図柄は、この国と海との強い結びつきを感じさせます。金額の異なる複数の紙幣に、灯台、タラとニシン、打ち寄せる波、文化財として保存されているバイキングのロングシップが描かれています。

世界最大の紙幣はマレーシアの600リンギット紙幣。なんと22cm×37cmもある!

お金の話

たくさんあっても足りなくても、お金は私たちのくらしのあらゆる面に影響を及ぼします。お金は純然たる人間の発明品であり、使う人が誰であっても価値は変わらないことになっています。おかげで、世界中のどこでも誰でも、物を売ったり買ったりすることができるのです。

10億ポンドを使い切るには、1分間に1ポンドのペースで1902年間かかる！

貝殻のお金
硬貨や紙幣が発明される前、中国をふくむ古代文明社会は、紀元前1200年頃にタカラガイの貝殻を貨幣として使い始めました。太平洋のソロモン諸島では、現代でも一部のコミュニティーがタカラガイを貨幣のように使っています。

買い物に使う
ほしいものを買うとき、金額に合意したうえでお金を払います。

貯蓄する
将来使う日に備えて、金融機関の口座に預金したり、自宅に保管したりできます。

物の価値を測る
お金は、何かの価値を示したり、それをほかの何かの価値と比較したりするときにも使われます。

イギリスの5ポンド紙幣は1年間に平均で138回持ち主が変わる！

ドル（アメリカ） 2.9兆ドル　ユーロ（EU） 1.1兆ドル　円（日本） 5540億ドル　ポンド（イギリス） 4220億ドル

主要な通貨
企業や投資家、トレーダーにとっては、自国通貨ではない通貨でビジネスをするほうが楽な場面がよくあります。上に示すのは世界の通貨トップ4。下の数字は、各通貨が1日に取引される金額をアメリカドルに換算したものです。

お金って何？
お金には3つの役割があります。必要なものを買うために使う、将来使うために貯めておく、物の価値を測るために使う、の3つです。

世界初の暗号通貨は2009年に誕生したビットコインだ

デジタル通貨
暗号通貨は、簡単かつ安全に金銭のやり取りをするために、コンピューターの暗号技術を用いています。利用者は銀行口座を持つ必要がなく、また、世界中どこからでも現地通貨に換金することなく送金や入金ができます。

紙幣のリサイクル
紙幣が古くなったり、すり切れたり、破けたりしたら、回収して安全に処分しなければなりません。アメリカのドル紙幣は、生分解性の綿や麻でできているため、裁断した紙幣はブロック状に固めて、農場で堆肥として利用されています。

1kgのブロックに紙幣10万枚がふくまれている

アメリカでは10代の若者の29％が
1日8時間以上
デジタル機器の画面を見つめている！

変革を遂げる
デジタル世界

過去20年間で、くらしのほぼすべての側面が、デジタル技術によって変革を遂げました。さらに、人工知能（AI）の進歩でデジタル革命はますます加速し、私たちの生活環境は大きく変化しようとしています。

スマホの活用法

スマートフォン技術の進歩により、手のひらサイズのコンピューターをポケットに入れてどこへでも携帯できるようになりました。携帯電話ネットワークのトラフィック量で上位6位を占める「スマホの活用法」は右の通りです。

 1 動画や映画のストリーミング

 4 ウェブの閲覧

 2 ソーシャル・ネットワーキング（SNS）

 5 ショッピング

 3 メッセージの送受信

 6 ゲーム

コンテンツの作成

何か発信したいことがあって、手元にスマホがあれば、誰でも簡単にソーシャルメディアへコンテンツをアップロードできるようになりました。コンテンツ制作者の中には、視聴を有料化したり、広告を集めたりしてお金をかせぐ人もいます。ただ楽しむだけの人や、「いいね」を集めることが目的の人もいます。

メタバースの時代

インターネットは、ただ眺めるものから「3D没入型世界」、つまり「メタバース」へと移行しつつあります。拡張現実（AR）という技術のおかげで、ユーザーは現実世界と同じように仮想環境と交流することができます。

eスポーツの競技会

対戦型コンピューターゲーム、いわゆる「eスポーツ」は大規模な観戦競技であり、何百万人ものファンがオンラインで配信されるプロの試合を見守ります。写真は2022年にアメリカのアトランタで開催されたイベント。このようなトーナメント戦には、大勢のライブ観客が集まり、盛り上がります。

2万人以上のファンが競技会場に詰めかけ、試合を見守る

ヘッドセットをつけて頭を動かすと、仮想世界を見て回ることができる

コントローラーについたセンサーで「見えている」対象と対話できる

文化 379

ファンは巨大な高解像度スクリーンで観戦する

出場選手は巨大スクリーンの下の円形舞台に座っている

SNSユーザー数 トップ6

世界的にユーザー数の多いソーシャルメディア・アプリのトップ6を紹介しましょう。中でも急成長しているのはTikTokで、特に19歳以下のユーザーに人気があります。

1 Facebook　29億ユーザー
2 YouTube　25億ユーザー
3 WhatsApp　20億ユーザー
4 Instagram　20億ユーザー
5 WeChat　13億ユーザー
6 TikTok　10億ユーザー

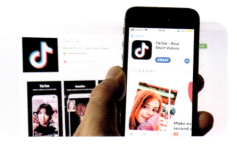

スーパースター

インターネット界で最初のセレブはアメリカ在住の雌ネコでした。本名ターダー・ソース。ファンからは「グランピー・キャット（不機嫌なネコ）」とよばれています。不満げな表情がソーシャルメディアで拡散し、何百万人ものフォロワーを獲得。テレビや書籍、映画にも進出しました。

小学生も夢中！

子どもたちに最も人気のゲームといえば、3D建築ゲーム「マインクラフト」、通称マイクラです。2011年にリリースされ、2023年には販売本数が3億本を突破しました。世界中で1億5000万人以上が遊び続けています！

スマートホーム

今ではさまざまな家電製品がインターネットに接続し、データを共有できるようになりました。アプリを使えば、そうした家電を音声やタッチスクリーンで遠隔操作することもできます。たとえば、スマートスピーカーにお気に入りの曲を再生させたり、外出中に自動給餌器を遠隔操作してペットにおやつをあげたりすることもできます。

LGBTQ+の解放

LGBTQ+（レズビアン、ゲイ、トランスジェンダーなどのセクシャルマイノリティ）の人々は、今も差別と闘い続けています。レインボーフラッグ（LGBTQ+の旗）の原型は、1978年に希望の象徴としてデザインされました。6つの色にはそれぞれ意味がこめられています。

世界で最も裕福な男性22人の資産総額は、アフリカの全女性の資産を合わせた額よりも大きい

経済的な不平等

インドネシア、ジャカルタの近代的な高層ビル群と、下水も整備されていない間に合わせの小屋を見比べれば、貧富の差は明らかです。経済的不平等の犠牲者は、世界で最も弱い立場にいる人々です。そして、この人たちには不公平と闘う手段も機会もほとんどありません。

女性の政治参画

今日、女性は31カ国で国家や政府の長に就き、世界の国会議員の4分の1強を占めていますが、均等の実現にはまだ長い道のりがあります。ここでは、いくつかの画期的な出来事と、それが達成された年を示します。

1893年
ニュージーランドが女性も投票できる最初の国家となりました。

1907年
フィンランドで初めて女性が国会議員に選出されました。

1917年
アレクサンドラ・コロンタイがソ連で初の女性閣僚に任命されました。

1960年
スリランカでシリマヴォ・バンダラナイケが首相に選出されました。

民衆の力

権力者が変革の必要性を認めないとき、人民がその必要性を訴えて行動を起こすことがあります。特定の製品の購入をボイコットする、街頭でデモを行うなど、抗議行動にはさまざまな形態があります。写真は、人種差別撤廃を訴える運動「ブラック・ライブズ・マター」が組織したデモ行進。

文化 381

世界を変える

私たちの社会は、多くの点で昔より公平になりました。とはいえ、世界をよりよい場所に変えるためにするべきことは、まだまだたくさんあります。前向きな変化は、人々が行動を起こしたときにだけ実現するものです。

先住民の抗議運動
先住民の人々は、自然環境にとって有害な政策から環境を守る運動を先導しています。写真は、政府のダム建設計画に対して抗議するフィリピンの活動グループ。ダムができると、自分たちの土地が水没してしまうのです。

> 世界の先住民 4億7600万人の 70%はアジアに居住している！

変化への一票
民主主義国家の国民は、自分たちが望む変化を実現してくれる政府を選ぶための投票権を持っています。世界最大の人口を抱える民主主義国家はインドですが、すべての票を数えるのはたいへんな作業です。農村部の中には、ゾウが投票箱を運ばなければならない地域もあります。

> インドの有権者数は約9億1200万人。アメリカの人口のほぼ3倍だ！

用語解説

アオテアロア
ニュージーランドのこと。意味は「長い白雲の土地」。先住民のマオリ族は、ヨーロッパ人がやってくるずっと前からアオテアロアとよんでいる。

亜南極
南極地域のすぐ北、南緯45度から60度の間の地域。

アメリカ先住民（ネイティブ・アメリカン）
ヨーロッパ人が初めてアメリカ大陸に到達する以前からそこに住んでいた多くの民族の総称。一般的にアメリカ合衆国の先住民を指す。

アラビア
南西アジアの三方を海に囲まれた広大な地域の古い呼称。サウジアラビアをはじめいくつかの国がある。

アルゴリズム
コンピューターに対して、タスクをどのように実行するか、順を追って記述した一連の命令。問題を解いたり、目標を達成したりするのに使われる。

イコン（聖画像）
宗教芸術の一種。カトリックではキリストや聖母、聖人が描かれた絵をいう。

遺伝子
DNAという物質で構成され、それぞれが細胞の働きや、容姿をふくめた体の成長を制御する。親から子へと受け継がれる。

インフラ
道路、建物、水道、電力供給、通信網など、国や都市が機能するうえで必要な基盤となる設備や施設。

ウイルス
タンパク質でできた殻の中に遺伝物質（DNAかRNA）を持ち、生物の細胞内でのみ増殖できる。病気の原因となるものもあれば、生命に不可欠なものもある。

宇宙遊泳（船外活動）
宇宙飛行士が宇宙船から離れ、宇宙空間を浮遊しながら船外で作業を行うこと。

衛星
宇宙空間で天体の周りを回っている、より小さな物体。月のような自然の衛星もあれば、人間がつくった人工衛星もある。

栄養
人が食事から摂取し、生命活動や成長や体の修復などに使う物質。

液化
液体になる（にする）こと。

X線
紫外線より波長が短い放射線。肉は透過するが骨や歯は透過しない性質から、医師が骨折の有無を確認するのに使う。

エナメル質
歯の表面部分やサメのうろこ状の皮膚を覆う硬くて光沢のある物質。人体で最も硬い物質でもある。

えら
水から酸素を得るための器官。魚は肺の代わりにこれを使って呼吸する。

王朝
数世代にわたって国や帝国を統治する一族のこと。

オーロラ
一部の惑星の極地付近に現れる光の模様。太陽風の粒子が惑星の磁場に捕らえられて大気に引きこまれ、そこで大気中の原子と衝突して発光する。それがオーロラだ。

オスマン帝国
13世紀末から20世紀初頭にかけて、トルコ（テュルキエ）からヨーロッパの一部、西アジア、北アフリカを支配した帝国。

汚染
大気、水、土壌に有害な物質が存在したり、放出されたりすること。人為的に起こされたものを指すことが多い。

外骨格
内骨格を持たない昆虫、クモ、カニ、貝などの体を支え、保護する硬い外層。多くの無脊椎動物が外骨格を持っている。

海食柱
周囲の軟らかい岩や露出した岩が波に侵食され、あとに残った柱状の岩。

カカオ豆
カカオの木の実で、チョコレートの原料となる。生でも食べられる。

核
物理学では陽子と中性子で構成される原子の中心部分（原子核）。生物学ではほとんどの細胞にあるコントロールセンター（細胞核）。

核反応
原子核が分裂したり、2つの原子核が融合したりすること。その際に大量のエネルギーが放出される。

影絵
細い棒を取り付けた平たい人形に後ろから光を当て、前にあるスクリーンに影を映して見せるもの。人形と光を巧みに動かして物語を表現する。

化合物
2つ以上の異なる元素が結合してできた物質。

化石
岩石の中に保存されている、太古の動物や植物の遺骸または痕跡。

化石燃料
死んだ植物や動物が何億年もかけて地中で圧縮されてできた、石炭、石油、天然ガスなどの燃料。エネルギーを得るために燃やされるが、一度使うと再生できない。

家畜化
野生の動物を人間の役に立つように飼いならしたり、品種改良したりすること。

活字
あらかじめ印刷のためにつくっておく文字や単語の字型。活字を順番に並べるだけで、どんな文章でも印刷できる。

灌漑
農作物に水をやるために、人工の水路や設備のネットワークをつくること。

環太平洋火山帯
ニュージーランドから日本、アラスカ、チリまで、太平洋の周囲を取り巻く地域。この地域は太平洋プレートが周囲の大陸プレートと相互作用し、世界の火山の大半が集中する。地震の大半もここで起こっている。

ガンマ線
波長が非常に短く、きわめて高いエネルギーを持つ電磁波。

気候変動
地球全体または特定の地域でよく起こる気象パターンの長期的な変化。人間の行動によって引き起こされる深刻な影響を指すことが多い。

気象学者
気象パターンを研究する人。将来の気象状況の予測が研究の目的である場合が多い。

気象観測用気球
気象に関する情報を得るために観測装置を大気圏の高いところまで上昇させる気球。

軌道
ある物体がより重い物体の周囲を重力に引っ張られて回る経路。

キャラバン（隊商）
一緒に旅をする人の集団。通常は陸路で移動する。商人の一行を指すことが多い。

峡谷
両岸が切り立った深くて狭い谷。一般的に、滝や流れの速い川の侵食によってできる。

共産主義
資源の共同所有に基づく社会の実現を目指す政治的思想。

極地
地軸（地球の中心を南北に貫く仮想上の直線で、これを中心に地球が自転する）の両端。地球の磁場の両端は磁極とよばれる。

ギルド
金属細工や織物など、特定の技術や技能に関係するメンバーで構成される地域の組合または団体。構成メンバーの利益を保護し、取引を規制する。

銀河
重力の働きで、ガス、塵、何千億もの恒星が1つにまとまっているもの。

銀河団
重力の働きで1つにまとまっている、数百から数千の銀河の集団。

菌糸
菌類の菌糸体（ネットワーク）を構成する細い繊維。

菌糸体
菌類が成長し、近隣する同類と連絡をとり合うためにつくる細いひも状のネットワーク。

菌類
生物の遺骸などを餌にし、胞子を放出して繁殖する生物。カビやキノコなど。

クレバス
氷や岩に深く開いた割れ目。

結合組織
筋肉や骨のように、ほかの組織や臓器を支え、保護する組織。

血栓
血球が集まり固まってできる塊。切り傷の出血が止まるのは血栓ができるからだ。

蹴爪
動物の足の後ろなどにできる小さく尖った突起。戦いに使うなど、決まった目的がある場合が多い。

ケラチン
髪や爪、皮膚を構成する丈夫で水をはじくタンパク質。

原子
元素の最小単位。原子内にある陽子の数によって元素の種類が決まる。

原子爆弾
原子の原子核を分裂させたときに出るエネルギーを利用した爆発型兵器。1940年代に発明され、従来の兵器の何千倍もの威力を持ち、たった1発で1つの都市を完全に破壊できる。

原生動物
ミクロサイズの単細胞動物で、より大きな動物の体内によく生息している。

元素
原子核内の陽子数が同じ原子の種類。

交易路
商人たちが商品を携えて国々や大陸間を行き来するために、陸上や海上に確立したルート。

恒温動物
周りの環境が寒くても暑くても、体内の体温を調節して体を安定したレベルに保つことができる動物。

甲殻類
骨のない体、よろいのような殻、関節肢を持つ無脊椎動物のグループ。エビ、カニ、ミジンコなど。

工業化
製品製造の中心が、大がかりな工程を重機械を用いて行う工場へ移行すること。また、農業経済から（工場を基盤とする）工業経済へ移行することもいう。

合金
2種類以上の金属、または金属と非金属を混ぜてできたもの。

光合成
太陽光を受ける植物が、この太陽からのエネルギーを利用し、二酸化炭素と水をグルコース（ブドウ糖）と酸素に変換するプロセス。

考古学
昔の人々が残した遺物を分析することで、人類の過去を研究する学問。おもに埋まっている物や建物、骨を掘り起こして調べる。

光子
光を構成する粒子。現在知られている粒子の中で最も速い。

格子構造
同じ形のものが立体的かつ規則的にくり返し並んでできている構造。

口述史
人々の過去、あるいは社会や文化の過去について知る人にインタビューして収集した歴史的情報。その中には、何世代にもわたって語り継がれながら、一度も書き起こされなかった話もある。

恒星
太陽のように自分で輝く天体。

合成
（材料または化合物が）人工的につくられたことを指す。

酵素
生体内で化学反応を起こしたり、促進したりする物質。

降着円盤
宇宙空間において、大質量の天体の周りを超高速で回るガスやその他の物質によってできる平らな環。

光年
光が1年間に宇宙空間を進む距離。1光年は9兆4600億km。

鉱物（ミネラル）
地球上に存在する固体の無機（非生物）物質。食べ物や飲み物に少量ふくまれ、その中には私たちの体内で重要な役割を果たしているものもある。

呼吸
肺やえらなどで酸素を吸収し二酸化炭素を排出すること、また細胞レベルではグルコース（ブドウ糖）をエネルギーに変えること。

コスモノート
英語でロシアの宇宙飛行士のこと。

国家 (state)
政府が単独で統治する地理的領域。これが1つの完全な独立国を形成していることもあれば、アメリカのような連邦国の行政区域（一般的に「州」とよぶ）を構成している場合もある。

鼓膜
外耳道と中耳の境にある構造物で、音波によって振動し、その振動が音として脳に伝えられる。

細菌 (バクテリア)
顕微鏡でしか見えないほど小さく、単純な単細胞型生物。私たちの体内や周囲に数十億単位で存在する。病気の原因となる細菌もいるが、大多数は無害で、人類にとって有用な細菌も多い。

再生
失われた体の一部を再成長させること。または自然環境や生態系を回復させること。

再生可能エネルギー
風力や太陽光などのように、供給源が尽きないエネルギーのこと。これに対し、燃料を燃やして生み出すエネルギーは非再生可能エネルギーとよばれる。

細胞小器官
細胞内で特定の仕事をする小さな構造体。その1つであるミトコンドリアは、生命活動に必要な化学エネルギーを生産する。

砂丘
砂が風に吹かれて丘状に大きく積み上がった地形。

雑食動物
植物と動物の両方を食べる動物。

紫外線
可視光線より波長が短く、X線より波長が長い電磁波の一種。太陽からの紫外線は日焼けの原因となる。

視覚障害
普通の人のように自由にものを見ることができない状態。

地震波
地球の中を伝わる波または振動。プレートがずれて起こる地震など、地球内部の突発的な動きによって発生する。

質量
物体にふくまれる物質の量を表す尺度。単位はkgやgなど。

磁場
磁石または電流の周囲に発生する、磁力がおよぶ領域。磁界ともいう。

重量
物体に作用する重力の大きさ。重量は物体の質量と重力の強さによって決まる。月面にいる宇宙飛行士は地球にいるときと質量は変わらないが、月の重力が弱いため体重（重量）は軽くなる。

準惑星
球形になるくらいには大きいが、惑星とよぶにはかなり小さい天体。

将軍
日本の軍事司令官。1192年から1867年まで日本を統治していたのは将軍で、実質的に天皇よりも大きな権力を持っていた。

小説
架空の人物や出来事について書かれた物語。

鍾乳石
洞窟の天井や張り出した岩から垂れ下がるつらら状の岩。したたり落ちる水にふくまれる鉱物が堆積してできる。

商人
一般的に、大量の物品を売って金銭を得たり、ほかの商品と交換したりする人。

蒸発
液体が気体に変化するプロセス。温度の上昇によって起こることが多い。

条約
国家間で合意した協定。貿易や国境に関するものが多い。

小惑星
太陽の周りを公転する岩石質の小さな天体。ニッケルや鉄などの金属をふくんでいることもある。

植民地化
他国に入植者を送りこんで植民地を建設すること。もともと住んでいた人々は支配される側になり、天然資源を搾取される場合が多い。たくさんの国が、過去の植民地化の影響からいまだに抜けられずにいる。

書肺
薄い板が層状に重なり、まるで半分開いた本のようになった構造の肺。薄い板の間に空気を通して、そこから酸素を取りこみ、血液中の二酸化炭素を排出する。

進化
人間をふくめ、生物が何世代もかけて徐々に変化していく過程。

シンクホール (陥没穴)
侵食によって地面に開いた大きな穴。下層の岩盤が先に侵食され、そこに開いた穴に上層の土砂や岩盤が崩れ落ち、地表が激しく沈みこんでできることがある。

神経学
神経系の状態や病気の診断と治療の方法を研究する科学。

神経系
脳から脊髄、足の指先まで、動物の体にあるすべての神経。海綿動物以外のすべての動物が神経系を持つ。

人工知能 (AI)
人間の知能を必要とする作業を実行するために、思考し学習するように設計されたコンピューター・システム。

人種隔離
ある人種がほかのある人種に対して、自分たちと同じスペースや施設を使わせない人種差別制度。白人による黒人差別の制度を指すことが多い。かつてはアメリカ南部の州や南アフリカで行われていたが、現在は違法とされている。ただし、一部の場所では非公式な形で今も続いている。

水車
農地の灌漑用に川や運河から水を汲み上げる装置。また、落下する水のエネルギーを粉挽きなどの作業に変換する装置でもある。

水蒸気
蒸発した気体状の水。

水生
生きている間ずっと、あるいはその大半を水中で生活すること。

彗星
太陽の周りを楕円軌道で回る、塵と氷でできた天体。太陽に近づいてくると氷が気化し始め、塵とガスでできた尾が現れる。

水力
流れる水から得られるエネルギー。水力を利用したものとしては、小麦粉を挽く水車や、水力発電の発電用タービンがある。

星雲
宇宙空間にあるガスと塵でできた雲。

政府
国家を統治する機関。

生物多様性
地球上または特定の地域における

生物の種類の豊富さ。そこに生息する種の数を基準とする。

生分解性
環境内の自然の営みによって分解される性質。

赤外線
電波より短く、可視光より長い波長の電磁波。人間には熱として感じられる。また、宇宙にある多くの天体から放射されるおもな電磁波の形態も赤外線だ。

赤外線画像（サーモグラム）
可視光の代わりに赤外線（熱）を測定して得られる画像。

石筍
洞窟の床面から上に向かってとげ状にのびる岩石。天井からしたたり落ちてきた水にふくまれる鉱物が堆積してできる。

脊髄
背骨の中心を走る神経の束。脳と体の各部位との間のメッセージのやり取りを担う。

脊椎動物
背骨（脊椎）を持つ動物。

石灰
石灰岩を加熱して得られる白色の生石灰。消石灰や石灰石をふくむことがある。石灰を主成分とするセメントは、建築において石やレンガを接着するのに使われる。

石灰岩
岩石の一種で、おもに古代の生物の殻が砕けたものでできている。成分は炭酸カルシウム。

絶滅
1つの生物種の生存個体が地球上から完全に姿を消すこと。

背びれ
魚類や水生哺乳類の背中や体の上部に生えているひれ。安定板の

役割を果たす。

先住民
ある場所に最初に住み始めた人々。

先祖
直系血族の中で、自分より前に生きていた人。

船体
船の本体。船底、舷側、甲板で構成される。

象牙質
歯を形づくり歯根を形成する、骨に似た硬い材料。

草食動物
植物を餌にする動物。

送粉者（受粉媒介者）
同じ花の中、あるいは花と花の間で、おしべの薬からめしべの柱頭に花粉を運び、受粉を助けるあらゆるものの総称。例としてハチ、コウモリ、風などがある。

藻類
太陽光エネルギーを利用して栄養分をつくる水中生物。

ソーシャルメディア
ユーザーがコンテンツや情報を作成し、オンライン上でほかの人々と共有することができるウェブサイトやアプリ。

側線
魚の側面に沿って並ぶ感覚器官。動き、振動、圧力を感知する。

ソ連
1917年のロシア革命後、ロシア帝国が倒れ、1922年にソビエト社会主義共和国連邦（略してソ連）に変わった。ソ連は1991年に崩壊した。

タービン
扇風機のように配置した羽根が空気、水、または蒸気の力で回転し、機械的な仕事（たとえば発電機を

回転させる）を行う装置。

大気
地球など一部の惑星を取り囲んでいる気体の層。地球の大気には窒素、酸素、その他の気体がふくまれている。

堆積物
小さな岩のかけら、砂、泥が層状に積み重なったもの。通常は水中にできる。

台地
標高が高く、比較的平らな土地。

大動脈
心臓から全身へ血液を運ぶ動脈の本幹。ほかのほとんどの動脈に栄養を供給している。

台風
ハリケーンやサイクロンと同様の気象現象の、東アジアにおける呼称。非常に強い風雨をともなう危険な嵐で、温暖な海域で発生し、陸地に向かって進む。

太陽系
太陽とその周りを回るあらゆるもの。地球などの惑星もふくまれる。

楕円形
一般的な卵のような形状。円をのばして細長くした形。

多孔性
空気や水が通れる小さな穴が物質に数多く開いている状態。

竜巻
積乱雲から激しく回転しながら地上へとのびる空気の柱。大きな物体を巻き上げたり動かしたりして、深刻な被害をもたらすことがある。

玉虫色
光の角度によって緑色や赤色に見える虹色の光沢を持つ色。

タンパク質
体が新しい細胞をつくるうえで重要な栄養素。生物の体をつくるうえで最も重要な成分、アミノ酸が多数結合してできている。

チェリーピッカー（高所作業用クレーン）
伸縮可能なアームに大きなカゴ（ゴンドラ）を取り付けた装置で、電線や樹木など手の届かない高所に作業員を上げるために使用する。

中性子
原子の原子核にある小さな粒子の1つ。質量はあるが電荷はない。

中性子星
重力崩壊してほぼ中性子だけになった高密度な恒星。

超新星
恒星の激しい爆発。宇宙一といえるほど華々しい現象で、最大で太陽の10億倍も明るく輝く。

超大質量ブラックホール
太陽の10万倍以上の質量を持つ最大級のブラックホール。一番大きいものは質量が太陽の数十億倍にもなる。

抵抗力
物体が空気や水といった気体や液体の中を進もうとする際に生じる抵抗。抵抗力によって物体は減速する。

帝国
1人の指導者や政府が統治する、さまざまな地方や民族の連合体。

データ
分析可能な情報。多くの場合、事実や統計の形をとる。コンピューターの世界では、コンピューターによって処理可能な情報をいう。

哲学者
英知を求める、あるいは人間とは何なのか、どう生きるべきか、本当に

存在するものは何なのかといった深い問いについて探究する人。

電子
原子の中にある小さな粒子の1つ。マイナスの電荷を持つ。電気は導線（金属）中を自由電子が移動することで流れる。

電磁波
空間や物質を伝わるさまざまなエネルギー波。赤外線、可視光線、紫外線、X線などがある。

天然資源
人が手を貸さなくても、自然が自ら生み出す、存在する価値のあるものすべて。価値があるとされるものは時代によって変わるが、森林、湖、石油だけでなく、美しい景色でも、自然にあるものはなんでも天然資源となりうる。

胴体
ヒトや多くの陸生動物において、体から頭、腕、脚を除いた部分。

独裁者
国を1人で支配する指導者。行使できる権力の範囲に制限がない。

独創的
（問題の解決策として）ひときわ賢く、工夫に富んでいること。

奴隷制度廃止論者
奴隷制度の廃止を求める運動家。特に18世紀から19世紀にかけて、大西洋奴隷貿易と南北アメリカにおけるアフリカ人奴隷の強制労働の廃止を訴えた人々をいう。

内戦
同じ国の中で2つ以上の勢力が衝突する紛争。

軟骨
骨（硬骨）や関節の末端を覆う、丈夫で柔軟性があるタイプの結合組織。体を支えるのに役立つ。

軟骨魚
骨格が骨（硬骨）ではなく軟骨でできている魚。サメやエイなど。

軟体動物
カタツムリ、貝類、イカなどをふくむ無脊椎動物のグループの1つ。たいていは軟らかい体に硬い殻を持つが、ナメクジのように殻を持たないものもいる。

肉食動物
肉を餌とする動物。

胚
生まれる前の、発生過程のごく初期段階の動物や植物。

白亜紀
地球の地質史において1億4500万年前から6600万年前までの時代。恐竜時代の最後の期間。

波長
電磁波や音波といった波の頂点間の距離。波長が長いほどエネルギーは小さくなる。231ページの図を参照。

腹びれ
魚類や海生哺乳類の下側に生えているひれ。方向を変えたり、止まったりするのに役立つ。

ハリケーン
非常に強い風と雨をともなう危険な嵐で、温暖な海上で発生し、陸地に向かって移動する。

パルサー
自転しながら電磁波ビームを放出する中性子星。

微小重力
重力がきわめて小さい状態。地球などの惑星から離れた領域は微小重力になっていて、国際宇宙ステーション（ISS）の宇宙飛行士もこれを経験する。

ピストン
円筒内にぴったりはまり、液体や気体の出し入れによって上下に動く円板または短いシリンダー。車輪を動かす蒸気機関やガソリンエンジンに使われる。

微生物
顕微鏡を使わないと見えない小さな生物。

ヒト族
「ヒトに似た」種の区分で、現生のヒトだけでなく絶滅したヒトの祖先もふくまれる。

ヒューマニスト（人道主義者）
人間が進歩し、幸福に生きる責任は神々ではなく人間にあり、よりよく生きるためには私たち自身が行動を起こすべきだと考える人。

氷河
雪が圧縮されてできた巨大な氷の塊がゆっくりと流れ下っていくもの。

氷冠
おもに極地や高山地帯に広がる大規模な氷の塊。

平等
すべての人が公平に扱われ、人生と才能を最大限に生かす機会が等しく与えられること。

ブイ
水上に浮かぶ構造物で、船舶に信号を送ったり、気象観測データなどの科学情報を収集したりするのに用いる。

フィヨルド
海沿いの高い崖の間にある細くとがった入り江。ノルウェーによく見られる。

フィラメント
髪の毛や針金など、非常に細く柔軟な糸状の物体。

不可知論者
「神が存在するかしないかを知ることはできない」と考える人。

腐肉
死んだ動物の腐った肉。これを食べる動物を腐食動物という。

ブラックホール
宇宙空間にある天体で、光さえも逃げられないほど重力の引っ張る力が強い。

プランテーション
綿花、タバコ、砂糖、米、その他の作物を栽培し、作業を行う労働者が敷地内で生活する大農園。奴隷制度時代のアメリカ大陸で広く見られ、奴隷にされた人々がそこで働かされていた。

フリーダイバー
ボンベなどの呼吸器を使わずに水中深くへ潜る人。

プレート
地球の外層を構成する巨大な複数の岩盤。それらはぶつかり合ったり、離れたりしている。

分解者
腐敗または分解とよばれるプロセスで、死んだ生物を分解する細菌や菌類（カビやキノコ）などの生物。ミミズやダニ類など、土の中の小動物もふくむ。

分子
いくつかの原子が結合してできる原子の集合体。

文明
組織化され、発達した社会でともに暮らす人々が営む文化や生活様式。

変温動物
体温が環境と同じになる動物。自分で体温を調節することができない。

鞭毛
動物の体から長い鞭のように生えているもの。移動に使う場合が多い。鞭毛が1本しかない動物もいれば、たくさんある動物もいる。

苞（苞葉）
植物の芽やつぼみを包んでいる特殊化した葉。

胞子
花を咲かせない植物や菌類がつくり出す生殖細胞。それが発芽して繁殖の役目をする。

放射性物質
原子核が崩壊し、核放射線を放出する可能性のある不安定な物質。

放射線
電波、光、熱など、空間を伝わるエネルギーの波（電磁波）または粒子（粒子線）。核放射線には、おもにアルファ線（ヘリウムの原子核）、ベータ線（電子）、ガンマ線（電磁波）がある。

方程式
2つの量が等しい関係にあることを示す数学の式。データの分析に使える。

母指対向性
親指をほかの指と向き合わせることのできる性質。樹上生活に適応したサルの仲間に発達した特徴。

マグマ
地球の地下（マントル上部や地殻）に存在する液体状の熱い岩石。

マストドン
ゾウに似た大型哺乳類で、約1万1000年前に絶滅した。

待ちぶせ
多くの肉食動物が行う狩りの形態の1つ。1頭ないし集団で、隠れて標的を不意打ちする。人間の戦争でも戦術として使われる。

ミトコンドリア
生体細胞内に多数存在する小さな構造体の1つで、細胞の活動に必要なエネルギーをつくり出す。

ミレニアム
1000年を表す英語。

民間人
軍隊や警察に所属していない人。

民主主義
国民が政府をコントロールする力を持つ政治体制。通常は政治家を選挙で選ぶことにより、自分たちの意見を政策に反映させる。

無神論者
神は存在しないと考える人。

無脊椎動物
背骨（脊椎）を持たない動物。

胸びれ
魚類や海生哺乳類の左右両側に対になって生えているひれ。ほとんどの魚で、上下左右への方向転換を助ける。エイは柔軟な胸びれを使って移動し、餌を取る。

瞑想
穏やかで静かな精神状態を一定時間保つこと。宗教的な修行の一環として行われることが多い。1つのことを深く考えたり、心を完全に空っぽにしたりする。

銘板
金属板や粘土板に絵や文字が刻んだもので、壁に貼り付けることが多い。

メソアメリカ
現在のメキシコと中央アメリカにまたがる歴史的文化地域。16世紀にスペイン人が侵略する前、メソアメリカにはマヤやアステカなどの文明が栄えていた。

モーター（原動機）
電気エネルギーを運動に変換する機械。

有害
痛みや強い不快感をもたらす毒性があること。物質やにおいによく使われる表現。

有機物
炭素原子を骨格にして、これに水素原子や酸素原子などが結合してできている物質。地球上のすべての生命は有機物でできている。

遊牧民
定住地を持たずに各地を転々と移動して暮らす人々。

溶岩
噴火の際に火山から噴き出る熱い液体状の岩石。

陽子
原子の核を構成する小さな粒子の1つで、プラスの電荷を持つ。元素の種類ごとに陽子の数は異なる。

揚力、浮力
液体や気体が物体におよぼす上向きの力。たとえば、飛んでいる飛行機や水に浮かぶ船に働いている。

立法者
国民が従う法律をつくる人。たとえば政治家など。

粒子
塵の一片、原子の最小構成物、光子など、きわめて小さなつぶ。

流氷
海に浮かぶ氷の塊。多くの小さな氷片が凍結したり集まったりして形成される。

領主
中世において、土地を所有し、そこに住む人々の支配権を持っていた貴族や武士。

林冠
林の上部で木々の枝が林を覆うほど密集している層。

リンパ
リンパ系を流れる液体。リンパに入りこんだ細菌はリンパ系で除去される。

レーダー
高エネルギーの電波を発射し、それが物体に当たってはね返った反射波を計測することにより、物体の位置を探知するシステム。

錬金術師
錬金術を行う人。錬金術とは哲学と初期の化学の理論が融合した中世の秘術で、安い卑金属を貴重な黄金に変えたり、不老長寿の薬をつくり出したりすることを目指した。

索引

太字のページ番号は、メインテーマとして取り上げられているページです。

ア行

アーケードゲーム 333
アート（美術）338, **360–361**
　具象 361
　原始時代 266–267
　コンセプチュアル 361
　ストリートアート 362–363
　地域アートプロジェクト 360
　抽象 361
　ルネサンス 303
ARPANET（アーパネット）332
アイスホテル（スウェーデン）223
アイディタロッド・トレイル 357
Aibo（アイボ）256
アイン・ガザル 270
アインシュタイン, アルベルト 235
アウグストゥス（皇帝）279
アウストラロピテクス・アフリカヌス 269
亜寒帯林 85
アクチノイド 210
アクバル（ムガル帝国皇帝）315
アクロバット飛行 245
あご 118, 175
アザラシ 139, 147
足跡 29, 55, 81
アシナシイモリ 131
アシャンティ王国 297
アズール・ウィンドウ（マルタ）65
アステカ 290, **292–293**, 308
アストロラーベ 289, 306
汗 185
圧力 207
アテナ 276
穴開き雲 77
アブラージュ・アル・ベイト・クロックタワー（サウジアラビア）252
アフリカ
　植民地化と独立 309, 330–331
　人類の祖先 268
　奴隷 310
　ベニン王国 296–297
アポロ宇宙計画 28, 29, 32, 329
アマゾン川 59, 63
アマゾン熱帯雨林 84, 85, 164
天の川銀河 11, 13, 14
アメカ 257

アメリカ
　アメリカ南北戦争 318–319
　市民権運動 319, 326–327
　世界大戦 323, 325
　独立戦争 312
　冷戦 328–329
アメリカ先住民 267, 306, 308
アメリカ独立戦争 312
アメリカ南北戦争 311, **318–319**
アメンホテプ3世 315
嵐 74, 78–79, 237
アラビア語 340
アリ（昆虫）119, 139, 162
アリ, モハメド 327
アリクイ 139, 146
アリゲーター 134
アルカリ金属 210
アルカリ土類金属 210
アルジェリア 330, 331
アルゼンチノサウルス 100
アルチンボルド, ジュゼッペ 303
アルテミス1号 32, 33, 35
アルビニズム 261
アルプス山脈 46
アルマジロ 139
アルミニウム 211, 221, 222
アレクサンドリアの大灯台 290
アンコールワット（カンボジア）290
アンドロメダ銀河 13, 14, 15
アンヘルの滝（ベネズエラ）58
アンモナイト 55
胃 181, 200
ESA（ヨーロッパ）35
eスポーツ 378–379
イータカリーナ星雲 19
イーペン（タイ）346–347
イエス・キリスト 344
イエティ 81
イエローメランチ 111
イオ 17
イオン推進 33
イカ 116–117, 230
医学
　イスラム世界 289
　手術 256, 301, 319
生き残り戦略 138–139
イギリス 323, 324–325, 331
　植民地 309, 311
イグアスの滝 62
イクチオステガ 97
イグノーベル賞 234

イジェン火山（インドネシア）59
石弓（弩）284
イスラム教 344
イスラム世界の歴史 **288–289**, 306
ISRO（インド）35
イソギンチャク 114
板状の結晶 51
位置エネルギー 224, 225
市場 348–349
イッカク 139, 148
イディア（ベニン王国の王太后）297
いて座A* 14
遺伝子 261
イトトンボ 119
イヌ 34, **156–157**, 271
イヌ科動物 **156–157**
イフェ王国 297
イブン・バットゥータ 307
イモリ 67, 131, 139
イルカ 148
色（動物）132, 137
インカ **294–295**, 308
印刷 234, 285, 302
Instagram 335, 379
隕石 26, 27, 48
インターネット **254–255**, 332, 335, 378–379
インターネット・サービス・プロバイダー 254
インダス文明 267
インディゴ・ピンクギル 112
インド洋 62
インパラ 152–153
インフルエンザ・ウイルス 258
WeChat 379
ウィラメット隕石 26
ウイルス 95, **200–201**, 258, 259
雨陰砂漠 83
ウード 289
ウェールズ語 341
ウェスト彗星 17
ウェルキンゲトリクス 314
ウェルズ, アイダ・B 326
ウォールズ, ジョサイア 319
ウォルフ359 17
浮き沈み **248–249**
牛久大仏（日本）253
渦巻銀河 14
歌う 367
打ち上げ機 33
宇宙 **10–11**, **12–13**, **16–17**

観測 30–31
　銀河 14–15
　恒星 18–19
　小惑星 26–27, 33
　太陽 13, 19, 20–21
　月 28–29, 32, 35
　惑星 22–23, 24–25, 242
　→「宇宙探査」も参照
宇宙観光 33, 34
宇宙観測 10, 30–31
宇宙機関 35
宇宙ステーション 33
宇宙探査 21, **32–33**, **34–35**, 40–41
　宇宙開発競争 329
　火星探査車 24–25
　国際宇宙ステーション（ISS）**36–37**, 38–39
宇宙飛行士
　月面着陸 10, 29, 35
　国際宇宙ステーション（ISS）34, 36–37, **38–39**
　動物 34
宇宙服 37
宇宙マイクロ波背景放射（CMB）13
宇宙遊泳 34, 37
ウッド・ワイド・ウェブ 85, 113
ウップ・ヘリー・アー 347
ウマ 300, 319, 357
ウミウシ 115
ウミガメ 132, 165
羽毛 101, 141, 293
ウユニ塩湖（ボリビア）57
ウラムラサキ 113
ウルのスタンダード（旗章）266
うろこ 125, 133
運河 285
運動（フィットネス）186, 199
　筋肉 178–179
　成長 196, 197
運動（社会的な行動）314–315, 326–327, 380–381
運動（生物）94
運動エネルギー 224, 225
運動の法則 239
ウンピョウ 150
エアロゲル 220
エイ 124, 127, 166
英語 340, 341
衛星 16, 26
衛星による追跡 165

英仏海峡トンネル 252
栄養 95, 197
エカチェリーナ2世 315
液体 207
エジプト（古代）**272–273**, 274–275
　大ピラミッド（ギザ）253, 273, 290
　文学 358
エジプト学 274–275
SLSブロック1/2 34, 35
X（旧ツイッター）335
XMMニュートン望遠鏡 30
X線 31, 235
エッフェル塔（フランス）291
エトナ山（イタリア）70–71
エナメル質 170
N1（ロケット）34
エネルギー 205, **224–225**, **226–227**
　磁気 236–237
　電気 232–233
　光 224, 230–231, 233
エビ 76
エベレスト山 81
MRIスキャン 190–191
えら 125
エリコの塔 290
LGBTQ+の権利 314, 380
演劇, 芝居 276, 358, 359
塩水 57
円石藻 49
エンデュランス号（船）320–321
横隔膜 187
オウムガイ 117
大型ネコ類 150
大型ハドロン衝突型加速器 205
オオカミ 156, 157, 166
オーストリア=ハンガリー 322–323
オーディン 281
オートバイ 373
オールトの雲 21
オーロラ 21, 231, 237
お金 285, **376–377**
オコゼ 138
オスマン帝国 323
オタマジャクシ 130
音エネルギー 224
オトメアゼナ 111
おとめ座銀河団 13, 15
オニナラタケ 112
オバ（ベニンの支配者）296–297
おもちゃ 235
親知らず 171
オヨ王国 297
オランウータン 159, 167
オリノコ川 63
オリンピアのゼウス像 290
オリンピック 277, 327, 352, 356

オレンジ 351
音楽 346, **366–367**
　イスラム世界 289
　楽器 217, 368–369
　呼吸 187
温室効果 89
温帯林 85
女武者 286

カ行

カ（蚊）139
ガ（蛾）119
ガーナ 331
貝 114
界（生物）94–95
ガイア 28
海王星 16, 23
絵画 360
外核 44
貝殻 55, 377
海岸砂漠 82
外気圏 45
海食アーチ 65
海食柱 65
海戦 319
海草 110
海藻 222
カイチュウ 114
カイパーベルト 21
海面 229
海綿動物 114
海洋、大洋 56, 57, 62, 63, 65, 72
　海底ケーブル 255
　気候変動 88, 90, 91
　探査 57, 257
海洋考古学 320
海洋生物学 128
会話 339
カエル 34, 76, 130–131, 167
カカオ豆 293
科学 **204–205**, 234–235, 252–253
　イスラム世界 289
　化学反応 218–219, 230
　機械 250–251
　磁気、磁石 236–237
　素材 220–221, 222–223
　DNA 172, 173, 260–261, 263
　光 224, 230–231, 233
　物質の状態 206–207
　→「原子」「元素」「エネルギー」「力」「テクノロジー」も参照
化学エネルギー 224, 225
化学反応 **218–219**, 230
化学風化 64
かぎ爪 151, 155

核（細胞）172, 173
核（地球）44–45
核エネルギー 208–209, 224, 227, 234
拡張現実（AR）378
核兵器 325, 328
革命 **312–313**
角礫岩 48
影絵芝居 285
化合物 219
過酷な競技 353, 357
カサガイ 223
かさぶた 201
火山 **68–69**, 70–71, 224
火山学 70
カシオペア座A 16
ガス交換 187
カスタードクリーム 207
ガスマスク 325
風 75, 77, 227
火星 16, 23
　パーサビアランス（探査車）**24–25**
火成岩 48, 49
化石 **54–55**
化石燃料 88, 226, 227
加速 239, 243
家族でくらす 156, 159
　魚群 124, 138
　群れ 100
カタツムリ 167
家畜 271
楽器 217, 289, 368–369
滑車 250, 251
褐炭 214
カニ 114–115, 165
かに星雲 30–31
ガニメデ 16
カバ 146
カビ 113
ガビアル 134
カプサイシン 351
花粉媒介 109
壁 362–363
カボチャ 106–107
神
　アステカ 293
　インカ 295
　ギリシャ 276
　北欧 281
紙 222, 223, 285, 376
雷 76, 232, 233
カムフラージュ 96, 163
カメ 34, 132
カメムシ 119
カメレオン 132, 133
カモ 166
カモノハシ 138
火薬 285

カラーズ, パトリッセ 315
ガラガラヘビ 136
ガラス 204, 222, 223
ガラテア海淵 63
カリー 110
カリスト 17
カリナン・ダイヤモンド 51
カルシウム 185, 210
カルデラ 68
カルロス, ジョン 327
川 57, **58–59**, 63, 65
カワセミ 140
感覚 95, 137, **192–193**
ガンギエイ 127
環形動物 114
間欠泉 57
観光（宇宙）33, 34
関西国際空港（日本）253
幹細胞 173
ガンジス川 58, 63
岩石 **48–49**, 52–53
　化石 54–55
　侵食 59, 64–65, 66
岩石サイクル 48
岩石惑星 23
関節 174
感染症 **200–201**, 235
肝臓 181
環太平洋火山帯 47, 72
カンチェンジュンガ 81
陥没穴 64, 66
ガンマ線 31
寒冷砂漠 82
木 86–87, 96, 110–111
　森林 84–85
　保護 90
機械 **250–251**
貴ガス族 210
器官 170
戯曲 358, 359
気候変動 **88–89**, 165, 227
　氷河の融解 228–229
ギザの大ピラミッド 253, 266, 273, 290
騎士 **300–301**
儀式 345
気象学 78
傷 201
寄生 163
季節 346
気体 207
気団 75
キツネ 156, 157
キツネザル 109, 158
絹 284, 285, 286, 317
キヌガサタケ 113
キノコ 113
嗅覚 192

キューバ・ミサイル危機 329
キュリー, マリー 234
教育 278, 284, 289, 303
凝華 207
凝固 207
凝縮 207
強制労働 310
恐竜 54–55, 98–99, **100–101**, 102–103, 104–105
局所銀河群 11, 15
棘皮動物 114
曲流 59
魚群 124, 138
巨大ガス惑星 23
魚竜 98
キラウエア火山（アメリカ）68
ギリシャ（古代）267, **276–277**, 302
キリスト教 301, 344
キリン 175
ギロチン 312
金 171, 211, 217, 280, 295
銀河 10–11, **14–15**
銀河団 11, 15
金管楽器 367
キング・ジュニア, マーティン・ルーサー 326
筋原線維 178
ギンザメ 127
菌糸 112
金星 16, 23
金属 44–45, 210, **216–217**, 233
筋肉 171, 172, **178–179**, 196
菌類 85, 95, **112–113**, 162
クイーンメリー号（船）334
クィディッチ 356
空気抵抗 239, 244
空港 253, 334
グージュ, オランプ・ド 314
グーテンベルク, ヨハネス 302
茎 106
くさび 250
くしゃみ 201
クジラ **148–149**
果物 109, 351
口伝えによる歴史 267
屈折 230
クマ 139, **154–155**, 166
クマムシ 36
クモ 34, **122–123**
雲 62, 74, 75, 77, 78–79
クモ形類 122–123
クモザル 158
クモの巣 123
クラウド（データストレージ）254
クラゲ 115, 138, 162
クラシック音楽 366
グラフィックノベル 359

グランドキャニオン（アメリカ）65
グランピー・キャット 379
クリケット（スポーツ）356, 357
クリスティーヌ・ド・ピザン 314
クリンゴン語 340
グル・ナーナク 344
クレーター 27
グレート・グリーン・ウォール（緑の長城）90
グレート・ジンバブエ 290
グレートウェスタン号（蒸気船）334
クレオパトラ 266, 314
クローラー（キャタピラ式輸送車）251
クロミスタ 95
軍隊 279
クンブレ・ビエハ火山（スペイン）68
毛
　人体 172, 179, 185, 197
　哺乳類 146
経済的な不平等 380
携帯電話 254, 332, 378
鯨類 148
K2 81
ゲーム 235, 267, 333, 378
毛皮 146
劇場 276
ケツァルコアトルス 98
血液 172, **182–183**, 184, 200
ケックⅡ望遠鏡 30
結晶 **50–51**
結晶の洞窟 67
血小板 182
月食 29
齧歯類 147
月震 73
ゲップ 181
ケニア 330
ゲバラ, チェ 315
ケブラー 221
ケラチン 172
ケルビン・ヘルムホルツ不安定性の雲 77
ゲレウォール祭り（チャド）347
巻雲 74
顕花植物 106, **108–109**, 111
弦楽器 289, 366
懸空寺（中国）291
言語 339, **340–341**
健康 349
　→「運動（フィットネス）」も参照
原子 51, **208–209**, 216
　大型ハドロン衝突型加速器 205
　原子番号 211
原始星ジェット 18
原子爆弾 209, 325
原生代 97
原生動物 94

巻積雲 74
元素 185, **210–211**, 212–213
　金属 216–217, 233
　炭素 214–215, 218
建造物 **252–253**, **290–291**
ケンタウルス座アルファ星A/B 17
建築 289, 293, 303, 339
　建造物 252–253
　高層ビル 371
　材料 223
　都市 271, 290, 316–317, **370–371**
　モニュメント 290–291
剣闘士 278
鍵盤楽器 366
顕微鏡 234, 259
コウイカ 116
交易、貿易 289, 296, 308
高温砂漠 82
恒温動物 141, 146
工学 73, **252–253**, 279, 289
甲殻類 114, 166
咬筋 178
合金 216, 217
工芸 296, 361
光合成 107
考古学 267, 274, 　海洋考古学 320–321
孔子 315
恒星 10, 16–17, **18–19**
合成繊維 221
高層雲 74
高層ビル 371
抗体 201
高地 187
紅茶 351
甲虫 96, 118, 119
交通 334, 338, **372–373**
　自動車 240–241
　飛行機 244–245, 246–247, 374–375
鋼鉄 216, 223
光年 13
鉱物 50–51, 52–53, 55
神戸（日本）72
酵母 113
公民権運動（アメリカ）319, **326–327**
コウモリ 67, 139, 147, 163
コーヒー 351
氷 57, **60–61**, 88, 206
氷の結晶 50, 60
氷の洞窟 67
コオロギ 119
小型ネコ類 150
呼吸 94, 171, 184, **186–187**
黒鉛 214
国際宇宙ステーション（ISS）34,

36–37, 38–39, 110
黒色矮星 19
黒人の権利 319, 326–327
国民文化
　言語 340–341
　国旗 342–343
　宗教と信仰 344
　ダンス、踊り 364
　祭り 346–347
　料理 348
国立公園 165
古細菌 94
コショウ 301
コスマン, サム 69
古生代 97, 99
古生物学 54–55 104–105
固体 207
古代世界の七不思議 290
骨格 **174–175**, 176–177, 196
骨格筋 179
国旗 342–343
骨折 175
ゴッタルドベース・トンネル（スイス）252
ゴッドウィンオースチン（K2）81
コップタケ 113
古典舞踊 365
子どもの重労働 316
琥珀 52, 53, 55
コバルト 236
コブラ 137
コペルニクス, ニコラウス 303
ごみ 90, 221, 222
コミックブック 359
コミュニケーション 254–255, 335, 338
小麦 222, 350
米 350
コモドオオトカゲ 132
固有受容覚 193
コヨーテ 157
ゴリラ 159, 167
ゴルフ 356
コロナ 20
コンクリート 221, 223
コンゴウインコ 166
混合物 218
コンゴ川 63
コンコルド 334
根菜類 350
昆虫 114, **118–119**, 120–121
　生き残り戦略 138
　昆虫食 349
コンテナ船 334
コンパス 237
コンピューター 234, 254, 332

サ行

サイ 167
細菌 94, 170, **200–201**, 258–259
採掘機 250–251
サイクロン 77, 229
再生可能エネルギー 91, 226–227,
　233
砕氷船 61
細胞 170, **172–173**, 184, 194,
　260–261
再野生化 90, 165
ザウリダンス 365
魚 76, **124–125**, 155
　生き残り戦略 138, 139
　共生 162, 163
　サメ 126–127
　絶滅の危機 167
砂岩 49
砂丘 82
裂け目 46–47
サソリ 123
サソリモドキ 123
サターンV 34
サッカー 353, 356
錯覚 193
砂糖 259, 350
　結晶 50
　奴隷労働 310
ザトウムシ 123
サパ・インカ 294
砂漠 64, **82–83**
サハラ砂漠 64, 83
錆 219
サフラン 350
差別 326–327
サメ 124, **126–127**, 139
　ジンベイザメ 128–129
　絶滅危惧種 166
　電流 233
サリュート1号 33
サル 158–159
サルサ（音楽）367
さんかく座銀河 15
三角州（デルタ）58
産業革命 **316–317**
サンゴ 90–91, 166
塹壕 322
サンゴ礁 90–91
三畳紀 99
酸素 185, 210
　→「呼吸」も参照
酸の湖 59
サンパウロ（ブラジル）370
サンファル，ニキ・ド 360
三葉虫 54, 55
詩 358

CIA 328
CNSA（中国）35
CTスキャン 190–191
シーラカンス 167
寺院 290
シェイクスピア，ウィリアム 359
ジェイムズ・ウェッブ宇宙望遠鏡 12,
　18–19, 30, 31
シェーキー 256
ジェニー紡績機 317
シェパード，アラン 356
シェラーグ山（ノルウェー）64
ジェロニモ（アパッチ族の指導者）
　315
塩 50, 219
塩の平原 57
紫外線 30, 231, 263
視覚 192, 193
磁器 285
磁気浮上式鉄道（マグレブ）237
子宮 195
持久力スポーツ 357
紫禁城（中国）339
シク教 344
死後の世界（エジプト）272
磁石 **236–237**
死者の日 347
思春期 196, 197
地震 **72–73**
持続可能性 91
舌 137, 142, 154
　人体 178, 185, 192
シダ類 106
ジッグラト（イラン）290
実験 **204–205**, 234–235
湿地 58
質量 242
自転車 317, 357, 370, 372
自動運転車 372
自動車 240–241, 372, 373
子嚢菌 113
紙幣 376
子房 108, 109
脂肪 172
刺胞動物 114
シャーマン将軍の木（セコイアデンド
　ロン）110
ジャイアント・ウェタ 119
ジャガー 151
JAXA（日本）35
シャクルトン，アーネスト 320
シャコ 139
車軸 250
写真 267, 360
ジャズ 366
シャチ 148
ジャッカル 157
ジャックフルーツ 351

斜面 250
車両 250–251
車輪 250, 271
車輪銀河 14
上海（中国）370
上海タワー（中国）252
周期表 **210–211**
獣脚類 100
宗教 **344–345**
　芸術 266
　食べ物 349
　ダンス、踊り 364
　祭り 346
褶曲山地 81
周飾頭類 100
修道院、修道僧 291, 345
自由の闘士 314–315
集落 **270–271**
重量 242, 244
重力 28, 239, **242–243**
重力加速度 243
種子 109
手術 256, 301, 319
受精 194
趣味 339
シュメール 266, 271
ジュラ紀 99
手榴弾 318
狩猟 269
手話 341
循環器系 171, 182–183
巡礼 344
　→「ハッジ」も参照
準惑星 26
昇華 207
障害者の権利 315
消化器系 171, **180–181**
蒸気機関 316–317
将軍 286, 287
肖像画 361
小脳 189
蒸発 207
静脈 182
小惑星 17, **26–27**, 33
ショクダイオオコンニャク 111
食虫植物 107, 110, 163
食道 181
植物 95, 96, **106–107**, 110–111
　木 84–85, 90
　共生 163
　顕花植物 108–109
　炭素循環 214
植民地化 297, **308–309**, 330–
　331
　奴隷労働 310–311
植民地の独立 **330–331**
女性の権利 313, 314, 359, 380
ジョゼフィーヌ（フランス皇后）314

触覚 192
ショッピング 378
ジョンソン，マーシャ・P 314
シリカゲル 220
シルフラ裂谷 46
城 253, 287, **300–301**
進化 **96–97**, 235, 268–269
新型コロナウイルス（COVID-19）
　200, 201, 335
心筋 179
神経学 190
神経系 171, 172, 173, 188–189
震源、震央 73
信仰 →「宗教」を参照
人口 370
人工衛星 35, 255
人工知能（AI）256, 378
人工島 253
心室 183
人種隔離 326–327
人種差別 327
真珠母雲 77
侵食 59, **64–65**, 66
新生代 97, 99
心臓 **182–183**
人体 **170–171**, **184–185**, 224,
　257
　感覚 192–193
　筋肉 172, 178–179, 196
　骨格 174–175, 176–177, 196
　細胞 172–173, 184, 194,
　　260–261
　消化器系 180–181
　心臓と血液 172, 182–183, 200
　成長 174, 184–185, 196–197
　脳と神経系 173, 188–189,
　　190–191, 196
　病原菌との戦い 200–201
　分裂、複製 173, 194–195
　→「霊長類」も参照
神道 287
新年の祝い 338–339, 346
ジンベイザメ 128–129
心房 183
針葉樹 85
侵略 280–281
森林 **84–85**, 96
　→「木」も参照
人類の祖先 266, **268–269**, 367
神話 276, 302, 345, 358
巣 141
水泳 357
スイカ 351
水星 16, 23
彗星 26
スイセン 110
水素 185, 210, 218
水道橋、送水路 252, 279

睡眠 185, 188
水力 226, 227
推力 239, 244
　浮力 249
スーパーセル 78–79
スーパーソーカー 235
Zoom 335
頭蓋骨 175, 189
スカッシュ 356
スキー 357
スキタイ 266
スキャン画像 190–191, 195
スズメバチ 119
スターシップ 34
スッポンタケ 112–113
スティーブンソン, ロバート 316
ステラーカイギュウ 166
ストリートアート 362–363
ストリートダンス 365
ストリーミング 378
ストルシオミムス 100
ストロマトライト 96
砂嵐 83
砂の侵食 64
スノットボット 149
スパイス 350
スピッツァー宇宙望遠鏡 31
スプートニク1号 32
スプライト 74
スペイン語 340
スペース・ローンチ・システム（SLS）
　33
スペースインベーダー 333
スペースX 38
ズベズダ・モジュール 36
スペリオル湖 63
スペンサー, パーシー 235
スポーツ 339, **352–353**, 354–355,
　356–357
　eスポーツ 378–379
　闘いの踊り 365
　メソアメリカの球技 266, 293
スマートフォン 254, 378
スマートホーム 379
スミス, トミー 327
スライム 207
3Dデジタル技術 348, 378
スリンキー（トムボーイ）235
スローロリス 138
星雲 19
精子 194, 195, 259
生殖 95
　顕花植物 108–109
　人体 171, 173, **194–195**
成人期 185, 197
成層火山 68
成層圏 45
世宗大王（朝鮮王）315

生息地 88, 90
　砂漠 82–83
　森林 84–85
　山 80–81
生態系 95
成長 95, 174, 185, **196–197**
静電気 232, 233
青銅器時代 271
政府 370, 380, 381
西部戦線 322
生物、生命 **94–95**, 205, 215
　共生 162–163
　菌類 85, 95, 112–113, 162
　進化 96–97, 268–269
　微生物 258–259
　→「動物」「植物」も参照
生物多様性 90
生物風化 64
ゼウス 276
積雲 74
石英の結晶 51
赤外線 31, 231, 263
石筍 67
赤色巨星 19
石炭 88, 214, 227
脊椎動物 125, 130, 133, 141, 146
赤道 45
石油 88, 227
積乱雲 74
セコイア 110–111
絶縁体 233
石灰岩 53, 64, 66
石膏 67
節足動物 114
絶滅 96, 101, 166–167
絶滅の危機にある動物 134, 164–
　165, **166–167**
セドレツの教会（チェコ）291
セノーテ 66
背骨（脊椎）174, 175, 189
セルバンテス 359
遷移金属 210
線画 360
センザンコウ 164
戦士 286, 293, 297
　騎士 300–301
　バイキング 280–281
　→「兵士」も参照
先住民 85, 165, 381
　アメリカ 267, 306, 308, 344
　オーストラリア 266
　カナダ 344
　宗教 344
　植民地化 308–309
染色体 260
扇子 286
潜水艦（艇）313, 325
前線（天気）75

戦争 267
　アメリカ南北戦争 311, 318–319
　革命 312–313
　第一次世界大戦 267, 322–323
　第二次世界大戦 209, 324–325,
　　329, 330–331
　冷戦 328–329
仙台大観音（日本）253
センチュリオン（マウンテンアッシュ）
　111
蠕動 181
戦闘 293, 319, 322–323, 324–
　325
　→「戦争」も参照
セン類 106
僧院 291
層雲 74
宋王朝 284–285
双眼鏡 11
装甲 300
装盾類 100
相利共生 163
ソウル（音楽）367
藻類 49, 58, 75, 163, 258
ソーシャルメディア 335, 365, 378,
　379
ゾーン, トリシャ 353
素材、材料 204, **220–221**, **222–
223**
組織 170
ソ連 324–325, 328–329
　→「ロシア」も参照
ソンドン洞窟（ベトナム）66

タ行

ダ・ビンチ, レオナルド 247, 302
ダーウィン, チャールズ 235
ダークエネルギー 10
ダークマター 10
DART（宇宙機）27
タービン 227
第一次世界大戦 267, **322–323**
大学 289
大気 27, 45
　天気 62, 74, 75
太古代 97
胎児 194
大西洋 62, 334
堆積 55
堆積岩 48, 49
タイタン 17
大腸 180, 181
大腸菌 258
大動脈 183
第二次世界大戦 209, **324–325**,
　329, 330–331, 332
大脳皮質 189

胎盤 195
台風 76, 77
太平洋 62, 63
　環太平洋火山帯 47, 72
　ポリネシア人 306
大便 180, 181, 274
ダイヤモンド 51, 214, 215
太陽 13, 17, 19, **20–21**
太陽系 10, 13, 22–23
太陽系外惑星 22
太陽光発電 226–227
太陽の黒点 20
太陽表面の嵐 20
太陽風 21
対流圏 45
大量絶滅 101
タイ類 106
ダヴィンチ（手術支援ロボット）256
タウン・カラット僧院 291
唾液 181, 200
楕円銀河 14
打楽器 367
滝 58, 62
タクツァン・パルプグ僧院（ブータン）
　291
ダグラスDC-4 334
タケ 111
タコ 76, 116–117
タコスッポンタケ 112
ダチョウ 141
卓球 357
竜巻 74–75, 78
たて座UY星 18
楯状火山 68
棚氷 61
ダニ 123
タバコ 311
食べ物 218, **348–349**, 350–351
　アメリカの農産物 309
　古代文明 274–275, 278
　消化器系 181, 225
卵
　恐竜 101
　魚 125, 127
　鳥 140, 141, 142, 163, 173
　人間 173, 194–195
　爬虫類 133, 135, 137
　両生類 130
タマリン 167
タンガニーカ湖 63
探検、探査 257, 281, **306–307**,
　308
　→「宇宙探査」も参照
単孔類 147
単細胞生物 49, 258
探査車 33
誕生 146, 194, 196, 197
ダンス、踊り 300, **364–365**

淡水 57, 58–59
炭素 210, **214–215**, 218
断層 72
断層地塊山地 81
炭素循環 214
段々畑 295
ダンプカー 251
タンボラ山（インドネシア）68
丹陽・昆山特大橋（中国）252
チーズ 348
チーター 138, 150, 152–153
地殻 29, 44, 46
地下水 57
地下鉄道 311
力 205, **238–239**, 251
　浮き沈み 248–249
　重力 28, 239, 242–243
　飛行 244–245
地球 10, 16, 23, **44–45**, 236
　火山 68–69, 70–71, 224
　結晶と宝石 50–51
　地震 72–73
　自然保護 90–91
　洞窟 49, 66–67
　プレート 46–47, 73, 81
　→「気候変動」「生息地」「岩石」
　　「水」「天気」も参照
地球外生命体 25, 328
地図（古代）307
窒素 185, 210
チドリソウ 110
地熱エネルギー 227
乳房雲 77
着床 194
着陸機 33
チャタル・ヒュユク 271
ChatGPT 335
チャペック, カレル 256
チャレンジャー海淵 63
チャンドラX線観測衛星 31
中央海嶺系 81
中間層 45
中国 73, 306, 339
　宋王朝 **284–285**
　万里の長城 298–299
柱状の結晶 51
虫垂 180
中生代 97, **98–99**
中世の日本 286–287
中世のヨーロッパ 300–301
柱頭 108, 109
チョウ 119, 163
超大型干渉電波望遠鏡 31
超音波スキャン 195
聴覚 192, 193
鳥脚類 100
超巨星 19
超銀河団 11, 15

長江 63
彫刻 266, 268, 270, 360
超新星 16, 19
彫像 253
超大陸 47
チョコレート 351
チンパンジー 158, 159
通貨 377
ツール・ド・フランス 357
月 17, **28–29**, 32, 35, 242
月の海 29
ツキノワグマ 154, 155
津波 73
ツノゴケ類 106
翼 141
爪 185
つらら石 67
つる植物 107
手 158, 175
手洗い 300
テイア 28
DNA 172, 173, 258, **260–261**, 263
Dデー 325
ティクターリク 96
ティラノサウルス 55, 101, 134
ティル=モブリー, メイミー 327
鄭和 306
データ（コンピューター）254, 255
デービス, アンジェラ 327
テクノロジー **332–333**, 335, **378–379**
　インターネット 254–255, 332, 378–379
　お金 377
　ロボット 256–257
てこ 250
デジタルアニメーション 360
デジタル技術 →「テクノロジー」を参照
鉄 182, 216, 219, 236
哲学者 315
鉄道 237, 316, 334, 372–373
テナガザル 158
テニス 356, 357
テノチティトラン 293
デビルスタワー（アメリカ）49
デヘライニア・スマラグディナ 111
デモクラシー（民主政）277
デモクリトス 208
デラウェア送水路（アメリカ）252
デリー（インド）370
テレビゲーム 333

天気 **74–75**, **76–77**, 206
　気象災害 88
　スーパーセル 78–79
電気 217, **232–233**, 234
伝記 358
電気エネルギー 224, **232–233**
電気自動車 373
点字 192
電子 216, 232
電磁石 237
電磁スペクトル 231
天使の心臓（レッドアンゲリム）110
電磁波 231
電子レンジ 235
伝説 →「神話」を参照
電池 225, 232, 237
テントウムシ 90
天然ガス 88, 226–227
天王星 16, 22, 23
電波 31
天文学 289, 303
伝令 294, 323, 328
ドイツ
　1848年革命 313
　第一次世界大戦 322–323
　第二次世界大戦 324–325
　ベルリンの壁 329
トイレ（古代ローマ）279
銅 210, 233
トゥーンベリ, グレタ 315
唐辛子 351
陶器 271
東京（日本）370
道具 250, 268, 292
洞窟 49, 65, **66–67**
洞窟壁画 266, 268
トウゴマ 110
頭足類 **116–117**
導体, 伝導体 217, 233
動物 95, **138–139**
　クモ形類 122–123
　頭足類 116–117
　動物の宇宙飛行士 34
　無脊椎動物 114–115
　野生生物の保護 164–165, 166
　両生類 130–131, 166
　→「魚」「昆虫」「哺乳類」「爬虫類」
　　も参照
動物園 167
動物学 152–153
動脈 182
冬眠 155
トウモロコシ 303, 308, 350
トゥルース, ソジャーナ 314
道路 294
ドードー 166
ドーム山地 81
トール 281

都会のキツネ 157
トカゲ 132, 133, 138, 139, 167
トガリネズミ 138
トクサ類 106
毒のある植物 110
毒のある動物 138
　クモ 122
　タコ 117
　ヘビ 136, 137
独立 312–313, **330–331**
とげ 223
時計 288
都市、都会 271, 290, 317, **370–371**
図書館 358
土星 16, 23
トマティーナ（スペイン）347
トラ 139, 150–151, 166, 167
ドラゴン 307
ドラゴンリリー 111
鳥 138, **140–141**, 144–145
　共生 163
　生息地 68, 83
　絶滅の危機 166, 167
　羽根 293
　飛行 244
　ペンギン 142–143
トリケラトプス 101
鳥肌 179
トリマラン（三胴船）248–249
奴隷 **310–311**, 312, 331
奴隷廃止運動 310
ドローン 245
ドロマエオサウルス 100
トンガ海溝 63
トンネル 252
トンボ 96, 119, 138

ナ行

内核 44, 45
ナイカ洞窟（メキシコ）67
内燃機関 234
ナイル川 63, 272–273
ナイロン 221
長崎（日本）325
NASA（アメリカ航空宇宙局）24–25, 32–33, 35
なだれ 81
ナチ党（ナチス）324–325
ナトリウム 216, 219
ナニー, クイーン 311
ナポレオン1世（フランス皇帝）314
ナマケグマ 155
ナマケモノ 84, 139
波（海）56, 65
涙 200
ナミブ砂漠 82

ナレンドラ・モディ・スタジアム（インド） 357
南極 61, 82, 83
　天気 76, 77
　難破船エンデュランス号 320
南極海 62
軟骨 126
軟骨魚 124, 127
軟体動物 114
ニカワホウキタケ 112
二酸化炭素 88, 89, 107, 186, 187, 227
ニシキヘビ 137
二重らせん 260
ニッケル 44, 220, 236
日食 21
日本 286–287, 323, 324–325
ニュース 338
ニュートン, アイザック 235
ニュートン, ヒューイ 327
ニュートン（単位） 242
ニューホライズンズ 33
ニューロン 188, 189
尿 279
人形劇 285
妊娠 194–195
認知症 257, 364
ヌビアのピラミッド 290
根 106, 350
ネアズポイント（オーストラリア） 49
ネアンデルタール人 269
NEOWISE（ネオワイズ） 17
ネコ科動物 150–151, 272
ネジ（機械） 250
ネズミイルカ 148, 167
熱エネルギー 178, 219, 224–225
熱圏 45
熱水噴出孔 258
熱帯雨林 85
熱帯低気圧 76–77
熱電発電機 224
Netflix 335
ネットワーク 334–335
熱風化 64
ネフェルティティ（エジプト王妃） 272
粘液 187, 200
脳 188–189, 190–191, 196
能楽 287
農業
　アメリカ先住民 308
　古代文明 270, 272, 280, 295
　都市の農園 371
　プランテーション 311
農薬 91
ノーベル賞 234
ノドサウルス 54
飲み物 346
ノルマンディー上陸作戦 325

ハ行

葉 106
歯 139
　カサガイ 223
　サメ 127
　人体 170, 171, 181, 197
　爬虫類 135
　哺乳類 148, 156
パーカー・ソーラー・プローブ 21
パークス, ローザ 326, 327
バークレー・マラソンズ 357
パーサビアランス（探査車） 24–25
バーナード星 17
ハーモニー 366
肺 186, 187
胚 194
ハイアライ 356
ハイイログマ 139, 154
パイオニア10号 33
バイカル湖 63
バイキング 280–281
排泄 94
ハイチ革命 312
ハイペリオン（セコイア） 111
肺胞 186–187
パイロット 245, 374–375
パウエル, マイク 353
ハエ 119
ハエトリソウ 107
白亜（チョーク） 49
白亜紀 99
白色矮星 19
爆弾 324, 325
橋 216, 295
　送水路, 水道橋 252, 279
刃状の結晶 50
バシリスク 132
走り幅跳び 352–353
ハス 223
バス 326, 373
パスタ 350
パタゴニアヒバ 111
ハチ 119, 165
ハチドリ 141
爬虫類 98–99, 132–133
　恐竜 98–99, 100–101, 102–103, 104–105
　絶滅危惧種 166
　ヘビ 132, 133, 136–137, 239
　ワニ 132, 133, 134–135
波長 30–31, 231
ハッジ（巡礼） 344
　イブン・バットゥータ 307
バッタ 119
発熱反応 219
ハッブル宇宙望遠鏡 30

発明 234–235
　イスラム世界 288
　蒸気機関 316–317
　宋時代 285
　レオナルド・ダ・ビンチ 247, 302
ハト 323, 328
バドミントン 356
バナナ 351
バビロンの空中庭園 290
パフォーマンス 365
ハヤブサ 138, 141
バラ 108
パラリンピック 352, 353, 357
ハリカルナッソスのマウソロス霊廟 290
ハリケーン 76–77
針状の結晶 50
バリンジャー・クレーター（アメリカ） 27
バルバドス 331
バレエ 364, 365
バレーボール 357
ハロゲン 210
パン・アフリカ運動 331
版画 360
パンガー湾（タイ） 59
半乾燥砂漠 82
犯罪現場の捜査 262–263
反射 188, 196
繁殖プログラム 167
パンダ 155, 166
パンタナール 58
バンデ・グローブ 357
半導体 333
万里の長城 298–299
火 268
　化学反応 219
　炎の祭り 347
　山火事 77, 88–89
ビーオーキッド 109
ピーク, ティム 37
BTS 366
ビートルズ 366
ヒカゲノカズラ類 106
東インド会社 308
光 224, 230–231, 233
光の速度 230
ヒキガエル 131, 166
ヒクイドリ 139
ヒグマ 155
飛行 244–245, 246–247, 372
飛行機 244–245, 246–247, 334, 372–373
　第一次世界大戦 323
　第二次世界大戦 325
　パイロット 245, 374–375
飛行機の操縦室 374–375
尾骨（尾てい骨） 171

微細藻類 258
微生物 258–259
　ウイルス 95, 200–201, 258, 259
　菌類 85, 95, 112–113, 162
　原生動物 94
　古細菌 94
　細菌 94, 170, 200–201
　藻類 49, 58, 163, 258
ビッグバン 13
ビデオ通話 335
ヒトデ 76
ヒトラー, アドルフ 324
皮膚 130, 133, 172, 200
姫路城（日本） 287
ひもスプレー 235
ビャクシン 111
百武彗星 17
ヒューマン, ジュディス 315
ヒュパティア 315
ヒョウ 150, 151, 167, 297
ひょう 75
氷河 57, 60, 61, 64–65, 67, 228–229
氷冠 61
病気 95, 261, 308
　舞踏病 300
　ペスト（黒死病） 301
氷山 60–61
標準中国語 340
平等な権利 314–315, 326–327, 380
ピラミッド 253, 271, 273, 290
ひれ 124, 125
広島（日本） 325
ヒンディー語 340
ヒンドゥー教 344
ファーニスクリーク（アメリカ） 76
ファグラダルスフィヤットル火山（アイスランド） 69
ファストフード 349
ファッション 286, 302, 339
ファラオ 272, 273, 315
フィクション 358
フィヨルド 60
フィレンツェ（イタリア） 303
風化 64
Facebook 335, 379
フェミニズム 314
フェリー 373
フェルディナント大公 322
フェルミガンマ線宇宙望遠鏡 31
フォーク（音楽） 367
フォークダンス 365
武器 281, 284
　アメリカ南北戦争 318
　第一次世界大戦 323
　第二次世界大戦 324, 325
　冷戦 328

不規則銀河 14
複眼 118
武芸 287
武士 286
双子 195, 261
プタハヘテプ 358
仏教 287, 344, 345, 347
物質の状態 204, **206–207**
仏陀、釈迦 344, 345
仏塔 284
ブドウ 351
ブドウ球菌 258
ブドウ房状の結晶 50
船 **248–249**, 273, 282–283,
　　306, 334, 373
　浮き沈み 248–249
　エンデュランス号 320–321
　砕氷船 61
　探検 306
　奴隷 310
　難破船 249, 320–321
　ロングシップ 281
プライド（群れ）151
ブラジル 85, 308
プラスチック 220, 221, 222, 223
プラズマ 20, 206
ブラック・ライブズ・マター（BLT）運動
　　315, 327, 380
ブラックホール 14, 15, 19, 242
ブラッケン洞窟（アメリカ）67
ブラマプトラ川 63
フランス 323, 324, 331
　フランス革命 312
　フランス語 340
フランス革命 312
プランテーション 311
フリーダム・ライダーズ 326
ブリクスダール氷河（ノルウェー）
　　228–229
プリズム 230
振り付け 365
ブリッツ（大規模空襲）324
フリッパー 143
浮力 249
Bluetooth 281
ブルジュ・ハリファ（アラブ首長国連
　　邦）242–243, 252, 371
プレイ・ドー 235
ブレイクダンス 365
フレイヤ 281
プレート **46–47**, 73, 81
プレシオサウルス 98–99
フレボポルダー（オランダ）253
フレミング，アレクサンダー 235
プロキシマ・ケンタウリ 13, 17
フロッピーディスク 332
プロミネンス 20
糞 55, 274

文化 **338–339**
　お金 285, 376–377
　ダンス、踊り 300, 364–365
　都市、都会 271, 290, 317,
　　370–371
　文学 358–359
　→「食べ物」「歴史」「音楽」「国民文
　　化」「宗教」「スポーツ」「テクノロ
　　ジー」「交通」も参照
文学 339, **358–359**
文化生活 **270–271**
分子 207, 208
平安国際金融中心（中国）253
兵士 277, 278, 300
　アメリカ南北戦争 318
　第一次世界大戦 322–323
　第二次世界大戦 325
ベースジャンプ 242–243
ペースメーカー 182
ヘールボップ彗星 17
ペスト（黒死病）301
ベスビオ山（イタリア）68
へその緒 195
ペット 156
ベトナム戦争 328
ペトロナス・タワー（マレーシア）291
ペニシリウム菌 258
ペニシリン 235
ベニテングタケ 112
ベニン王国 **296–297**
ベネラ3号 32
ヘビ 132, 133, **136–137**, 239,
　　292
ヘラクレス 276
ベラドンナ 110
ペルティエ，オータム 315
ペルム紀 99
ヘルメス 276
ベルリンの壁 329
ペレ 356
ヘレラサウルス 100
ベン・ネビス山（イギリス）80
変温動物 125, 130, 133
ペンギン **142–143**
変成岩 48, 49
片麻岩 48
片利共生 163
棒渦巻銀河 14
望遠鏡 11, 12, **30–31**
法科学 **262–263**
帽子 304–305
放射 13
宝飾品 50, 51
宝石 50
ホウ素 210
包装材 222
棒高跳び 198–199
ホートン，サミュエル・トーマス 235

ボーベ大聖堂（フランス）291
ボーボワール，シモーヌ・ド 315
ポーランド 324
ボールズ・ピラミッド 65
北盤江大橋（中国）252
北部連邦（アメリカ）318–319
保護 **90–91**, **164–165**, 166
ホコリタケ 112
ボストーク1号 32
ボストーク基地（南極）76
菩提樹 111
北極 237
北極海 62
ホッキョクギツネ 156
ホッキョクグマ 155
北極圏 61, 82
ホッケー 357
ボッティチェリ，サンドロ 302
ボット 254
ポップス 366
母乳、牛乳 146, 147, 222
哺乳類 99, 138, **146–147**, 160–
　　161
　イヌ 34, 156–157, 271
　クジラ 148–149
　クマ 139, 154–155, 166
　絶滅危惧種 164–165, 166–167
　ネコ 150–151, 272
　霊長類 34, 158–159
骨 124, 140
　人体の骨 172, **174–175**,
　　176–177, 196–197
ホバ隕石 48
ホプリテス 277
ホモ・サピエンス 269
ボリウッドダンス 365
ポリスチレン 220
ポリネシア人 306
ボリバル，シモン 313, 314
ポリマー 220, 221
ボルテール 312
ポルトガル 308–309, 310, 331
ホロコースト 325
本 302, **358–359**
ポン・デュ・ガール（フランス）279
香港国際空港（中国）253
盆栽 111

マ行

マーズ・パスファインダー 33
マーブルカテドラル（チリ）49
マーモセット 159
マイクロプラスチック 221
埋葬 272, 295
マインクラフト 379
マウシンラム（インド）62
マウナケア山（アメリカ）81

マウンテンアッシュ 111
マカルー 81
マグネター 237
マグマ 47, 48, 68 70, 81
マクロファージ 200
摩擦 238, 239
マチュピチュ（ペルー）295
マツ 111
マックノート彗星 17
マツユキソウ 111
祭り **346–347**
マデイラ川 63
マヤ文化 266, 290
　球技 293
マラウィ湖 63
マラソン 353, 357
マリアナ海溝 63
マリ帝国 297, 314
マルクス，カール 315
マルコムX 327
マルボルク城（ポーランド）253
マレーグマ 155
マンガカヒア，メリ 314
マンサ・ムーサ（マリ皇帝）314
マンチニール 110
マンデラ，ネルソン 315
マンドリル 158
マントル 44, 46
マンモス 167, 268
ミイラ化 272
味覚 192
ミシシッピ−ミズーリ川 63
ミジンコウキクサ 106
水 **56–57**, 60–61, **62–63**, 65, 66,
　　170
　川と湖 57, 58–59, 63, 65
　氷 60–61, 88, 206
　人体 170
湖 **58–59**, 63, 66
水の循環 57
密度 248
密売 164
密猟 165
港 334
源頼朝 287
耳 175, 193, 200
ミヨー高架橋（フランス）252
民話 358
無煙炭 214
ムカシトカゲ 132
ムカデ 115
無脊椎動物 **114–115**
無線ルーター 254
ムツゴロウ 125
6つ目の感覚 193
ムハンマド（預言者）288
ムヨブ 110
ムルデカ118（マレーシア）252

索引

群れ 100, 156
目
　昆虫 118
　人体 171, 179, 184, 192–193
　目の色 261
冥王代 97
メイフラワー号 334
メガシティ 370
メガネグマ 155
メガネザル 158
メキシコシティ（メキシコ）370
メグナ川 63
メソアメリカの球技 293
メタバース 378
メダル 356
メッカ（サウジアラビア）288, 307, 344
メディア 338
メテオラの修道院群（ギリシャ）291
メナラ（イエローメランチ）111
メロディー 366
綿 220, 311, 317
面、マスク 287, 297, 325
免疫系 171
メンデレーエフ，ドミトリー 210, 235
毛細血管 182, 187
モウセンゴケ 110
木材 220
木星 16, 17, 22, 23
モクテスマ2世（アステカ帝国皇帝）293
文字体系 267, 270, 339
　アステカ 293
　インカ 295
　楽譜 367
　ルーン文字 281
木管楽器 367
モナ・リザ 360
モニュメント **290–291**
モハーベ砂漠（アメリカ）82
桃色花崗岩 48
モルガヌコドン 99
モンゴルダービー 357
モンスタートラック 239

ヤ行

ヤギ 81
ヤクーツク（ロシア）370
薬用植物 111
野菜 106
ヤス島（アラブ首長国連邦）253
野生生物の保護 **164–165**, 166
野生のイヌ 156–157
ヤナギの樹皮 111
山 46, **80–81**, 83
山火事 77, 88–89
ヤモリ 133, 222

融解 207, 217
ユーステノプテロン 96
有胎盤類 147
有袋類 147
YouTube 379
ユートピア衝突クレーター 26
Uボート 325
幽霊キノコ 113
ユカタン半島（メキシコ）66–67
ユスフザイ，マララ 315
輸送車 251
ユダヤ 325, 344
溶岩 69
幼児期 197
揚力 244
翼竜 98, 99
ヨットレース 357

ラ行

ライオン 151
ライフスタイル 339
ラクウショウ 111
落書き 362
ラクダ 289, 334
ラグナ・コロラダ（ボリビア）58–59
羅針盤 285
ラッコ 146–147
ラテンアメリカの革命 313
ラパヌイ 306
ラフレシア 109, 111
ラマ 295
ラルダール・トンネル（ノルウェー）252
卵巣 195
藍藻（シアノバクテリア）96
乱層雲 74
ランタノイド 210
ランブル鞭毛虫 259
リカオン 156–157
陸上競技 198–199, 353, 356, 357
　表彰台での抗議 327
リサイクル 221, 367, 377
リズム 366
リソスフェア 45
立方体の結晶 51
竜脚類 55, 100, 104–105
流星 27
流星物質 27
両生類 **130–131**, 166
遼帝塔（中国）284
料理 348–349
リン 185, 211
リンカン，エイブラハム 319
リンカン大聖堂（イギリス）291
リンゴ 351
リンパ系 171
ルイ16世（フランス王）312

ルーター 254
ルービックキューブ 235
ルーン文字 281
ルネサンス **302–303**
ルビー 50
ルベルチュール，トゥサン 312
冷戦 **328–329**
レイチュンセッチャー大仏（ミャンマー）253
霊長類 34, **158–159**
レーザー 230
歴史 **266–267**
　アステカ 290, 292–293, 308
　イスラム世界 288–289
　インカ 294–295, 308
　革命 312–313
　騎士と城 300–301
　古代ギリシャ 276–277, 302
　古代ローマ 278–279, 302
　産業革命 316–317
　市民運動 319, 326–327
　初期の文明 270–271
　植民地化と独立 297, 308–309, 330–331
　人類の祖先 268–269, 367
　探検 281, 306–307, 308
　中国 284–285, 298–299, 306
　日本 286–287, 323, 324–325
　バイキング 280–281
　ベニン王国 296–297
　モニュメント 290–291
　ルネサンス 302–303
　→「エジプト（古代）」「戦争」も参照
歴史学者 299
列車 237, 316, 372–373
レッドアンゲリム 110
連合国 322–323, 325
レントゲン，ウィルヘルム 235
レンブラント 360
ローツェ 81
ロープウェイ 373
ロープ竜巻 75
ローマ（古代）**278–279**, 302
ローリ（インド）347
ろ過摂食 148
ロケット 33, 34–35, 40–41, 251
ロケット号（蒸気機関車）316
魯山大仏（中国）253
ロシア 322–323
　→「ソ連」も参照
ロスコスモス（ロシア）35
ロス棚氷 61
ロック（音楽）367
ロッテワールドタワー（韓国）253
ロドス島の巨像 290
ロボット **256–257**
ロングシップ 281, 347

ワ行

環（惑星）16
ワールド・ワイド・ウェブ 255, 332
ワガドゥ（王国）297
惑星 **22–23**, 24–25, 242
ワクチン 200
ワシ 139, 165
ワッセリング 346
WhatsApp 379
ワニ 132, 133, **134–135**

ン

ンクルマ，クワメ 331
ンジンガ女王 314

Acknowledgements

DK would like to thank:
Bharti Bedi, Michelle Crane, Priyanka Kharbanda, Ashwin Khurana, Zarak Rais, Steve Setford, and Alison Sturgeon for additional editorial help; Ray Bryant for MA picture research; Sumedha Chopra, Manpreet Kaur, and Vagisha Pushp for picture research assistance; Mrinmoy Mazumdar, Mohammad Rizwan, and Bimlesh Tiwary for DTP assistance; Simon Mumford for help with the maps; Hazel Beynon for proofreading; Chimaoge Itabor for providing the sensitivity read of the History and Culture chapters; Elizabeth Wise for the index; Maria Hademer and James Atkinson for help with the survey; and all of the experts who agreed to be interviewed for the Q&As.

The publisher would like to thank the following for their kind permission to reproduce their photographs:

(Key: a-above; b-below/bottom; c-centre; f-far; l-left; r-right; t-top)

1 Getty Images: Yudik Pradnyana. **2 123RF.com:** costasz (cr/maracas). **Dorling Kindersley:** Ruth Jenkinson / RGB Research Limited (cla, bl/gold); Ruth Jenkinson / Holts Gems (bl). **Dreamstime.com:** 1evgeniya1 (fcr); Christos Georghiou (tl); Jakub Krechowicz (tc); µ € (fcla); Vlad3563 (ca); Kaiwut Niponkaew (fcl); Alexander Pokusay (cb); Nejron (clb); Elnur Amikishiyev (bc). **The Metropolitan Museum of Art:** Bequest of George C. Stone, 1935 (cr/Chinese helmet). **3 123RF.com:** Puripat Khummungkhoon (clb). **Dorling Kindersley:** Andy Crawford (bc); James Mann / Eagle E Types (bl); Colin Keates / Natural History Museum, London (br). **Dreamstime.com:** Karam Miri (crb); Martina Meyer (ftl); Yocamon (tl); Ekaterina Nikolaenko (ftr); Alexander Pokusay (cla); Natalya Manycheva (clb/Shell). **NASA:** Caltech (tc). **5 Dorling Kindersley:** Andy Crawford / Bob Gathany (tl/lunar module); Arran Lewis / NASA (c); Frank Greenaway / Natural History Museum, London (clb/Moth). **Dreamstime.com:** 1evgeniya1 (bl/rose); Macrovector (tl); Potysiev (cra/telescope); Alexander Pokusay (crb); Natalya Manycheva (cla); Alexander Pokusay (crb/Mushroom). **Getty Images / iStock:** Enrique Ramos Lopez (cb). **NASA:** Enhanced image by Kevin M. Gill (CC-BY) based on images provided courtesy of NASA / JPL-Caltech / SwRI / MSSS. (tr). **7 Alamy Stock Photo:** Granger - Historical Picture Archive (clb); Oleksiy Maksymenko Photography (ca); Sipa US (cb). **Dreamstime.com:** Christos Georghiou (crb); Alexander Pokusay (tc, cr, bc/camera, bl); Ilya Oktyabr (tr/kidneys); Lidiia Lykova (cla); Ivan Kotliar (cb/Quill). **Getty Images:** David Sacks (br). **Getty Images / iStock:** Yukosourov (cra/wires). **8 Dreamstime.com:** Aleks49 (cla); Karaevgen (tl); Alexander Pokusay (cla/Satellite); Macrovector (crb). **NASA:** (br); JPL (c); Joel Kowsky (bl). **Science Photo Library:** Gil Babin / EURELIOS (tr). **9 Alamy Stock Photo:** Sebastian Kaulitzki (cra/water bear); Stocktrek Images, Inc. (tc). **Dorling Kindersley:** Andy Crawford / Bob Gathany (ca). **Dreamstime.com:** Macrovector (cra, cla); Potysiev (clb/telescope). **ESA:** (tr). **Getty Images:** SSPL (clb); Stocktrek Images (cb). **NASA:** (br); JPL / University of Arizona (br/Io). **10 Dreamstime.com:** Anthony Heflin (br). **NASA:** (bl). **11 123RF.com:** Kittisak Taramas (cb/binoculars). **Dreamstime.com:** Firuz Buksayev (br/Hubble); Jekaterina Sahmanova (clb); Raphael Niederer / Astroniederer (bl). **NAOJ:** Harikane et al (cb). **NASA:** ESA, CSA, STScI, A Pagan (STScI) (bc). **12 NASA:** ESA, C SA, STScI. **13 ESA:** Hubble & NASA (ca/Proxima centauri); Planck Collaboration (c). **Getty Images:** Mark Garlick / Science Photo Library (cra). **NASA:** JPL-Caltech / SSC (tr); SDO (cla); JPL-Caltech / UCLA (ca). **14 ESO. NASA:** ESA and the Hubble Heritage Team (STScI / AURA); Acknowledgment: P. Cote (Herzberg Institute of Astrophysics) and E. Baltz (Stanford University) (c); JPL / Caltech / Harvard-Smithsonian Center for Astrophysics (cr); ESA / Laurent Drissen, Jean-Rene Roy and Carmelle Robert (Department de Physique and Observatoire du mont Megantic, Universite Laval) (br); ESA, CSA, STScI (l). **15 Dreamstime.com:** Biletskiy (l); DreamStockIcons (cr). **16 Dreamstime.com:** Vjanez (tr). **NASA:** JPL-Caltech / STScI / CXC / SAO (bl). **17 Dreamstime.com:** Torian Dixon / Mrincredible (bl/Neptune). **ESO:** S. Deiries (cr). **NASA:** JPL / DLR (tl, tl/callisto); JPL-Caltech / Space Science Institute (ftl); JPL / University of Arizona (tr); JPL / USGS (ftr). **18-19 NASA:** ESA, CSA, STScI (c). **18 ESA:** Hubble & NASA / Judy Schmidt (geckzilla.org) (bl).**ESO:** EHT Collaboration (tr). **NASA:** ESA, CSA, STScI (br). **20 The Royal Swedish Academy of Sciences:** (t). **Science Photo Library:** Miguel Claro (b). **21 NASA:** Jack Fischer (tl); Aubrey Gemignani (bl); JHU / APL (c). **22-23 NASA:** Enhanced image by Kevin M. Gill (CC-BY) based on images provided courtesy of NASA / JPL-Caltech / SwRI / MSSS. (c). **22 ESO. 23 BluePlanetArchive.com:** Jonathan Bird (tc). **NASA**; Aubrey Gemignani (bl); JPL-Caltech / ASU / MSSS (br). **24 Dr Katie Stack Morgan:** (tl). **24-25 NASA:** JPL-Caltech / MSSS. **26 American Museum of Natural History:** (r). **NASA:** Johns Hopkins University Applied Physics Laboratory / Southwest Research Institute (bl); JPL / MPS / DLR / IDA / Bjrn Jnsson (clb); JPL / DLR (crb); MSFC / Aaron Kingery (br). **27 Dreamstime.com:** Mario Savoia (b). **NASA:** ESA, STScI, Jian-Yang Li (PSI); Image Processing: Joseph DePasquale (cla); Johns Hopkins APL (t). **28 NASA:** Courtesy of the DSCOVR EPIC team (bl). **28-29 NASA:** (c). **29 Getty Images / iStock:** DieterMeyrl (bl). **NASA:** (tr). **Science Photo Library:** Miguel Claro (tl). **30 Alamy Stock Photo:** Richard Wainscoat (cb).**ESA:** (tc).**NASA:** ESA, J. Hester and A. Loll (Arizona State University) (tl); JPL (br). **Science Photo Library:** NRAO / AUI / NSF (cr). **31 ESO:** G. Hdepohl (bl). **NASA:** CfA, and J. DePasquale (STScI) (crb); JPL-Caltech / R. Gehrz (University of Minnesota) (c); DOE / Fermi LAT / R. Buehler (br/gamma rays). **32-33 Getty Images:** Kevin Dietsch (b). **32 ESA:** P. Carril (tc). **33 Alamy Stock Photo:** ZUMA Press, Inc. (br). **NASA:** Johns Hopkins University Applied Physics Laboratory / Southwest Research Institute / / Roman Tkachenko (cr); JPL-Caltech / UCLA / MPS / DLR / IDA (tr). **34 123RF.com:** archangel80889 (tr). **Alamy Stock Photo:** NASA Images (bl). **35 Alamy Stock Photo:** GK Images (clb/NASA logo); NASA Pictures (clb). **CNSA:** (cb/CNSA logo). **ESA. Shutterstock.com:** rvlsoft (crb); testing (cb/Roscosmos logo). **36 Alamy Stock Photo:** Sebastian Kaulitzki (tr). **NASA:** (bl). **37 NASA:** (b); DoubleTree by Hilton (tl). **38-39 NASA:** Michael Hopkins. **38 University of California, Los Angeles (UCLA):** (tl). **40 Dorling Kindersley:** Andy Crawford (3); James Stevenson / ESA (17). **Dreamstime.com:** Aleks49 (18). **ESA:** (1); ATG medialab (5/Philae, 5/Rosetta). **Getty Images:** Mike Cooper / Allsport; Adrian Mann / Future Publishing (12); Joe Raedle (10); Stocktrek Images (4). **NASA:** (7, 11); JPL-Caltech (2); Ames (15); ISRO, Robert Lea (8); GSFC / CIL / Adriana Manrique Gutierrez (9); JPL-Caltech / MSSS (16); JPL (13). **Science Photo Library:** Gil Babin / EURELIOS (6). **41 Alamy Stock Photo:** Stocktrek Images, Inc. (21). **Dorling Kindersley:** Andy Crawford / Bob Gathany (30). **Dreamstime.com:** Karaevgen (20). **Getty Images:** SSPL (28). **Getty Images / iStock:** Stocktrek Images (22). **NASA:** (24, 23); Joel Kowsky (27); McREL (25). **42 Dorling Kindersley:** Ruth Jenkinson / Holts Gems (tc); Ruth Jenkinson / Holts Gems (tr/sapphire, tr/ruby, br/aquamarine); Colin Keates / Natural History Museum, London (cra). **Dreamstime.com:** Luckypic (bl); Pleshko74 (cla); Vlad3563 (crb); Alexander Pokusay (crb/Coral, bl/coral); Ondej Prosick (br/caiman). **Science Photo Library:** Dirk Wiersma (c). **43 123RF.com:** Hapelena (cra/Red vanadinite). **Alamy Stock Photo:** Iryna Buryanska (tl); Susan E. Degginger (cra). **Dorling Kindersley:** Ruth Jenkinson / Holts Gems (tr); Colin Keates / Natural History Museum, London (crb); Arran Lewis / NASA (br). **Dreamstime.com:** Natalya Manycheva (tr/shell); Nataliya Pokrovska (clb); Bjrn Wylezich (cb); Vladimir Melnik (ca). **44-45 Dorling Kindersley:** Arran Lewis / NASA (c). **44 Science Photo Library:** Mark Garlick (cl). **46 Dreamstime.com:** Krajinar (bl). **46-47 Alamy Stock Photo:** Nature Picture Library (c). **47 Alamy Stock Photo:** Ammit (br). **Getty Images:** Fred Tanneau / AFP2 (28). **48 Alamy Stock Photo:** agefotostock (cl); Armands Pharyos (fcl); Susan E. Degginger (fcr). **Dorling Kindersley:** Colin Keates / Natural History Museum, London (cr). **49 Alamy Stock Photo:** Ralph Lee Hopkins (b). **Dreamstime.com:** Rodrigolab (cl); Willeye (tr). **Science Photo Library:** Steve Gschmeissner (ca). **50 Alamy Stock Photo:** E.R. Degginger (tr). **Dorling Kindersley:** Ruth Jenkinson / Holts Gems (c). **Getty Images:** Justin Tallis / AFP (tl). **Shutterstock.com:** Minakryn Ruslan (cr). **50-51 123RF.com:** Hapelena (c). **51 Dorling Kindersley:** Gary Ombler / Oxford University Museum of Natural History (c). **Getty Images / iStock:** Minakryn Ruslan (cr). **Courtesy of Smithsonian. ©2020 Smithsonian.:** National Gem Collection, Chip Clark (br). **52 123RF.com:** vvoennyy (21). **Alamy Stock Photo:** Panther Media GmbH (3). **Dorling Kindersley:** Ruth Jenkinson / Holts Gems (6, 8, 24, 27, 22); Tim Parmenter / Natural History Museum (2, 28); Colin Keates / Natural History Museum, London (12); Richard Leeney / Holts Gems, Hatton Garden (14). **Dreamstime.com:** Rob Kemp (16); Vlad3563 (17); Bjrn Wylezich (25). **Shutterstock.com:** Aleksandr Pobedimskiy (20). **53 Dorling Kindersley:** Ruth Jenkinson / Holts Gems (37); Tim Parmenter / Natural History Museum (42); Ruth Jenkinson / RGB Research Limited (44). **Dreamstime.com:** Phartisan (46); Siimsepp (39). **54 Royal Tyrrell Museum of Palaeontology:** (cr). **Shutterstock.com:** Soft Lighting (b). **55 Dreamstime.com:** Procyab (c); William Roberts (tl). **Getty Images:** Georges Gobet / AFP (tr). **Ryan McKellar:** Royal Saskatchewan Museum (cr). **Courtesy the Poozeum, Poozeum.com:** (crb). **Science Photo Library:** Dirk Wiersma (cl). **56 Dreamstime.com:** Pytyczech (bl). **Getty Images:** Octavio Passos (t). **57 Alamy Stock Photo:** BIOSPHOTO (tl). **Getty Images:** Kazuki Kimura / EyeEm (br); Westend61 (bl). **58-59 Dreamstime.com:** Oksana Byelikova (c). **58 Alamy Stock Photo:** Universal Images Group North America LLC (br). **Dreamstime.com:** Ondej Prosick (tc). **Shutterstock.com:** Lucas Leuzinger (tr). **59 Dreamstime.com:** Tampatra1 (br). **Getty Images / iStock:** JohnnyLye (bl). **Getty Images:** Twenty47studio (cb). **60 Alamy Stock Photo:** Jan Wlodarczyk (br). **Caleb Foster:** (cr). **naturepl.com:** Paul Souders / Worldfoto (bl). **Science Photo Library:** Kenneth Libbrecht (crb). **61 Alamy Stock Photo:** Nature Picture Library (tr). **Getty Images:** MAGNUS KRISTENSEN / Ritzau Scanpix / AFP (b). **naturepl.com:** Ben Cranke (c). **Shutterstock.com:** linear_design (cr). **62 Dreamstime.com:** Svitlana Belinska (b). **Shutterstock.com:** Amos Chapple (tl). **64 Dreamstime.com:** Znm (bc). **Getty Images:** Francesco Riccardo Iacomino (br). **Shutterstock.com:** Viktor Hladchenko (tr). **65 Alamy Stock Photo:** yorgil (crb). **Dorling Kindersley:** Malcolm Parchment (br, fbr). **66-67 Caters News Agency:** Martin Broen. **67 Alamy Stock Photo:** David Noton Photography (cr); Jukka Palm (t). **naturepl.com:** Wild Wonders of Europe / Hodalic (br). **Science Photo Library:** Javier Trueba / MSF (bc). **Shutterstock.com:** Rudmer Zwerver (tr). **68 Alamy Stock Photo:** robertharding (bc). **Getty Images:** Jim Sugar (cr). **Shutterstock.com:** Emilio Morenatti / AP (tr). **69 Caters News Agency:** Bradley White (tr/inset). **Brian Emfinger. 70-71 Alamy Stock Photo:** Media Drum World. **70 Dr Janine Krippner:** (tl). **72 Getty Images:** The Asahi Shimbun (l). **73 Dreamstime.com:** Sean Pavone (tr). **Getty Images:** Sadatsugu Tomizawa / Jiji Press (c). **Shutterstock.com:** Jack Hong (cr). **74 Alamy Stock Photo:** PA Images (br). **Stephen C Hummel:** (cr). **Science Photo Library:** NASA Goddard Space Flight Center (NASA-GSFC) (bl). **74-75 Dreamstime.com:** Rasica (c). **75 Getty Images / iStock:** lushik (br). **naturepl.com:** Phil Savoie (tr). **76 Dreamstime.com:** Maximus117 (bl). **NOAA. 77 Alamy Stock Photo:** Associated Press (tr); Image Professionals GmbH (tl); Cultura Creative RF (cra). **Dreamstime.com:** Martingraf (cla). **78-79 Marko Koroec. 78 Getty Images / iStock:** SpiffyJ (tl/Weather chart). **Chris Wright:** (tl). **80 Hamish Frost Photography. 81 Getty Images / iStock:** htrnr (br); Lysogor (cra). **82 Dreamstime.com:** Valentin M Armianu (clb); Kokhan (fbl). **Getty Images / iStock:** coolkengzz (fclb). **Shutterstock.com:** xamnesiacx84 (bl). **82-83 Alamy Stock Photo:** Nature Picture Library (bc). **83 Alamy Stock Photo:** John Sirlin (ca); Rich Wagner (cra). **Dreamstime.com:** David Hayes (tr). **84 naturepl.com:** Luciano Candisani (t). **85 Getty Images:** Craig Stennett (crb). **Getty Images / iStock:** Matthew J Thomas (clb); Philip Thurston (cra). **86 123RF.com:** joseelias (2/new); smileus (27/new). **Alamy Stock Photo:** Armands Pharyos (17/new); Rolf Richardson (16/new); Zoonar GmbH (21/new). **Dorling Kindersley:** Will Heap / Peter Chan (18/new). **Dreamstime.com:** Bignai (28/new); Luckypic (11/new); Vladimir Melnik (3/new); Eyeblink (26/new); Lev Kropotov (13); Ed8563 (15); Elena Butinova (19/new); Martin Schneiter (29/new). **Getty Images / iStock:** DigiTrees (12/new, 10/new); Sieboldianus (5/new). **Sanjay Tiwari:** (6). **87 123RF.com:** marigranula (24/new); Natalie Ruffing (7/new); Jaturon Ruaysoongnern (20/new). **Alamy Stock Photo:** BIOSPHOTO (15/new); imageBROKER (9/new, 30/new); blickwinkel (25/new); Genevieve Vallee (22/new). **Dreamstime.com:** Mikhail Dudarev (13/new); Karelgallas (4/new). **Getty Images / iStock:** DNY59 (23/new). **88 Shutterstock.com:** VLADJ55 (tl). **88-89**

Alamy Stock Photo: Reuters (b). **89 Dreamstime.com:** Shawn Goldberg (cra). **90 Dreamstime.com:** Molishka1988 (ca); Slowmotiongli (crb). **The Ocean Clean Up:** (b). **90-91 Dreamstime.com:** Francesco Ricciardi (tr). **91 Dreamstime.com:** Iryna Mylinska (bc). **Getty Images:** Loic Venance / AFP (bl). **92 Alamy Stock Photo:** ethangabito (c); Simon Knight (cr); Panther Media GmbH (fbr); www.pqpictures.co.uk (br). **Dreamstime.com:** Faunuslsd (cla); Nejron; Alexander Pokusay (ftl, tr, bl). **93 123RF.com:** alekss (cla). **Alamy Stock Photo:** Petlin Dmitry (crb); Minden Pictures (fbr); Peter Martin Rhind (br). **Dreamstime.com:** 1evgeniya1 (clb); Jakub Krechowicz (tr); Alexander Pokusay (tl); Natthapon M (cla/rabbit); Rudmer Zwerver. **Getty Images / iStock:** imv (ftr).**Getty Images:** Srinophan69 (cra). **94 Alamy Stock Photo:** Mediscan (tc); Science Photo Library (tr). **Science Photo Library:** Steve Gschmeissner (tl). **94-95 naturepl.com:** Gary Bell / Oceanwide (cb). **95 123RF.com:** wklzzz (cla). **Alamy Stock Photo:** BarzhDu (cr). **Dreamstime.com:** Heinz Peter Schwerin (cra). **Getty Images / iStock:** micro_photo (cl). **Science Photo Library:** Kateryna Kon (br). **96 naturepl.com:** Doug Perrine (cla). **97 Science Photo Library:** John Sibbick (clb). **Trustees of the National Museums Of Scotland:** Harry Taylor (t). **98-99 Dreamstime.com:** Crc711 (c). **98 Dreamstime.com:** Photomo (tr/Sky). **Science Photo Library:** Pascal Goetgheluck (c). **99 Getty Images:** Sergey Krasovskiy (tr). **100 Alamy Stock Photo:** dotted zebra (b). **Dorling Kindersley:** Lynton Gardiner / American Museum of Natural History (tc/Dinosaur tail). **Getty Images:** Mohamad Haghani / Stocktrek Images (clb). **101 Alamy Stock Photo:** Science Photo Library (br). **Getty Images:** Wang Dongming / China News Service (tr). **Velizar Simeonovski:** (cr). **Courtesy of Smithsonian. ©2020 Smithsonian.:** Courtesy U.S. Army Corps of Engineers, Omaha District and The Museum of the Rockies, Montana State University. Triceratops horridus, USNM PAL 500000 (composite cast), Smithsonian Institution. Photo courtesy Smithsonian Institution. (l). **102 123RF.com:** leonello calvetti (1). **Dorling Kindersley:** James Kuether (10, 12, 30, 24). **Getty Images:** Mark Garlick (15). **103 Dorling Kindersley:** James Kuether (28, 34, 37, 36). **104-105 Paul Sereno/University of Chicago:** Matthew Irving. **104 Paul Sereno/University of Chicago:** Michael Hettwer (bl). **106 Dorling Kindersley:** Mark Winwood / Lullingstone Castle, Kent (cr/Ferns). **Dreamstime.com:** Igor Dolgov (tr/Lichen); Feherlofia (tr/Club moss); Seroff (cr/Flower). **106-107 Shutterstock.com:** Jordan Pettitt / Solent News (bc). **107 Alamy Stock Photo:** Jeff Gilbert (cra). **Dreamstime.com:** Verastuchelova (tr). **108 Alamy Stock Photo:** Panther Media GmbH (r). **Dreamstime.com:** Bos11 (bl). **109 Alamy Stock Photo:** Giovanni Gagliardi (c); imageBROKER (bc). **Dreamstime.com:** Lenny7 (br). **Getty Images / iStock:** imv (cr). **naturepl.com:** Klein & Hubert (tr). **110 Dreamstime.com:** Dagobert1620 (cla); Sorsillo (tl); Cristina Dini (cl); Debu55y (clb); Zoran Milosavljevic (clb/Narcissus); Cathy Keifer (bl). **NASA:** Scott Kelly (tr). **111 123RF.com:** noppharat (cl/Water hyssop); nsdefender (c/Bark). **Alamy Stock Photo:** Jordana Meilleur (cr); Peter Yeeles (br). **Dorling Kindersley:** Paul Goff / Harry Tomlinson (tl). **Dreamstime.com:** Oleh Marchak (c/Snowdrops). **112 Alamy Stock Photo:** Peter Martin Rhind (clb). **naturepl.com:** Michael & Patricia Fogden (cla). **113 Alamy Stock Photo:** Simon Knight (crb); Minden Pictures (bl). **Getty Images:** Wokephoto17 (clb).**naturepl.com:** Juergen Freund (tr). **Science Photo Library:** Wim Van Egmond (br). **114 BluePlanetArchive.com:** Klaus Jost (tc); Andrew J. Martinez (tr). **114-115 Getty Images / iStock:** Alex Tsarfin (bc). **116 naturepl.com:** Alex Mustard.**NOAA:** (tr). **117 Alamy Stock Photo:** Mark Conlin / VWPics (br); Michael Greenfelder (tl). **Getty Images:** J.W.Alker (tr). **naturepl.com:** Alex Mustard (cl, cr). **118 pixoto.com:** Aizat Mustaqim (b). **119 Alamy Stock Photo:** Minden Pictures (bc). **Dreamstime.com:** Gary Webber (tr); Wirestock (ca). **Getty Images:** Sylvain Cordier / Gamma-Rapho (cra). **120 123RF.com:** paulrommer (4). **Alamy Stock Photo:** blickwinkel (18); Nature Photographers Ltd (14); HHelene (16, 16/ant); Don Mammoser (6); yod67 (25); www.pqpictures.co.uk (13); Henri Koskinen (2). **Dorling Kindersley:** Frank Greenaway / Natural History Museum, London (17, 20); Colin Keates / Natural History Museum, London (5, 9); Lynette Schimming (11). **Dreamstime.com:** Digitalimagined (28); Marcouliana (22); Galinasavina (26); Matee Nuserm (1); Faunuslsd (8); Pzaxe (27); Photobee (23). **Getty Images:** Jasius (21). **Getty Images / iStock:** ookawaphoto (15). **Thomas Marent:** (3). **naturepl.com:** MYN / Tim Hunt (12). **121 123RF.com:** alekss (43). **Dorling Kindersley:** Frank Greenaway / Natural History Museum, London (30, 38); Jerry Young (31); Frank Greenaway (36). **Dreamstime.com:** Alexeyleon (44); Digitalimagined (34); Matee Nuserm (46); Rozum (41); Stuart Andrews (29); Melinda Fawver (33). **Getty Images / iStock:** JanMiko (49). **Thomas Marent:** (39, 50). **naturepl.com:** John Abbott (45); Ingo Arndt (37); Chris Mattison (47). **122 Alamy Stock Photo:** Minden Pictures (tr); redbrickstock.com (tl). **Thomas Shahan:** (b). **123 Alamy Stock Photo:** Minden Pictures (crb); Nature Picture Library (tl); Emanuel Tanjala (cra). **Shutterstock.com:** Brett Hondow (cla). **Gil Wizn:** (tr). **124-5 Comedy Wildlife Photo:** Chi Han Lin (bc). **124 Alamy Stock Photo:** Minden Pictures (bc). **naturepl.com:** Gary Bell / Oceanwide (bl); Brandon Cole (cl). **125 BluePlanetArchive.com:** Steven Kovacs (tl). **Getty Images:** Srinophan69 (tr). **US Geological Survey:** Andrea L Miehls, PhD (crb). **126 BluePlanetArchive.com:** Franco Banfi (b). **127 Alamy Stock Photo:** Jeff Rotman (c). **BluePlanetArchive.com:** Phillip Colla (tl); Mark Conlin (br). **naturepl.com:** Ralph Pace (cl); Doug Perrine (cra). **OceanwideImages.com:** Rudie Kuiter (cb). **128 Brad Norman:** (tl). **128-129 Alamy Stock Photo:** Reinhard Dirscherl. **130-131 Robert Cinega:** (c). **130 Robert Cinega:** (cla). **naturepl.com:** Guy Edwardes (tc). **Santiago Ron:** (br). **131 Alamy Stock Photo:** Minden Pictures (br). **Getty Images / iStock:** AdrianHillman (cr/cat). **132 Dorling Kindersley:** Asia Orlando 2022 (c). **Dreamstime.com:** μ € (bl); Andrey Gudkov (cr). **naturepl.com:** Tui De Roy (br). **133 © Wei Fu:** (tr). **naturepl.com:** Enrique Lopez-Tapia (br). **Science Photo Library:** Nigel Downer (bc); Paul D Stewart (cb). **134-135 Andy Murch/BigFishExpeditions.com:** (bc). **134 Shutterstock.com:** Ibenk_88 (tr). **135 Dreamstime.com:** Tjkphotography (tr).**Shutterstock.com:** Charles HB Mercer (br). **136 Alamy Stock Photo:** All Canada Photos (bc). **naturepl.com:** Pete Oxford (t). **137 Alamy Stock Photo:** Petlin Dmitry (br); ethangabito (cr); Ariadne Van Zandbergen (clb). **Dreamstime.com:** Isselee (ca, cra/hatched). **Getty Images:** Paul Grace Photography Somersham (bl); Life On White (cla). **Science Photo Library:** Dante Fenolio (bc). **138 Dreamstime.com:** Lukas Blazek (clb/slow loris); Rudmer Zwerver (tl); Jxpfeer (cla/stonefish); Kcmatt (cl). **Getty Images:** by wildestanimal (bc). **naturepl.com:** Gary Bell / Oceanwide (cla). **Shutterstock.com:** RobJ808 (bl). **139 Alamy Stock Photo:** Panther Media GmbH (tc). **Getty Images:** Paul Starosta (cr). **140 Dreamstime.com:** Designua (crb). **Alberto Ghizzi Panizza**. **Science Photo Library:** Steve Gschmeissner (br). **141 Alamy Stock Photo:** Kevin Elsby (tc). **Dorling Kindersley:** Barnabas Kindersley (cr). **Dreamstime.com:** Pictac (tc/pencil); Pixworld (tr). **142 Alamy Stock Photo:** Minden Pictures (bl). **naturepl.com:** Stefan Christmann (cr). **143 Getty Images:** Auscape / Universal Images Group (tl). **Christopher Michel:** (b). **144 123RF.com:** irochka (19); Nico Smit / EcoSnap (18). **Dorling Kindersley:** Gary Ombler / Paradise Park, Cornwall (22). **Dreamstime.com:** Dndavis (10); Isselee (12); Erllre (15); Martinmark (23); Vasyl Helevachuk (20); Jocrebbin (4); Rudmer Zwerver (5). **Getty Images / iStock:** Film Studio Aves (11); johan64 (1); Enrique Ramos Lopez (16); PhanuwatNandee (24). **Shutterstock.com:** Andrey_Kuzmin (25); Jeffry Weymier (6). **145 123RF.com:** John Bailey / pictur123 (44). **Alamy Stock Photo:** Steve Bloom Images (33). **Dorling Kindersley:** Andrew Beckett (Illustration Ltd) (36). **Dreamstime.com:** Ben (27); Nejron (30); Henkbogaard (31); Isselee (35, 45, 47); Menno67 (17); Deaddogdodge (38); Taviphoto (34); Mikael Males (39); Ecophoto (41); Kotomiti_okuma (46); Ryan Rubino (50). **Getty Images / iStock:** drakuliren (40). **Getty Images:** Bob Smith (37). **Shutterstock.com:** phugunfire (42); Anton Rodionov (7). **146 Getty Images:** Michael Kappeler / DDP / AFP (cr); @Niladri Nath (cla). **146-147 Alamy Stock Photo:** Minden Pictures (b). **147 Alamy Stock Photo:** Design Pics Inc (cra); Minden Pictures (crb). **Dreamstime.com:** Anastasiya Aheyeva (tl); Passakorn Umpornmaha (tr); Hotshotsworldwide (cr). **148-149 Edgar Pacific Photography:** (br). **148 Alamy Stock Photo:** imageBROKER (tr); A & J Visage (c). **Getty Images / iStock:** Michel Viard (bl). **149 Ocean Alliance:** Christian Miller (tr). **150 Getty Images:** Yudik Pradnyana (tr). **151 Alamy Stock Photo:** blickwinkel (cla); Reuters (bl). **Brooklyn Museum:** Charles Edwin Wilbour Fund, 36.622. (tc). **Getty Images:** Fuse (clb, c, cr).**Magnus News Agency:** Haritri Goswami (br). **Shutterstock.com:** foxhound photos (tr). **152-153 Caters News Agency:** Yi Liu (t). **152 Sarah Durant:** (bl). **154 Dreamstime.com:** Petr Majek (tr). **naturepl.com:** Marion Vollborn / BIA (l). **155 Dreamstime.com:** Wirestock (crb). **Getty Images / iStock:** (tr); GlobalP (cl). **naturepl.com:** Jami Tarris (br). **156-157 Will Burrard-Lucas:** (b). **156 123RF.com:** Andrei Samkov / satirus (cla). **Dorling Kindersley:** Jerry Young (c). **Dreamstime.com:** Mikelane45 (cr). **Getty Images:** Jurgen & Christine Sohns (tr). **157 Getty Images:** Jim Dyson (cla). **158 123RF.com:** Iakov Filimonov (bc). **Alamy Stock Photo:** Wirestock, Inc. (clb). **Dreamstime.com:** Isselee (crb, br). **naturepl.com:** Mark MacEwen (cra); Anup Shah (cla). **Shutterstock.com:** Eric Isselee (bl). **159 Alamy Stock Photo:** Fredrik Stenstrm (tl). **Depositphotos Inc:** odua (bl). **Dreamstime.com:** Isselee (cr); Natalia Volkova (bc). **Getty Images / iStock:** GlobalP (br). **SuperStock:** Cyril Ruoso / Biosphoto (tr/primates). **160 Alamy Stock Photo:** Amazon-Images (5); Blue Planet Archive (17); Oliver Thompson-Holmes (6). **Dreamstime.com:** Anankkml (12); Alfio Scisetti (tl); Isselee (2, 8, 4, 21, 23); Kobets (7); Atalvi (9); Saowakon Wichaichaleechon (tr); Dirk Ercken (15); Musat Christian (16); Nerthuz (25); Paul Vinten (26); Vladimir Melnik (27); Annaav (10); Vkilikov (18). **Fotolia:** Eric Isselee (1). **Getty Images / iStock:** 2630ben (3); GlobalP (20). **161 123RF.com:** Visarute Angkatavanich (30). **Alamy Stock Photo:** Nature Picture Library (32). **Dreamstime.com:** Anankkml (44); Natthapon M (29); Suriyaphoto (tc); Geerati (31); Jakub Krechowicz (35); David Steele (33); Lianquan Yu (34); Withgod (11); Nelikz (13); Isselee (40, 14, 42, 39); Arno Meintjes (22); Iakov Filimonov (41); Vasyl Helevachuk (43). **Getty Images / iStock:** linephoto (37). **Shutterstock.com:** Philippe Clement (19). **162 naturepl.com:** Juergen Freund (tl). **Scott Tuason:** (c). **163 Alamy Stock Photo:** steve bly (cl); Media Drum World (cra). **Getty Images:** Juan Carlos Vindas (tr, tr/detail). **naturepl.com:** Richard Du Toit (crb). **Science Photo Library:** Merlintuttle.org (bl). **164 Alamy Stock Photo:** Minden Pictures (t). **Dreamstime.com:** Dirk Ercken / Kikkerdirk (bl/frog); David Havel (bl); Jesse Kraft (clb). **Getty Images / iStock:** Enrique Ramos Lopez (cb). **165 Alamy Stock Photo:** imagegallery2 (cl); Dinesh kumar (ca). **Caters News Agency:** Em Gatland (tr). **Shutterstock.com:** jon lyall (bl). **Wondrous World Images:** Yvonne McKenzie (br). **166 Alamy Stock Photo:** dpa picture alliance (cl). **167 123RF.com:** Tristan Barrington (crb). **Dorling Kindersley:** Wildlife Heritage Foundation, Kent, UK (cra). **Dreamstime.com:** Herman Hermawan (tr). **Getty Images / iStock:** Alberto Carrera (br/Orangutan); leonello (tc); Christophe Sirabella (bl). **Shutterstock.com:** Takayuki Ohama (br/Porpoise); TigerStocks (cr). **168 Dreamstime.com:** Kaiwut Niponkaew (cra); Alexander Pokusay (tl/neurons); Ilya Oktyabr (br). **Getty Images:** Sebastian Kaulitzki / Science Photo Library (tr). **Getty Images / iStock:** VladimirFLoyd (tl). **169** Dreamstime.com: Lotophagi (crb). Getty Images / iStock: djiledesign (ca); FuatKose (br). Shutterstock / Alex Mit (cra). **170 Dreamstime.com:** Alona Stepaniuk (br). **171 Dreamstime.com:** Radub85 (tr). **Getty Images / iStock:** stock_colors (cr). **172 123RF.com:** Watchara Khamphonsaeng (tr). **Getty Images / iStock:** Firstsignal (bl). **Science Photo Library:** Steve Gschmeissner (cl, crb/Skin cells, br/Fat cells); Ziad M. El-Zaatari (cr/Muscle cells); Kevin Mackenzie / University of Aberdeen (cr/Bone cells); Power and Syred (crb/Blood cells); Lennart Nilsson, TT (br/Nerve cells). **173 Dreamstime.com:** Achmat Jappie (cr). **Science Photo Library:** (tr); Dr Gopal Murti (tl); Dennis Kunkel Miscroscopy (crb); Dr Yorgos Nikas (br). **174 Alamy Stock Photo:** Science Photo Library (r). **Getty Images / iStock:** fizkes (cl). **178 Alamy Stock Photo:** Johan Siebke (cb). **Getty Images:** Joseph Giacomin (tr). **Getty Images / iStock:** VladimirFLoyd (cl). **Science Photo Library:** Martin Oeggerli (bl). **179 ArenaPAL:** Johan Persson (bl). **Getty Images:** Sebastian Kaulitzki / Science Photo Library (tl). **Science Photo Library:** Martin Dohrn (tr); Steve Gschmeissner (crb/Smooth muscle, crb/Cardia muscle, br/Skeletal muscle). **180 Science Photo Library:** Alain Pol, ISM. **181 Getty Images / iStock:** FuatKose (bl). **Shutterstock.com:** Alex Mit (br). **182 Getty Images:** Science Photo Library (crb). **183 Alamy Stock Photo:** Agencja Fotograficzna Caro (tl). **184 123RF.com:** langstrup (ca). **Getty Images / iStock:** bymuratdeniz (clb); knape (cra); FreshSplash (bl). **185 Getty Images / iStock:** jhorrocks (cr); RuthBlack (R/bl). **186-187 Getty Images / iStock:** technotr (t). **187 Dreamstime.com:** Xavier Gallego Morell (br). **Getty Images / iStock:** Zzvet (bc). **188 Getty Images:** Jamie Grill (clb); imageBROKER / Helmut Meyer zur Capellen (bl). **Science Photo Library:** Hank Morgan (cra). **189 123RF.com:** phive2015 (tr). **190-191 Science Photo Library:** Zephyr. **190 Dr Zeller:** (tl). **193 Getty Images / iStock:** djiledesign (tr); Vicu9 (tl). **Jonathan Stephen Harris. 194 Science Photo Library:** D. Phillips (tr). **195 Dreamstime.com:** Jose Manuel Gelpi Diaz (c). **Getty Images:** Nazar Abbas Photography (br). **196 Getty Images:** Giordano Cipriani (bl). **Guinness World Records Limited:** (r). **197 Getty Images / iStock:** SeanShot (cl); YakobchukOlena (cr). **Science Photo Library:** (tr). **198-199 Getty Images / iStock:** technotr. **198 Allan Williams:** (tl). **200 Getty Images:** KoldoyChris (crb). **Science Photo Library:** (bl). **201 Alamy Stock Photo:** Science Photo Library (cb). **Andrew Davidhazy:** (t). **Science Photo Library:** Kateryna Kon (bl). **202 123RF.com:** andreykuzmin (c); Puripat Khummungkhoon (tr);

greyjj (clb). **Alamy Stock Photo:** Maurice Savage (br). **Dorling Kindersley:** Ruth Jenkinson / RGB Research Limited (cl). **Dreamstime.com:** Ekaterina Nikolaenko (cra); Alexander Pokusay (bl, fbr). **Getty Images / iStock:** AnatolyM (ftr). **203 Alamy Stock Photo:** Blue Planet Archive (cr). **Dorling Kindersley:** Ruth Jenkinson / RGB Research Limited (ca). **Dreamstime.com:** Kseniia Gorova (tr); Lidiia Lykova (tl). **Getty Images / iStock:** tridland (ftr); Yukosourov (cra/wires). **Science Photo Library:** Kateryna Kon (br). **Shutterstock.com:** Salavat Fidai (ca/pencil).
204 Alamy Stock Photo: Reuters (cl). **Dreamstime.com:** Rdonar (tl). **Science Photo Library:** Martyn F Chillmaid (tr). **204-205 Alamy Stock Photo:** dpa picture alliance (b). **205 Alamy Stock Photo:** Everett Collection Inc (tl); M I (Spike) Walker (cl). **Dreamstime.com:** Angellodeco (tr); Tawat Lamphoosri (ca); Heysues23 (cra). **206 Alamy Stock Photo:** David Wall (tl). **Dreamstime.com:** Haveseen (cl). **206-207 Getty Images:** Joshua Bozarth (b). **207 Dreamstime.com:** Toxitz (tr). **208 Alamy Stock Photo:** Granger - Historical Picture Archive (c). **Science Photo Library:** NASA (tr). **Shutterstock.com:** SaveJungle (cr). **209 Alamy Stock Photo:** Album. **210 Dorling Kindersley:** Ruth Jenkinson / RGB Research Limited (4, 3, 12, 11, 19, 20, 21, 22, 23, 24, 25, 37, 38, 41, 42, 43, 44, 55, 56, 72, 73, 74, 75, 57, 58, 91, 60, 89, 90, 59, 92, 93); Gary Ombler / Oxford University Museum of Natural History (39). **211 Dorling Kindersley:** Ruth Jenkinson / RGB Research Limited (20, 5, 9, 13, 14, 15, 17, 27, 28, 29, 30, 31, 32, 34, 35, 46, 48, 49, 50, 51, 52, 77, 81, 82, 85, 86, 62, 94, 63, 64, 65, 66, 67, 68, 69, 70, 71); Colin Keates / Natural History Museum, London (78). **Dreamstime.com:** (6); Bjrn Wylezich (16); Marcel Clemens (80). **212 Dorling Kindersley:** Ruth Jenkinson / RGB Research Limited (9, 7, 11, 15, 1, 16, 2, 8, 6, 14); Colin Keates / Natural History Museum, London (10). **213 Dorling Kindersley:** Ruth Jenkinson / RGB Research Limited (27, 31, 20, 29, 26, 35, 5, 19, 21, 25, 23, 39, 37, 17, 32, 30); Tim Parmenter / Natural History Museum (18); Colin Keates / Natural History Museum, London (28). **Dreamstime.com:** Roberto Junior (36); Bjrn Wylezich (22). **US Department of Energy:** (34). **214 Alamy Stock Photo:** WidStock (cl/coal). **Dorling Kindersley:** Colin Keates / Natural History Museum, London (cl). **Dreamstime.com:** Geografika (clb/Coal). **Shutterstock.com:** Salavat Fidai (bc, br). **215 Alamy Stock Photo:** Maurice Savage (br).**Ardea:** Scott Linstead / Science Source (tr). **Getty Images / iStock:** AnatolyM (bc). **Shutterstock.com:** Salavat Fidai (bl). **216 Alamy Stock Photo:** Cultura Creative RF (clb). **Science Photo Library:** Turtle Rock Scientific (tl). **216-217 Alamy Stock Photo:** Andrey Radchenko (c). **217 Alamy Stock Photo:** Tewin Kijthamrongworakul (bl). **218 Dorling Kindersley:** Ruth Jenkinson / RGB Research Limited (br/Hydrogen). **Dreamstime.com:** (br/Carbon); Gjs (tc). **218-219 Shutterstock.com:** Albert Russ (c). **219 Dreamstime.com:** Bruno Ismael Da Silva Alves (crb); Ianlangley (br). **220 Alamy Stock Photo:** H.S. Photos (fcl); Science History Images (crb); Science Photo Library (cb). **Dreamstime.com:** Christian Wei (cra, bc); Scol22 (cl); Winai Tepsuttinun (ca); Radzh Dzhabbarov (fbl). **Getty Images / iStock:** Sorawat Sunthornthaweechot (clb). **221 Dreamstime.com:** Martin Brayley (cb); Krischam (tl); Newlight (tr); Adam Nowak (bl). **Science Photo Library:** Eye of Science (cl); Steve Gschmeissner (cr). **222 Dreamstime.com:** Microvone (b). **Getty Images:** Jonas Gratzer / LightRocket (tl). **Science Photo Library:** Pascal Goetgheluck (cb). **223 Dorling Kindersley:** Dan Crisp (tl/house icon). **Dreamstime.com:** Macrovector (tl/phone); Vectorikart (tl/lizard). **Science Photo Library:** M I Walker / Science Source (tr). **Shutterstock.com:** Sebw (cl). **224 Dreamstime.com:** David Carillet (bl). **225 Alamy Stock Photo:** Andrey Armyagov (bc). **Science Photo Library:** Tony McConnell (tl). **226 Getty Images:** Geert Vanden Wijngaert (bl). **227 Dreamstime.com:** Steve Allen (cb); Liorpt (cl); Jarcosa (t); Ssuaphoto (ca). **228 Alamy Stock Photo:** robertharding (t). **Sam Hardy:** (bl). **229 Alamy Stock Photo:** Hilda Weges. **230 Alamy Stock Photo:** Blue Planet Archive (tl); Yossef (Maksym) Zilberman (Duboshko) (tr). **Science Photo Library:** Giphotostock (cr). **231 Getty Images / iStock:** Mumemories (t). **232-233 Matthew Drinkall:** (c). **232 Getty Images:** Jose Luis Pelaez Inc (bc). **233 Dreamstime.com:** 7xpert (cb). **Getty Images / iStock:** Yukosourov (cra). **234 Science Photo Library:** David Parker (bc). **235 123RF.com:** greyjj (clb); Puripat Khummungkhoon (cb). **Alamy Stock Photo:** Lenscap (bl); Mouse in the House (cla). **Dreamstime.com:** Satyr (cra). **Fotolia:** Alex Staroseltsev (c). **236 Dorling Kindersley:** Stephen Oliver (cb). **237 123RF.com:** andreykuzmin (ca). **Getty Images:** Zhang Jingang / VCG (b). **Science Photo Library:** Juan Carlos Casado (STARRYEARTH.COM) (cr). **238 Alamy Stock Photo:** Mark Harris (tc); Daniel Teetor (cl). **238-39 Alamy Stock Photo:** picturesbyrob (c). **240 Alamy Stock Photo:** Heritage Image Partnership Ltd (10); Oleksiy Maksymenko Photography (2); Stan Rohrer (3); Motoring Picture Library (15). **Dorling Kindersley:** James Mann / Joe Mason (11); Matthew Ward / Derek E.J. Fisher and Citroen (1); Gary Ombler / Keystone Tractor Works (13). **Dreamstime.com:** Artzzz (6); Felix Mizioznikov (7); Casfotoarda (8); © Konstantinos Moraitis (12); Margojh (14); Hupeng (9); Benjamin Sibuet (17); Imaengine (18). **241 Alamy Stock Photo:** Everett Collection Inc (28); Oleksiy Maksymenko Photography (22); Matthew Richardson (27). **Dorling Kindersley:** James Mann / Eagle E Types (25); Gary Ombler / R. Florio (19); Matthew Ward / 1959 Isetta (Plus model) owned and restored by Dave Watson (20). **Dreamstime.com:** Artzzz (26); Daria Trefilova (16); Brian Sullivan (23); Valerio Bianchi (24); Aleksandr Kondratov (30). **Getty Images:** John Keeble (21). **242-243 Noah Bahnson. 242 Alamy Stock Photo:** Joo Miranda (br). **Dreamstime.com:** Peter Jurik (bl); Razihusin (cra). **244-245 Getty Images:** Josh Edelson / AFP (c). **245 Alamy Stock Photo:** Aviation Images Ltd (cra). **Getty Images:** NASA (crb). **Getty Images / iStock:** tridland (br). **246 Alamy Stock Photo:** Aviation Images Ltd (12); JSM Historical (1); David Gowans (3); The Print Collector (4); Jonathan Ayres (8). **Dorling Kindersley:** Peter Cook / Planes of Fame Air Museum, Chino, California (9); Gary Ombler / Nationaal Luchtvaart Themapark (2); Gary Ombler / RAF Museum, Cosford (7); Gary Ombler / Fleet Air Arm Museum (10); Gary Ombler / Gatwick Aviation Museum (13). **Dreamstime.com:** Ajdibilio (11); Franzisca Guedel (6). **Getty Images:** (5). **247 Smithsonian National Air and Space Museum:** Eric Long (14). **Alamy Stock Photo:** IanDagnall Computing (16). **Dorling Kindersley:** Gary Ombler / Model Exhibition, Telford (15). **Dreamstime.com:** David Bautista (24); Rui Matos (17); Ryan Fletcher (18, 29); VanderWolfImages (20); Ansar Kyzylaliyeu (23); Shawn Edlund (22); Nadezda Murmakova (26); Craig Russell (27). **Getty Images:** Chris Weeks / WireImage (21). **248-249 Gilles Martin-Raget:** (c). **249 Alamy Stock Photo:** Nature Picture Library (cb). **Dreamstime.com:** Sabelskaya (crb). **250 Dreamstime.com:** VectorMine (bl). **250-251 Getty Images:** Posnov (c). **251 Alamy Stock Photo:** Stocktrek Images, Inc. (tr). **252 Alamy Stock Photo:** SFL Travel (bl). **253 123RF.com:** Iamtaira (fcr). **Alamy Stock Photo:** Cameron Hilker (c); MYANMAR (Burma) landmards and people by VISION (cr). **Getty Images:** Taro Hama @ e-kamakura (tl). **Shutterstock.com:** Kunal Mahto (fcl); Sagittarius Pro (cl). **254 Alamy Stock Photo:** Cristina Ionescu (cra). **Dreamstime.com:** Artushfoto (clb); Dmytro Zinkevych (cla); Christian Delbert (ca); Natalia Siverina (cb). **Shutterstock.com:** Gorodenkoff (br). **255 Dreamstime.com:** Rawpixelimages (crb). **Getty Images:** Jens Khler / ullstein bild (bl). **Chris Harrison:** Carnegie Mellon University (t). **Shutterstock.com:** PHOTOCREO Michal Bednarek (cl). **257 Alamy Stock Photo:** Reuters (tr). **Getty Images:** Patrick T Fallon (l); Pascal Pochard-Casabianca / AFP (crb). **258 Science Photo Library:** Biophoto Associates (fbr); Frank Fox (tl); Robert Broo< (bl); Kateryna Kon (fbl, br). **259 Dreamstime.com:** Pavel Chagochkin (bc). **Science Photo Library:** Eye of Science (tl); Science Picture Co. (bl). **260 Science Photo Library:** Power and Syred (bl). **260-261 Getty Images / iStock:** BorupFoto (cb). **261 Alamy Stock Photo:** Konstantin Nechaev (tr). **Getty Images / iStock:** CBCK-Christine (cr). **262-263 Courtesy of Greater Manchester Police Museum & Archive. 263 Leisa Nichols-Drew, De Montfort University, Leicester:** (tr). **264 Alamy Stock Photo:** Erin Babnik (fcr); Chris Willson (tl); Maurice Savage (tr); funkyfood London - Paul Williams (c); Granger - Historical Picture Archive (cl); Newscom (br). **Dorling Kindersley:** Gary Ombler / National Railway Museum, York / Science Museum Group (bl). **Dreamstime.com:** Christos Georghiou (clb); Alexander Pokusay (ftl); Potysiev (cr); Zim235 (fclb). **265 Alamy Stock Photo:** steeve. e. flowers (fbr); Granger- Historical Picture Archive (cb); Suzuki Kaku (clb); Rick Lewis (br). **© The Trustees of the British Museum. All rights reserved:** Tim Parmenter (cra). **Dorling Kindersley:** Richard Leeney / Maidstone Museum and Bentliff Art Gallery (ca); Gary Ombler / University of Pennsylvania Museum of Archaeology and Anthropology (bl). **Dreamstime.com:** Hel080808 (tr); Potysiev (tl); Ivan Kotliar (fbl). **The Metropolitan Museum of Art:** The Michael C. Rockefeller Memorial Collection, Gift of Nelson A. Rockefeller, 1972 (ftl). **266 Alamy Stock Photo:** Heritage Image Partnership Ltd (bc). **Bridgeman Images. Dreamstime.com:** Kmiragaya (cl); Nm0915 (bl). **267 akg-images:** De Agostini Picture Lib. / G. Nimatallah (tc). **Alamy Stock Photo:** Anton Chalakov (fcr); ZUMA Press, Inc. (br); The Print Collector (bc); Shawshots (cr). **Bridgeman Images. 268 Alamy Stock Photo:** Oleksandr Fediuk (tl); Glasshcuse Images (tr). **Dreamstime.com:** Neil Harrison (bl); Alain Lacroix / Icefields (br). **269 Alamy Stock Photo:** The Natural History Museum (bl). **John Gurche:** (tl). **270 Alamy Stock Photo:** Dmitriy Moroz (tl). **271 Alamy Stock Photo:** Zev Radovan (cl). **Dorling Kindersley:** Gary Ombler / University of Pennsylvania Museum of Archaeology and Anthropology (c). **Dreamstime.com:** Sergey Mayorov (tr). **272 Alamy Stock Photo:** funkyfood London - Paul Williams (cla, bc, crb, br); Granger - Historical Picture Archive (tr). **272-273 The Metropolitan Museum of Art:** (c). **273 Alamy Stock Photo:** Jaroslav Moravk (br). **Dreamstime.com:** Anton Aleksenko (tr). **274 Courtesy Mennat-allah El Dorry:** M Gamil (tl). **274-275 The Metropolitan Museum of Art. 276-277 Alamy Stock Photo:** H-AB (bc). **276 © Vinzenz Brinkmann / Ulrike Koch-Brinkman:** (bl). **277 © The Trustees of the British Museum. All rights reserved:** (tr). **Dreamstime.com:** Sergio Bertino (br). **Getty Images:** Grant Faint (cr). **278 Bridgeman Images:** Alinari Archives, Florence - Reproduced with the permission of Ministero per i Beni e le Attivit Culturali (b). **Dreamstime.com:** Ievgen Melamud (tl). **Getty Images:** DEA / G. Nimatallah (tr). **279 Alamy Stock Photo:** Erin Babnik (cr); Photiconix (tr). **Dreamstime.com:** Pavel Naumov (clb, crb). **Getty Images / iStock:** kavram (br). **280 Alamy Stock Photo:** Album (l); imageBROKER (cr); dpa picture alliance (crb); World History Archive (br). **281 Dorling Kindersley:** Gary Ombler / Vikings of Middle England (tr). **282 123RF.com:** (3). **Alamy Stock Photo:** Art of Travel (8); Eye Ubiquitous; Tony Cunningham (5); ZUMA Press, Inc. (10); gary warnimont (14).**Dorling Kindersley:** Clive Streeter / Science Museum, London (13). **Dreamstime.com:** Thomas Jurkowski (11); Nerthuz (16).**Getty Images:** Photo 12 (9); SSPL (2, 6, 15, 12). **283 123RF.com:** Arunas Gabalis (27). **Alamy Stock Photo:** Newscom (17); Universal Images Group North America LLC / DeAgostini (25).**Dorling Kindersley:** Richard Leeney / Maidstone Museum and Bentliff Art Gallery (23); Gary Ombler / Scale Model World, Allan Toyne (26); Gary Ombler / Fleet Air Arm Museum (28); Gary Ombler / Fleet Air Arm Museum, Richard Stewart (18).**Dreamstime.com:** Enanuchit (7); Libux77 (20). **Getty Images:** SSPL (19, 22). **Shutterstock.com:** Janice Carlson (21). **284 Alamy Stock Photo:** Chronicle of World History (bc); ZUMA Press, Inc. (bl). **284-285 akg-images:** Pictures From History (c). **285 Alamy Stock Photo:** (bc). **Getty Images:** Pictures From History / Universal Images Group (tl). **286 Alamy Stock Photo:** B. David Cathell (tr); Science History Images (l). **287 Alamy Stock Photo:** B Christopher (cla); Danvis Collection (cr); Alex Ramsay (clb). **Dreamstime.com:** Bubkatya (br); Mast3r (tl); Danilo Sanino (bl). **Getty Images:** Pictures From History / Universal Images Group (tr). **288 Alamy Stock Photo:** World History Archive (l). **Getty Images:** Pictures From History / Universal Images Group (tr, br). **289 Alamy Stock Photo:** Tom McGahan (c). **Bridgeman Images:** Archives Charmet (clb). **Dreamstime.com:** Artisticco Llc (tr); Pavel Naumov (cla); Shtirlitc (crb). **Getty Images:** Pictures From History / Universal Images Group (bc). **290 Alamy Stock Photo:** Alexander Ludwig (cl); Roland Brack (clb/Nubian). **Dorling Kindersley:** Barry Croucher - Wildlife Art Agency (c). **Dreamstime.com:** Kguzel (bl/Maya pyramid); Martin Molcan (clb/Pyramid of the Sun). **Getty Images / iStock:** leezsnow (crb). **291 Alamy Stock Photo:** Zdenk Mal (tr); Sean Pavone (tl). **292 Alamy Stock Photo:** World History Archive (bl). **© The Trustees of the British Museum. All rights reserved:** Tim Parmenter (tr). **293 Alamy Stock Photo:** IanDagnall Computing (br); The History Collection (tl); Granger - Historical Picture Archive (tr). **Dorling Kindersley:** Vicky Read (ca); Michel Zabe (c). **294 123RF.com:** Alejandro Bernal (tr). **Dreamstime.com:** Yevheniia Rodina (bl). **Museo Nacional de Historia Natural de Chile:** (cr, r). **295 Alamy Stock Photo:** Hemis (c); Suzuki Kaku (tc). **Dorling Kindersley:** Gary Ombler / University of Pennsylvania Museum of Archaeology and Anthropology (cl). **Dreamstime.com:** Jarnogz (br). **296 © The Trustees of the British Museum. All rights reserved:** (tr). **Getty Images:** Pictures From History / Universal Images Group (cl); Werner Forman / Universal Images Group (br). **297 Alamy Stock Photo:** CPA Media Pte Ltd (b). **Getty Images / iStock:** GlobalP (tr). **The Metropolitan Museum of Art:** The Michael C. Rockefeller Memorial Collection, Gift of Nelson A. Rockefeller, 1972 (tl). **298-299 Alamy Stock Photo:** View Stock. **299 Kexin Ma:** (tr). **300 Shutterstock.com:** kontrymphoto (b); truhelen (tl). **301 123RF.com:** Aleksandra Sabelskaia (tl). **Alamy Stock Photo:** Granger - Historical Picture Archive (bl). **Bridgeman Images:** (br). **302 Alamy Stock Photo:** Sipa US (cr). **Bridgeman Images:** (br). **Dreamstime.com:** Neizu03 (cl). **303 Alamy Stock Photo:** steeve. e. flowers (br); funkyfood London - Paul Williams (tc). **Dreamstime.com:** Nemetse (tl); Sentavio (cla). **304 Alamy Stock Photo:** Matteo Omied (12). **Dorling Kindersley:** Gary Ombler / 4hoplites (3); Gary Ombler / Board of Trustees of the Royal Armouries (6); Gary Ombler / University of Pennsylvania Museum of Archaeology

and Anthropology (13). **Dreamstime.com:** Hel080808 (4); Zim235 (11); Rcpphoto (15). **Getty Images / iStock:** kkant1937 (7). **Getty Images:** Patrick Kovarik / AFP (5). **The Metropolitan Museum of Art:** Bequest of Jane Costello Goldberg, from the Collection of Arnold I. Goldberg, 1986 (2); Rogers Fund, 1913 (8). **305 Alamy Stock Photo:** Roland Bouvier (23). **Bridgeman Images:** (25). **Dorling Kindersley:** Peter Anderson / Universitets Oldsaksamling, Oslo (21). **Dreamstime.com:** Viacheslav Baranov (27); Nikolai Sorokin (17); Bjorn Hovdal (26). **The Metropolitan Museum of Art:** Bequest of George C. Stone, 1935 (19, 28); Purchase, Gift of William H. Riggs, by exchange, 1999 (18). **PunchStock:** Photodisc (24). **Collection of Jean-Pierre Verney:** Gary Ombler (20). **306 Alamy Stock Photo:** Image Gap (tr). **Bridgeman Images:** (cl); North Wind Pictures (bl); Pictures from History / David Henley (br). **307 Bridgeman Images:** (tl, br). **308 Alamy Stock Photo:** North Wind Picture Archives (c). **Bridgeman Images:** (br). **© The Trustees of the British Museum. All rights reserved:** Alan Hills (bl). **Shutterstock.com:** Everett Collection (tr). **309 123RF.com:** Dusan Loncar (br). **Alamy Stock Photo:** Photo 12 (tr). **Dreamstime.com:** Annzabella (tl). **Getty Images:** Yanick Folly / AFP) (bc). **310 Alamy Stock Photo:** Science History Images (tr). **Dreamstime.com:** Ahmad Safarudin (bc). **Getty Images:** Pictures From History / Universal Images Group (ca). **Shutterstock.com:** Dzm1try (crb, br). **311 Alamy Stock Photo:** Karol Kozlowski Premium RM Collection (tr). **Bridgeman Images:** Historic New Orleans Collection (c). **Dreamstime.com:** Cookamoto (tc); Kristina Samoilova (tl); Gamegfx (cla); Stefan Malesevic (bl); Oaties (br). **312 Alamy Stock Photo:** Everett Collection Historical (bl); Photo 12 (c). **Bridgeman Images:** Archives Charmet (tr); Photo Josse (br). **Dreamstime.com:** Alexander Pokusay (cl). **313 Alamy Stock Photo:** Niday Picture Library (tr). **Bridgeman Images:** Archives Charmet (tl); Leonard de Selva (clb). **314 Bridgeman Images:** Leonard de Selva (tl).**Getty Images:** Barbara Alper (tr). **315 Alamy Stock Photo:** Associated Press (c). **Dreamstime.com:** Jackbluee (clb). **Getty Images:** Kate Green / Getty Images for BoF (br). **316-317 Dorling Kindersley:** Gary Ombler / National Railway Museum, York / Science Museum Group (b). **317 Alamy Stock Photo:** Chronicle of World History (cr). **Bridgeman Images:** Stefano Bianchetti (cl). **Dreamstime.com:** Mahira (c). **318 Bridgeman Images:** Civil War Archive (tr). **Library of Congress, Washington, D.C.:** (b). **319 Alamy Stock Photo:** GL Archive (br); Niday Picture Library (tr). **Bridgeman Images:** Chicago History Museum (cr). **Dorling Kindersley:** Dave King / Gettysburg National Military Park, PA (bl). **Getty Images:** Universal History Archive / UIG (cla). **320 Mensun Bound:** Pierre Le Gall (tl). **320-321 Falklands Maritime Heritage:** National Geographic. **322 Alamy Stock Photo:** Granger-Historical Picture Archive (c). **Dorling Kinde sley:** Gary Ombler / Board of Trustees of the Royal Armouries (cr). **323 Getty Images / iStock:** gsmudger (clb). **324-325 Shutterstock.com:** Andrew Harker (tc). **324 Alamy Stock Photo:** Shawshots (bc). **Getty Images:** Keystone (br). **325 Alamy Stock Photo:** Maurice Savage (cl). **Dreamstime.com:** Jonatan Stockton (cr/Surrendering soldier, cr/Soldier with gun). **Getty Images:** Apic (bc); Galerie Bilderwelt (cra). **Imperial War Museum:** (crb). **Shutterstock.com:** FAawRay (tc); Fotogenix (c). **www.mediadrumworld.com:** Tom Marshall (bl). **326 Alamy Stock Photo:** Alpha Historica (cl); Rick Lewis (cr). **Dreamstime.com:** Ianisme28 (br). **Getty Images:** Steve Schapiro / Corbis (cb). **327 Alamy Stock Photo:** David Grossman (bc).**Dreamstime.com:** Rank Sol (br). **Getty Images:** Angelo Cozzi / Archivio Angelo Cozzi / Mondadori (tr). **328 Alamy Stock Photo:** Reuters (cr). **Dreamstime.com:** Maksym Kapliuk (cb/US flag); VectorHome (cl). **Getty Images:** Dirck Halstead (br). **329 Alamy Stock Photo:** dpa picture alliance (tl); Michael Seleznev (tr); Granger - Historical Picture Archive (cr); Sueddeutsche Zeitung Photo (br). **Dreamstime.com:** Anastasiia Nevestenko (bl). **330 Getty Images:** Luis Tato / Bloomberg (b).**Shutterstock.com:** Sentavio (tl). **331 Dreamstime.com:** Info633933 (cb); Oaties (clb/Chain). **Getty Images:** Toby Melville - Pool (bc); Narinder Nanu / AFP (ca). **Shutterstock.com:** Mark Kauffman / The LIFE Picture Collection (tl). **332 123RF.com:** Sergey Peterman (br/screen). **Alamy Stock Photo:** Science History Images (cl); Chris Willson (bc). **© CERN:** (bl). **Dreamstime.com:** Andrii Arkhipov (tl); Photka (br). **Getty Images:** SSPL (crb). **333 Alamy Stock Photo:** Rick Crane (tr); Maurice Savage (c). **Dreamstime.com:** Branchecarica (br); Nexusby (tl). **334 Alamy Stock Photo:** mauritius images GmbH (tr). **Getty Images:** Thierry Monasse (br). **335 Alamy Stock Photo:** ifeelstock (c). **Dreamstime.com:** Arbaz Khan (fbr); Vitalii Krasnoselskyi (br). **336 123RF.com:** costasz (tl). **Dreamstime.com:** AlyaBigJoy (cr); Potysiev; Verdateo (ftr); Alexis Belec (cra); Suttiwat Phokaiautjima (bc); Ivan Kotliar (clb). **Getty Images:** DEA / G. Dagli Orti / De Agostini (tc); Lawrence Manning (tr). **Getty Images / iStock:** inarik (c); staticnak1983 (bl). **337 Alamy Stock Photo:** Evelyn Orea (bl). **Dreamstime.com:** Jiri Hera (br); Alexander Pokusay (ca, crb). **Getty Images / iStock:** Anastasia Dobrusina (ftl); toktak_kondesign (fbl). **Getty Images:** Martin Puddy (ftr). **338 Dreamstime.com:** Michael Bush (cra). **Getty Images / iStock:** dino4 (ca). **338-339 Getty Images:** James D. Morgan (bc). **339 Alamy Stock Photo:** Image Source (cl). **Dreamstime.com:** Xzotica (cr). **Getty Images / iStock:** Asurobson (fcr). **Getty Images:** Christopher Furlong (tr); Plume Creative (fcl). **340-341 Alamy Stock Photo:** melita (b). **340 Alamy Stock Photo:** Oleg Zaslavsky (c). **Getty Images:** Monica Morgan / WireImage (tr). **341 Alamy Stock Photo:** Jeff Morgan 13 (cl); Zoonar GmbH (tr). **342 Dorling Kindersley:** (12); Simon Mumford / The Flag Institute (1, 2, 3, 4, 5, 8, 9, 10, 11, 13, 14, 15, 16, 18, 19, 20, 22, 21). **Dreamstime.com:** Kanpisut Chaichalor (23). **343 Dorling Kindersley:** Simon Mumford / The Flag Institute (24, 26, 25, 27, 28, 29, 30, 31, 32, 33, 34, 35, 37, 36). **344 Alamy Stock Photo:** Dan Breckwoldt (tl); Images & Stories (b). **Dreamstime.com:** Alexey Pushkin (c). **345 Getty Images:** Martin Puddy (r). **346 Alamy Stock Photo:** Ruby (cl). **Donauinselfest, Vienna:** Photo Alexander Mller (c). **346-347 Getty Images / iStock:** Toa55 (b, t). **347 Alamy Stock Photo:** Evelyn Orea (tl). **Getty Images:** Hindustan Times (c).**naturepl.com:** Enrique Lopez-Tapia (tr). **348 Alamy Stock Photo:** John D. Ivanko (bl). **Getty Images / iStock:** ALLEKO (cra/Sweden); Anastasia Dobrusina (crb). **Getty Images:** DEA / G. Dagli Orti / De Agostini (cl). **348-349 Shutterstock.com:** adiwijayanto (t). **349 Getty Images:** Todd Maisel / NY Daily News Archive (bc). **Shutterstock.com:** nontarith songrerk (crb). **350 123RF.com:** lumaso (cl). **Getty Images / iStock:** toktak_kondesign (cla). **351 Dreamstime.com:** Jiri Hera (tr/Chocolate); Vlad Ivantcov (tr); Niceregionpics (bl/Jackfruit). **352 Alamy Stock Photo:** Hans Kristian Olsen (cla); PCN Photography (c).**Getty Images:** Mauro Ujetto / NurPhoto (tl); George Wood / Getty Images for RLWC (cl). **Getty Images / iStock:** Windzepher (cr). **352-353 Getty Images / iStock:** PeopleImages (b). **353 Alamy Stock Photo:** Hemis (tr). **Getty Images:** Kate McShane / Getty Images for Nike (cr). **354 123RF.com:** Sergii Kolesnyk / givaga (27). **Alamy Stock Photo:** Miran Buri (11). **Dreamstime.com:** Albund (3); Glen Edwards (14); Alexis Belec (8); Zagorskid (1); John Kasawa (2); Oleksii Terpugov (5); Tatjana Zvirblinska (16); Skypixel (13); Aleksandar Kosev (18); Lim Seng Kui (7); Pincarel (20); Phasinphoto (19); Vladvitek (21); Suljo (26); Marek Uliasz (6). **Fotolia:** Claudio Divizia (12). **Getty Images / iStock:** allanswart (15); stuartbur (4); Stockbyte (17). **Getty Images:** Lawrence Manning (24). **355 Dreamstime.com:** (45); Kuremo (48); Yocamon (30); Jan Pokorn (35); Carolina K. Smith M.d. (36); Elnur Amikishiyev (37); Viktoriya Kuzmenkova (44); Les Cunliffe (40); Ronniechua (42); Eduard Antonian (46); Sergeyoch (47/ball); Akwitps (32). **Fotolia:** robynmac (33). **356 Dreamstime.com:** Pincarel (cb/Golf ball); Olaf Speier (cb); Oleksii Terpugov (cb/Squash ball); Sergeyoch (cb/tennis ball); Thomas Vieth (bl); Zagorskid (crb, crb/Shuttlecock). **357 Alamy Stock Photo:** Associated Press (c). **Dreamstime.com:** Razvanjp (br). **358-359 Dreamstime.com:** Travellingtobeprecise (c). **358 123RF.com:** Hong Li (crb). **Alamy Stock Photo:** Magica (bl). **360 Alamy Stock Photo:** PG Arphexad (bl). **Bridgeman Images:** Dublin City Gallery, the Hugh Lane / © Niki de Saint Phalle Charitable Art Foundation / ADAGP, Paris and DACS, London 2023 (r). **361 Alamy Stock Photo:** Krys Bailey (tr); Niday Picture Library (bl); Kat Davis (br). **Bridgeman Images:** (cla); Fitzwilliam Museum (tl); Olafur Eliasson , The weather project, 2003. Monofrequency lights, projection foil, haze machines, mirror foil, aluminium, scaffolding, 26.7 x 22.3 x 155.44 metres. Installation view: Tate Modern, London. Photo Bridgeman Art Library / Richard Haughton. Courtesy the artist; neugerriemschneider, Berlin; Tanya Bonakdar Gallery, New York / Los Angeles . © 2003 Olafur Eliasson / Courtesy of the artist; neugerriemschneider, Berlin; Tanya Bonakdar Gallery, New York / Los Angeles © Olafur Eliasson (cl). **362 Dzia:** (tl). **362-363 Dzia. 364 Getty Images / iStock:** CasarsaGuru (bl); inarik (r). **365 Dreamstime.com:** Jannoon028 (br/Phone); Stepanov (bl). **Getty Images / iStock:** JackF (br); southtownboy (crb). **Getty Images:** Alex Livesey / Getty Images for RLWC (tl). **366 Alamy Stock Photo:** LJSphotography (br) **Dreamstime.com:** Featureflash (tc). **Getty Images / iStock:** baona (bc); Denisfilm (bl). **367 Alamy Stock Photo:** Ian Georgeson (tr); Tjasa Janovljak (c). **Getty Images / iStock:** lisegagne (bl). **Getty Images:** Valerie Macon / AFP (cr); Hugh Sitton (crb); David Sacks (br). **Shutterstock.com:** Ljupco Smokovski (clb). **368 123RF.com:** costasz (6). **Alamy Stock Photo:** Ablestock / Hemera Technologies (1). **Dorling Kindersley:** Ray Moller / Powell-Cotton Museum, Kent (5); Gary Ombler / Bate Collection (18). **Dreamstime.com:** Furtseff (7); Sergiy1975 (4); Worldshots (19); Martina Meyer (17). **Getty Images:** C Squared Studios (2). **369 Dorling Kindersley:** Mattel INC (25); Gary Ombler (22); Gary Ombler / National Music Museum (35, 23); Gary Ombler / Bate Collection (21). **Dreamstime.com:** Karam Miri (38); Suttiwat Phokaiautjima (28); Verdateo (33). **Getty Images / iStock:** JUN2 (32). **370 Alamy Stock Photo:** Kawee Wateesatogkij (tr). **Shutterstock.com:** Anastasia Gruzdeva / AP (bl). **370-371 Alamy Stock Photo:** MQ Naufal (b). **371 Dakakker:** Karin Oppelland (tl). **372 Alamy Stock Photo:** Reuters (tc); Jochen Tack (br). **372-373 Philipp Schmidli:** (tc). **373 123RF.com:** Nikola Roglic (bl). **Alamy Stock Photo:** Andrey Khrobostov (br). **Dreamstime.com:** Typhoonski (tr). **374-375 Dreamstime.com:** Alexey Petrov (c/Cockpit); Tacettin Ulas / Photofactoryulas (ca/clouds). **374 Captain Darryl Elliott:** (tl). **376 Alamy Stock Photo:** Roland Magnusson (cr); Nerthuz (t); robertharding (cb). **377 Alamy Stock Photo:** Hero Images Inc. (tr). **Getty Images / iStock:** Nikada (crb). **Getty Images:** Thitiphat Khuankaew / EyeEm (cr).**SchimiAlf:** (bc). **378 Getty Images / iStock:** martin-dm (bl); staticnak1983 (br). **378-379 Getty Images:** Elijah Nouvelage / AFP (tc). **379 Alamy Stock Photo:** Amlan Mathur (bl). **Dreamstime.com:** Josefkubes (cra). **Getty Images:** Robin Marchant (crb). **380-381 Alamy Stock Photo:** Michele D'Ottavio (b). **380 Dreamstime.com:** Leremy (fcr). **Getty Images:** Jefri Tarigan / Anadolu Agency (tr). **381 Getty Images:** Dante Diosina Jr / Anadolu Agency (tl); STR / AFP (cr).

Data credits: 35 Space Exploration Data: **Radio Free Europe/Radio Liberty © RFE/RL** - https://www.rferl.org/a/space-agencies-and-their-budgets/29766044.html; **166** Endangered species Data: **The IUCN Red List of Threatened Species version 2022-2.** Retrieved from https://www.iucnredlist.org/ (Accessed, 30 Mar 2023); **335** Going Global Data: **© ITU 2023** - https://www.itu.int/en/ITU-D/Statistics/Pages/stat/default.aspx; **350** Pasta consumption: **I.P.O. International Pasta Organisation Secretariat General c/o Unione Italiana Food** - https://internationalpasta.org/annual-report/; **351** Global fruit production figures: **Food and Agriculture Organization of the United Nations**: FAOSTAT. Crops and livestock products. Accessed: 24 Mar 2023. https://fenix.fao.org/faostat/internal/en/#data/QCL/visualize / Global fruit production figures; **356-357** Sports Data: **WorldAtlas** - https://www.worldatlas.com/articles/what-are-the-most-popular-sports-in-the-world.html

Cover images: Front: **123RF.com:** eshved clb/ (heart), scanrail bc, thelightwriter cb; **Alamy Stock Photo:** Iryna Buryanska (x4), Mechanik cra, Panther Media GmbH / niki crb, Steppenwolf c; **Dorling Kindersley:** Gary Ombler / Shuttleworth Collection cra/ (aircraft); **Dreamstime.com:** Dragoneye cla, Kolestamas cla/ (Tyrannosaurus), Peterfactors ca; **Getty Images / iStock:** FGorgun clb; **Robert Harding Picture Library:** TUNS clb/ (Macaw); **Science Photo Library:** Miguel Claro bl, Power and Syred clb/ (Halobacterium); **Shutterstock.com:** Arthur Balitskii crb/ (Hand), KsanaGraphica, Dotted Yeti cra/ (astronaut); Back: **123RF.com:** Denis Barbulat crb/ (Lily), solarseven cra; **Alamy Stock Photo:** Iryna Buryanska (x3), imageBROKER / J.W.Alker crb/ (turtle), Alexandr Mitiuc cl; **Dorling Kindersley:** Gary Ombler / University of Pennsylvania Museum of Archaeology and Anthropology cla/ (boat), Arran Lewis(science3) / Rajeev Doshi (medi-mation) / Zygote cr; **Dreamstime.com:** Feathercollector clb, Patrick Guenette bc, Nerthuz c, Lynda Dobbin Turner cla/ (Jellyfish); **Getty Images:** Tim Flach clb/ (ants), Gerhard Schulz / The Image Bank bl; **Getty Images / iStock:** GlobalP cla/ (snake), Anton_Sokolov cb/ (car), Vladayoung cb; **NASA:** GSFC / Arizona State University cla; **Science Photo Library:** Wim Van Egmond crb, Steve Gschmeissner br; **Shutterstock.com:** Sebastian Janicki ca, KsanaGraphica; Spine: **Shutterstock.com:** Sebastian Janicki b

All other images © Dorling Kindersley

[編集]
DK社

[監修]
左巻健男

[カバーデザイン]
川崎綾子(株式会社アトムスタジオ)

[校正]
株式会社麦秋アートセンター

[日本語版編集・翻訳・DTP]
株式会社リリーフ・システムズ

見るだけで
世界がわかる大図鑑

2025年4月1日　初版発行

編集	DK社
発行者	山下直久
発行	株式会社KADOKAWA
	〒102-8177 東京都千代田区富士見2-13-3
	電話 0570-002-301(ナビダイヤル)
印刷(カバー・帯)	TOPPANクロレ株式会社

本書の無断複製(コピー、スキャン、デジタル化等)並びに無断複製物の譲渡及び
配信は、著作権法上での例外を除き禁じられています。
また、本書を代行業者などの第三者に依頼して複製する行為は、たとえ個人や家
庭内での利用であっても一切認められておりません。

●お問い合わせ
https://www.kadokawa.co.jp/(「お問い合わせ」へお進みください)
※内容によっては、お答えできない場合があります。
※サポートは日本国内のみとさせていただきます。
※Japanese text only

定価はカバーに表示してあります。

Printed in China
© 2023 Dorling Kindersley Limited
© KADOKAWA CORPORATION 2025
ISBN 978-4-04-115042-9　C8601